Zu diesem Buch

Der Zürcher Paar- und Familientherapeut Jürg Willi hat mit seinen Büchern *«Die Zweierbeziehung»*, *«Therapie der Zweierbeziehung»* und *«Co-Evolution»* Hunderttausende von Leserinnen und Lesern erreicht.

In dem hier vorliegenden Buch geht es um die Frage: Wie entwickeln sich Lebensläufe in dauerhaften Paarbeziehungen? Gibt es einen verborgenen Bauplan für eine dauerhafte Liebe? Jürg Willi untersucht, wie lebendige Beziehungen im Austausch mit ihrer Umwelt wachsen. Er zeigt, wie komplex und wie geheimnisvoll das ist, was wir Liebe nennen.

Der Autor

Prof. Dr. med. Jürg Willi ist Direktor der Psychiatrischen Poliklinik am Universitätsspital Zürich und Ordinarius für Ambulante Psychiatrie, Psychotherapie und Psychosomatische Krankheiten. Er ist Autor so bekannter Bücher wie *«Co-Evolution»* (8536), *«Die Zweierbeziehung»* (8716) und *«Therapie der Zweierbeziehung»* (8886).

Jürg Willi

WAS HÄLT PAARE ZUSAMMEN?

Der Prozeß des Zusammenlebens in psycho-ökologischer Sicht

unter Mitwirkung von
Linde Brassel-Ammann, Monica Budowski,
Robert Frei, Georg Hänny, Regula Hotz,
Ursula Jenal, Bernhard Limacher,
Peter C. Meyer-Fehr, Astrid Riehl-Emde,
Martin Sieber

rororo

Rowohlt

Veröffentlicht im Rowohlt Taschenbuch Verlag GmbH,
Reinbek bei Hamburg, September 1993

Umschlaggestaltung Barbara Hanke und Nina Rothfos
Gesamtherstellung Clausen & Bosse, Leck
Printed in Germany
1490-ISBN 3 499 19394 9

Inhalt

1. Was hält Paare zusammen? Begründung der Fragestellung

Weshalb wird nicht häufiger geschieden?

Als ich 1975 mein Buch «Die Zweierbeziehung» schrieb, interessierte mich vor allem die Frage, inwiefern Ehen und Partnerschaften erschwert werden durch neurotische Konfliktbereitschaften von Partnern, welche sich im Zusammenleben zu Kollusionen verbinden und als solche destruktiv eskalieren. Viele Partnerkonflikte beruhen auf bis in die Kindheit zurückreichenden Beziehungsdefiziten, die in einer Partnerschaft einerseits große Ängste vor Nähe und Bindung verursachen, andererseits aber auch unerfüllbare Hoffnungen erzeugen, die Liebe werde alles heilen und wiedergutmachen. Ich beschrieb Ehekrisen als neurotische Konflikte in der Hoffnung, da, wo notwendig, mit Paartherapie an deren Behebung mithelfen zu können. Scheidung bedeutete konsequenterweise, daß der Versuch, diese Kollusionen therapeutisch zu lösen, nicht gelungen war.

In diesem neuen Buch «Was hält Paare zusammen?» steht die Frage, inwiefern das Zusammenleben aus neurotischen Gründen erschwert ist, nicht im Vordergrund, obwohl dieser Gesichtspunkt in der Therapie natürlich nach wie vor von zentraler Bedeutung ist. Wenn heute im deutschen Sprachraum rund jede dritte Ehe und in den USA bald jede zweite geschieden wird, kann psychische Pathologie dafür nicht mehr als maßgebliche Ursache angesehen werden. Sozialwissenschaftler meinen, daß die traditionelle Ehe und Familie nicht mehr als allgemeines Modell überleben werden, daß wir vielmehr an der Nahtstelle einer gesellschaftlichen Entwicklung stehen, an welcher ein qualitativer Sprung zu neuem Beziehungsverhalten stattfindet. Die zerbrechenden Ehen seien Hinweis auf diesen umfassenden Wandel in Richtung zunehmender Individualisierung der Biographien, in welchen Beziehungen vorübergehende Episoden ohne gemeinschaftliche Verbindlichkeit sind. Diese Individualisierung werde nicht zuletzt auch die Kinder erfassen, deren enge Bindung an die Eltern gelockert, deren Autonomie andererseits stärker gesellschaftlich geschützt werden wird (H. J. Hoffmann-Nowotny 1989, U. Beck 1986, L. Roussel 1988 u. a. m.).

Wenn diese Prognosen richtig sind, stellt sich die Frage, weshalb halten dann doch immer noch mehr als fünfzig Prozent der Paare zusammen?

In einem Seminar über Paardynamik, an welchem ausgebildete Psychotherapeuten teilnahmen, diskutierten wir die Frage, warum so viele Paare zusammenbleiben, obwohl ihre Beziehung nicht eigentlich glücklich ist. Als Gründe wurden genannt: Gewohnheit, Bequemlichkeit, Besitz, Angst vor dem Alleinsein, Angst vor Veränderung und Ungewißheit, Angst vor Verlust an Sozialprestige und sozialer Sicherheit sowie neurotische Gründe. Die Aufzählung der Gründe bestand ausschließlich aus Negativqualitäten. Niemand war offenbar in der Lage, auch positive Motive zu vermuten. Heute fällt es anscheinend sogar rein theoretisch schwer, positive Gründe für das Verbleiben in einer nicht glücklichen Beziehung zu vermuten.

Es wird angenommen, früher hätten Ehen zusammengehalten aus religiösen und sozialen Zwängen und wegen der materiellen Abhängigkeit der Frau, Gründe, welche durch die finanzielle Unabhängigkeit der Frau und ihre Selbstbestimmung bezüglich Kinderkriegen weggefallen seien. Sozialwissenschaftler meinen, emotionale Abhängigkeit werde zunehmend zum einzigen Band, welches Beziehungen zusammenhalte, und diese könne kaum als stabile Grundlage gelten (Hoffmann-Nowotny 1989, S. 28).

Überspitzt ließe sich sagen: Das Zusammenleben lohnt sich nur so lange, wie es mit dem Partner zusammen am lustigsten, interessantesten, sexuell erfüllendsten, kreativ stimulierendsten und intellektuell anregendsten ist. Als Voraussetzung für eine Partnerschaft wird die Freiheit gesehen, sich in jedem Moment immer wieder neu füreinander zu entscheiden. Eine Partnerschaft gilt als wachstumsfördernd, wenn die Partner sich in offener Kommunikation ihre Gefühle und Bedürfnisse mitteilen können, wenn sie sich in ihrem Streben nach Selbstverwirklichung gegenseitig unterstützen und sich in ihrer Autonomie und Unabhängigkeit respektieren. Solchen Anforderungen genügt aber oft eine unverbindliche, nur sich selbst dienende Liebesbeziehung weit besser als eine auf Dauer angelegte Lebensgemeinschaft. Dieser werden vielmehr Gewohnheitsrechte, Besitzansprüche und Abhängigkeiten zugeschrieben. Oft werden Mängel in der Persönlichkeitsentfaltung vermutet, welche Menschen veranlassen, in verbindlichen Beziehungen auszuharren.

Ist Glück der Maßstab der Ehe?

Auf die Frage, ob sie glauben, daß die meisten Ehen in Deutschland glücklich, gleichgültig oder unglücklich verlaufen, schätzten in einer 1978 durchgeführten Repräsentativbefragung (Köcher 1985) nur 38 Prozent der verheirateten Männer und 29 Prozent der verheirateten Frauen die deutschen Ehen als überwiegend glücklich ein. Befragt nach der eigenen Ehe, bezeichneten jedoch 94 Prozent der Männer und 89 Prozent der Frauen ihre eigene Beziehung als glücklich bis sehr glücklich. Diese Diskrepanz zeigt wohl, in wie hohem Maße Fragebogen über Partnerbeziehungen gemäß der sozialen Erwünschtheit beantwortet werden. Es liegt im Trend, eheliches Unglück als weit verbreitet zu vermuten. Man würde sich jedoch schämen, sich selbst als nicht glücklich verheiratet zu erklären. Wenn jemand in einer Partnerschaft nicht glücklich ist, kann er das heute nicht einfach als Pech oder als Schicksal erklären, sondern trägt selbst die Verantwortung, wenn er nichts dagegen unternimmt. In den USA

(Furstenberg 1988) besteht noch ausgeprägter als in deutschsprachigen Ländern die fast moralische Verpflichtung auseinanderzugehen, wenn die emotionale Befriedigung in einer Partnerbeziehung nicht ausreichend gewährleistet ist.

Wenn wir nach dem Glück in der Ehe fragen, sollten wir unterscheiden zwischen *objektivem Glück* (lat. *fortuna*, franz. *chance* oder engl. *luck*), d. h. glücklichen Lebensumständen, und *subjektivem Glück* (lat. *beatitudo*, franz. *bonheur* oder engl. *happiness*), d. h. der Fähigkeit, sich in seinen Lebensumständen glücklich zu fühlen oder diese als glücklich zu beurteilen.

Zu den *objektiv glücklichen Lebensumständen* in einer Ehe gehören gutes Einvernehmen mit dem Partner, Geborgenheit, Toleranz, gegenseitiges Verständnis, ausreichender persönlicher Entfaltungsraum, gute Wohnbedingungen, eine schöne Wohnungseinrichtung, ausreichendes Einkommen, gute Verkehrsbedingungen, nette Nachbarn, Freude am Beruf und Möglichkeit zu einer befriedigenden Verbindung von Hausarbeit und Berufstätigkeit, oft auch das Großziehen von gesunden und lebenstüchtigen Kindern und so weiter. Zu den objektiven Lebensumständen einer glücklichen Partnerschaft gehört auch die Erfüllung der modernen Vorstellungen über die Geschlechtsrollen, die Emanzipation von Frau und Mann, die freie Wahl der Form des Zusammenlebens. So wichtig all diese Aspekte sind, sichert deren Erfüllung noch nicht eheliches Glück oder Zufriedenheit. Es braucht dazu immer auch die subjektive Glücksfähigkeit.

Subjektive Glücksfähigkeit in der Partnerschaft hängt stark vom persönlichen Anspruchsniveau ab, vom Vergleich mit Personen in ähnlichen sozialen Umständen und von den gesellschaftlichen Idealvorstellungen. Glücksfähigkeit ist aber letztlich eine philosophische Frage und schließt wohl immer auch die Fähigkeit ein, mit den Unvollkommenheiten des Lebens zu leben, mit relativen Erfolgen zufrieden zu sein und das eigene Leben in größere Zusammenhänge zu stellen. Damit stehen wir vor der heiklen Frage: Wieviel Leid und Begrenzung sind mit einer zufriedenstellenden Ehe vereinbar?

Eine solche Frage ist heute für viele tabu. Zu lange ist die Ehe von den kirchlichen Kanzeln herab als ein Kreuz bezeichnet worden, als ein Leidensweg, auf dem die Nachfolge Christi eingeübt werden könne. Die Aufforderung, das Leiden in der Ehe anzunehmen und ihm tieferen Sinn und Bedeutung zu geben, rechtfertigte viele objektive Ungerechtigkeiten als unausweichliches Los der Frau. Wenn ich in diesem Buch trotzdem die Meinung vertrete, daß Leiden und Begrenzungen im Zusammenleben unumgängliche Aspekte des persönlichen Wachstumsprozesses in einer Partnerbeziehung sind, setze ich mich dem Verdacht aus, den Kampf um objektive Verbesserungen der Lebensbedingungen für eine zufriedenstellende Partnerschaft nicht ernst zu nehmen. Den Prozeß des Zusammenlebens sehe ich als ein laufendes Miteinanderringen der Liebenden, beflügelt von der Hoffnung, einander in der Verwirklichung der besten Lebensmöglichkeiten zu bestärken, verbunden aber auch mit dem Schmerz, daß einen der Partner immer nur auf seine Weise verstehen kann, und vieles von dem, was man innerlich bereitgestellt hatte, in einer konkreten Partnerschaft nicht verwirklicht werden kann.

Ich glaube, daß der Begriff Glück das nicht wirklich trifft, was langdauernde Beziehungen zusammenhält.

Scheidung gehört zu den wichtigsten psychosozialen Gesundheitsrisiken

Von den jetzt geborenen Kindern wird rund die Hälfte aus eigener familiärer Erfahrung von Scheidung betroffen sein. Von der statistischen Häufigkeit her ist Scheidung zu etwas Alltäglichem und Normalem geworden. Viele Sozialwissenschaftler gehen deshalb davon aus, daß Erwachsene und Kinder lernen werden, mit Scheidung zu leben (z. B. U. Beck 1986, Furstenberg 1988, Krappmann 1988, Théry 1988, Hoffmann-Nowotny 1989).

Wissenschaftliche Untersuchungen über die Scheidungsfolgen kommen allerdings zu andern Ergebnissen. Auch die neuesten Untersuchungen bestätigen, was längst bekannt ist: Geschiedene allgemein, Männer stärker als Frauen, zeigen eine wesentlich größere Anfälligkeit für Alkoholismus, andere Suchtkrankheiten, Suizid, Unfälle und fast alle übrigen psychischen und körperlichen Krankheiten und Störungen (Herz-Kreislauf-Krankheiten, Magen-Darm-Krankheiten, Karzinome usw.). Die Sterbequoten Geschiedener liegen, wie eine eben erschienene umfassende Studie belegt, mehr als doppelt so hoch wie diejenigen verheirateter Männer und eineinhalb mal so hoch wie diejenigen verheirateter Frauen (Yuanreng Hu und Noreen Goldman 1990). Zum gleichen Ergebnis kommen alle anderen mir bekannten epidemiologischen Studien. Eigenartigerweise werden diese Ergebnisse aber wenig zur Kenntnis genommen oder sogar aktiv verschwiegen, wahrscheinlich weil deren Diskussion den gesellschaftlichen Bemühungen zuwiderlaufen würde, Scheidung von Diskriminierung zu befreien. Natürlich kann entgegengehalten werden, solche Statistiken gäben nur ein sehr vergröbertes Bild. Es sei mit diesen Zahlen noch nicht belegt, ob Scheidung das eigentliche Gesundheitsrisiko ist oder nicht viel eher die unglücklichen ehelichen Umstände, die ihr vorangegangen sind. In der öffentlichen Diskussion wird jedoch die Frage gar nicht in Betracht gezogen, ob Scheidung als solche eine destruktive, gesundheitsschädliche Eigendynamik entfalte. Es kann ferner entgegnet werden, die Statistiken Geschiedener seien belastet durch die vielen psychisch Dekompensierten unter den Geschiedenen, deren Krankheit nicht Folge, sondern Ursache der Scheidung ist. Dem ist entgegenzuhalten, daß der Anteil psychisch Dekompensierter relativ geringer werden sollte, je häufiger Scheidung in der Bevölkerung vorkommt. Man müßte also erwarten, daß mit steigender Scheidungsrate und folglich mit verbesserter gesellschaftlicher Akzeptanz von Scheidung die gesundheitlichen Scheidungsfolgen sich reduzieren würden. Das Gegenteil scheint aber der Fall zu sein. Die Untersuchung von Hu und Goldman 1990, in welcher die Datenanalysen von 16 Industrienationen Nordamerikas, Europas und Asiens für den Zeitraum 1940–1985 zusammengefaßt wurden, zeigt, daß in der Mehrzahl der Länder die relative Sterblichkeitsrate Geschiedener in den letzten Jahrzehnten sogar zugenommen hat.

Es ist meine Überzeugung, daß sich nicht alle Menschen für ein Eheleben eignen und daß das Ausharren in einer Ehe kein persönlicher Qualitätsausweis ist. Ich bejahe eindeutig die freie Wahl der Lebensform und lehne die moralische Bewertung der Auflösung von Lebensgemeinschaften ab. Das ändert aber nichts daran, daß ich in der therapeutischen Praxis täglich mit dem großen Leid konfrontiert bin, das destruktive Partnerschaften und Scheidungen von langdauernden Beziehungen verursachen.

Heute möchte man lieber bestätigt sehen, daß Scheidungen ein vorübergehendes Unglück sind, das nun mal zum «ganz normalen Chaos der Liebe» (Beck und Beck-Gernsheim 1990) in der individualisierten, auf Mobilität und Wechsel ausgerichteten Postmoderne gehört. Auf Daten hinzuweisen, die belegen, daß Scheidung als Gesundheitsrisiko vergleichbar ist mit Rauchen, schlechter Ernährung oder Bewegungsmangel, heißt ein gesellschaftliches Tabu verletzen. Man möchte endlich frei werden von Vorstellungen negativer Scheidungsfolgen und sich darauf einstellen, daß Lebensgemeinschaften Episoden von beschränkter Dauer sind. In den Medien werden vorwiegend Lebensschicksale dargestellt, wo Scheidung eine positive Lebenserfahrung war, die einen kreativen Neubeginn erlaubte. Sicher gibt es das und es ist auch gut, den Menschen Mut zu machen, destruktive Verhältnisse zu verändern und nicht passiv zu resignieren. Leider gelingt eine positive Scheidungsbewältigung aber allzu häufig nur einem von beiden Partnern, von den andern hört man wenig, denn viele ziehen sich beschämt zurück, wenn sie mit einer Scheidung nicht zurechtkommen.

Scheidung – eine oft untaugliche Konfliktlösung

Die amerikanische Psychotherapeutin Judith Wallerstein (Wallerstein und Blakeslee 1989) untersuchte die Scheidungsfolgen bei 60 Familien mit insgesamt 131 Kindern. Es handelt sich international um die größte und umfassendste derartige Studie. In ihrem 1971 begonnenen Projekt beobachtete sie die Familienangehörigen geschiedener Ehen über zehn bis fünfzehn Jahre. Nach ihren Erkenntnissen stellt Scheidung für alle Beteiligten einen schweren, lebensverändernden Eingriff dar, der durchaus zum Guten gereichen kann, der aber auch – und das weit häufiger, als sie selbst vermutet hatte – tiefsitzende Verunsicherungen und Verletzungen hinterläßt. Bei der Mehrzahl der geschiedenen Paare schaffte es nur der eine, seine Lebensqualität nach der Scheidung zu verbessern, während der andere sich als Verlierer fühlte – persönlich, sozial und wirtschaftlich. Vielen erwies es sich als Illusion, die Scheidung werde den ehelichen Auseinandersetzungen ein Ende bereiten. Scheidung ist – besonders wenn Kinder da sind – kein umschriebenes einmaliges Ereignis, Scheidung ist vielmehr ein Kontinuum, das in einer unglücklichen Ehe beginnt und durch Trennung und Scheidung hindurch bis in weitere Ehen und Scheidungen hineinreicht. Kinder sind in besonderer Weise betroffen. Eine Scheidung kann für einen Elternteil die Befreiung aus einer untragbaren Situation sein, für die Kinder ist sie aber keine Befreiung. In vielen Fällen waren die Kinder nach der Scheidung noch höheren Belastungen ausgesetzt. Mehr als die Hälfte der Kinder fühlte sich von mindestens einem Elternteil zurückgewiesen und hatte das Gefühl, ein psychisches oder wirtschaftliches Relikt einer Reise zu sein, die nie hätte angetreten werden dürfen.

Gravierender als erwartet waren die *Langzeitwirkungen* auf die Kinder. Die Hälfte der Kinder war beim Eintritt ins Erwachsenenalter deprimiert und leisteten in Ausbildung und Beruf nicht das, wozu sie befähigt gewesen wären. Diese Kinder sahen sich in einem Kampf benutzt, der nicht ihr eigener war, und fühlten sich um den Schutz und die Fürsorge einer Familie betrogen, deren Unterstützung sie gerade in der Ablösungsphase bedurft hätten. Insbesondere die Söhne vermißten eine tragfähige Beziehung zu einem Vater.

In Stieffamilien fühlten sich viele von ihnen ausgeschlossen. Die neuen Formen der Familie bieten nach Wallerstein den Kindern nicht dieselbe Geborgenheit wie die traditionelle Ehe. Es wurde den Kindern oft unabsichtlich die Last aufgebürdet, mit dem Wandel der Familie fertig zu werden.

Im Zeitraum ihrer zwanzigjährigen Forschungstätigkeit hat sich für die Betroffenen an der Belastung durch Scheidung nichts verändert. Nichts spricht dafür, daß Scheidung in den letzten Jahren leichter bewältigt würde als früher. «Die Scheidung ist keine ‹normale› Erfahrung, nur weil viele Menschen mit ihr konfrontiert werden» (S. 354), so lautet eine der Schlußfolgerungen von Judith Wallerstein.

Gemäß meiner therapeutischen Erfahrung halte ich Scheidung in vielen Fällen für keine taugliche Lösung destruktiver Partnerschaftskonflikte. Es kann heute nicht mehr um die Frage gehen, ob Scheidung gut oder schlecht sei. Heute geht es viel direkter um die Frage, ob Scheidung das bringt, was von ihr erwartet wird. Das tut sie offensichtlich in vielen Fällen nicht, besonders dann nicht, wenn Kinder da sind. Das Anstreben einer Scheidung erweist sich oft als Irrtum. Nicht nur löst sie oftmals die Probleme nicht, sondern sie schafft noch neue dazu. Oft erschiene es mir leichter, eine destruktive Eskalation in einer Ehe zu vermeiden, als sich der Illusion zu überlassen, mit Scheidung ließen sich die Beziehungsprobleme aus der Welt schaffen. Auch wenn heutige Lebensläufe individueller gestaltet werden und mehr Wechsel und Bewegung aufweisen, so gibt es doch viele Belege, daß nach wie vor ein Großteil der Bevölkerung sich ein Leben in stabilen Familienverhältnissen wünscht und vom Zerbrechen der Familie schwer betroffen ist. Heute bedürfen wir dringend der wissenschaftlichen Erforschung der Bedingungen, unter welchen Beziehungen scheitern, oder andersherum: der Bedingungen, unter denen Beziehungen sich positiv zu entwickeln vermögen. Ich möchte versuchen, mit diesem Buch einige bisher wenig beachtete Aspekte des Zusammenlebens sichtbar zu machen und damit das Verständnis zu fördern für das, was Paare zusammenhält.

Manchmal bekomme ich den Eindruck, sobald sich das Glück in einer Beziehung nicht einstellt, werde gleich die Auflösung der Beziehung ins Auge gefaßt, bevor man sich ausreichend Gedanken gemacht hat über das Wesen einer Lebensgemeinschaft, über ihre Möglichkeiten und Grenzen, bevor man sich in Geduld und Beharrlichkeit mit sich selbst und mit dem Partner auseinandergesetzt hat, bevor man sich kreativ um gangbare Wege und Alternativen bemüht hat. Ist der Anspruch eigentlich so selbstverständlich, daß, im Unterschied zu allen andern Beziehungen, Partnerbeziehungen einem das große Glück zu bescheren haben? Wer mit seinen Eltern oder mit seinen Kindern nicht besonders glücklich ist, wird deswegen die Beziehung auch nicht gleich auflösen. Mich dünkt, vielen Menschen mangle es heute an Vertrauen in die Verbesserungswürdigkeit und Verbesserungsmöglichkeit ihres Zusammenlebens. Es fehlt die Überzeugung, daß es für die persönliche Entwicklung ein Gewinn sein kann, längerdauernde Krisen in einer Partnerschaft durchzustehen. Oft sind durch die überhöhten Ansprüche Beziehungen von vornherein zum Scheitern bestimmt. Die Hoffnung, in der Liebe nie mehr einsam zu sein, hat sich noch verstärkt in einer Zeit, in der soziale Beziehungen flüchtiger geworden sind, Menschen häufiger Wohnsitz und Arbeitsstelle wechseln und das Sichorientieren in einer rasch sich verändernden Gesellschaft immer schwieriger wird.

Aufbau dieses Buches

Das Zusammenleben soll in diesem Buch in psycho-ökologischer Sicht dargestellt werden. Das heißt, der Mensch wird als ein Beziehungswesen gesehen, das sich in der Auseinandersetzung mit einem mitmenschlichen Gegenüber, hier mit dem Partner, entfaltet und mit diesem zusammen sich eine eigene Welt schafft, die es bewohnt und in der es behaust ist.

Diesem Grundgedanken wird zunächst (Kapitel 2) an Hand der Phasen des Zusammenlebens nachgegangen, das in der Sehnsucht nach einer Liebesbeziehung vorbereitet wird, sich in Verliebtsein und Aufbau der Beziehung konkretisiert, dann zur Festigung der Beziehung und zur Familiengründung führen kann und schließlich in die Auflösung der Beziehung mündet durch Trennung oder durch den Tod des Partners. Der phasentypische Ablauf von Beziehungen wird in Kapitel 3 ergänzt durch Interviews, in welchen Menschen über ihre eigenen Erfahrungen und ihre persönliche Entwicklung in Partnerbeziehungen berichten. Auf diesen konkreten Beschreibungen basierend folgen drei Kapitel, in welchen grundlegende Fragen der Psychologie des Zusammenlebens behandelt werden, nämlich die mögliche Beeinflussung, Anregung und Begrenzung der Persönlichkeitsentwicklung von Partnern, die zusammenleben (Kapitel 4); dann die Gestaltung einer gemeinsamen Welt im Zusammenleben und deren Rückwirkung auf den Lebenslauf der Partner (Kapitel 5); und schließlich wird auf das Sich-fremd-Bleiben der Partner auch in langdauernden Beziehungen hingewiesen, welches das Zusammenleben laufend in Spannung hält und die Partner veranlaßt, sich einander immer wieder neu zu suchen und zu erklären (Kapitel 6).

Zur Sprachregelung

Das Buch handelt von Partnerbeziehungen. Mit «*der* Partner» kann in der heutigen Sprachregelung sowohl ein Mann wie eine Frau gemeint sein. «*Die Partnerin*» wird zwar auch immer häufiger verwendet, meint dann aber eindeutig nur eine Frau. Beide Formen zu verwenden macht das Lesen oft schwierig, wenn es etwa heißen würde: «Wenn man/frau mit seiner/ihrem Partner/in zusammenleben will, so wird er/sie zu ihr/ihm in ihre/seine oder sie/er in seine/ihre

Wohnung ziehen.» Ich bitte die Leserinnen, es mir nachzusehen, wenn ich mich meist auf einen Begriff, nämlich auf «der Partner» beschränke, allerdings da, wo es möglich ist, die neutrale Form wähle, wie etwa «jedes von beiden kann das andere veranlassen...» Mit der Beschränkung auf *eine* Geschlechtsform möchte ich auch zum Ausdruck bringen, daß in meinen Beschreibungen mit «Partner» grundsätzlich Bezugsperson oder Mensch und nicht Frau oder Mann in ihrer spezifischen Geschlechtlichkeit gemeint ist. Eine völlig befriedigende Lösungsmöglichkeit des Sprachproblems sehe ich nicht. Ich ziehe die einfache Sprache der zwar korrekteren, aber unübersichtlichen vor.

2. Phasen des Zusammenlebens

Vorbemerkung: Der ungebrochene eheliche Lebenszyklus ist heute nicht mehr die Norm

In diesem Kapitel soll der phasentypische Ablauf von Partnerbeziehungen, vom Ersehnen von Liebe und Partnerschaft über deren Realisierung als Behausung und Familiengründung bis zu deren Auflösung durch Scheidung oder Tod, beschrieben werden. Fragwürdig an der Darstellung ist, daß jede Beziehung etwas Einmaliges und in weiten Bereichen Unvergleichbares ist. Das Unvergleichbare wird deshalb mit den Interviews im Kapitel 3 speziell belegt. Es gibt dennoch mehr oder weniger typische Verläufe von Partnerschaften. Ich möchte zeigen, daß in diesen Verläufen jede Beziehungsphase aus der vorangegangenen hervorgeht, daß manches, was man später als naiv, unreif oder verfehlt betrachtet, zur damaligen Zeit stimmig und für die spätere Entwicklung der Partnerschaft Voraussetzung war. Wenn später etwas korrigiert werden muß, heißt das nicht, daß das Vorangegangene falsch war, sondern daß die Partnerschaft ein Wachstumsprozeß ist und somit etwas, das sich immer wieder wandelt. Das Vorangegangene bildet den Boden, auf dem das Neue wächst. Wenn man als Kind die Welt anders sieht als im Erwachsenenalter, heißt das nicht, es war falsch, ein Kind zu sein. Vielmehr reichert das Leben im Kind Erfahrungen an, die im Erwachsenenleben weiter differenziert werden. So steht es auch mit Beziehungen. Verliebtsein ist nicht falsch, weil es später in der Enttäuschung korrigiert werden muß. Ich möchte ferner zeigen, daß vieles, was bei dauerhaften Beziehungen als bloße Gewohnheit und Abhängigkeit disqualifiziert wird, in einer psycho-ökologischen Perspektive anders gesehen werden kann.

Ich glaube, daß heute genauso wie früher in jedem Menschen widersprüchliche Strebungen vorliegen: Auf der einen Seite steht die Sehnsucht nach stabilen Liebesbeziehungen und der Wunsch, mit einem Liebespartner das Leben zu gestalten und mit Kindern fruchtbar zu werden. Auf der anderen Seite steht die Sehnsucht nach einem ungebundenen Leben, nach Freiheit und wechselnden Beziehungen. Der Zwiespalt zwischen diesen zwei Strebungen besteht das ganze Leben hindurch fort und wird durch Heirat und Festigung der Beziehung nicht aufgehoben. Wenn der Zwiespalt nicht mehr wahrgenommen wird, beruht das häufig darauf, daß die eine Seite nicht bewußt zugelassen wird. So gibt es viele Menschen, die vor dauerhaften Bindungen zurückschrecken aus Angst vor Abhängigkeit, Verletzung und Verlassenwerden. Andererseits gibt es manche Menschen, die sich an Beziehungen klammern aus Angst vor Einsamkeit. Diese im Menschen angelegten Widersprüche werden durch die gesellschaftliche Lage mit ihren Leitbildern entscheidend beeinflußt. Heute wird vor allem das Streben nach Unabhängigkeit und Freiheit betont.

Wenn Scheidungen und Wiederverheiratungen immer häufiger werden, mag es störend wirken, die Phasen des Zusammenlebens so aneinanderzureihen, als ob es nur die Abfolge gäbe, Verliebtsein in jungen Jahren, gefolgt von Familiengründung, ausmündend in Alterséhe und Verwitwung. Die Darstellung als einfacher Prozeß ist didaktisch begründet. Bei Scheidung und Wiederverheiratung entstehen so komplexe Beziehungsmuster, daß sie fast nur am Einzelfall abgehandelt werden können. Aber auch das Wiedereingehen von Beziehungen Geschiedener folgt weitgehend der hier geschilderten Entwicklung. Die Entwicklung des Zusammenlebens schreitet allerdings nicht zwangsläufig in der hier dargestellten Form von der einen Phase in die nächste vor. Derselbe Mensch kann gleichzeitig in verschiedene Stadien von Beziehungsprozessen verwickelt sein. Verheiratete, die zusammenleben, können eine Liebesbeziehung mit einer anderen Person aufbauen, oder in der Phase der Trennung kann bereits eine neue Familie gegründet werden. Durch mehrfache Scheidungen, Wiederverheiratungen und nichteheliche Beziehungen können äußerst komplizierte Verhältnisse entstehen, wo man nicht mit jener Person zusammenlebt, mit der man verheiratet ist, fremden Kindern gegenüber Elternfunktion ausübt oder unter einem Dach mit Kindern aus verschiedenen Partnerschaften lebt.

Die Darstellung als geordnete Folge von Phasen bringt den didaktischen Gewinn der Übersichtlichkeit über die Entwicklung des Zusammenlebens. Ich möchte beschreiben, wie zwei Menschen einander in ihrer Persönlichkeitsentwicklung gegenseitig beeinflussen, hervorrufen und begrenzen und wie sie miteinander eine innere und äußere Welt schaffen und bewohnen.

2.1. Liebessehnsucht, Verliebtsein und Leiden an der Liebe

2.1.1. Liebessehnsucht und Ersehnen von Partnerschaft

Das Ersehnen von Liebe ist die Voraussetzung des Versuchs, sie zu leben. Deshalb stelle ich es den anderen Phasen des Zusammenlebens voran. Ich hätte dieses Thema lieber später behandelt, weil ich die Leserinnen und Leser ungern gleich zu Beginn mit einem sehr heiklen Kapitel konfrontiere. Wie delikat es ist, über Liebessehnsucht zu sprechen, wurde mir erst bewußt im Gespräch mit den Mitwirkenden dieses Buches (Seite 349). Ich möchte deshalb mit den Erfahrungen, die wir dort gemacht haben, beginnen. Die Gruppe der Mitwirkenden ging ursprünglich aus dem Kreise meiner Mitarbeiterinnen und Mitarbeiter hervor. Wir wollten miteinander verschiedene Aspekte der Persönlichkeitsentwicklung im Zusammenleben – der Ko-evolution – besprechen. Wir begannen mit eher theoretischen Diskussionen und öffneten uns zunehmend dem persönlichen Austausch. Alle Teilnehmenden standen in einer festen Beziehung in all den heutigen Variationen, als Ledige, Verheiratete, Geschiedene oder Wiederverheiratete, in gewollt oder ungewollt kinderloser Partnerschaft oder in Familie. Die Hälfte der Teilnehmer waren Frauen. Im Alter streuten wir von 28 Jahren zu über 50 Jahren. In den vier Jahren wöchentlicher Gruppengespräche erreichten wir ein hohes Maß gegenseitiger Vertrautheit. Wir erzählten uns über unsere Erfahrungen in der gegenwärtigen Partnerschaft, über die Möglichkeiten und Herausforderungen, die uns das Zusammenleben bot, aber auch über die Einschränkungen im Zusammenleben mit unseren Partnern. Wir kamen dabei auf heikle Themen wie etwa, ob wir je in unseren Partner verliebt gewesen waren; wir phantasierten, wie wir uns wohl persönlich entwickelt hätten in der Beziehung zu einem anderen Partner; wir versuchten uns klarer zu machen, was das Zusammenleben mit unserem Partner uns möglich und was es uns nicht möglich gemacht hatte; wir diskutierten über den Stellenwert der Sexualität in unserer Beziehung oder darüber, welche Umstände uns dazu bringen könnten, die bestehende Partnerschaft aufzulösen. Als eines der letzten Themen nahmen wir uns «Sehnsucht in der Liebe» vor und waren erstaunt, wie schwer uns das Gespräch plötzlich fiel. Es war, als ob jedes seine verwundbarste Stelle hätte entblößen müssen. Die meisten äußerten, sie hätten überhaupt noch nie mit einem Menschen über ihre Liebessehnsucht gesprochen, auch nicht mit ihrem Partner. Einzelne *wollten* sich ihrer Sehnsucht gar nicht bewußt werden, aus Angst, sich dabei auf etwas Gefährliches einzulassen. Sie fürchteten, die ausformulierte Sehnsucht könnte ihre bestehende Beziehung verunsichern. Andere meinten, Sehnsucht sollte nicht in Worte gefaßt werden, sonst würde sie getrübt, ja zerstört. Man möchte sich nicht in der irrationalen Sehnsucht nach der verlorenen Kindheit und Geborgenheit ertappen lassen. Die meisten glaubten, sich mit dem Zeigen der eigenen Sehnsucht lächerlich zu machen, als kindisch und unreif zu erscheinen oder als größenwahnsinnig und vermessen. Immer deutlicher wurde, daß Liebessehnsucht etwas mit dem innersten Kern unserer Person zu tun hat, den wir anderen Menschen nicht leicht aufschließen.

So spreche ich jetzt möglicherweise auch meine Leserinnen und Leser in einem sehr privaten Punkt an und drohe dabei in doppelter Weise abgewiesen zu werden. Es kann sein, daß die Leserinnen und Leser ihre Liebessehnsucht als etwas so Persönliches und Intimes erleben, daß sie ihre Erfahrung in meinen Formulierungen nicht wiederfinden. Ihre Sehnsucht wird immer auch anders sein als die Fassung in meinen Worten. Es könnte aber auch sein, daß ein Teil meiner Worte die Sehnsucht der Leserinnen und Leser an einem empfindlichen Punkt trifft, es einem aber nicht leichtfällt, sich das von einem anderen Menschen, einem Mann, sagen zu lassen. So äußerte einmal eine Zuhörerin eines Vortrages über dieses Thema zu mir: «Selbst wenn es zutrifft, was Sie über die Sehnsucht sagen, will ich es mir nicht von Ihnen sagen lassen.»

Unsere gegenwärtige Kultur hat ein eher schlechtes Verhältnis zum Sehnen. Das war nicht immer so. In früheren Jahrhunderten wurde das Liebessehnen als eine kulturschaffende Kraft positiv gewertet, denken wir etwa an die Minnesänger, Dichter, Musiker und bildenden Künstler. Im 19. Jahrhundert stellten die Romantiker aller Kunstformen dieses Thema mit einer Intensität und Hingabe dar, die heute kaum denkbar wäre. Bei den Impressionisten sehen wir junge Mädchen, die am Fenster der Familienwohnung stehen und hinausblicken auf das Leben, zu dem sie sich hingezogen fühlen. Wir sehen Mädchen, die beim Lesen eines Liebesromans verträumt sinnieren, innerlich ganz mitgehen und sich mit dem Gelesenen identifizieren. Andere Mädchen betrachten sich im Spiegel, erforschen ihr Gesicht, ihren nackten Körper oder posieren in ihren schönsten Kleidern. Sie sehen sich selbst in die Augen als sie selbst und sehen sich gleichzeitig mit den Augen des ersehnten Geliebten. Andere Mädchen sind mit ihren Freundinnen dargestellt, denen sie ihre geheimen Wünsche bekennen oder mit denen sie übermütig im Bade herumtollen, sich herausfordern, messen, vergleichen und bestätigen.

Solche Bilder lösen heute häufig Ablehnung aus. Sie werden von manchen als kitschig, unecht, heuchlerisch und manieriert beurteilt. Frauen bemerken, die Bilder stellten wohl weniger die Sehnsucht der Frauen nach dem Mann dar als die Sehnsucht der Männer nach der Sehnsucht der Frauen. Es seien die Männer, welche es ersehnen, daß Frauen sich so exklusiv und hingebungsvoll nach ihnen verzehren und ganz auf die Erfüllung ihrer Liebessehnsucht hin leben.

Haben wir heute keine Sehnsucht mehr, oder hat die Sehnsucht ihre Sprache verloren? Haben wir Angst vor Liebessehnsucht, unterdrücken wir sie? Wir sind heute getrimmt auf das Anstreben von Machbarem. Liebessehnen widerspricht dem Leitbild des autonomen, sich selbst genügenden, im Hier und Jetzt zupackenden Menschen, der nimmt, was die Welt ihm bietet, und abläßt von dem, was sie ihm versagt. Liebessehnsucht birgt die Gefahr in sich, seine Kräfte auf Unerfüllbares zu richten und sich in Träumen zu verlieren, welche im Widerspruch stehen zum heutigen Bemühen, Partnerschaften realistisch zu planen. Dem Liebessehnen ist etwas Passives, Verweilendes und Wartendes eigen, dem sich zu überlassen Menschen keine Zeit aufbringen wollen.

Im folgenden möchte ich zwei Formen von Beziehungssehnsucht herausarbeiten, nämlich die Sehnsucht nach der konkreten Verwirklichung einer Lebensgemeinschaft und das Sehnen nach Aufgehobensein als tiefsten Grund des Liebessehnens.

Die Sehnsucht nach der Verwirklichung einer Lebensgemeinschaft

Die Sehnsucht nach der Verwirklichung einer Lebensgemeinschaft besteht in relativ konkreten und bewußtseinsnahen Phantasien, welche den Charakter der Vorbereitung und des Planens von Zukünftigem haben. Sie findet ihre Vorphase bereits in der Kindheit, etwa in der spielenden Nachahmung von Vater und Mutter, im Puppenspiel, im Hineinschlüpfen in die Schuhe des Vaters oder in die Kleider der Mutter. Die Kinder bereiten sich dabei auf ihre Rollen des Erwachsenenalters vor und identifizieren sich mit erwachsenen Personen, welche diese Rollen ausfüllen. In der Pubertät und Adoleszenz kommt es zur Identifikation mit gewissen Roman- oder Filmfiguren. Im Lesen von Liebesgeschichten suchen die Lesenden ihren eigenen Platz im Geschehen, messen und vergleichen sich mit den Akteuren, setzen sich in der Vorstellung all den Spannungen, Aufregungen und Schmerzen der Liebe aus, ganz privat und intim, ohne sich dabei in den Gefühlen für andere erkennbar und damit verletzbar zu machen. Manche schwärmen für gewisse Personen, welche ihre Ideale verkörpern und denen sie nacheifern oder die sie imitieren. Im Ausprobieren verschiedener Lebens- und Liebesmöglichkeiten und in der Identifikation mit allen möglichen Rollen wird spürbarer, was zu einem paßt, wohin es einen zieht und wofür man sich eignet. Indem man tagelang so spricht und handelt wie gewisse Identifikationsfiguren, erprobt man sich auch in seinen Wirkungen auf die Umwelt und erfährt seine Möglichkeiten und Grenzen.

Das Vorwegnehmen von realen Situationen im Phantasieleben ist nicht eine sinnlose Träumerei. In der Sehnsucht und zukunftsgerichteten Phantasie wird Potential angereichert und bereitgestellt, welches uns in der Realisierungsphase Kraft gibt. Wenn das passende Alter erreicht ist, können diese Phantasien konkreter werden. Man tritt in die Zeit der Verwirklichung einer Lebensgemeinschaft ein. Man lebt in einer Altersgruppe, wo die Gleichaltrigen in der Entwicklung eventuell voraus sind, ihre ersten sexuellen Erfahrungen gemacht haben, von ihren ersten Liebesabenteuern und Liebesenttäuschungen berichten oder von ihren ersten festen Beziehungen mit Zusammenwohnen. Man wird eher an das Eingehen fester Beziehungen denken, wenn gleichgeschlechtliche Freundschaften schwieriger werden, weil die Freunde und Freundinnen mit Partnern zusammenleben und zusammensein möchten. Oft wird eine Phase von Zwiespalt und Widerspruch durchschritten. Neben der Sehnsucht nach regressivem Sichverwöhnenlassen steht die Sehnsucht nach Freiheit, neben der Sehnsucht nach fester Bindung und Anlehnung jene nach Autonomie, neben der Sehnsucht nach Verschmelzung jene nach Ungebundenheit. Auch im Emanzipationsstreben zeigt sich häufig eine zwiespältige Haltung. Neben dem bewußten Bemühen um Eigenverantwortung, Unabhängigkeit und Gleichheit kann die Sehnsucht stehen, nicht emanzipiert sein zu müssen; neben die Benachteiligungen werden auch die Privilegien und Annehmlichkeiten einer traditionellen Frauenrolle gestellt.

Die persönlichkeitsbildende Kraft der Sehnsucht liegt in der Ausrichtung der Vorstellungen auf eine strukturierte Langzeitperspektive und im Einüben der Realisierung in der vorwegnehmenden Phantasie. Ohne solche Zielperspektiven kann das Leben leer und sinnlos erscheinen. Die Zielausrichtung strukturiert die persönliche Entwicklung und treibt sie voran. Andererseits kann innerer Strukturmangel die Ausrichtung auf Ziele erschweren. Solche Schwierigkeiten sehen wir etwa bei sogenannten Borderline-Persönlichkeitsstörungen.

Aus dem noch wenig gefestigten Sehnen der Pubertät gehen allmählich Pläne hervor, die auf Realisierung drängen. Das Entwerfen von Langzeitperspektiven ist heute für viele junge Frauen schwierig. Besonders manche Akademikerinnen fühlen sich in ihrem Phantasieren und Planen von Zukunft wie gelähmt. Sie stehen im Zwiespalt zwischen beruflichen Karriereträumen, Leben in Freiheit und Ungebundenheit und Vorstellungen von Familiengründung und

Partnerschaft. Manche Frauen scheuen davor zurück, sich allzu intensiv und real auf Zukunftsvorstellungen einzulassen. Sie fühlen sich durch die Ungewißheit behindert im Planen einer Karriere und im Anreichern und Bereitstellen von Potential, welches später in Handeln umgesetzt werden könnte. Die Unmöglichkeit, Sehnsucht unbehindert zuzulassen, ist frustrierend. Das Einüben der Realisierung in der Phantasie hat wohl eine wichtige handlungsvorbereitende Bedeutung. Eine klare Zukunftsperspektive erleichtert zudem die Ablösung von der Herkunftsfamilie.

Manche junge Männer und Frauen sind im Ersehnen von Zukunft zudem gelähmt durch Loyalitätsbindungen an ihre Eltern und Geschwister. Das Planen eines zukünftigen Zusammenlebens bedeutet ja gleichzeitig das Auflösen von bestehenden Bindungen, die möglicherweise für die Eltern stabilisierend wirken. Dem Aufbauen einer neuen Verbindung geht das Zerstören bisheriger Gemeinschaftsstrukturen voran. Das Eingehen einer Lebensgemeinschaft mit einem Partner ist mit Schuldgefühlen belastet, wenn die eigene Mutter etwa darüber depressiv erkrankt.

Die meisten tiefen Liebesbeziehungen folgen auf eine längere Phase schmerzlichen Ersehnens. In dieser Phase des Ersehnens erprobt man in der Vorstellung die Öffnung auf den Liebespartner und übt das Werbeverhalten und den Liebestanz ein. Man bereitet Pläne und Handlungen vor, die unter Verschluß gehalten bleiben bis zu dem Tag, da sie vom Geliebten oder von der Geliebten entdeckt, befreit oder gebraucht werden. Eine zerbrochene Liebesbeziehung mit einer langen Trauer- und Verunsicherungsphase, das Wiederaufkeimen von Hoffnung und Sehnsucht im Anschluß an schmerzlich erfahrene Einsamkeit können Anlaß geben, überspannte und unrealisierbare Ansprüche an eine Partnerschaft zu reduzieren und flexibel und anpassungsbereit sich auf das Mögliche zu beschränken. Dennoch wird das Ersehnte wohl immer größer sein als das Realisierbare.

Der tiefste Grund des Liebessehnens ist die Sehnsucht nach Aufgehobensein

Während die Sehnsucht nach Verwirklichung einer Lebensgemeinschaft bewußtseinsnah ist und sich grundsätzlich nicht unterscheidet von der Sehnsucht nach beruflicher Verwirklichung, gibt es darüber hinaus noch ein Liebessehnen, das viel tiefer geht und stärker verdeckt ist.

Dem Bewußtsein leicht zugänglich sind Sehnsüchte nach Zärtlichkeit, Akzeptiertwerden, Verstandenwerden, nach Verwöhnung, Umsorgung oder Bestätigung. Dringt man tiefer, so zeigt sich ein gemeinsamer Nenner des Liebessehnens im Sehnen nach Aufgehobensein in der Liebe, aufgehoben im doppelten Sinne des Wortes, nämlich als Sehnen nach Geborgensein, aber auch als Sehnen nach Auflösung körperlicher Begrenzung und mitmenschlicher Trennung. Es ist das Sehnen nach einem Erkanntwerden im innersten Wesen, nach einem durch nichts behinderten Aufgehen im Du, einem Ineinander-Versinken in der vollen Lust ewiger Umarmung. Dieser Zustand höchsten Glücks steht jenseits der Strukturen des Alltagslebens, ereignet sich jenseits zeitlicher Begrenzung, in zeitloser Ewigkeit und raumloser Unendlichkeit, weder hier noch dort, als Einssein ohne Anfang und Ende. Es geht um einen Zustand, in dem die Vereinzelung des Individuums aufgehoben ist. Das Ich transzendiert zur Ganzheit der Liebe. Die Liebenden bilden das Zentrum des Kosmos, den ruhenden Pol, um den sich alles dreht. Ihre Vereinigung ist ohne Ziel und Zweck, sie trägt die Erfüllung in sich. Die Liebenden genügen sich selbst und brauchen nichts und niemanden. Sie sind ineinander aufgehoben, ohne sich umeinander bemühen zu müssen. Sie verstehen sich ohne Erklärung, sie wissen alles voneinander, ohne sich mitteilen zu müssen. Es ist ein sprachloses Verstehen und ein unbedingtes Akzeptieren ohne das alltägliche Ringen um das Gelingen einer Beziehung. Diese Liebe kennt kein anderes Bedürfnis als das Beisammensein, ein Zustand, in dem ich dem Partner und der Partner mir alles sein kann. Sexuelle Beziehungen können die körperliche Erfüllung dieser Ursehnsucht sein. Der Orgasmus als ein Sichverströmen jenseits von Ich und Du, von Zeit und Raum.

Dieses Sehnen nach fraglosem Aufgehobensein hat archetypischen Charakter als Unio mystica. Es ist das Sehnen nach einem Urzustand unbehinderten Aufgehens in einem größeren Ganzen, nach einem Partizipieren an etwas, das alles einschließt. Es ist das Sehnen zurück in die Geborgenheit des frühesten Lebens, in einen Zustand der Symbiose mit der Mutter vor jeder Subjekt-Objekt-Spaltung, ein Suchen nach der verlorenen Kindheit, nach einem Einander-Zugeordnetsein. Es ist sowohl das Sehnen zurück in den Urzustand wie auch das Sehnen nach dem zukünftigen Aufgehobensein im Tod, in welchem sich der Zustand der Vereinzelung auflöst und man sich im transzendenten Bewußtsein verströmt. Es ist letztlich ein religiöses Sehnen nach der mystischen Vereinigung mit Gott, wo man ganz leer ist aller Kreatur, um Gottes voll zu sein. «Da ist Gottes Grund mein Grund und mein Grund Gottes Grund» (Meister Eckhart, S. 152).

Diese Sehnsucht nach dem Aufgehobensein in unbedingter Liebe ist wohl in jedem Menschen zeitlebens vorhanden. Sie kann verdrängt und überspielt sein und ist wohl vielen Menschen nicht bewußt. Ihre Erfüllung kann in anderen Formen als einer Lebensgemeinschaft gesucht und gefunden werden, etwa in einer kreativen Tätigkeit, in der Arbeit, in der Beziehung zwischen Eltern und Kind, in einer therapeutischen Beziehung, auch unter dem Einfluß von Drogen oder in Meditation und Gebet. Wie oft es in realen Beziehungen zu einem Angerührtwerden in diesem innersten Kern kommt, weiß ich nicht. Wahrscheinlich bleibt dieser innerste Bereich für manche Menschen verschlossen, oder sie vermögen niemandem Zutritt dazu zu geben.

Dieser innerste Kern des Menschen wird symbolisch mit dem Herzen dargestellt. Das Herz als die Mitte des Menschen und der Welt, das Herz als Sitz der Liebe und der bewegenden Kraft. Vielfältige sprachliche Formulierungen zeugen von diesen Erfahrungen: Jemandem das Herz aufschließen, jemanden ins Herz einlassen, einen Platz im Herzen von jemandem haben, ein weiches, blutendes oder gebrochenes Herz haben, ein volles Herz, ein überströmendes Herz, ein brennendes und schmerzendes Herz; andererseits herzlos sein, ein hartes, ein steinernes, ein verschlossenes Herz haben usw. Dazu paßt auch das bekannte Gedicht eines unbekannten Minnesängers (um 1180):

Dû bist mîn, ich bin dîn:
des solt dû gewis sîn.
dû bist beslozzen
in mînem herzen:
verlorn ist daz slüzzelîn:
dû muost immer drinne sîn.

Die tiefste Sehnsucht findet ihre Erfüllung in Momenten höchsten Glücks, in Momenten aufblitzenden Verliebtseins, welches sich oftmals eher ergibt zwischen Personen, die sich noch kaum kennen, d. h. in Zuständen, wo das Lieben keinen anderen Zweck zu erfüllen hat als sich selbst. Daß dieses vollkommene Aufgehobensein in der Liebe auf Momente des Glücks beschränkt ist, sich aber nicht halten und bewahren läßt, ist vielleicht eine der schmerzlichsten Erfahrungen im Leben. Wer diesen Schmerz nicht ernst nimmt, versteht nichts von Partnerbeziehungen. Man kann diese Form von Liebe als symbiotisch etikettieren, man kann sie als narzißtisch pathologisieren, man kann durch Erfahrung lernen, mit der Unausweichlichkeit der Subjekt-Objekt-Spaltung zu leben, all das ändert nichts an der Tatsache, daß in jedem Menschen wider alle Vernunft und Einsicht eine tiefe ungestillte Sehnsucht nach diesem fraglosen Aufgehobensein fortbesteht. Manche als «hysterisch» disqualifizierten Frauen ziehen es vor, an der Unerfüllbarkeit des Absoluten zu leiden und sich die Großherzigkeit des Sehnens zu bewahren, als sich mit vernünftigen Halbheiten abzufinden.

Das Aufschließen dieses innersten Bereiches kann Quelle

der Kraft in der Liebe sein, welche alle Verständigungsschwierigkeiten, Streitigkeiten und Entbehrungen überdauert. Trotz schwerster Ehezerwürfnisse sagen sich Klienten in der Paartherapie nicht selten, sie liebten sich weiterhin. Gelegentlich glauben Geschiedene an ein fortbestehendes füreinander Bestimmtsein, selbst wenn sie sich mit einem anderen Partner verheiraten. Es handelt sich um eine Gewißheit der bedingungslosen Zusammengehörigkeit, ein Evidenzerleben des füreinander Bestimmtseins, welches auf einer Ebene steht, die manchmal durch partnerschaftliche Differenzen nicht berührt wird. Die Evidenz der Zugehörigkeit schafft eine Form von Verbundensein, die für Außenstehende rational nicht verständlich ist. Sie kann sich etwa in manchen Ehen mit Alkoholikern oder Geisteskranken zeigen, wo an der Liebe weiterhin festgehalten wird, auch wenn keine vernünftige Begründung mehr möglich scheint.

Die transpersonale Psychologie stellt die These auf, daß manche Partner, welche in diesem Leben vereint sind, schon in einem früheren Leben zusammen waren, eine Erfahrung, welche in Hypnose erforscht wird und die auf die Unsterblichkeit der Liebe hinweisen kann. Manche Liebenden haben das Gefühl, von Anfang an so vertraut miteinander zu sein, wie wenn sie sich seit je gekannt hätten. Goethe schrieb an Wieland (April 1776) über seine Liebe zu Charlotte von Stein: «Ich kann mir die Bedeutsamkeit – die Macht, die diese Frau über mich hat, anders nicht erklären, als durch die Seelenwanderung. – Ja, wir waren einst Mann und Weib! – Nun wissen wir von uns – verhüllt, in Geisterduft. – Ich habe keinen Namen für uns – die Vergangenheit – die Zukunft – das All.»

Zur Zeitlosigkeit der Liebe gehören auch Äußerungen vieler Verwitweter, daß sie mit ihrem verstorbenen Partner verbunden bleiben, er ihnen im Traum erscheint und sie im Himmel erneut und auf ewig vereint sein werden. Der tiefste Grund des Liebessehnens ist nicht an eine Phase des Zusammenlebens gebunden, sondern ist das ganze Leben lang mehr oder weniger präsent. Dieses Liebessehnen, welches ich hier zu skizzieren versucht habe, entzieht sich letztlich einer psychologischen Ausdeutung.

Findet das Liebessehnen keine Erfüllung, wird manchmal versucht, diese in Sexualbeziehungen zu immer wieder wechselnden Partnern zu erzwingen. Ein oft fast süchtiges Eingehen von Sexualbeziehungen kann aus dieser Sehnsucht entstehen, obwohl sie diese nicht abzubauen vermag. Das Nicht-warten-Können läßt keine Verdichtung des Liebespotentials zu, das erst die Kraft geben kann zum wirklichen Durchbruch. Trotz vielfältiger Partnerbeziehungen verzehren sich manche Menschen jahre- oder gar jahrzehntelang in der Sehnsucht nach dem einen und einzigen Partner, mit dem sie in einer Lebensgemeinschaft ihre persönliche Erfüllung finden möchten. Sie fühlen sich trotz vielfältiger Sexualkontakte innerlich einsam und lassen niemanden in den innersten Bereich ihrer Person. Sie hoffen auf den Tag, an dem der Einzige oder die Einzige ihnen begegnen wird, auf den oder die sie schon immer gewartet haben. Sexuelle Beziehungen sind noch lange kein Hinweis, daß jemand sein Innerstes preisgibt. Manche halten sich dabei jungfräulich und unberührt. Sie vergeben sich nicht, sondern sparen sich auf für jene Begegnung, die dann als die eigentliche gelebt werden soll.

Liebessehnen kann zum Selbstzweck werden, indem man es auf unerreichbare Personen richtet. Hierher gehört das Schwärmen oder Sichverzehren für ein Idol. Das aussichtslose Sehnen vermittelt die Möglichkeit, dem oder der Angebeteten die Tiefe der Liebe zu beweisen durch jahre- oder jahrzehntelanges Warten und Hinnehmen von Demütigungen über das Nicht-Beantwortetwerden der Liebe. Es können dabei die größten Strapazen und schwersten Liebesprüfungen auf sich genommen werden, wie es von Gabriel García Márquez in seinem Roman «Die Liebe in den Zeiten der Cholera» meisterhaft beschrieben wurde. Das Alleinsein im nicht erwiderten Sehnen kann eine Eigendynamik jenseits jeder Realitätsprüfung entwickeln und sich verklären zu der Vorstellung, der Bund dieser Liebe sei im Himmel geschlossen, es bestehe zum Geliebten eine spezielle Beziehung, selbst wenn diese Liebe nie real beantwortet wird. Der Liebessehnsüchtige kann dabei glauben, in telepathischer Weise die Resonanzschwingung der geliebten Person wahrzunehmen, was bis zur «außersinnlichen Wahrnehmung» synchroner sexueller Erregungen gehen kann, von welcher die geliebte Person selbst gar nichts spürt. Es kann sich die Gewißheit bilden, zur angebetenen Person einen Schlüssel gefunden zu haben, der Eintritt gewährt in den Kernbereich, der ihr selbst verschlossen ist. Dieses Sehnen kann zum Lebensinhalt werden und energetisch stimulieren. Lebt der Sehnsuchtskranke über lange Zeit in seinen nicht überprüften Vorstellungen, so kann die Erkenntnis des Trugcharakters dieser Liebe zum Zusammenbruch der Lebenskonstruktion führen. Die psychotische Form dieses Liebessehnens findet sich im Liebeswahn.

Sehnsucht drängt nicht immer zur Realisierung. Selbst da, wo eine Beantwortung durch den Partner grundsätzlich erreichbar wäre, wird sie gelegentlich vermieden, weil die Reinheit und Größe der Liebe durch ihre Verwirklichung zerstört würde. Die Liebe verliert vieles von ihrem Zauber, wenn sie real wird. Ein unerreichbarer oder ein verlorener Partner läßt einem die ungetrübte Idealisierung und bewahrt einen vor Enttäuschungen. Die Vorstellung, irgendwann einmal, vielleicht erst in einem späteren Leben, die Erfüllung der Liebe zu finden, gibt dem eigenen Leben Richtung und Struktur.

Die Sehnsucht nach dem tiefsten Aufgehobensein in einem Du kann gefährlich sein. Sie birgt die Gefahr der tödlichen Verletzung bei Verlust des Partners, sei es durch Tod oder Verlassenwerden, ein Verlust, den man nicht überleben zu können fürchtet. Das Ersehnte wieder zu verlieren wäre schlimmer, als es gar nie gehabt zu haben. Manche schützen sich vor der Gefahr eines Liebesverlustes, indem sie sich darauf verlegen, in potentiellen Partnern Sehnsucht zu erzeugen, sich selbst jedoch unerreichbar und kühl zu geben.

Das Verletztsein durch Verlust einer geliebten Person veranlaßt manche, ihren innersten Bereich fortan unzugänglich zu halten und jede Liebe im Keim zu zerstören, um nie mehr einen solchen Schmerz erleiden zu müssen. Solche Verlusterlebnisse können bereits in der frühen Kindheit, etwa durch den Verlust von Vater und Mutter eintreten, aber auch später durch tiefgehende Liebesenttäuschungen. Der hohe Wert von Autonomie und Unabhängigkeit in unserer heutigen Kultur veranlaßt manche zu einer ängstlichen Abwehr tiefsten Liebessehnens im Sinne von «ich brauche niemanden, ich genüge mir selbst».

2.1.2. Verliebtsein

Über den Wert des Verliebtseins als Grundlage einer Lebensgemeinschaft

Verliebtsein hat in der psychotherapeutischen Fachliteratur keinen guten Ruf. Mein Freund und langjähriger Mitarbeiter Jakob Bösch (1988) weist darauf hin, daß Psychotherapeuten, vor allem Paartherapeuten, Menschen nur selten in der Phase des Verliebtseins kennenlernen, sondern meist danach, in der Phase der Krise. Im Verletztsein über die Liebesenttäuschung neigen Klienten dazu, ihr Verliebtsein zu entwerten und als kindische Verblendung oder unreife Romanze darzustellen. Manche Therapeuten sind vorschnell bereit, diese Entwertung zu übernehmen. Das Ziel der reifen Liebe wird oftmals in einer illusionslosen realistischen Beziehung gesehen. Das, was das Beflügelnde im Verliebtsein war, wird mit psychopathologischen Begriffen entwertet zur Ursache der gegenwärtigen Paarkrise. Manche Therapeuten sind sich der negativen Verzerrung in der Darstellung ihres Klienten nicht bewußt und verstärken deren Schuld- und Insuffizienzgefühle, anstatt ihnen behilflich zu sein, den Schmerz über die unausweichliche Enttäuschung zu lindern, indem sie die Kostbarkeit des Verliebtseins den Verzweifelten aufzeigen (J. Bösch 1988).

In der tiefenpsychologischen Fachliteratur wird Verliebtsein oft als ein regressiver Zustand interpretiert, in welchem die frühkindliche Dualunion mit der Mutter wiederhergestellt und die schmerzliche Trennung des Subjekts von den Objekten aufgehoben werden soll. Gemäß der Restitutionstheorie soll der Urzustand, der vor dem Trennungstrauma bestand, wiederhergestellt werden (Freud 1914; Specht 1977). Oder es wird gesagt, es werde im Verliebtsein ein eigenes Idealbild (Idealselbst) oder eine eigene nicht gelebte Möglichkeit (z. B. Animus oder Anima, C. G. Jung) auf den Geliebten projiziert und in ihm geliebt. Die geliebte Person wird nicht als sie selbst wahrgenommen, sondern es wird in ihr das eigene Bild gesehen. In der Phase der Enttäuschung gehe es darum, die Projektion zurückzunehmen. Diese Interpretationen brauchen nicht falsch zu sein, sie laufen jedoch Gefahr, das Verliebtsein als eine sinnlose Verblendung darzustellen. In den folgenden Ausführungen möchte ich näher bei dem bleiben, was Menschen im Verliebtsein unmittelbar erfahren.

Die Auflösung der Ich-Du-Grenzen im Verliebtsein ergibt aus einer individualistischen Sicht keinen Sinn und wird deshalb als ein Zurückfallen in den Zustand frühester Kindheit gesehen. Ich erblicke demgegenüber in der Auflösung der Ich-Du-Grenzen und dem Eingehen einer Symbiose eine sinnvolle Grundlage einer Lebensgemeinschaft.

Oft kritisiert man die Verblendung der Verliebten und sieht nicht die Vision. Es wird zu wenig gesehen, daß alles Große, zu dessen Verwirklichung Menschen aufbrechen, als Utopie entworfen wird.

Das real Machbare bleibt immer hinter der Utopie zurück. Und doch – wäre das Machbare ohne Utopie je gemacht worden? Ist es nicht die Großartigkeit einer Utopie, welche die Intensität unseres Engagements begründet und unser seelisches Potential zu mobilisieren vermag? Vernunft und Sachlichkeit sind keine Garanten für das Gelingen einer Beziehung. Besonders nach dem Scheitern einer wichtigen Lebensgemeinschaft, in welcher man sich voll und ganz eingegeben hatte, wird eine neue Partnerschaft nicht selten in dem Bemühen geschlossen, dieses Mal die Situation unter Kontrolle zu halten, sich nicht mehr zu verausgaben, sondern illusionslos zu bleiben, mit dem Ergebnis, daß eine solche Beziehung leer bleibt, weil Liebe grundsätzlich Risiko einschließt. Man möchte sich sicher fühlen, daß man sich nicht stärker vergibt als der Partner, und scheitert an der Undurchführbarkeit dieses Aufrechnens.

Die Grandiosität und Unvernunft des Verliebtseins, das Gefühl der Verliebten, sich zu genügen und in einem zeitlosen Zustand einander ganz zu gehören, sind durchaus angemessen der Kühnheit des Entwicklungsschrittes, auf den sie vorbereiten. Nach Jakob Bösch (1988) ist die Meinung weit verbreitet, der junge Mensch löse sich zuerst von seinen Eltern, werde selbständig und lasse sich dann erst in eine Paarbeziehung ein. Oft verlaufe der Weg jedoch umgekehrt: erst Verliebtsein, das Aufgehen in der Beziehung zu einem Liebespartner, gibt die Kraft, die Beziehung zu den Eltern und zur Herkunftsfamilie zu lockern und sich eine neue Welt zu schaffen. Es wird damit auf die Sicherheit und Annehmlichkeit verzichtet, welche einem das Verweilen in der vertrauten Umgebung bieten würde. Verliebtsein zerstört oft die enge Bindung an Vater oder Mutter und wird deshalb von manchen Eltern gefürchtet. Verliebtsein kann auch Ehen zerstören und zur Scheidung führen. So schafft Verliebtsein oft die Voraussetzungen für die Bildung neuer Beziehungssysteme.

Das Aufbrechen persönlicher Möglichkeiten in der Liebe

Verliebtsein bricht die Person auf. Im Verliebtsein öffnet sie das Herz, ihre innerste Kammer, läßt ihre bisher geheimgehaltene Sehnsucht, Hoffnung und Erwartung hervorbrechen, läßt sich davon packen und durchströmen. Die zuvor brachliegenden und ziellos vorhandenen Energien werden nun ausgerichtet und integriert, was zu einer gewaltigen Belebung der Person führen kann. Verliebte erscheinen Außenstehenden schöner, strahlender, belebter und verzauberter, vielleicht auch närrischer.

Im Aufbrechen der Person wird deren Persönlichkeitsgefüge gelockert. Verhaltens- und Erlebnisweisen werden geweckt, die zuvor brachlagen oder ängstlich versteckt und gemieden wurden. Vieles wird der Person möglich, weil die Beziehung zum Partner es ihr möglich macht. Vieles wird jetzt erstrebenswert und sinnvoll, was einem allein sinnlos erschienen war. Die Person beginnt sich da intensiver zu entwickeln, wo sie durch den Liebespartner beantwortet wird. Der Liebespartner antwortet nicht nur auf das schon Vorhandene, sondern will darüber hinaus neue Möglichkeiten in einem entdecken und sichtbar machen, an die man selbst nicht zu glauben vermochte. Er liebt Verhaltensmöglichkeiten aus einem heraus, die man sich selbst nicht zugetraut hätte. Er verzaubert einen und macht aus einem, was «Gott mit einem gemeint haben könnte» (Verena Kast 1984).

Verliebte möchten das Geheimnis des anderen entdecken, ihm in die geheimste Kammer seiner Seele nachfühlen, sie möchten dahin gelangen, wo noch niemand war, den anderen in einer Weise verstehen, wie er es selbst noch nie erfahren hat. Keineswegs sind Verliebte nur blind für die «Fehler» des anderen. Sie sehen die «Fehler», aber statt davon gestört zu sein, lieben sie den anderen gerade derentwegen. «Fehler» verleihen der Liebe eine Besonderheit, die sie kostbar und einmalig machen kann. Es entsteht der Wunsch, im Geliebten eine Entwicklung in Gang zu setzen, Aspekte zum Wachstum zu bringen, die bisher verschüttet waren und erst jetzt auf dem Nährboden der Liebe zu keimen und zu wachsen beginnen. Nur so ist es zu verstehen, daß man sich keineswegs nur in Menschen verliebt, die selbstsicher und überlegen wirken, allgemein bewundert werden oder überall erfolgreich sind, nein, oftmals fühlt man sich gerade von jenen Personen besonders angezogen, die einem das Gefühl vermitteln, in einer einmaligen Art gebraucht zu werden. Man glaubt, allein wäre dieser Mensch verloren, käme im Leben nicht zurecht, er könnte sich jedoch bei liebevoller Unterstützung entfalten. Diese Erwartungen sind keineswegs immer falsch. Die Beziehung kann dem Partner behilflich sein, alte Wunden zu heilen, Verletzungen zu vergessen und neuen Mut zu schöpfen, um wieder aktiver und zielgerichteter ins Leben zu treten. Viele seelische Leiden und Störungen werden tatsächlich durch intensive Liebe geheilt.

Die Kostbarkeit der Begegnung der Verliebten kann im Sexuellen ihren besonderen Ausdruck finden. Man möchte nicht einfach miteinander Geschlechtsverkehr vollziehen, sondern man möchte vom anderen hören: «So wie mit dir war es noch nie. So etwas habe ich noch nie erlebt. Du bist so ganz anders als alle andern.» Man möchte spüren, hören, sehen und riechen, daß man fähig ist, beim anderen die intensivsten Gefühle auszulösen. Man möchte sich von den Gefühlen der Lust packen lassen und dem Partner damit zeigen, wozu man sich von ihm hinreißen läßt.

Die Metamorphose der persönlichen Konstruktsysteme im Verliebtsein

Auf Seite 224 und 269 wird auf die Psychologie der persönlichen Konstrukte hingewiesen, gemäß welcher jeder Mensch die Welt durch gewisse Wahrnehmungsmuster sieht und dem Wahrgenommenen Bedeutung beimißt. Die Konstrukte werden aus der Erfahrung mit der Umwelt gebildet und erleichtern die Orientierung und das Umgehen mit der Umwelt, die einem durch die Konstrukte vertraut wird. An den Konstrukten wird meist so lange festgehalten, wie sie sich im Umgang mit der Umwelt bewähren, sie müssen jedoch korrigiert werden, wenn sie sich dazu nicht mehr eignen. Der Mensch ist immer etwas unsicher, wieweit seine Konstrukte allgemeingültig sind. Er muß seine Konstrukte einer laufenden Prüfung unterziehen und sie neuen Gegebenheiten und Erfahrungen anpassen. Jeder Mensch bildet sein eigenes Konstruktsystem, welches sich von jenem anderer Menschen mehr oder weniger unterscheidet. Beim jungen Erwachsenen sind die Konstrukte meist noch stark von seinen Lebenserfahrungen in der Herkunftsfamilie bestimmt.

Treten zwei Partner miteinander in Beziehung, so treffen zwei Familien- und Individualwelten aufeinander.

Das Verliebtsein lockert das persönliche Konstruktgefüge, also die Muster des Denkens, Wahrnehmens und Fühlens, schüttelt es durcheinander und kristallisiert es partnerbezogen neu aus. Es ist, als ob die Partner versuchten, sich «füreinander neu zu gebären» (Kallifatides, S. 52). Die persönlichen Konstruktsysteme geraten in Bewegung, werden anders akzentuiert, umgebaut, hierarchisch neu auf den Partner hin geordnet. Es kommt zu einer Metamorphose der Persönlichkeiten. Die Konstrukte werden einander angepaßt, Konstrukte des Partners in die eigenen Konstrukte aufgenommen (Assimilation), brachliegende, nun aber in der Partnerschaft benötigte Konstrukte reaktiviert, oder es werden die eigenen Konstrukte jenen des Partners angeglichen (Akkommodation). Das Bemühen, alles Trennende zu übersehen und ganz eins zu werden, braucht nicht eine narzißtisch-symbiotische Störung zu sein, sondern kann eine feste Grundlage für das Zusammenleben schaffen, welche für die Bewältigung der zu erwartenden Schwierigkeiten wichtig ist. Sich persönlich wieder mehr voneinander zu differenzieren, wird Aufgabe späterer Phasen des Zusammenlebens sein.

Auch wenn Verliebte sich nicht sehen, leben sie innerlich aufeinander bezogen und tragen den Partner dauernd in sich. Sie stehen in einem laufenden inneren Dialog miteinander, so daß unter der Dauerpräsenz des Partners der Alltag oft neu gesehen und in neuen Bedeutungen konstruiert wird. Es entsteht die Sehnsucht, ganz mit dem Partner zu leben, es entstehen Kräfte und Bereitschaften, dafür große Schwierigkeiten zu überwinden, Opfer und Strapazen zu ertragen, den Wohnort zu wechseln, die Familie zu verlassen, in eine andere Kultur zu ziehen, eventuell einer anderen Religionsgemeinschaft beizutreten, die soziale Schicht zu wechseln, Einschränkungen der beruflichen Entfaltung auf sich zu nehmen und so weiter. Durch alle heutigen gesellschaftlichen Veränderungen hindurch hat sich die Sehnsucht erhalten, die Liebe solle ewig und unbegrenzt sein, der Partner einmalig, unverwechselbar und unersetzlich, von spezieller Ausstrahlung und Besonderung, die für einen spezifisch ist und mit niemandem geteilt werden soll.

Die ablehnende Reaktion der Umwelt auf die Verliebten

Es gehört zur Grandiosität der Verliebten, daß sie sich selbst genügen. «Les amoureux sont seuls au monde», sagen die Franzosen. Oftmals fühlen sie sich der spießigen Alltagswelt enthoben und über ihr schwebend. Sie sind voller Optimismus, unerreichbar für jede Mahnung zur Vernunft, überzeugt, alle Hindernisse überwinden zu können. Die Liebe vermag alles zu ertragen. Diese Aufbruchstimmung kann dem abenteuerlichen Wagnis einer Lebensgemeinschaft angemessen sein.

Dennoch – die Umwelt reagiert oft aggressiv. Insbesondere die Eltern ertragen es schlecht, so radikal von der Beziehung zu ihrem Kind ausgeschlossen zu werden. Aber auch Gruppen religiöser und politischer Art sehen es ungern, wenn ihnen ihre Mitglieder im Namen der Liebe entrissen werden. Deshalb versuchten und versuchen manche Familien und Kulturen das Verliebtsein möglichst zu verhindern oder zumindest nicht zur Grundlage einer Familiengründung zu machen.

Die Tendenz der Verliebten, alles Gute in ihrer Beziehung zu finden und alles Schlechte in die Umwelt zu verlegen, und die Tendenz der Familien, das Ausgeschlossenwerden als persönliche Kränkung zu erleben, provozieren oft das Bemühen der Eltern, die Verliebten auseinanderzubringen. Paradoxerweise leisten sie damit meist einen wichtigen Beitrag zur Stabilisierung der Beziehung. Sie geben den Liebenden die Möglichkeit, ihre Liebe durch Entbehrungen oder Bestehen von Gefahren unter Beweis zu stellen.

Über erotische Anziehung im Zeitalter der Emanzipation

Was wirkt eigentlich erotisch anziehend? Heute wird oft das Ende der Erotik zwischen den Geschlechtern beklagt. Es wird festgestellt, daß junge Liebespartner wie Geschwister oder gar Zwillinge zueinander stehen (Badinter 1987). Die Erwartungen der Geschlechter haben sich, besonders in den oberen Bildungsschichten, deutlich einander angenähert. Monica Sieverding (1988) hat durch Befragung von Studenten herausgefunden, daß der starke, beruflich erfolgreiche Mann, der seine Gefühle versteckt und keine Angst zeigt, nicht mehr so gefragt ist, genauso wenig wie die bloß fürsorgliche, gefühlsbetonte und einfühlsame Frau. Männer wie Frauen wünschen sich von ihrem Idealpartner ein hohes Maß expressiver Eigenschaften, zärtlich, einfühlsam, liebevoll, verständnisvoll soll er sein. Die emotionalen Aspekte der Partnerschaft scheinen eine erhöhte Bedeutung zu bekommen. Inwieweit die Befragten dabei gemäß der sozialen Erwünschtheit antworteten und ob Studenten die tatsächlichen gesellschaftlichen Trends repräsentierten, bleibt offen.

Männer wie Frauen haben gelernt, mehr über sich und ihre Gefühle zu sprechen. Sie suchen im Gespräch Einfühlung, Verständnis und Zärtlichkeit. Sie erzählen sich rasch die intimsten Dinge und streben ein möglichst hohes Maß an Offenheit an. Männer verzichten in Beziehungen darauf, sich als betont hart, tapfer oder mutig aufzuspielen, manche scheinen allerdings Frauen bereits zu nerven mit ihrem Bedürfnis, ihre Ängste und Schwächen zu bekennen. Frauen nehmen vom weiblichen Ränkespiel Abstand, verzichten auf appellative Schwächeanfälle, auf naive Hilflosigkeit, auf bewundernde Augenaufschläge, kurz: Männer und Frauen sind sich Kollegen geworden. Die Unisexmode der siebziger Jahre brachte das Bestreben zum Ausdruck, die Geschlechtsunterschiede in Kleidung, Haartracht und Schminken zu verwischen. Erst in den letzten Jahren scheinen sich die Moden von Mann und Frau wieder stärker voneinander zu unterscheiden, möglicherweise parallel zum neuen Selbstbewußtsein der Frau, die erfährt, daß Emanzipation, Selbstvertrauen, Unabhängigkeit und Aktivität ihre sexuelle Attraktivität nicht beeinträchtigen, sondern im Gegenteil in den Augen vieler Männer sogar erhöhen, besonders wenn sie einhergehen mit schönem Aussehen. In der Untersuchung von Monica Sieverding (1988) werden «hübsch, charmant, sexy» als Eigenschaften der Idealfrau deutlich höher eingestuft als 1976.

Trotz (oder wegen?) sexueller Freizügigkeit wurde in den letzten Jahren ein zunehmendes sexuelles Desinteresse bei jungen Erwachsenen festgestellt. Eine 1987 erschienene Repräsentativuntersuchung von 600 jungen Zürcherinnen (22- bis 29jährig) ergab bei der Nennung wichtiger Dinge für die Partnerschaft die Sexualität fast an letzter Stelle (Höpflinger 1989). Es ist, als ob beide Geschlechter Mühe hätten, die biologischen und anatomischen Unterschiede in der sexuellen Begegnung voll zur Entfaltung zu bringen: bei den Männern aus Scheu, in der stolzen Identifikation mit dem Phallus sich als «Phallokrat» zu erweisen, bei den Frauen aus der Befürchtung, nur als sexuelles Lustobjekt begehrt zu werden. Sicher wird diese Zurückhaltung zusätzlich durch Aids-Angst gefördert.

Das Verlangen nach Sichanlehnen, Gehaltenwerden und Zärtlichkeit, das noch vorwiegend Frauen zugeschrieben wird, braucht in einer Partnerschaft keineswegs Zeichen von Schwäche und Abhängigkeit zu sein, sondern ist eventuell eher ein Hinweis auf die Fähigkeit, zeitweilig mit dem Partner zu regredieren, um daraus mit neuen Kräften für die Bewältigung des Alltagslebens hervorzugehen. Es kann aber auch für die eigene sexuelle Identität wichtig sein, sich zeitweilig als stark bestätigt zu fühlen. Männer tun sich gegenwärtig mit ihrer Identität schwerer als Frauen. Es gibt kein klares Leitbild für den Mann mehr. Das ist nicht nur Folge des Feminismus, sondern hat auch mit den ökonomischen Umbrüchen zu tun: Mit der gleichwertigen Berufsausbildung und Berufsstellung der Frau ist der Mann in der Funktion als Ernährer keine Notwendigkeit mehr; durch die Fähigkeit der Frau, ihr Schwangerwerden selbst zu kontrollieren, ist der Mann von der Frau abhängig, ob sie mit ihm Kinder haben möchte. Der Mann hat damit seine zwei wichtigsten Funktionen, die ihm größere Macht gegeben hatten, verloren. Er ist in mancher Hinsicht entbehrlich geworden.

Es stellt sich die Frage, ob die Einebnung der Geschlechtsunterschiede die erotische Anziehung dämpft. Manche Frauen schockieren Männer heute mit dem Hinweis, sie fänden Männer sexuell überhaupt nicht attraktiv und fühlten sich von Frauen weit mehr angezogen. Teilweise geht es ihnen darum, den Männern zu zeigen, daß sie sich selbst genügen können. Teilweise handelt es sich um einen Protest der Frauen, sich nur als Sexualobjekt begehrt zu fühlen, als Reaktion auf die Banalisierung und Kommerzialisierung des Sex. Ich glaube, die Beziehung von Frau zu Frau ist häufig persönlicher, umfassender und zärtlicher. Frauen sind fähig, besser aufeinander einzugehen und einander zu verstehen, als es zwischen Mann und Frau möglich ist. Die Beziehung zwischen Mann und Frau ist wegen der stärkeren Verschiedenheit ihrer Konstruktsysteme beschränkter und schwieriger. Sie ist für beide Seiten fordernder und setzt beide unter größeren Leistungsdruck. Mann und Frau bleiben sich stärker ein Geheimnis. Das Suchen des Andersartigen und das Bestätigtwerden im Eigenen ist aber auch aufregender, es ist mit größeren Überraschungen verbunden. Das Risiko des Scheiterns ist höher.

Vielleicht hat erotische Spannung auch nachgelassen mit dem Wegfall äußerer Schranken. Es gibt keine bedeutsamen moralischen Verbote mehr, deren Übertretung eine besondere Lust bereiten könnte. Es gibt kaum mehr Eltern, die das Zusammensein ihres erwachsenen Kindes mit Freund oder Freundin zu behindern vermögen oder überlistet werden müssen. Das Zusammenleben von jungen Männern und Frauen ist heute fast zur Norm geworden. Wie die Repräsentativuntersuchung der jungen Zürcherinnen 1987 ergab, leben aber immer häufiger Partner ohne Liebesbeziehung und ohne sexuelle Beziehung zusammen. Das rasche Eintreten in eine Art Alltagsleben in Wohngemeinschaften hat den Vorteil, daß Männer und Frauen lernen, partnerschaftlich zusammenzuleben, hat aber auch den Nachteil, daß es schwieriger sein kann, eine erotische Spannung aufzubauen.

Elisabeth Badinter glaubt, daß Liebesleidenschaft und Erotik auf einer gewissen Distanz zwischen Mann und Frau beruhen. Zum Spiel der Erotik gehöre, sich dem Partner nie ganz zu offenbaren, was den Partner wiederum stimuliert, einen zu suchen und aus dem Dornröschenschlaf zu erwekken. Die Partner müssen es aushalten, einander ein Geheimnis zu bleiben. Jeder hat in sich unbewußte Tendenzen, die er selbst nicht kennt, die jedoch in der Liebe aktiviert werden und ins Leben eintreten. Der Partner kann mit seinem Bestreben, hinter das Geheimnis zu kommen, die Entdeckung und Verwirklichung des Selbst wesentlich fördern. Diese Form der Erotik schläft auch nach jahrelangem Zusammenleben nicht ein. Wenn Partner glauben, einander ganz zu kennen, bleiben sie in ihrer gemeinsamen Entwicklung stehen.

Suchen und Gesuchtwerden gehen ineinander auf. Beim Suchen des Andersartigen im anderen finde ich das Andersartige in mir. Indem ich den anderen mein Geheimnis suchen lasse, kann er Zugang zu seinen eigenen Geheimnissen finden. Der Prozeß des gegenseitig Sichöffnens ist nicht ein einmaliger Willensakt, sondern ist ein Prozeß des Sich-gegenseitig-Erschließens. Der Zutritt zum innersten Raum wird im Laufe des Lebens nur ganz wenigen Menschen gewährt. Es sind dies jene Menschen, die den Schlüssel haben oder die die Prüfungen und Proben zur Öffnung bestanden haben. Der griechisch-schwedische Dichter Theodor Kallifatides formuliert das folgendermaßen: «Was will ich da vor allen Menschen verbergen? Ich weiß es nicht. Das einzige, was ich weiß, ist, daß es nur zwei Menschen gibt, denen ich jemals Eintritt in diesen meinen Raum gewährt habe: meinem Vater und Johann [seinem Sohn]. Aber diese wissen nichts davon.» (S. 61) Für Liebespartner ist es kränkend, selbst nicht jene Person zu sein, die am weitesten in das Geheimnis des anderen vorgedrungen ist.

Verlauf des Verliebtseins

Verliebtsein kann sich langsam bilden oder wie ein Blitz einschlagen. Es kann einseitig oder beiderseitig sein. Es kann zu einer unglücklichen oder glücklichen Beziehung führen. Es gibt Liebe auf den ersten Blick, die oftmals erstaunlich treffsicher ist und zu dauerhafter Lebensgemeinschaft führen kann, wie es Rainer und Alex in ihren Interviews schildern (S. 167 und 196). Man glaubt, den Partner blitzartig in seinem innersten Wesen erkannt zu haben. Man kann sich dabei aber auch täuschen. Ist das Verliebtsein gegenseitig, so öffnen die Partner sich der geliebten Person und nehmen sie in sich auf. Besonders in der Phase, wo man noch wenig voneinander weiß, kann die beglückende und ungetrübte Symbiose am intensivsten sein. Man verfällt in einen Zustand uneingeschränkten Einswerdens, wo nichts einen interessiert als das Hoffen, soviel wie möglich mit dem Geliebten zusammenzusein, ihm in die Augen zu sehen, ihm zuzuschauen, ihn zu halten, bei ihm zu sein, ohne etwas zu unternehmen, denn man genügt sich selbst. Man möchte miteinander fühlen, miteinander schwingen, man tauscht sich gegenseitig aus im Bemühen, das Gemeinsame und Harmonische aus allem herauszuhören. Oft weiß man nicht, in was man sich verliebt hat, in ein Lachen, eine spitze Nase, einen Körpergeruch, in linkische Bewegungen – alles Attribute, welche die geliebte Person einmalig und unverwechselbar machen.

Im Bedürfnis, ineinander aufzugehen, dringt jedes in das andere ein und versucht, dessen Denken und Fühlen zu erforschen und das eigene darauf abzustimmen. Man will sich bestätigen, daß man möglichst alles gleich sieht, sich über dasselbe freut und aufregt oder sich für dasselbe interessiert. Überall, wo das stimmt, löst das ein freudiges Gefühl aus, füreinander bestimmt zu sein.

Allmählich stellen sich nun aber auch realistischere Gedanken ein. Man fängt an, sich nach dem Sinn der Beziehung zu fragen, man möchte der Liebe eine Zukunft geben und sich gemeinsam ausmalen, welche gemeinsamen Entwicklungen möglich sein könnten und was man miteinander verwirklichen möchte.

Ist Verliebtsein Voraussetzung für eine gute Ehe oder eher eine Behinderung? Das scheint schwer zu beantworten. Sicher gibt es Partner in lebenslanger Gemeinschaft, die nie ineinander verliebt waren. Sicher gibt es vor allem auch einseitiges Verliebtsein, das Anlaß zu Vorwürfen, Gereiztheit und Schuldgefühlen sein kann. Oft heiratet man nicht den «Traumpartner», sondern den Zweitbesten, nachdem der Beste unerreichbar blieb. Das braucht nicht negativ zu sein. Viele wollen sich nicht verlieben, weil sie fürchten, sich dabei zu verlieren.

Es gibt flüchtige Formen des Verliebtseins, es gibt Menschen, die glauben, sich fast täglich in jemand anders verlieben zu können. Auch wer in einer glücklichen Partnerschaft steht, verliebt sich ab und zu in andere Personen. Man kann sich in jemanden verlieben, mit dem man niemals zusammenleben möchte. Das Sichverlieben kann zur Sucht werden. Das hier beschriebene Verliebtsein ist das Verlieben als Grundlage einer längeren Beziehung. Einem tiefergehenden Verliebtsein vorangegangen ist oft eine lange und schmerzliche Phase einsamen Sehnens, wo man in der Vorstellung auf einen potentiellen Partner hin lebte. Vielleicht hat man einen schweren Schmerz bei der Auflösung einer Beziehung erfahren und legte sich zur Vorsicht eine längere Wartefrist auf. In dieser Zeit spielte man vielleicht mit Beziehungen, die man nicht selten so konstellierte, daß sie bald wieder abbrachen oder in Enttäuschung endeten, um sich so vor intensiverem Engagement zu schützen. Oftmals wollte man auch einfach nicht allein sein, wünschte eine Begleitperson oder sexuelle Beziehungen. Diese unspezifischen und oberflächlichen Beziehungen vermögen jedoch die Wunden der früheren Enttäuschung oft nicht zu heilen. Ein neues tiefergehendes Verliebtsein ist in Beziehung zu der früheren Enttäuschung zu setzen. Man nimmt die Erfahrungen der vorangegangenen Liebesbeziehung in die neue mit und versucht eventuell, einen Faden da weiterzuspinnen, wo er abgerissen war. Oder man sucht sich einen Partner, der deutlich verschieden ist vom früheren, etwa bezüglich Alter, Temperament, sozialer Stellung, intellektuell. Man hofft, sich mit diesem Partner vor erneuter Enttäuschung zu schützen. Es zeigt sich dann meist bald, ob in der neuen Partnerschaft andere Beziehungsformen gelingen oder ob die neue Beziehung ein Ersatz für die frühere Beziehung ist, nach der man sich zurücksehnt.

Störungsanfällige Formen des Verliebtseins

Die heimliche Sucht, gebraucht zu werden

Den Partner zu erweitern, ihm den Zugang zu neuen Welten zu erschließen, dahinterkommen zu wollen, wie der andere wirklich ist oder sein könnte, sein Geheimnis zu entdecken, ihn besser zu erkennen, als er sich selbst oder eine andere Person ihn kennt – all das übt eine starke Faszination aus. Die Gefahr ist, daß man etwas herauslieben will, das gar nicht da ist, daß man den anderen in einer Weise erschaffen will, die er vielleicht selbst ersehnt, zu der er aber keine Voraussetzungen bietet.

Das französische Märchen «La belle et la bête» handelt von der Phantasie, den Partner durch Liebe zu erlösen. Ein junges, schönes Mädchen voller Unschuld begegnet dem abstoßenden, furchterregenden Ungeheuer. Um ihre Familie zu bewahren, ist es bereit, mit diesem zu leben. Als es das Ungeheuer jedoch besser kennengelernt hat, überwindet es seine natürliche Abscheu und beginnt, es trotz seiner tierischen Gestalt zu lieben. Diese Liebe bewirkt ein Wunder, nämlich die Zurückverwandlung des Ungeheuers in seine ursprüngliche Gestalt, in die Gestalt eines Prinzen. Dieser wird König und dem Mädchen ein dankbarer, treuer Gemahl. Und sie führen miteinander ein Leben steter Glückseligkeit.

Robin Norwood (1985/86) beschreibt die heimliche Sucht, gebraucht zu werden, und sagt, wenn Liebe für Frauen gleichbedeutend ist mit Schmerz und Leid, dann handelt es sich um Frauen, die zu sehr lieben. Wenn Gespräche mit ihren engsten

Freundinnen sich häufig nur um ihren Partner drehen, um seine Probleme, seine Gedanken, seine Gefühle – wenn fast alle Sätze mit «er» anfangen, dann lieben sie zu sehr. In meinem Buch «Die Zweierbeziehung» (1975) habe ich beschrieben, wie solche Frauen sich oft nicht für liebenswert halten und durch die völlige Hingabe an den Partner hoffen, sich aufzuwerten, indem sie aus diesem Mann etwas Großes machen möchten oder indem sie seinen schwierigen Charakter ertragen, so wie es niemand anders vermöchte.

Was ist gegen das Zuviel-Lieben zu tun? Es wird geraten, sich nicht zu sehr aufzugeben, sich selber mindestens so stark zu lieben wie den Partner. Nach meiner Erfahrung suchen solche Frauen mit ihrer Liebe eine Herausforderung, die der Größe ihrer Liebesbereitschaft Raum gibt. Sie finden an Beziehungen keinen Geschmack, in welchen sie nicht die Aussicht haben, einen Mann in seinen besten Möglichkeiten entstehen zu lassen. Aus solchem Engagement entsteht keineswegs nur Pathologie, sondern auch echte Heilung.

Die Sucht, andere in sich verliebt zu machen

Manche Menschen, Männer wohl häufiger als Frauen, haben wenig Zugang zu ihren eigenen Gefühlen, ja halten diese unter Verschluß aus Angst, die Kontrolle über sich zu verlieren, sich zu vergeben und ihren Partnern auszuliefern. Sie schützen damit ihre hohe Verletzbarkeit. Solche Personen üben oft einen ganz besonderen Reiz auf das andere Geschlecht aus. Sie wecken die Phantasie, man müsse den geheimen Schlüssel finden, um den Eingeschlossenen zu befreien. Um das Vertrauen des äußerlich so kühlen, innerlich jedoch hochsensiblen Mannes zu gewinnen, müßte man ihm den verlorenen Glauben an die echte Liebe zurückgeben. Solche Männer bleiben nicht unberührt von der starken Liebe, die ihnen angetragen wird, aber sie lassen sie nicht in sich ein. Sie partizipieren an den leidenschaftlichen Gefühlen der anderen, ohne diese selbst fühlen zu können. Oft sind sie als Don Juans dauernd auf der Suche nach der erfüllenden Liebe, die ihren Liebesdurst zu stillen vermöchte. Meist aber bleiben sie unbefriedigt. Als Femme fatale verstehen Frauen in ähnlicher Weise Männer anzulocken und zu verwirren, um immer dann, wenn der Liebhaber am Ziel zu sein glaubt, diesen kühl und unbeteiligt abzuweisen. Sie entfachen in Männern ein intensives Liebesstreben, das mit der Vorstellung verbunden ist, diese Frau im innersten Kern erreichen und umhegen zu müssen.

Ein allzu leichtes und häufiges Sichverlieben findet sich manchmal bei Menschen, die eine wenig gefestigte Identität haben. Sie suchen den Reiz der Metamorphose mit immer wieder neuen Partnern. Sie suchen aber auch die berauschende Steigerung des Selbstgefühls und möchten in der grandiosen Symbiose des Verliebtseins immer wieder das Zentrum der Welt bilden. Da solche Erfahrungen meist auf Momente des Glücks beschränkt sind, kann das Suchen nach immer wieder neuem Verliebtsein zur Sucht werden.

Symbiose als gesunde Grundlage einer Partnerschaft

Das Verfallen in eine Symbiose ist heute für viele das größte Schreckgespenst der Liebe. Er wird befürchtet, damit seine Autonomie zu verlieren, nicht mehr man selbst zu sein, sich aufzugeben und als Person aufzulösen. Gemäß den psychoanalytischen Forschungen von Margaret Mahler (1968/1972) wird vermutet, daß der Säugling sich und seine Mutter als Zwei-Einheit innerhalb einer gemeinsamen Grenze erlebt. Die mütterliche Pflegeperson ist für den Säugling ein Teil seines Selbst. Im Erwachsenenalter kann die Versuchung, auf diesen frühkindlichen Zustand zurückzufallen, überall da bedrohlich werden, wo die eigene Persönlichkeitsstruktur noch wenig gesichert ist und die Gefahr besteht, die später erworbene Eigenregulation und Selbstverantwortlichkeit wieder aufzugeben. Sind die Strukturen einer Person jedoch ausreichend gesichert, so kann die zeitweilige Regression in einen symbiotischen Zustand eine besondere Bereicherung und eine Quelle von Kräften sein. So kann sich etwa eine Person im Orgasmus in eine tiefe Regression einlassen, im Bewußtsein, über die Fähigkeit zu verfügen, daraus auch wieder emportauchen zu können (Michael Balint 1969). Auch Otto Kernberg (1985/88) sieht die Fähigkeit zur Grenzüberschreitung als Ausdruck gesunder sexueller Leidenschaft, als Fähigkeit zur Verschmelzung ohne Selbstverlust.

Für die Stabilisierung einer Lebensgemeinschaft kann Symbiose eine wichtige Grundlage bilden. Dazu geben die Interviews eindrückliche Beispiele. Annemarie (S. 147) schildert, wie sie sich symbiotisch in die Gemeinschaft mit ihrem Mann eingelassen hat und ihr Leben weitgehend aus den Erfordernissen der Gemeinschaft gestaltet hat. Dabei war sie schon vor Eingehen der Beziehung eine emanzipierte und autonome Frau, die sich allein im Leben bestens zurechtfand. Sie empfand das Eingehen einer Symbiose in der Ehe nicht als Selbstverlust, sondern als Bereicherung, weil sie darin für ihr Leben eine tiefere Begründung finden konnte. Symbiose führte bei ihr nicht zu Hörigkeit oder zu persönlicher Abhängigkeit. Aus ihrer Schilderung kann vermutet werden, daß sie jederzeit in der Lage wäre, sich wenn nötig aus der Symbiose zu lösen, allerdings mit Schmerzen. Auch die 23jährige Nelly (S. 176) schildert anschaulich die symbiotischen Tendenzen in ihrem Verliebtsein, welche jedoch ihrer Kritikfähigkeit keinen Abbruch tun. Sie kann sowohl sich selbst wie den Partner in ihrer Verschiedenheit deutlich wahrnehmen und zeigt keinerlei Tendenzen, sich für den Partner persönlich aufzugeben, wenn auch die Tendenz deutlich spürbar ist, das Leben zunehmend auf einen ganzheitlichen Aspekt der Gemeinschaft auszurichten. Ein allzu forciertes Bestreben, sich vor Verliebtsein zu bewahren und sich von vorneherein auf die Abgrenzung gegenüber einem möglichen Partner zu konzentrieren, wird die Bildung einer Lebensgemeinschaft beeinträchtigen und es insbesondere erschweren, miteinander eine gemeinsame Behausung zu schaffen und fruchtbar zu werden.

2.1.3. Enttäuschung und Leiden an der Liebe

Vom Wesen der Enttäuschung in der Liebe

Im vorigen Kapitel ging es darum zu zeigen, wie zwei Verliebte einander aufbrechen und wie jedes aus dem anderen persönliche Möglichkeiten herauslieben und ins Leben rufen kann, wie jedes sich aus der Beziehung heraus neu entwickelt und über sich hinaus zu wachsen vermag. Im längeren Zusammenleben wird das jedoch oft zum Problem. Wer unter der gestaltenden Kraft der Liebe zu weit über sich hinausgeraten ist, kann dieses Verhalten nicht aufrechterhalten. Plötzlich melden sich Zweifel, ob man wirklich so ist, wie der Partner einen sieht und wie man sich selbst im bewundernden Spiegel des Partners sehen wollte. Es melden sich Ängste, sich zu weit vorgewagt, sich zuviel zugetraut zu haben. Die Feststimmung des Verliebtseins wird im Alltag zur Belastung, es entsteht der Wunsch nach der Rückkehr zu weniger anspruchsvollen Gewohnheiten. Ja, nicht nur die Reduktion der Erwartungen des Partners wird ersehnt, sondern eventuell auch ein Regredieren hinter die persönlichen Möglichkeiten, ein Sich-gehenlassen-Dürfen, ein Ausschlag des Wachstumspendels in die Gegenrichtung.

Oft möchte man dem anderen zunächst die Enttäuschung ersparen, daß man nicht das ist und bleibt, was er aus einem «gemacht» hat. In diesem Bemühen will man meist aber auch sich selbst vor der Enttäuschung schützen, das nicht halten zu können, wozu man sich kraft der Liebe befähigt fühlte, nämlich nicht so groß zu sein, so stark, so mutig, so sicher, frohgemut, so lustig, so aufmerksam, nein, vielmehr launisch, egozentrisch, verstimmbar, kleinlich, garstig wie eh und je.

Die Aspekte der Enttäuschung zu bewältigen ist oft ein langer, leidvoller Weg. Man kommt dann von dem Gedanken nicht los, der andere könnte, wenn er nur wollte, wenn er mich wirklich liebte, so würde er doch. Sieht er denn nicht, wie unglücklich ich bin? Den letzten Hund würde er nicht so herzlos behandeln wie mich!

Daß der andere könnte, wenn er nur wollte, dafür meint man ja die Beweise aus der ungetrübten Phase des Verliebtseins zu haben. So liegt es auf der Hand, nach Mitteln und Wegen zu suchen, den anderen dazu zu bringen, sich so zu verhalten und zu entwickeln, wie man es von ihm braucht.

Oder hat man sich etwa im Partner getäuscht? Hat der Partner gewisse Bereiche vor einem verborgen gehalten? Will der Partner gewisse Geheimnisse vor einem bewahren? Liegen in diesen verschlossenen Bereichen nicht Infektionsherde, in welchen abweichende Entwicklungstendenzen jederzeit virulent werden könnten? Man versucht, sich den Zugang zu diesen Bereichen zu erschließen, indem man die Erforschung des Partners intensiviert, womit man oftmals lediglich die Mauern, die er gegen einen aufrichtet, verstärkt.

Etwas vom Schwierigsten an der Enttäuschung ist aber wohl die Erkenntnis, daß der andere einen immer nur in seiner Art und Weise verstehen kann und daß diese Art und Weise von der eigenen verschieden bleibt. Liebe gilt nicht nur irgendeinem Teilaspekt eines Menschen, sondern sie umfaßt grundsätzlich den ganzen Menschen, den Menschen als Person, so wie er im Eigentlichen gemeint ist. Hat man nicht in langer schmerzlicher Einsamkeit sein Innerstes aufgespart, um es jetzt in der als einzigartig erlebten Liebe einem Menschen zu offenbaren? Und nun soll man sich damit abfinden müssen, daß der Partner in seiner Fähigkeit, einen zu verstehen und zu begreifen, persönlichen Beschränkungen unterliegt? Schwer ist es zu akzeptieren, daß der andere uns immer nur in jenen Bereichen beantworten kann, wo er persönlich ansprechbar ist. Die Konstruktsysteme von Partnern sind nie deckungsgleich, sie können im besten Falle ausreichend zueinander passen. Das Leiden an den persönlichen Begrenzungen des Partners ist besonders schmerzlich, begrenzen sie einem doch die Möglichkeit, sich innerhalb der Partnerschaft zu entfalten und zu verwirklichen. Man fühlt sich überfordert, den anderen so zu akzeptieren, wie er ist, wenn das gleichzeitig heißt: zu akzeptieren, in der Partnerschaft nicht das werden zu können, was man werden möchte und werden zu können glaubt.

Die oft gehörte Forderung, es gehe in der Phase der Enttäuschung darum, die Projektionen zurückzunehmen und den Partner so zu sehen, wie er ist, und nicht so, wie man ihn gerne sehen möchte, wird dem Drama dieses Ereignisses nicht gerecht. Der Partner wurde nicht notwendigerweise verzerrt gesehen, er war in der Verliebtheit tatsächlich anders als jetzt. Es geht auch nicht einfach darum, bloß das Bild, das man sich von ihm macht, zu korrigieren. Vielmehr zeugt die Enttäuschung für den Zusammenbruch von Lebensperspektiven, die einen in der Phase des Verliebtseins beflügelten und die einem die Realisierung von Leben in Aussicht stellten, das nun in Frage gestellt ist. Man kämpft nicht nur um die Veränderung des Partners, sondern um die Realisierung von dem, wofür man in der langen Vorbereitungsphase des Sehnens Potential angereichert und bereitgestellt hatte. Mit destruktivem Verhalten, Erpressung, Entwertung und Provokation hofft man, den Partner doch noch dazu zu bringen, die in ihn gesetzten Erwartungen zu erfüllen. Je mehr man ihn unter Druck setzt, desto mehr verschließt er sich.

Ebenso schwierig kann es sein, dem anderen Enttäuschung zuzumuten. In der Idealisierungsphase des Verliebtseins war man stimuliert von der Vorstellung, dem Partner ein Paradies bereiten zu können, fähig zu sein, ihm alle Wünsche zu erfüllen und ihn zu neuem Leben zu erwecken. Es fällt einem schwer, dazustehen und zu sagen: «So bin ich, hier sind meine Grenzen, ich sehe deine Wünsche und Hoffnungen. Es tut mir leid, wenn ich Hoffnungen in dir geweckt habe, die ich nicht zu erfüllen vermag. Aber ich werde deine Erwartungen nicht erfüllen können.» Depressiv veranlagten Menschen fällt es besonders schwer, die Riesenerwartungen an den Partner aufzugeben, aber auch die Riesenerwartungen des Partners zu enttäuschen. Das führt zu einem qualvollen Zustand voller Schuldgefühle und hintergründiger Aggressionen. Oftmals wäre es einfacher, wenn der Partner klar zu seinen Grenzen steht und einem damit die Möglichkeit läßt,

Sehnsüchte und Wünsche zu artikulieren, die über das hinausgehen, was er einem erfüllen kann.

Wer dem Partner Enttäuschungen bereitet, fühlt sich auch nicht bloß entlastet, wenn der andere es aufgibt, um ihn zu ringen. Vielleicht ließ er sich auf den Partner ein in der Hoffnung, mit dessen Hilfe sich aus gewissen persönlichen Fehlhaltungen hinauszuentwickeln, etwa aus Trunksucht, Neigung zu Schlamperei, Grübelei und sozialen Hemmungen oder aus Fehlhaltungen, die von der Herkunftsfamilie übernommen worden waren und mit Hilfe des Partners überwunden werden sollten. Das Zusammenbrechen der Erwartungen des Partners kann auch das Zusammenbrechen der eigenen Hoffnungen sein. Der Schmerz, den man dem Partner bereitet, erfüllt einen mit Gefühlen von Schuld und Minderwertigkeit, eventuell aber auch mit Wut auf den Partner, der einen mit dieser Niederlage beschämt. So wie der Partner zuvor die besten Möglichkeiten aus einem herausgeliebt hat, so können in der Enttäuschung auch die schlechtesten Möglichkeiten provoziert und herausgehaßt werden. So wie man während der Idealisierung des Partners über sich hinauswuchs, so regrediert man in der Überforderung trotzig weit unter die eigenen Möglichkeiten. Man fühlt sich gescheitert an allem, was man mit Hilfe des Partners erhoffte, und will sich nun Luft machen mit destruktivem Verhalten. Man will alles zerstören, was man aufgebaut hat, und jede Erwartung des Partners im Keim ersticken. Das destruktive Verhalten ist ein Befreiungsversuch und kann im positiven Fall dazu führen, sich wieder stärker auf die eigenen Füße zu stellen. Oft wird dadurch das Selbstwertgefühl aber noch weiter beschädigt und die Verletzung über das eigene Ungenügen vertieft.

Die Begrenztheit der korrespondierenden Entwicklungsbereitschaften der Liebenden

Das Nichtverfügenkönnen über die Ansprechbarkeit des Partners erzeugt Wut, Verzweiflung und Angst. Meist ist es ein langer Weg, bis man akzeptieren kann, daß man sich mit diesem spezifischen Partner nur in einer begrenzten Weise verwirklichen kann. Es stellt sich die Frage, ob einem die Beziehung in dem ihr möglichen Beantwortetwerden genügt oder ob man darin verdorrt und abstirbt. Wieviel Begrenzung ist zumutbar und sinnvoll? Eventuell melden sich Phantasien, was vom eigenen Potential sich hätte verwirklichen können in der Verbindung mit einem anderen Partner.

Die Begrenztheit dessen, was sich vom Potentiellen in einer realen Partnerschaft verwirklichen kann, läßt sich an jedem Paar leicht erkennen. Auch über glücklichen Partnerschaften lastet diesbezüglich eine gewisse Tragik. Bei jedem Partner bleiben wichtige Persönlichkeitsbereiche unbeantwortet und können sich in der Beziehung nicht entfalten. Man denkt dann etwa, wenn dieser oder jene einen anderen Partner hätte, hätte er oder sie sich ganz anders entwickeln können. Man spürt in jeder Lebensgemeinschaft zwischen den Partnern ein gewisses Sich-fremd-Bleiben und Aufeinander-nicht-ansprechen-Können. Jeder Mensch kann das an seinen eigenen Erfahrungen mit Beziehungen feststellen. Man muß sich nur vorstellen, man hätte einen früheren Partner oder eine frühere Partnerin geheiratet. Was von einem selbst hätte sich da anders entfalten können, inwiefern wäre man selbst ein anderer oder eine andere geworden? In einer Lebensgemeinschaft leben heißt, sich für *eine* mögliche Form von Leben und persönlicher Entfaltung zu entscheiden, in Anerkennung der Tatsache, daß andere mögliche Formen sich dadurch nicht verwirklichen können.

Von entscheidender Bedeutung ist die Frage: Kann oder will der Partner seine Ansprechbarkeit nicht erweitern? Gelingt es einem zu akzeptieren, daß er wirklich nicht anders kann, so ist es meist leichter, sich damit abzufinden und sich auf ihn einzustellen. Im positiven Fall wird die Liebe der Partner dadurch nicht zerstört, sondern gewinnt an Weisheit und Humor. Die Partner nehmen ihre gegenseitigen Forderungen und Erwartungen nicht völlig zurück, sie ringen weiterhin ernsthaft miteinander; gleichzeitig sind sie aber auch fähig, einander in den begrenzten Möglichkeiten zu sehen und zu akzeptieren. Es gelingt, über die Widersprüche, Eigenarten und Schwächen beim anderen und bei sich selbst zu lachen, ohne es deswegen aufzugeben, dem anderen und sich selbst ein ernsthafter und unbestechlicher Kritiker zu sein. Im Leiden kann das Verliebtsein zur Liebe werden. Eventuell kommt man sogar zu der Feststellung, daß die Idealisierung im Verliebtsein einem den Zugang zur Person des geliebten anderen versperrt hatte.

Die Einsamkeit in der Liebe

Das Anrennen gegen die Unansprechbarkeit des Partners kann einen einsamer machen, als man es je im Alleinleben war. Manche zerbrechen daran, nicht über die Begrenzung des gemeinsamen Entwicklungsprozesses verfügen zu können. Anderen gelingt es, an diesem Leiden in der Liebe persönlich zu wachsen. Die Nichtansprechbarkeit des Partners stellt einen auf die eigenen Füße, fordert einem eine autonome Gestaltung des eigenen Lebens ab und schafft zur Partnerschaft eine gewisse Distanz und stärkt die Unabhängigkeit. Man versucht, das Mögliche miteinander zu tun und auf das Unmögliche zu verzichten. Die Begrenzung des Partners zwingt einen, sich klarer zu werden, was man selbst will, ohne die eigene Entwicklung vom Partner abhängig zu machen. Für das, was einem persönlich wichtig und unverzichtbar ist, wird man nach kreativen Lösungen suchen, um den zur Verfügung stehenden Freiraum optimal zu nutzen und Alternativen zu schaffen. Die Entdeckung, daß man in der Lage ist, sich einen Weg selbst zu bahnen, kann einen wesentlichen Autonomiegewinn bedeuten, kann aber auch den Partner entlasten, der sich nun weniger für einen verantwortlich fühlen muß.

Im schmerzlichen Prozeß der Enttäuschung, der viele Jahre dauern kann und eventuell sogar erst nach jahrzehntelanger Beziehung auftritt, lockert sich die ursprüngliche Symbiose. Oft wird in dieser Phase ein Psychotherapeut aufgesucht. Das mag mit dafür verantwortlich sein, daß die Verliebtheit von manchen Therapeuten so negativ gewertet wird. Die Interviews (S. 146ff) zeigen, wie wichtig die Symbiose in jeder dieser Beziehungen war, auch wenn anschließend ein Prozeß der Abgrenzung und Verselbständigung der beiden Partner notwendig wurde. Hätte man sich diesen schmerzlichen Prozeß ersparen oder ihn zumindest abkürzen sollen? In den Medien und in vielen Büchern über Beziehungsprobleme werden heute junge Erwachsene, besonders Frauen, vor der Symbiose in der Liebe gewarnt. Sie werden aufgefordert, auf ihre Abgrenzung und Unabhängigkeit in der Liebe bedacht zu sein. Ich weiß nicht, wie nützlich solche Warnungen sind. Die Verschmelzung zu einer Ganzheit gibt der Liebe die gestaltende Kraft. Die Symbiose ist nicht ein Fehler, der zu bereuen ist, weil man sich nicht rechtzeitig davor warnen ließ. Die Erfahrung des Berührtwerdens in einem letzten Aufgehobensein in der Liebe geht nicht verloren, auch wenn es sich dabei nur um Momente des Glücks gehandelt hatte, die im Alltag überlagert werden von der Notwendigkeit zu selbständigem Denken und Handeln. Diese Erfahrung scheint auch im späteren Zusammenleben immer wieder durch, in einer zeitweiligen und partiellen Erfüllung, die einen aber doch einer tieferen Zusammengehörigkeit versichert und die Identifikation mit der Beziehung erhält. Ich glaube, bei jedem Paar ist spürbar, was die beiden Partner in ihre Beziehung investiert haben, wieviel Hoffnung und Sehnsucht, wieviel echtes Miteinander-Ringen, aber auch wieviel Aneinander-Leiden. Das Wort «Passion» bedeutet Leidenschaft und Leiden. Leiden ist eine unverzichtbare Seite des Lebens. Die Liebe lebt nur voll, wer auch die damit verbundenen Schmerzen voll zu leben bereit ist.

Mir scheint wichtig, Leiden als wichtigen Bestandteil jedes Reifungsprozesses zu sehen und damit Glück als entscheidenden Maßstab des Zusammenlebens in Frage zu stellen. Die Interviews sind für diese These der beste Beleg. Dennoch möchte ich das Leiden nicht idealisieren oder verherrlichen. Sicher gibt es Grenzen der zumutbaren Enttäuschung und des Leidens in der Liebe, doch diese liegen wie in Kap. 5.8. (S. 304) dargestellt, weniger im Ausmaß des zu ertragenden Unglücks als vielmehr in der Aufhebung der Identifikation mit der Partnerschaft. Wenn die Fortsetzung des Zusammenlebens nicht mehr vereinbar scheint mit der Erhaltung von Selbstachtung, wenn man den Eindruck hat, in dieser Partnerschaft nicht mehr atmen zu können und als Person abzusterben oder zerstört zu werden, dann kann die Auflösung der Beziehung ein Akt des Überlebens sein.

Sehnen, Leiden und Lernen in der Liebe

Sehnen, Leiden und Lernen in der Liebe sind Elemente eines partnerbezogenen Reifungsprozesses, der die tiefsten menschlichen Erfahrungen einschließt und sich oft in Phasen entwickelt:

1. Wir ersehnen letztlich das Aufgehobensein im All, in einem Zustand jenseits von Zeit und Raum, in einem vollkommenen Erkanntwerden und bedingungslosen Akzeptiertwerden ohne Bemühung, Anstrengung und Aktivität. Dieses letzte Sehnen ist ein religiöses Streben und findet Eingang in Vorstellungen vom Himmelreich, von ewiger Seligkeit oder Nirwana. Es ist das Sehnen nach Vereinigung mit dem Göttlichen, die nach christlicher Auffassung erst im Tod vollumfänglich erfahren werden kann. Dieses letzte Sehnen ist in der Liebe wirksam und kann in Momenten des Glücks Erfüllung finden als Abglanz der ersehnten Seligkeit der Seele mit Gott.

Die *leidvolle* Erfahrung ist, daß wir in der partnerschaftlichen Liebe voneinander getrennt und verschieden bleiben.

Wir können daran *lernen*, daß Liebe ein dauerndes Suchen und Ringen um gegenseitiges Verständnis ist. «Liebe vereint im Wirken, nicht aber im Sein» schreibt Meister Eckhart (S. 131) und meint damit, daß das Miteinander-Ringen und -Tätigsein der Prozeß der Vereinigung ist, nicht aber ein Verharren im Zustand des Einsseins.

2. Wir hoffen, mit dem Partner das bereitgestellte Potential verwirklichen zu können, wir hoffen, daß der Partner fähig ist, aus uns die besten Möglichkeiten herauszulieben, damit wir sie ins Leben eintreten lassen können, oder daß uns die Möglichkeit gegeben ist, den Partner zu fördern, so zu werden, «wie Gott ihn gemeint haben könnte».

Die *leidvolle Erfahrung* ist, daß der Partner uns nur in seiner begrenzten Weise lieben und verstehen kann, daß aber auch unsere Fähigkeit, ihn zu lieben und uns von ihm lieben zu lassen, begrenzt ist.

Wir können dabei *lernen*, daß Ko-evolution sich immer nur in der Bandbreite gegenseitiger Ansprechbarkeit ereignen kann.

3. Wir möchten zusammen eine Welt schaffen, die wir miteinander bewohnen und in der wir fruchtbar werden.

Die *leidvolle Erfahrung* ist, daß das Geschaffene dem Geplanten nicht gänzlich entspricht und unsere Phantasien immer größer sein werden als die Realisierung. Wir erfahren ferner, daß die geschaffene Welt uns nicht nur Halt und Identität gibt, sie bindet und engt uns auch ein.

Wir können daraus *lernen*, daß Selbstverwirklichung auch Selbstbegrenzung ist. Ich kann wirken und mich verwirklichen, nur indem ich mich brauchen lasse. Das Bewirkte steht uns nicht frei zur Verfügung, es verfügt auch über uns, braucht uns und zehrt an unsern Kräften.

4. Wir wünschen, die Spuren unserer Liebe sollten über den Tod hinaus lebendig bleiben, wir hoffen auf ein Weiterleben in unseren geschaffenen Werken und insbesondere in Kin-

dern und Kindeskindern. Wir möchten uns wahrnehmen als Glied einer familiären Geschichte, in der wir in sinnvoller Weise weitergeben, was wir empfangen haben.

Die *leidvolle Erfahrung* ist, daß alles hinfällig ist, daß das, was wir geschaffen haben, sich nicht bewahren läßt und sich die Kinder unserem Einfluß entziehen.

Wir können daraus *lernen*, daß das Reisen wesentlicher ist als das Ankommen. Wir können einen begrenzten, aber doch sinnvollen Beitrag im ewigen Kreislauf des Lebens leisten. Wir haben aber nicht in Händen, was daraus wird.

2.2. Das Schaffen einer gemeinsamen Behausung, die Gründung einer eigenen Familie, die Bedeutung des Kindes für die Persönlichkeitsentwicklung der Eltern

2.2.1. Die Festigung der Partnerschaft durch das Schaffen einer gemeinsamen inneren und äußeren Welt

Je länger eine intensive Liebesbeziehung dauert, desto stärker drängen sich Vorstellungen über deren Sinn und Zukunft auf, wozu die Frage gehört, ob man sich innerlich und äußerlich auf ein dauerhaftes Zusammenleben einrichten soll. Kraft der verinnerlichten Allgegenwart des Partners beginnt man die Welt mit neuen Augen zu sehen. Die Partner müssen in einer riesigen Gesprächsarbeit gleichsam das Universum miteinander neu erschaffen (Berger und Kellner 1965), um es gemeinsam bewohnen zu können. Die gemeinsame Konstruktion der inneren Welt kann diese reichhaltiger machen. Man sieht jetzt mit vier und nicht bloß mit zwei Augen. Die Aufgabe, dem Partner die eigene Sicht der Welt zu erklären, macht einem oft erst bewußt, wie man selbst die Welt sieht.

Es ist, als ob man einem Gast die Stadt zeigt, in welcher man seit vielen Jahren lebt, und vieles erst entdeckt, indem man den anderen darauf hinweist oder von ihm danach gefragt wird. In diesem Prozeß des gegenseitigen Zeigens wird vieles ausgeschieden, weil es in der gemeinsamen Welt keinen Platz mehr findet, und vieles bekommt einen Ehrenplatz, was zuvor nicht beachtet worden war.

In Kapitel 4 und 5 wird eingehend beschrieben, wie die Konstruktion einer gemeinsamen inneren Welt die Persönlichkeitsentwicklung herausfordert und festigt. Die Partner formulieren ein partnerschaftliches Konstruktsystem aus, welches die Leitprinzipien und Übereinkünfte über die Beziehung beinhaltet, die verbindlichen Vorstellungen über die Spielregeln der Beziehung, über das Verteilen von Aufgaben, Privilegien und Funktionen, über das Wohnen, die Finanzen, die Kindererziehung, die Sexualität und so weiter.

Das dyadische Konstruktsystem (s. Seite 273, Dyade = Zweierbeziehung) schafft einen verbindlichen Rahmen und entlastet die Beziehung von ständig neuem Aushandeln geltender Vorstellungen. Es legt die Bandbreite für die Freiheit der Persönlichkeitsentwicklung in der Partnerschaft fest.

Für ein funktionierendes Zusammenleben ist es wichtig, daß die Regeln weder völlig starr sind noch von jedem nach seinem Gutdünken verändert werden können. Vielmehr hat jeder Partner Anspruch darauf, daß die Regeln laufend ernsthaft ausgehandelt und geklärt werden. Das dyadische Konstruktsystem gibt der Partnerschaft eine gewisse Festigkeit und bildet die Voraussetzung, um sich innerlich und äußerlich stärker in die Beziehung einzulassen. Neben der inneren Welt wollen Partner, wenn sie sich zum Zusammenleben entschließen, auch eine äußere Welt schaffen, eine äußere Behausung, die in Kapitel 5.4. ausführlich behandelt wird.

Der Entscheid zusammenzuziehen ist meist ein wichtiger Schritt, der den Charakter der Beziehung verändert. Das Einrichten einer gemeinsamen Wohnung ist ein Ereignis, das heute oft wichtiger ist als die Frage der Heirat. Die Partnerschaft ist von anderer Verbindlichkeit, je nachdem, ob jedes seine eigene Wohnung behält und die beiden nur zeitweilig, etwa über das Wochenende, zusammen sind oder ob die Rückzugsmöglichkeit auf eine eigene Wohnung aufgegeben wird.

Die Beziehung findet in der Einrichtung der gemeinsamen Wohnung symbolhaften Ausdruck. Wer zieht zu wem? Wie werden die Wohnräume aufgeteilt? Welchen Geschmack und Stil entwickeln die Partner in der Einrichtung? Wem gehören die Möbel? Schlafen die Partner im gleichen Zimmer, im gleichen Bett oder in zwei Betten? Benützen sie die Zimmer zum Wohnen und Arbeiten gemeinsam, oder hat einer oder beide einen nur ihm zustehenden Bereich?

Das Anschaffen der Wohnungseinrichtung ist wichtig für die Identitätsbildung einer Lebensgemeinschaft. Das zeigt sich vor allem da, wo diese Möglichkeit nicht wahrgenommen wird. Heute kommt es häufig vor, daß der eine Partner in das bereits fertig gemachte Nest des anderen zuzieht, was oft zu Konflikten führt. Er wird nur als Gast geduldet und wird nicht heimisch, da ihm nichts gehört. Der Wohnungsbesitzer dagegen sieht im Zugezogenen einen Eindringling, der die Einrichtung nicht sorgfältig genug behandelt, auf den Möbeln Kratzer verursacht, den Teppich nicht schont, das Geschirr beschädigt und so weiter. Der Raum, den man zuvor ganz für sich hatte, wird durch die bloße Präsenz des Partners verändert. Man fühlt sich beobachtet, muß Erklärungen abgeben für Gewohnheiten, die man zuvor nicht beachtet hatte, oder der Partner läßt seine Sachen herumliegen, Schuhe, Zeitungen, Bücher oder Zigarettenstummel im Aschenbecher, oder er ordnet das Geschirr anders in den Schrank ein.

Das Problem der Wohnungseinrichtung spitzt sich zu im Falle einer Zweitehe. Kaum je wird ein Zweitpartner in eine Wohnung einziehen, die bereits in der Erstehe eingerichtet worden war, ohne daß daraus gravierende Konflikte entstehen. Meist muß eine neue Wohnung gesucht oder zumindest eine neue Einrichtung angeschafft werden, um damit der neuen Partnerschaft eigene Gestalt zu verleihen.

Soll man heiraten?

Seit den siebziger Jahren veränderten sich die Formen des Zusammenlebens stark. Medien und Sozialwissenschaftler prognostizierten das Ende der Ehe. Die Scheidungsraten hatten sich binnen zehn Jahren verdoppelt, die Zahl der Eheschließungen ging drastisch zurück, die der Einpersonenhaushalte und der nichtehelichen Lebensgemeinschaften nahmen stark zu. In den achtziger Jahren flachten diese Tendenzen ab und wurden teilweise rückläufig. Die Daten sind widersprüchlich. Ich beziehe mich auf umfangreiches Zahlenmaterial aus Köcher 1985, Lüscher et al. 1988, Hoffmann-Nowotny, Höpflinger et al. 1984, Höpflinger und Erni-Schneuwly 1989, Familienbericht des Österreichischen Bundesministeriums für Umwelt, Jugend und Familie 1989 u. a. m. Es ergibt sich daraus folgendes Bild:

Gesellschaftlich wird eine größere Pluralität von Lebensformen akzeptiert. Das Leben als Single ist gesellschaftsfähig, wird jedoch nach dem dreißigsten Altersjahr eher selten als Lebensform gewünscht. Das nichteheliche Zusammenleben stößt nicht mehr auf Ablehnung, wird aber vor allem als voreheliche Probierphase und Übergangslösung gewählt und ist bei langdauerndem Zusammenleben selten eine Alternative zur Ehe. Es gibt relativ wenig «Konkubinate», die länger als fünf Jahre dauern, d. h., sie lösen sich entweder vorher auf oder gehen in Ehen über. Konkubinatspaare sind deutlich kinderärmer als Ehepaare. Die Partner führen weniger häufig einen gemeinsamen Haushalt, die Frauen sind häufiger und stärker beruflich engagiert. Geheiratet wird oft erst im Zusammenhang mit Familiengründung. Heirat und Geburt des ersten Kindes liegen statistisch später im durchschnittlichen Lebenslauf. Nach wie vor gilt eine glückliche Familie als etwas vom Wichtigsten im Leben. Alternative Familienformen wie Kommunen oder Einelternfamilien haben sich kaum als Wunschform durchgesetzt. Eine Liebesbeziehung wird nach wie vor auf Lebensdauer gewünscht, wobei unbefriedigende Beziehungen rascher aufgelöst werden, oft um für eine neue Partnerschaft frei zu sein. Bei der höheren Brüchigkeit von Ehen gibt es einen größeren Anteil von Geschiedenen, die alleine leben oder in einer mehr oder weniger engen Partnerschaft, wobei dieser Zustand mehr Schicksal als Wunschform ist.

Von einer generellen Absage an die Ehe kann nicht gesprochen werden. Abgelehnt wird lediglich die Erhaltung einer Ehe um jeden Preis.

Obwohl offenbar kirchliche Trauungen mit Schleier und weißem Kleid wieder zugenommen haben, muß darin wohl eher romantische Nostalgie gesehen werden denn eine Wiederaufwertung der Ehe als kirchlich abgesegnete Institution. Man wünscht sich wieder häufiger eine richtige Hochzeitsfeier und will auch spüren, daß man dem Partner und der Verwandtschaft diese Feier wert ist. Das wird manchmal vor allem empfunden, wenn das nicht der Fall ist, etwa bei Zweitehen.

Das Versprechen zu lebenslänglichem Beisammenbleiben bereitet heute vielen erhebliche Schwierigkeiten. Die höhere Individualisierung der eigenen Biographie macht die öffentlich besiegelte Verpflichtung auf einen Partner bis zum Tod schwer. Man möchte sich die eigene Lebensentwicklung offenhalten, möchte lebendig bleiben und eine Beziehung aus Zuneigung und nicht aus Verpflichtung fortführen. Ebenfalls mit dem ungebrochenen Trend zur Individualisierung von Lebensläufen hängt zusammen, daß man eine Partnerschaft als eine höchstpersönliche und private Angelegenheit betrachtet, in die sich einzumischen niemandem zugestanden wird.

Wenn die Zahl der Eheschließungen seit etwa 1984 in den deutschsprachigen Ländern sich einigermaßen stabilisiert hat, könnte das auch auf eine Veränderung des Eheverständnisses zurückzuführen sein. Die Ehe ist weniger unauflöslich, und sie ist privater geworden.

Macht es dann überhaupt noch einen Unterschied, ob zwei Partner verheiratet sind oder nicht? Diese Frage wird von vielen Paaren verneint. Sie können sich dann selbst nicht recht erklären, weshalb effektiv die Frage der Heirat doch so bedeutsam sein kann (s. Interview Rainer, S. 167). Äußerlich gesehen ändert sich ja kaum etwas, leben die Partner doch in der Regel bereits zusammen und haben sich als Paar im Leben etabliert.

Der Stellenwert der Ehe für den Entwicklungsprozeß der Partnerschaft

Was ist der Unterschied zwischen einer Ehe und einer nichtehelichen Lebensgemeinschaft, wenn in beiden Fällen die Partner ihre Beziehung auf Dauer planen und zusammen wohnen? Der wichtigste Unterschied ist, daß bei einer Ehe eine Entscheidung für das Zusammenleben getroffen und vertraglich festgelegt wird und daß dieser Vertrag rechtlich anerkannt ist. Zumindest bei einer Familiengründung, die heute häufig Anlaß zur Heirat ist, ist dieser Vertrag der Sache angemessen, um die es geht. Welcher Bauer würde Felder bebauen und seine Arbeitskraft und sein Geld jahrelang investieren ohne einen klaren Vertrag über die Besitz- und Pachtverhältnisse? Welcher Geschäftsmann würde mit einem Partner ein Geschäft aufbauen ohne klare vertragliche Absprachen? Wäre die Ehe nicht konfessionell und moralisch derart belastet, so würden die Menschen wohl selbstverständlich eine Ehe als Vertrag akzeptieren, sobald größere persönliche und materielle Investitionen in die Beziehung getätigt werden.

Heute ziehen aber manche Paare das «Konkubinat» mit oder ohne Vertrag vor. Ein guter Konkubinatsvertrag unterscheidet sich jedoch wenig von den vertraglichen Aspekten einer Ehe. Der Sinn eines jeden Vertrages liegt darin, für den Konfliktfall gewisse Regelungen vorzusehen, die bei gutem Einvernehmen wenig Bedeutung haben. Die Ehe als Vertrag regelt die Besitzverhältnisse und die Beziehung zu den Kindern im Falle des Zusammenlebens oder des Auseinandergehens. Die Besitzverhältnisse drohen ohne Vertrag unfair geregelt zu werden für dasjenige, das zugunsten der

Partnerschaft beruflich zurückgesteckt hat. Die Beziehung zu den Kindern droht ohne Vertrag unfair geregelt zu werden für den Vater, der dann zwar weiterhin für das uneheliche Kind zu bezahlen hat, ohne geklärtes Anrecht auf Kontakt zum Kind. Das Durchsetzen von Unterhaltsfragen sowie die Wahrnehmung von Erbansprüchen kann besser geregelt werden, wenn eine offizielle Instanz als Schiedsrichter und zur Überwachung und Durchsetzung fairer Lösungen angerufen werden kann. Von der Sache her gesehen gibt es bei einem langdauernden Zusammenleben mit Familiengründung keine einleuchtenden Argumente gegen die Ehe. Leichthin wird behauptet, wenn man nicht verheiratet sei, könne man leichter auseinandergehen, eine Behauptung, die mir zumindest für etablierte Beziehungen naiv und gefährlich erscheint.

Es wird heute oft beklagt, mit der Eheschließung sei eine Rückkehr zu den traditionellen Geschlechtsrollen verbunden. Das ist jedoch nicht direkt der Ehe anzulasten, sondern steht eher in Zusammenhang mit der Familiengründung, die ja häufig Anlaß zur Heirat ist. Besonders für dasjenige, das für die Kindererziehung berufliche Nachteile auf sich nimmt, ist der eheliche Vertrag im Gegenteil eine gewisse Absicherung. Wenn man viel in die Beziehung eingibt, wünscht man sich meist eine gewisse Verbindlichkeit, ohne die man sich so weit nicht einlassen möchte. Mit der Heirat organisieren sich die Partner stärker zu einem dyadischen System, in welchem sie sich als zusammengehörige Teile eines Ganzen fühlen.

Die Hoffnungen, welche in nichteheliche Partnerschaften gesetzt wurden, haben sich kaum erfüllt. Sie erweisen sich im allgemeinen nicht als freier, liebevoller, wachstumsfähiger und kreativer. Das Bemühen, alles zu vermeiden, was der Beziehung Struktur, Gewohnheit oder Festigkeit geben könnte, und alles offenzuhalten, kann die Entscheidungsfindung in Alltagsangelegenheiten erschweren. Die Meinung, man wolle alles nur von Fall zu Fall entscheiden, kann dazu führen, daß die Partner kaum noch Kräfte frei haben, um sich anderem als ihren nie endenden Diskussionen zu widmen. Strukturen und Verbindlichkeiten sind nicht nur einengende Verpflichtungen, sondern können auch eine entlastende Funktion haben. Man schafft sich eine Alltagswelt mit Gewohnheiten, die fest, verläßlich und vorhersehbar ist, womit Kräfte frei werden können für andere Bereiche des Lebens. Das braucht nicht so negativ zu sein, wie es häufig aufgefaßt wird. Ich habe viele Paare gesehen, bei denen die mangelnde Verbindlichkeit der Beziehung Anlaß zu schwelender Eifersucht und ständigem Mißtrauen gab oder zu Bestrebungen, sich zu schützen, um das jederzeit mögliche Verlassenwerden unbeschadet zu überstehen.

Die Möglichkeit, jene Lebensform frei und ohne äußeren Druck zu wählen, die einem entspricht, halte ich für einen wichtigen kulturellen Fortschritt. Ich glaube, daß die traditionelle Ehe mit der grundsätzlichen Verpflichtung, dauerhaft beisammenzubleiben, für manche Menschen nicht paßt. Manche reagieren auf das Reizwort «Ehe» derart abwehrend, daß sie lieber eine Beziehung zerstören als eine Ehe eingehen. Jeder kann heute selbst entscheiden, wieviel Nähe und wieviel Distanz er braucht, wieviel Verbindlichkeit und wieviel Freiheit.

Die Bedeutung der Ehe für die soziale Integration

Die Heirat verändert meist die Beziehung des Paares zu seiner mitmenschlichen Umwelt. Eine nichteheliche Partnerschaft ist für Außenstehende in ihrem Bestand kaum ausmachbar. Der Begriff «Partnerschaft» kann alles umfassen, von der Geschäftspartnerschaft zur Ferienpartnerschaft, zur Wochenendbeziehung, zur Wohngemeinschaft, zu sexuellen Beziehungen bis zu eheartigen Bindungen. Eine Partnerschaft kann eine Woche dauern oder fünfzig Jahre, der Begriff läßt alles offen. Die Ehe ist eine rechtlich definierte Gemeinschaftsform, die besagt, daß die zwei Partner ein Paar bilden, unabhängig davon, ob sie miteinander glücklich oder unglücklich sind, ob sie gegenwärtig zusammen wohnen oder getrennt leben. Eine Partnerschaft wird meist erst als Ehepaar in den Clan der Verwandtschaft integriert und als der Familie zugehörig betrachtet. Diese Integration erscheint natürlich nicht jedem Zugeheirateten erstrebenswert. Aber auch unter Bekannten und Freunden wird man bei Verheirateten meist den Kontakt zu beiden Partnern pflegen, sie zum Beispiel gemeinsam zum Essen einladen, während man bei nichtehelichen Beziehungen sich in dieser Hinsicht freier, aber auch unsicherer fühlt. Man kann geteilter Meinung sein, inwiefern es anregender ist, Verheiratete stets als Paar einzuladen oder die Partner getrennt zu sehen. Zu behaupten, es spiele keine Rolle, ob jemand verheiratet ist oder nicht, trifft jedenfalls auch in dieser Hinsicht nicht zu.

2.2.2. Familiengründung und Entwicklung der Familiengeschichte

Kinderkriegen in heutiger Zeit

Kinder zu kriegen galt früher als logische Folge einer als Lebensgemeinschaft geplanten Liebesbeziehung. Die heutige gesellschaftliche Situation ist aber so vertrackt, daß vor allem die Frauen dabei in eine oft kaum lösbare Konfliktsituation versetzt werden. Die ganze Tragweite des Problems wurde von Ulrich Beck (1986) – vielleicht etwas zu pessimistisch – meisterhaft ausformuliert. Kinder haben in einer postmodernen Industriegesellschaft keinen Platz. Der Arbeitsmarkt ist zugeschnitten auf das «nichtfamilienbehinderte Individuum» (U. Beck 1986), auf Singles, nämlich auf die vollmobilen Menschen, die ihre Arbeitskraft frei von anderen Bindungen und Aufgaben entfalten können. Die Konzeption der Industriegesellschaft und die traditionelle Arbeitsteilung von Produktion und Reproduktion gehören nach Meinung Becks eng zusammen. Er hält es für naiv zu glauben, die Ungleichheit von Frau und Mann sei lediglich eine Angelegenheit patriarchalischer Einstellungen und ängstlichen Bewahrung männlicher Privilegien. Nach Beck lassen sich diese Probleme nicht innerhalb der Strukturen und Formen von Familie und Berufssphäre korrigieren. «Die Gleichstellung von Männern und Frauen kann nicht in den institutionellen Strukturen gelingen, die ihrem Zuschnitt nach auf die Ungleichstellung bezogen sind.»

Viele an sich gut gemeinte Lösungsvorschläge erweisen sich als nicht durchführbar oder sogar als kontraproduktiv. Wenn man den Frauen schon das Tor zu gleicher Bildung und Ausbildung geöffnet hat, sollten sie auch die Möglichkeiten zu gleicher beruflicher Verwirklichung wahrnehmen können. Sie an der beruflichen Entfaltung hindern zu wollen wirkt sich insbesondere auf eheliche Beziehungen destruktiv aus. Also fordert man, daß Mann und Frau sich in Beruf und Kinderarbeit teilen. Man bietet Mütterurlaub an oder sogar bezahlte Haushaltstage, zunächst nur für Frauen, in gewissen Ländern aber auch wahlweise für Frau oder Mann. Man fordert mehr Halbtagsstellen. Von der Berufskarriere her gesehen heißt das jedoch häufig, daß man die berufliche Situation der Väter damit einfach gleich schlecht macht wie die für die Mütter. Das Problem wird damit verschoben auf die generelle Benachteiligung derjenigen, die Kinder aufziehen, gegenüber denjenigen, die sich kinderfrei halten.

Ich nehme als Beispiel die Ausbildung der Ärzte und Ärztinnen, die mir vertraut ist. Heute ist das Problem nicht das Medizinstudium, werden die Frauen ja bald die Hälfte der frischgraduierten Ärzte stellen. Das Problem ergibt sich erst in den Jahren nach dem Studium. Bei heute rund sieben- bis zehnjähriger Tätigkeit als Assistenzarzt würde die Ausbildungszeit sich bei Halbtagsstellen verdoppeln, das heißt, ein Ärzteehepaar würde 40- bis 45jährig, bis die beiden Partner reif für den Übertritt in die Praxis oder in eine leitende Stellung wären, gegenüber nichtkinderbehinderten Kollegen, die diesen Übertritt rund zehn Jahre früher schaffen könnten. Maßgeblich ist heute nicht so sehr die Ablehnung und Diskriminierung von Frauen bei der Besetzung leitender Positionen. Man gibt einfach jenen Bewerbern den Vorzug, die sich voll dem Beruf widmen können, nicht nur zu hundert Prozent, sondern womöglich zu hundertfünfzig bis zweihundert. Assistenzärzte haben jetzt noch eine Arbeitszeit von 55 oder mehr Wochenstunden, als Oberärzte, Chefärzte, Privatdozenten und Professoren womöglich darüber, sicher nicht darunter. In anderen Berufen mag das etwas weniger akzentuiert sein. Aber meistens sind das Anstreben einer Berufskarriere und das Innehaben leitender Funktionen verbunden mit einem Anspruch an überdurchschnittliche Kompetenz und Einsatzbereitschaft, was bei Halbtagsstellen nicht gleichermaßen möglich ist. Halbtagsstellen ermöglichen in der Regel wohl Berufstätigkeit, nicht aber Karriere. Halbtagsstellen von Vätern und Müttern im Sinne des Job-sharings halten in vielen Berufen die Partner auf einem Niveau der Hierarchie, welches deutlich niedriger ist als dasjenige ihrer früheren Studienkollegen.

Junge Ärztinnen streben oft in kürzestmöglicher Zeit ihren Facharzttitel an, um dann noch – meist im Alter von 33 bis 35 Jahren – ein Kind zu kriegen. Das ist aber nicht selten zu spät. Zudem ergeben sich bei hohem beruflichem Streß keine guten Voraussetzungen für die Fertilität. Im Wunsch, schwanger zu werden, nehmen sich dann manche Ärztinnen beruflich zurück, um die Fertilitätschancen zu erhöhen. Sie sind eingeklemmt zwischen Hoffen und Bangen, ob noch ein Kind kommen wird. Ärztinnen, die sich ein Kind wünschen, verzichten folglich meist auf eine eigentliche Berufskarriere. Das Erringen von Karriereposten setzt zudem individuelle berufliche Mobilität voraus, und diese ist bei voller beruflicher Entfaltung von Mann und Frau oft nur gegeben, wenn man auf das Zusammenwohnen verzichtet. So kommt es denn auch immer häufiger zu einer Trennung der Wohnorte und zu einer Wochenendehe, welche bei längerer Dauer die Beziehung meist erheblich belastet.

Es wäre an der Zeit, im Kampf um die Gleichstellung der Frau zu erkennen, daß heute der Gegner nicht einfach der Mann ist, sondern die familienfeindlich gestaltete Gesellschaft. Wenn die Gesellschaft sich selbst reproduzieren will, so muß sie nicht nur den Frauen, sondern den jungen Familien Schutz und Durchsetzungsmöglichkeiten verschaffen. Auf praktischer Ebene würde dazu ein Wohnungskonzept gehören, welches eine enge nachbarschaftliche Verflechtung von Familien ermöglicht, so daß sich Familien bezüglich der Kinderbetreuung gegenseitig aushelfen könnten. Damit könnten auch die alleinerziehenden Eltern und deren Kinder besser integriert werden. Überläßt man den Wohnungsmarkt dem freien Spiel von Angebot und Nachfrage, so werden die Singles überall bevorzugt. Die Wohnungen werden immer kleiner und sind ganz auf die individuelle Mobilität zugeschnitten. Familienfreundlichere Wohnungen können in den Zentren nicht mehr bezahlt werden, so daß die Familien ins Grüne ausgesiedelt werden, womit die Arbeitswege länger werden und eine Integration von Wohnen und Arbeiten noch schwieriger wird. Bei der größeren Mobilität kann nicht mehr von vornherein davon ausgegangen werden, daß sich Nachbarschaftskontakte von selbst bilden. Es müssen in den Siedlungen Hilfen angeboten werden, damit die Eltern miteinander in Kontakt kommen, sich eventuell mit Hilfe von Tagesmüttern oder Tagesschulen entlasten können, wobei diese Hilfen in stabilen, kleinen Gruppen anzubieten sind, welche den Kindern ausreichende Geborgenheit und individuelle Betreuung zukommen lassen. Das alles kostet Geld und setzt einen politischen Willen voraus, an dem es heute noch mangelt.

Unumgänglich wären jedoch auch Umstellungen im Arbeitsbereich. Es ist nicht damit getan, vermehrt Teilzeitarbeit anzubieten. Es ist zu berücksichtigen, daß die Emotionalität, welche der Umgang mit Kindern fordert, schlecht mit der Rationalität der industriellen Arbeitswelt zusammenpaßt, daß insbesondere die rigiden Zeitstrukturen der Arbeitswelt den naturgebundenen Bedürfnissen von Kindern nicht entsprechen. Die Beanspruchung durch die Kinder läßt sich schwer in Stundenpläne einteilen. Kinder sind öfters krank oder bedürfen in unvorhersehbarem Maße besonderer Pflege und Aufmerksamkeit. Urdze und Rerrich (1981) gingen in einer breit angelegten Studie dem Fragenkomplex Kinderwunsch, Lebensziele von Frauen, Bewertung der eigenen Mütterlichkeit an 300 verheirateten Frauen mit einem Kleinkind in der Bundesrepublik Deutschland nach. Die Studie machte deutlich, daß finanzielle Maßnahmen allein für einen Großteil der Frauen keine befriedigende Lösungen bringen. Hauptprobleme für die Frauen stellen geringe Entlastungsmöglichkeiten in der Betreuung der Kinder und die gesellschaftliche Isolation von Müttern dar. Der Kinderwunsch steht in einem engen Zusammenhang mit der allgemeinen Lebenszufriedenheit. Je zufriedener Frauen mit ihrer derzeitigen Lebenssituation sind, je weniger negative Veränderungen bei einem weiteren Kind erwartet werden, desto häufiger möchten sie noch weitere Kinder, unabhängig davon, ob sie derzeit erwerbstätig oder Hausfrauen sind. Familienpolitisch ist es daher wichtig, einen umfassenden Maßnahmenkatalog zu entwickeln, der die Breite und Vielschichtigkeit der Problemsituationen berücksichtigt. Die Autorinnen folgern aus ihrer Analyse, «insgesamt wären Bedingungen zu schaffen, damit Frauen sich nicht für ein Kind und gegen ein zufriedenstellendes, materiell abgesichertes Leben, für ein Kind und gegen die Wahrnehmung anderweitiger Interessen oder umgekehrt entscheiden müssen». Gesamthaft gesehen muß die Gesellschaft sich noch einiges einfallen lassen, um Familien Lebensbedingungen zu ermöglichen, welche weder die Frau noch die Kinder benachteiligen.

Den meisten Paaren ist nicht ausreichend bewußt, inwiefern sie in mancher Hinsicht Opfer von unvereinbaren gesellschaftlichen Bedingungen sind. Für die Frau, für welche die ganze Situation schwieriger ist als für den Mann, liegt es nahe, ihre Wut am Mann auszulassen, weil er ja scheinbar der Hauptprofiteur ihrer Familienarbeit ist. Der Mann fühlt sich schuldbewußt, obwohl er im Grunde persönlich wenig für die auf Arbeitsteilung hin konstruierte Gesellschaft (s. U. Beck 1986) kann. Seine Möglichkeiten zur Selbstbestimmung sind oft beschränkt und tragen ihm, wie immer er sich entscheidet, Vorwürfe seiner Frau ein. Ist er beruflich erfolgreich, so zieht er ihren Neid auf sich, da sie gemäß Neigung und Eignung ja ebenso geeignet für eine Karriere gewesen wäre. Macht der Mann keine Karriere, so ist seine Frau oft wütend, weil ihr Verzicht auf berufliche Entfaltung sich nicht einmal gelohnt hat. Verzichtet der Mann vollends auf Berufstätigkeit und betätigt sich als Hausmann, so riskiert er zumindest im sozialen Umfeld, aber oft auch von der eigenen Partnerin zu spüren, daß er ein Softie und beruflicher Versager ist. Die unbereinigten gesellschaftlichen Bedingungen tragen heute praktisch in jedes Elternpaar tiefe Krisen hinein, die nicht immer bewältigt werden können.

Es gibt aber auch ermutigende Studien, welche auf einen Wandel der Geschlechter in Richtung einer postmateriellen Lebensorientierung hinweisen könnten. Ein Projekt der Forschungsstelle Sozialökonomie der Arbeit (FSA) der Freien Universität Berlin (Boeven 1988) befaßte sich mit den Motiven und Konsequenzen einer familienbedingten Einschränkung der Erwerbstätigkeit von Männern. In einer bundesdeutschen Umfrage wurden zu diesem Zweck 234 Teilbeschäftigte und 193 Hausmänner sowie ihre Partnerinnen mündlich befragt. Das Hauptmotiv zur eingeschränkten Berufstätigkeit war die aktive Kinderbetreuung. Ferner waren die Partnerinnen überdurchschnittlich motiviert, ihre Erwerbstätigkeit auch nach der Geburt aufrechtzuerhalten. Bei den befragten Männern genießen Familie, Partnerschaft und Gestaltung der Freizeit einen deutlich höheren Wert als die berufliche Karriere. Die Partnerinnen von Hausmännern erreichen häufiger (40 Prozent) ein höheres Einkommen als bei den Teilzeitarbeitenden (12 Prozent). Sie selbst sind häufiger (33 Prozent) unzufrieden mit ihrer beruflichen Situation. Die persönlichen Erfahrungen durch Kind und Partnerschaft vermitteln ihnen aber eine hohe Lebenszufriedenheit. Dennoch leidet ein Großteil der Hausmänner unter der fehlenden Anerkennung und dem Unausgefülltsein infolge der als monotone Routine empfundenen Hausarbeit.

Wie immer man die Sache dreht, jedes Lösungsmodell wird Vor- und Nachteile in sich bergen. Sicher ist es jedoch bereits ein gesellschaftlicher Fortschritt, wenn eine Pluralität familiärer Lebensformen gesellschaftliche Anerkennung findet.

Angesichts der Kompliziertheit des Problems ist es immerhin erstaunlich, wie viele Paare es schaffen, eine doch einigermaßen tragbare Kompromißform zu erarbeiten. Die Lösung ist meist eine Gratwanderung, individuell maßgeschneidert und nur schwer auf andere Paare übertragbar. In der Therapie habe ich viele Paare in einer derartigen Krise kennengelernt und stelle fest, daß das Entscheidende für die Lösung des Problems oft nicht die äußeren Veränderungen waren, sondern die inneren, nämlich daß der Mann, statt sich immer zu rechtfertigen und zu verteidigen, überhaupt einmal wahrnimmt, wie die Situation für die Frau ist, und die Frau, statt den Mann immer anzugreifen und zu beschuldigen, sieht, in welchen beruflichen Zwängen und Ängsten er steht.

Die Komplexität des Kinderwunsches

Unabhängig von den gesellschaftlichen Bedingungen steht das Kinderkriegen jedoch auch in Konflikt mit dem gesellschaftlichen Wandel in Richtung zunehmender Individualisierung der Lebensläufe. Außer Krankheit und Tod gibt es heute nichts, was einen so stark mit der Unverfügbarkeit des eigenen Lebens konfrontiert wie ein Kind. Das beginnt schon mit der Frage des Schwangerwerdens: Die einen werden schwanger, obwohl sie es nicht wünschen, die anderen wollen unbedingt ein Kind und kriegen keines. Nicht selten wollen heute Frauen zuerst über Jahre kein Kind und lassen einmal oder mehrmals abtreiben, später, wenn sie eines möchten, bekommen sie keines und wollen nun ein Kind um jeden Preis. Sie setzen die Reproduktionsmediziner unter hohen Druck und sind bereit, jedes Risiko auf sich zu nehmen, wenn sie nur schwanger werden. Sie sind nun plötzlich überzeugt, daß ihr Leben nur mit einem Kind Erfüllung finden kann.

Der Wunsch nach dem Kind ist oft ambivalent. Manche Frauen fühlen sich in der Schwangerschaft und beim Stillen glücklich und erfüllt, andere voller Angst und Abwehr. Sie empfinden das in ihnen wachsende Kind als Schmarotzer, der sie von innen her auffrißt, oder erleben das Stillen als Ausgesogenwerden. Viele Frauen schämen sich dieser Ambivalenz und befürchten, das Kind könnte darunter leiden. So bildet sich schon während der Schwangerschaft ein Gefühl eigener Schuld und Insuffizienz, ein Gefühl, das viele Frauen ein Leben lang nicht mehr losläßt. Sie fragen sich: Spürt das Kind im Mutterleib meine zwiespältigen Gefühle? Hängen Fehl- oder Frühgeburt damit zusammen, daß ich es nicht ins Leben eintreten lassen wollte? Habe ich es durch zuviel Rauchen, falsche Ernährung, zuviel Streß oder Bewegung oder gar durch Geschlechtsverkehr geschädigt? Habe ich keine Milch, weil ich ihm nichts geben will? In vielen Fällen ist es wichtig, diese Ambivalenz als etwas Natürliches ansehen zu lernen und nicht als ein Zeichen von Pathologie. Überbesorgnis um die Gesundheit des Kindes beruht oft auf unterdrückter Wut und Ablehnung.

Das Gefühl der Unverfügbarkeit liegt auch in der Angst, das Kind nicht meistern zu können. Was mache ich, wenn es nicht trinkt, immerzu weint, nicht wächst oder nicht gedeiht, nicht zu sprechen beginnt oder mir später nicht gehorcht? Bin ich fähig, ein Kind zu erziehen? Liebe ich es ausreichend, um ihm so viel zu geben? Diese Ängste werden noch geschürt durch psychologische Bücher, Filme und Artikel, in denen die Mütter für alles Übel der Menschheit beschuldigt werden, diese «possessiven», «egoistischen», «narzißtischen» und «schizophrenogenen» Mütter...

Es ist die zeitlich nicht begrenzbare Unverfügbarkeit, welche nicht in die moderne Individualisierung der Biographie hineinpaßt. «Mein Kind werde ich lebenslänglich nicht mehr los, nun bin ich dauernd an das Kind gebunden.» Diese Tatsache ist einzigartig. Alles ist heute potentiell verfügbar und widerrufbar, nur das Kind nicht.

Bei der Entscheidung für ein Kind stehen Frauen im Konflikt zwischen antagonistischen Leitbildern: dem Familienideal, dem Mutterideal, dem Karriereideal und dem Unabhängigkeitsideal. Sicher zeigt sich dieser Konflikt am schärfsten für Frauen mit akademischer oder anderer qualifizierter Berufsausbildung. Sie stellen in der Gesamtbevölkerung vielleicht nicht einen großen Anteil dar. Vom geistigen Potential her, das sich wegen dieses Konfliktes oft nur schwer entfalten kann, sind sie jedoch bedeutsam. Die Wut und Enttäuschung, die viele dieser begabten Frauen über ihre Einschränkung durch die Familiengründung empfinden, artikulieren sich später oft in kämpferischen Aktivitäten.

Das Leitbild *Familienideal* folgt einer – freilich nicht unumstrittenen – Logik des Fortschreitens von Liebe zu Sex zu «ewiger Liebe» zu fester Partnerschaft zu gemeinsamem Heim zu gemeinsamem Kind zu mehreren Kindern. Jede Weigerung, von einer Stufe den nächsten Schritt zu vollziehen, kann als eine Entwertung des Vorangegangenen interpretiert werden und Kränkungen auslösen. Weshalb eine feste Partnerschaft, wenn nicht ein eigenes Heim? Weshalb ein eigenes Heim, wenn wir nicht auch gemeinsam ein Kind haben... wenn du mich wirklich liebst? In dieser Entwicklungslinie ist das Kind die natürliche Erfüllung der Liebe.

Das Leitbild *Karriereideal*: Eine qualifizierte Ausbildung und Wahrnehmung von Karrierechancen fallen in ihrer entscheidenden Phase meist genau in die gleiche Zeit wie das Kinderkriegen. Verständlicherweise ist der Entscheidungskonflikt *für* ein Kind besonders groß bei deutlicher Berufsorientierung und starker Identifikation mit der derzeitig ausgeübten beruflichen Tätigkeit (Urdze und Rerrich 1981). Starke Berufsorientierung liegt jedoch bei weitem nicht bei allen Frauen und Männern vor.

Das Leitbild *Unabhängigkeitsideal* folgt der Vorstellung einer individuellen Gestaltung des eigenen Lebens mit den Werten von Selbstverwirklichung, Autonomie, dauernder Freiheit zu Veränderungen und Wandlungen und laufender Disponibilität für das, was einem angeboten wird. Es kann dabei um die Freiheit zur Gestaltung der Freizeit, insbesondere fürs Reisen, gehen wie um Wahrung beruflicher Mobilität.

Jede Frau muß sich heute mit Konflikten mindestens

zweier, wenn nicht aller Leitbilder auseinandersetzen. Viele Frauen fühlen sich verständlicherweise von einer klaren Entscheidung überfordert und lassen möglichst alles offen, in der Hoffnung, das Problem werde sich von selbst regeln. Aus einer gewollten Kinderlosigkeit wegen beruflicher Ausbildung wird dann nicht selten eine ungewollte, weil der rechte Zeitpunkt verpaßt wurde (s. Pohl 1975 und Nave-Herz 1988). Oft überläßt man die Entscheidung aber auch einfach der Natur und fixiert sich auf keine dieser Lösungen. Dennoch hat die Ungewißheit der Zukunft Rückwirkungen auf die berufliche Motivation von Frauen. So zeigt etwa eine Untersuchung von Margarete Vollrath (1988), welche erfolgreiche Absolventinnen eines Studiums an der Philosophischen Fakultät I der Universität Zürich (Sprachen und Literatur, Psychologie, Geschichte und ähnliche Fächer) interviewte, ein großes Desinteresse an den äußeren Bedingungen des akademischen Berufs über das Schlußexamen hinaus. Die Unvereinbarkeit von Familie und Beruf wird betont. Fast alle Absolventinnen möchten Kinder haben und glauben, höchstens ein sehr kleines Berufspensum mit Mutterschaft vereinen zu können. Konkurrenzdenken und Karriere werden ganz überwiegend abgelehnt.

Daraus ableiten zu wollen, die Frauen würden ja selbst Familie vor Beruf stellen, ist voreilig. Wenn die Familienorientierung nicht von innen heraus kommt, sondern durch die äußeren Gegebenheiten aufgezwungen wird beziehungsweise von den Frauen aus Gründen der Konfliktvermeidung gewählt wird, dürfte sich das später oft rächen. Der Blitzableiter späterer Reaktionen wird häufig der Mann sein. Enttäuschung und Wut über die Unvereinbarkeit beruflicher und familiärer Entfaltung sind nicht selten Anlaß zur Scheidung, etwa aus der Haltung heraus: «Wenn der Mann sich nicht mehr Zeit für die Familie nimmt, übernehme ich lieber die ganze Verantwortung allein.»

Hat eine Frau auf berufliche Karriere verzichtet und sich mehr oder weniger bewußt für ein Kind entschieden, so kann es zu einer Idealisierung der Mutterschaft kommen (Leitbild

Mutterideal), die von Männern oft als provokant erlebt wird. Wenn schon eine Frau wegen eines Kindes das Risiko der beruflichen Benachteiligung auf sich nimmt, so muß das Kind diesen Verzicht auch aufwiegen. Die Beziehung zum Kind wird als Mysterium, als geheiligter Bereich verklärt, aus welchem der Vater ausgegrenzt wird.

Heute, wo Partnerschaften brüchig geworden sind und man nicht damit rechnen kann, daß Liebe lebenslänglich hält, bekommt das Kind viele Funktionen stellvertretend für den Partner zugesprochen. Das Kind ist, wie Ulrich Beck (1986) es ausdrückt, «zur letzten verbliebenen, unaufkündbaren und unaustauschbaren Primärbeziehung» geworden (S. 193). Das Kind wird zum letzten, der einen nicht verläßt. Partner kommen und gehen, das Kind bleibt. Vom Kind erhofft man sich all das, was in eine Partnerschaft hineingesehnt wird, aber in dieser sich nicht mehr als lebensfähig erweist. Das Kind bekommt Monopolcharakter für lebbare Zweisamkeit, dem Kind kann man ungebremst Zärtlichkeit und Emotionalität entgegenbringen, ohne zu befürchten, sich damit etwas zu vergeben, sich als schwach oder bedürftig zu erweisen. Mit dem Kind kann man sich herumbalgen, lachen und streiten.

Die abgöttische Liebe zum Kind hat inzwischen in gleicher Weise einen Teil der Männer ergriffen, nur sind diese als gebärmutterlose Wesen natürlich von vornherein im Nachteil. Elisabeth Badinter meint, daß immer mehr Frauen den Zustand der Schwangerschaft als Phase des Glücks und der Befriedigung erleben und Männer äußern, sie hätten den Eindruck, eine großartige menschliche Erfahrung zu verpassen. Die gemeinsame Elternschaft wird in manchen Fällen immer deutlicher zweigeteilt in die Rivalität zwischen Mutterschaft und Vaterschaft (U. Beck 1986). Insbesondere manche Frauen suchen im Kind nicht so sehr die Erfüllung der Partnerschaft als vielmehr ihre persönliche Erfüllung.

Was verändert sich durch Kinder in der Partnerschaft?

In den letzten Kapiteln habe ich dargestellt, wie die Partner miteinander eine innere und äußere Welt schaffen, in welcher sie sich einrichten. Bei längerer Dauer der Partnerschaft kann der Wunsch aufkommen, ihr mehr Sinn und Verankerung zu geben, indem man mit Kindern fruchtbar werden möchte. Es soll damit etwas in die Welt gesetzt werden, was die persönliche Beziehung der Partner überdauert.

a) Von der Zweier- zur Dreierbeziehung

Strukturell ist die wichtigste Auswirkung des Kindes auf die Partnerschaft zunächst die Umstrukturierung von der Zweier- zur Dreiergemeinschaft. Diese Umstellung macht Männern oft größere Mühe als Frauen. Sie fühlen sich nun nicht mehr im Zentrum des Interesses ihrer Frau, sondern müssen die Liebe der Frau mit dem Kind teilen. Diese Umstellung fordert den Partnern die Reife ab, sich als Person zurückzunehmen und dem neuen Leben Platz zu geben. Im positiven Fall spiegelt die Liebe von Mann und Frau sich in der Freude über das gute Gedeihen des Kindes als Frucht ihrer Beziehung, als etwas, was die Partnerschaft für alle Zeiten in der Welt sichtbar machen wird. Dreierbeziehungen sind jedoch labile Beziehungen. Es wohnt ihnen die Tendenz «zwei gegen einen» inne. Wer wird sich mit wem gegen wen zusammenschließen, wer wird der Ausgeschlossene sein? Diese Frage kann durch das Kind zu einem Konflikt in der Partnerschaft werden. Zunächst ist die enge Beziehung zwischen Mutter und Kind gegeben. Je älter das Kind jedoch wird, um so eher kommt der Vater in eine ebenbürtige Situation, so daß sich leicht auch eine enge Beziehung zwischen Vater und Kind unter Ausschluß der Mutter bilden kann. Eva Jaeggi und Walter Hollstein (1985, S. 87) schreiben: «Der auf den Säugling eifersüchtige Ehemann ist ein bekanntes Klischee – mit Recht, wie es scheint! Manche Frauen scheinen nur auf den Moment gewartet zu haben, in dem sie ihrem Ehemann zeigen können, was ‹wahre Liebe› eigentlich ist.» Eine der von ihnen untersuchten Frauen gibt zu Protokoll: «Meine Ehe wurde der unwesentliche Hintergrund, vor dem sich strahlend hell und deutlich ‹Mutter und Kind› abhob.» Bei der Darstellung der Konstruktdifferenzierung (S. 331) werde ich darauf hinweisen, daß das gleiche Ereignis für zwei Menschen nicht das gleiche bedeuten muß. Das kann auch bezüglich der Konstruktion der Ehe oder des Kindes der Fall sein. Am Kind kann sich zeigen, daß möglicherweise die Partnerschaft für den einen Partner weit stärker kinderzentriert konstruiert ist als für den anderen. Solange das Kind nicht da war, war das nicht so offensichtlich. Häufig wenden Frauen ihre Mütterlichkeit und körperliche Zärtlichkeit zunächst den Männern zu, welche dann beim Dazukommen des Kindes unter kindbedingtem Liebesentzug leiden. Es kann sein, daß die Frau sich in ihrer engen Beziehung zum Kind durch den Mann möglichst nicht stören lassen will; es kann aber auch sein, daß sie sich von ihm zu wenig verstanden und unterstützt fühlt, oft allein gelassen wird und deshalb dazu neigt, den Mann ganz auszuschließen. Häufig weisen Frauen nach der Geburt deutlich weniger sexuelle Bedürfnisse auf, teilweise aus Erschöpfung, teilweise auch aus versteckter Wut auf den Mann. Das Stillen kann die Frau zusätzlich Kraft kosten. Ihre Brüste sind jetzt für das Kind da und nicht für den Mann. Die milchgefüllte Mutterbrust bringt den Mann häufig in Gefühlskonfusion. Für ihn war die Brust ein sexueller Reiz, jetzt ruft ihr Anblick in ihm längst vergessene und nicht voll bewußte Erinnerungen an die eigene Mutter hervor. Auch das Stillen gibt dem Mann den Eindruck, von der engen Mutter-Kind-Beziehung ausgeschlossen zu werden. Manche Frauen stillen ihre Kinder länger als ein Jahr, was der Mann als sexuelle Abweisung empfinden kann.

Es ist das natürliche Bedürfnis des Kindes wie jedes Menschen, das Zentrum der Aufmerksamkeit, den Nabel der Welt zu bilden. Ein Kind versucht sich zwischen die Eltern zu drängen, im übertragenen wie im wörtlichen Sinne. Es möchte auch nicht das ausgeschlossene Dritte sein. Häufig wagen die überbesorgten Eltern nicht, die Tür ihres Schlafzimmers zu schließen, weil sie in einem dauernden Hörkontakt mit dem Kind stehen möchten. Dabei geschieht dann eher das Umgekehrte. Das Kind steht in dauerndem Hörkontakt zu den Eltern, versteht es, deren Intimität zu behindern, sie zu spalten und zu blockieren. Nicht selten wird Dunkelangst des Kindes von den Eltern aufgeschaukelt, bis das Kind es erreicht, zwischen den Eltern im Ehebett zu liegen. Viele Eltern vernachlässigen nach der Geburt von Kindern die Ehe und Sexualität. Sie werden zum kindzentrierten Elternpaar. Als Paartherapeut habe ich erfahren, wie wichtig es ist, daß ein Paar sich trotz seiner Kinder für die Ehe ausreichend eigene Zeit und eigenen Raum nimmt. Es ist für die Partnerschaft tödlich, wenn ein Paar immer nur mit den Kindern zusammen ist. So führen Kinder keineswegs immer zur Festigung einer Partnerschaft. Oftmals trägt das Kind vielmehr Konflikte in die Elternehe hinein.

Andererseits können Kinder eine wesentliche Hilfe zur Regelung des partnerschaftlichen Nähe-Distanz-Problems sein. Bei Kinderlosigkeit wird es auf die Dauer schwierig, zu verhindern, daß die Partner entweder allzusehr aufeinander bezogen sind und alles nur noch miteinander machen oder aus Reaktion auf diese Gefahr allzu forciert bemüht sind, sich voneinander abzugrenzen. Kinder wirken gleichzeitig auf das Paar verbindend und trennend: Sie verbinden die Partner durch das gemeinsame Thema des Sorgens und Arbeitens für das Kind, sie trennen die Partner, indem sie verhindern, daß die Zweierbeziehung zum Selbstzweck wird.

Heute haben besonders Frauen der oberen Bildungsschicht häufig erst nach dem dreißigsten Altersjahr Kinder. Daher bleibt es meist beim Einzelkind. Die Geburt eines zweiten Kindes ist oftmals für die Partnerschaft, insbesondere für die Frau, die größere Umstellung als jene des ersten Kindes. Ein einziges Kind läßt sich noch gut überall hin mitnehmen und bei Eltern, Schwiegereltern oder Freunden zeitweilig unterbringen.

b) Aktivierung latenter Geschlechtsrollenkonflikte durch das Kind

Unter den gegenwärtigen gesellschaftlichen Lebensbedingungen erzwingt eine größere Kinderzahl meist eine stärkere Polarisierung der Eltern im Sinne der traditionellen Geschlechtsrollen. Frauen, die zunächst motiviert waren, ihren Beruf neben den Kindern fortzuführen, geraten, zumindest wenn mehrere Kinder im Kleinkindesalter stehen, oft unter starken Streß. Betreuungspersonen, Tagesmütter oder Krippen können zwar manche Entlastung bringen. Kinder zeigen darüber hinaus jedoch zeitweilig Ansprüche, die nach einer individuellen Betreuung rufen. Kinder können krank werden, sie können im Kontakt zu Gleichaltrigen ängstlich sein, es kann sein, daß sie von einem Nachbarkind gequält werden und Phasen durchschreiten, wo sie einer überdurchschnittlichen Zuwendung bedürfen. Oft spitzt sich die Situation so zu, daß früher oder später eine Entscheidung getroffen wird, ob der Mann oder die Frau beruflich zurücksteckt, um sich mehr den Kindern zu widmen.

Die Zeit, in welcher die Kinder klein sind, ist die äußerlich anstrengendste Phase der Partnerschaft. Sie fordert Mann und Frau bis an die Grenze ihrer Kräfte. Trotz aller Belastung ist sie aber auch häufig die emotional befriedigendste und intensivste Zeit des Zusammenlebens.

Veränderter Umweltbezug der Partnerschaft durch Kinder

Die Geburt eines Kindes verändert die Beziehung der beiden Partner zu ihren Herkunftsfamilien oft in grundlegender Weise. Viele Männer und Frauen zählen in den Augen ihrer Eltern erst als erwachsen und selbständig, wenn sie eigene Kinder haben. Solange keine Kinder da sind, bleiben meist die Eltern das Zentrum des erweiterten Familienlebens. Man trifft die Geschwister bei den Eltern und geht zu ihnen auf Besuch. Sind hingegen Kinder da, so wird die neu gegründete Familie zum Zentrum. Die Eltern kommen nun eher in die Familie auf Besuch. Die junge Familie ist jetzt Mittelpunkt der fortgesetzten Familiengeschichte. Solange keine Kinder da sind, ist eine Partnerschaft weitgehend Privatsache, über die sich zu erkundigen man oftmals sogar im Kreise von Freunden und Verwandten Hemmungen hat. Mit dem Kind wird eine Partnerschaft nach außen sichtbar. Ihre Spuren sind nicht mehr auszulöschen.

Kinder verändern die soziale Vernetzung des Paares nicht nur in der Verwandtschaft, sondern auch in der Gemeinde oder dem Stadtquartier. Wer keine Kinder hat, kann – sofern er es will – für sich allein leben und den Kontakt zur Gemeinde auf die Müllabfuhr und die Entrichtung der Steuern beschränken. Über die Kinder kommt es zu einer stärkeren Verwicklung mit der Nachbarschaft. Man hilft sich gegenseitig aus und berät sich über die laufenden Probleme. Der intensivste Einbruch in die Autonomie der Familie und Partnerschaft erfolgt dann durch die Schule. Geraten die Kinder an einen Lehrer, der auf einer anderen Lebensphilosophie beharrt als die Eltern, stellt sich für die Eltern das schwierige Dilemma, sich gegen ihre Überzeugung dem Lehrer anzupassen, um dem Kind eine möglichst gute Integration in der Schulklasse zu ermöglichen, oder die eigene Linie in Gegensatz zu derjenigen des Lehrers zu stellen und damit dem Kind einen Loyalitätskonflikt zwischen Schule und Elternhaus aufzuladen. Mehr als je seit der Zeit der Ablösung von der Herkunftsfamilie fühlt man sich in der Konstruktion seiner eigenen Welt zur Anpassung an das Denken der Gesellschaft gezwungen.

Die vielen realen Probleme, die sich jungen Eltern stellen, fördern einen intensiven Kontakt mit anderen jungen Eltern. Kinderlose Gleichaltrige fühlen sich da oft fremd und haben nichts mitzureden. Man will sie manchmal aber auch nicht mitreden lassen. Junge Eltern und kinderlose Erwachsene leben häufig in verschiedenen Welten.

Kinder können junge Erwachsene auch zu stärkerem politischem Engagement veranlassen. Man möchte über die eigene Zeitspanne und den eigenen Wirkungskreis hinausschauen und macht sich Gedanken, welche Welt die eigene Generation der nächstfolgenden übergeben wird.

2.2.3. Die Bedeutung des Kindes für die Persönlichkeitsentwicklung der Eltern

Durch das Kind erweitert sich die Selbstwahrnehmung um eine geschichtliche Dimension

Junge Erwachsene sind meist zunächst stark mit ihrer persönlichen Entfaltung beschäftigt und bestrebt, sich in größtmöglicher Unabhängigkeit von familiären Ansprüchen zu entwickeln. Sie möchten sich von den Einflüssen der Herkunftsfamilie abgrenzen, um das Eigene zu finden, ja oft experimentieren sie mit extremen Alternativen, mit welchen sie ihre Herkunftsfamilie schockieren. Durch das Kind wird dann oft ein Einstellungswandel herbeigeführt. Im Kind geben wir nicht einfach unser persönliches Erbgut weiter, sondern auch dasjenige unserer Familie und unserer Vorfahren. Oft gleicht schon der Säugling der Großmutter oder einer Tante mehr als den Eltern, was diese nicht in jedem Fall mit Begeisterung feststellen. Aber auch das innere Erbe, das familiäre Ideengut, unsere Vorstellungen über das Leben und die Welt mit all ihren komplexen Verästelungen, geben wir in vieler Hinsicht so weiter, wie wir sie selbst von unseren Herkunftsfamilien übernommen haben, oftmals ohne uns dessen bewußt zu sein. Mit dem Kind erweitert sich unsere Zeitperspektive, sie transzendiert in die Zukunft über unsere Lebensspanne hinweg. Das Kind veranlaßt deshalb junge Eltern, sich weit intensiver als zuvor mit ihrer Herkunft zu befassen, um besser zu verstehen, wo das, was sie weitergeben, seine Ursprünge hat. Sie möchten besser begreifen, woher das, was in ihnen lebendig ist, kommt. Sie freuen sich oder erschrecken über gewisse Ähnlichkeiten der Kinder mit Verwandten, nicht nur im Aussehen, sondern auch im Gehabe, in gewissen an sich unbedeutenden, aber manchmal ärgerlichen Eigenschaften, etwa in gezierten Eßmanieren, in Verlegenheitsbewegungen oder in gehemmtem Begrüßen. Man sucht nach Ähnlichkeiten der Vorfahren und Ahnen und entdeckt im Kind eventuell den gleichen Blick wie bei der geliebten Großmutter oder die verächtlich nach unten gezogenen Mundwinkel eines ungeliebten Onkels. Belustigt oder beunruhigt wird festgestellt: «Dem Großvater wie aus dem Gesicht geschnitten..., die wird sicher mal so wie Tante Olga..., müßte ja nicht vom Fritz abstammen...»

Die Wahrnehmung des eigenen Lebens wird durch das Kind über das Hier und Jetzt hinaus erweitert. Geburt und Tod sind in der Mythologie oft nahe beisammen. Das Kind, das uns einmal überleben wird, macht uns die zeitliche Begrenzung unseres Lebens bewußt und öffnet gleichzeitig die Perspektive potentiellen Weiterlebens im Kind und Kindeskind. Kinder geben uns die Erfahrung, ein Glied in der Kette der Generationen zu sein. Das ist nicht jedem erwünscht. Untersuchungen von Manfred Stauber haben gezeigt, daß einer der wichtigsten Gründe, keine eigenen Kinder haben zu wollen, in einer negativen Beziehung zur eigenen Kindheit liegt. Wer das, was er in der eigenen Kindheit erfahren und mitbekommen hat, nicht weitergeben möchte, wer Kindern das, was er erlitten hat, ersparen will, möchte keine eigenen Kinder. Wer die Geschichte seiner Familie beenden will, wer nicht möchte, daß das familiäre Ideengut in eigenen Nachkommen fortlebt, wird auf Kinder verzichten. (Ausführlichere Darstellung der Familiengeschichte als Evolution von familiärem Ideengut siehe Willi 1985, S. 173ff.)

Das Kind macht aus der Frau eine Mutter, aus dem Mann einen Vater

Das Kind fordert beiden Eltern entscheidende Reifungsschritte des Erwachsenenlebens ab. Dazu gehört nicht nur Verantwortungsfähigkeit, sondern auch Schuldfähigkeit. Bei den Interviews über das Zusammenleben äußerten sich die beiden Mütter spontan über ihre Schuld und ihr Versagen in der Kindererziehung (Annemarie, S. 147, Cécile S. 205). Kinder fordern uns heraus bis zur Überforderung. Zur Reifung des Verantwortungsgefühls gehört aber auch das Gewinnen eines gewissen Abstandes, einer Abgrenzung gegenüber drohender Überverantwortlichkeit und Selbstanklage, die Entwicklung einer gewissen Gelassenheit und von Humor im Bewußtsein, daß Eltern die Entwicklung der Kinder nur begrenzt beeinflussen können.

Manche psychologischen Schriften über Kleinkinderziehung steigern leider eher die Schuldanfälligkeit der Eltern, anstatt ihnen zu helfen, mit berechtigten oder unberechtigten Insuffizienzgefühlen zurechtzukommen, was letztlich auch den Kindern zugute käme.

Im Gefühl der Überforderung und Unsicherheit gegenüber dem Kind ändert sich oftmals die Beziehung zu den eigenen Eltern. Man interessiert sich, wie sie damals aus ihrer Situation mit den Erziehungsproblemen und dem Gefühl der Überforderung umgegangen sind. Man wächst dabei aus der Vorwurfshaltung der Adoleszenz heraus und gewinnt Verständnis und Empathie. An der eigenen Überforderung erkennt man die ihrige und staunt oftmals, wie engagiert und klug sie damals mit bestimmten Situationen umgingen. So kann das Kind zu einer Versöhnung mit den eigenen Eltern beitragen. Manchmal wird einem das elterliche Fehlverhalten aber auch erst jetzt bekannt und löst Schmerzen und Groll aus. Eine Patientin, welche zehn Jahre lang an einer schweren Anorexia nervosa (Magersucht) und Bulimie (Heißhungeranfälle) gelitten hatte, erfuhr nach der Geburt des ersten Kindes von ihrer Mutter, wie diese die Patientin als Neugeborenes gar nicht bei sich hatte haben wollen, sondern sich nur mit ihrem eigenen Körper befaßte. Sie sei damals voller Besorgnis gewesen, von Schwangerschaft und Geburt könnte sie körperlich entstellt bleiben. Deswegen wollte sie die Patientin auch nicht stillen. Als nach der jetzigen Geburt die Mutter der Patientin ins Spital kam und ihren Enkel in die Arme nahm, stellte sie sich vor den Spiegel, um zu sehen, wie sie selbst mit einem Kind im Arm aussehe. Sie ging dabei überhaupt nicht auf das Kind ein, sondern interessierte sich nur für ihr Bild. Der Patientin wurde dabei bewußt, daß ihre Mutter mit ihr als Kind ähnlich umgegangen war wie jetzt mit dem Enkel. Therapeutisch kam dadurch vieles in Gang, was zuvor zugeschüttet war. Beispielsweise kam ihr in den Sinn, daß sie als kleines Kind, wenn sie schrie, mit Süßigkeiten abgespeist worden war, jedoch kaum je von der Mutter gehalten oder gestreichelt wurde.

Mit dem Kind wird die eigene Kindheit nacherlebt

Das Kind ermöglicht den jungen Eltern ein Nacherleben der eigenen Entwicklung, oft weit über das hinausgehend, was eine Psychoanalyse an frühkindlichen Erinnerungen ins Bewußtsein hebt. Um das Kind in seiner Wahrnehmungsfähigkeit, in seiner Motorik und im Spracherwerb zu fördern, müssen die Eltern das Kind dort abholen, wo es steht, das heißt, sie müssen konkret in ihrem Verhalten auf allerfrühestes Kindheitsverhalten regredieren. Heute gibt es eine reichhaltige Forschung darüber (Literaturübersicht s. Papousek 1989), wie die Eltern intuitiv das Gesicht ihres Säuglings immer genau in derjenigen Entfernung halten, in welcher das Baby am besten sehen kann, und wie die Eltern es verstehen, das erste Lächeln oder die ersten artikulierten Laute aus dem Kind hervorzulocken, indem sie das, was der Säugling anbietet, rhythmisch unterstützen und in endlosem Wiederholen mit dem Säugling üben.

Für Außenstehende kann es komisch wirken, wenn die lallenden Eltern sich selbst wie Säuglinge aufführen, aber indem sie das tun, erreichen sie ein Höchstmaß an Einfühlungsvermögen in die psychische Entwicklung des Säuglings und Kleinkindes. Sie werden ihre Erfahrungen auch ihren Eltern berichten, die dafür meist ein reges Interesse zeigen und erzählen, wie die jungen Eltern sich selbst als Säuglinge oder Kleinkinder verhalten hatten, Erinnerungen, welche eventuell durch Fotos noch belegt und erweitert werden.

Das Kind holt zunächst durch sein bloßes Dasein, später aber auch aktiv und gezielt, in den Eltern vieles ins Leben zurück, was sie früher erfahren hatten. Die Eltern vollziehen mit dem Kind quasi die Wiederholung ihrer eigenen Kindheit. Sie bekommen damit den Zugang zu ihren persönlichen Wurzeln und werden sich über vieles klar, was untergründig in ihnen schlummert. Im Umgang mit dem Kind erweitern sie das Verständnis für sich selbst.

Symbiose und Leiden an der Liebe zum Kind

Die Eltern empfinden große Freude und Genugtuung, wenn sie sehen, wie der Säugling intensiv auf sie bezogen und auf ihre Förderung in hohem Maße ansprechbar ist. Es gelingt den Eltern weitgehend, sich auf das Kind symbiotisch einzustimmen, so daß sie seine Regungen und inneren Vorgänge spüren und voraussehen können. Intuitiv locken die Eltern aus dem Kind das heraus, was seinem Entwicklungsstand entspricht. Das Kind entwickelt sich im dialogischen Spiel von Unterstützen und Hervorrufen. Alles, was das Kind entfaltet, wird von den Eltern sozusagen in Familienbesitz genommen. Es gehört nicht nur dem Kind, sondern auch ihnen. Das Gefühl, vom Säugling so intensiv gebraucht zu werden, gibt dem eigenen Leben Sinn und Erfüllung, eine Erfahrung, die besonders dann überhöhte Bedeutung bekommen kann, wenn andere Befriedigungsmöglichkeiten fehlen. In der Praxis sah ich wiederholt drogenabhängige Frauen, die sich dringend ein eigenes Kind wünschten in der Vorstellung, daß dieses ganz für sie da sei als einziges Wesen, das sie echt und ungeheuchelt liebe.

Spätestens mit dem Herumkrabbeln wird jedoch offensichtlich, daß das Kind ein Zentrum eigener Aktivität und Intention ist und daß das Aufrechterhalten eines seelischen Gleichklanges in dieser umfassenden Form nicht mehr gelingt. Das Kind setzt den Einflüssen der Eltern Widerstand entgegen, ist jedoch weiterhin auf ihre Anleitung ansprechbar.

Mutter und Vater sind bestrebt, in das Kind seine besten Möglichkeiten hineinzusehen und aus ihm herauszulieben. Sie malen sich aus, was aus dem Kind einmal werden könnte. Sie projizieren jeden Fortschritt seines Denkens und Handelns auf eine Großleinwand und sehen in ihrem Sprößling womöglich etwas ganz Besonderes. Oft werden Utopien für das Kind entwickelt, die größer sind als alles, was das Kind zu erfüllen vermag. Das Bestreben, das Kind in seinen menschlichen Möglichkeiten zu fördern, kann den Eltern immer nur innerhalb ihres eigenen Konstruktsystems, in den ihnen eigenen Vorstellungen über Leben und Welt gelingen.

Besonders jene Frauen, die wegen der Kinder mehr oder weniger freiwillig auf eine Berufskarriere verzichtet hatten, werden leicht dazu neigen, in ihren Kindern jene Lebensentwicklungen zu fördern, auf welche sie selbst verzichten mußten. Das Kind sollte dann stellvertretend ihre Träume realisieren und ihnen die Möglichkeit anbieten, an seinen Erfolgen zu partizipieren. In Ansätzen zeigt sich das im Interview mit Annemarie bezüglich ihrer Beziehung zur Tochter (S. 147).

Aus elterlichen Erwartungen kann sich das «Drama des begabten Kindes» (Alice Miller 1979) entfalten, vor allem bei jenen Kindern, die aufgrund ihrer Begabung die elterlichen Erwartungen erfüllen oder gar noch steigern und die aufgrund ihrer hohen Sensibilität und ihrer eigenen symbiotischen Tendenzen Mühe haben, sich gegen diese Erwartungen abzugrenzen. In der psychotherapeutischen Literatur ist die These weit verbreitet, daß Eltern mit ihren Erwartungen Kinder in gestörtes Verhalten hineintreiben. Daß elterliche Erwartungen pathogen sein können, sei nicht bestritten. Es braucht dazu aber wohl eine spezifische Entsprechung zwischen Eltern und Kind, bei welcher Erwartungen der Eltern und Ansprechbarkeiten des Kindes sich kollusiv verbinden (Willi 1985).

Hier soll jedoch lediglich der elterliche Anteil an der Kollusion und am Drama des begabten Kindes behandelt werden. Im Kapitel über Verliebtsein (s. S. 40) habe ich beschrieben, warum Symbiose nicht etwas sein sollte, was ängstlich vermieden werden müßte. Verliebtsein und Symbiose bilden vielmehr eine wichtige Grundlage des Zusammenlebens, auch wenn sie natürlicherweise gefolgt sind von Enttäuschung und Leiden an der Liebe. Das Drama einer Lebensgemeinschaft spielt sich ab im Spannungsfeld zwischen Sehnsucht nach Verschmelzung und Idealisierung des Partners einerseits und der Trauer und dem Schmerz über das Getrenntbleiben in der Liebe andererseits. Die Symbiose läßt eine Utopie entstehen, welche durch die Realität geläutert wird, im Hintergrund aber fortwirkt. Auch in der Beziehung zwischen Eltern und Kind bilden Symbiose und Idealisierung eine wichtige Grundlage der Beziehung. Sie geben dem Kind die Gewißheit, seinen Eltern wichtig zu sein, ihnen viel zu bedeuten und von ihnen sorgfältig begleitet zu werden. Aber zu dieser Liebe gehört auch die Enttäuschung, daß Eltern und Kind getrennte Wesen bleiben, sich einander in manchem fremd sind und sich in der gegenseitigen Liebe oft einsam fühlen. Genauso wie zwischen Mann und Frau sollten auch in der Beziehung zwischen Eltern und Kind die Eltern nicht alle Erwartungen an das Kind aufgeben oder ängstlich vermeiden. Es ist der Wunsch des Kindes bis ins hohe Erwachsenenalter, den Eltern Anlaß zu Stolz und Lob zu geben. Wer nie ein Strahlen in den Augen der Eltern zu erzeugen vermochte, dem fehlt ein zentraler Baustein des Selbstbewußtseins.

Will man Eltern, die an der Fehlentwicklung oder Störung ihrer Kinder verzweifeln, helfen, so sollte man sie nicht für deren Entstehung einseitig beschuldigen oder versuchen, ihnen jede Einflußnahme auf das Kind zu entziehen. Man sollte vielmehr mit ihnen über ihre Hoffnungen sprechen, die sie in das Kind hineingelegt hatten, und über ihren Schmerz, der sie erfüllt, wenn das Kind sich anders entwickelt, als sie es erwarteten. Je weniger die Eltern in ihren Erwartungen an das Kind beschämt werden, desto bereiter werden sie, sich vom Kind neue Lebensperspektiven eröffnen zu lassen.

Das Schaffen einer heilen Welt für das Kind

Zur Sehnsucht der Eltern gehört auch der Wunsch, für das Kind eine bessere Welt zu schaffen als jene, in der sie selbst aufgewachsen sind oder jetzt leben. Im Leben des Kindes soll Erfüllung finden, was sich im eigenen Leben nicht realisieren ließ. Je größer die Entbehrungen und Defizite, welche die Eltern selbst erlitten, um so schöner und phantastischer soll die Welt dem Kind angeboten werden. Das Problem zeigt sich in Gastarbeiterfamilien mit besonderer Schärfe. Der Wunsch, für die Familie und die Kinder bessere Lebensbedingungen zu schaffen, ist eine grundlegende Motivation, in die Fremde zu ziehen und hier auf der untersten Stufe der sozialen Hierarchie, fern der Heimat, große Entbehrungen auf sich zu nehmen. Ein Großteil der Gastarbeiter der ersten Generation zog hierher in der Meinung, Geld zu verdienen und dann in ihre Heimat zurückzukehren. Dann kamen die Kinder dazu. Zunächst wollten sie diesen im Gastland bessere Ausbildungsmöglichkeiten bieten in der Hoffnung, als gemachte Leute zurückzukehren. Doch die Kinder wollten nicht mehr zurück, und so blieben auch die Eltern da. Innerlich sind sie oft zerrissen. Mit dem Herzen sind sie Südländer geblieben, aus materiellen Gründen bleiben sie hier. Sie haben nicht nur ihre Heimat verloren, sondern fühlen sich auch oft ihren Kindern entfremdet, welche die Sitten und Gebräuche des Gastlandes angenommen haben. Insbesondere Töchter setzen sich über die strengen sexuellen Tabus ihrer Väter hinweg. So wissen manche Eltern nicht, ob sich die großen Opfer und Entbehrungen gelohnt haben. Viele Männer nach dem fünfzigsten Altersjahr verfallen in eine hypochondrische Depression und lassen sich für schwer objektivierbare Körperbeschwerden und Unfallfolgen mit einer Invalidenrente entschädigen.

Wer in der Kindheit keine materiellen Entbehrungen erleiden mußte, richtet den Traum einer heilen Welt eventuell stärker auf das Emotionale. Man möchte sich mit den Kindern eng gegen eine böse, kaputte und dekadente Welt zusammenschließen. Man möchte mit ihnen am liebsten in der freien Natur oder mit Tieren leben, in einer Welt jenseits von Leistungsdruck, Profitdenken, Rivalität und wirtschaftlichen Sachzwängen. Indem man dem Kind eine heile Welt schafft, hofft man selbst heil zu werden. Das, was man in der eigenen Kindheit vermissen mußte und was in einem selbst ein Defizit hinterließ, soll nun dem Kind in doppeltem Maße zuteil werden. Manche Väter vollziehen eine Spaltung zwischen den Gesetzen der rauhen Berufswelt und jenen der heilen Familienwelt.

Diese heile Welt wird empfindlich gestört durch die Einschulung der Kinder. Je abgegrenzter die Familienwelt, um so weniger sind die Kinder gerüstet, in einer Peer-group ihren Platz zu behaupten und sich ohne Sonderbeachtung einzuordnen. Die Schule kann so von den Eltern als brutaler Eingriff in ihre Privatsphäre erlebt werden. Sie meinen, es werde nun unwiederbringlich zerstört, was sie im Kind aufgebaut hatten. Die Eltern verlieren damit eine Welt, welche ihnen ihr Kind ermöglicht hatte.

Aus dem Bemühen, es ganz anders als die eigenen Eltern zu machen, oder aus der Angst, die gleichen Fehler wie die Eltern zu begehen, sind manche Eltern erzieherisch verunsichert und reagieren auf die geringste Verhaltensauffälligkeit der Kinder überschießend. Sie verstärken mit ihrer Kontrolle ein harmloses Fehlverhalten des Kindes und drängen es nicht selten ausgerechnet in jene Richtung, die sie um jeden Preis vermeiden wollten. Im Bemühen in jenen Bereichen, in denen man sich selbst unterdrückt gefühlt hatte, keine Grenzen zu setzen, wird einer verfehlten Entwicklung des Kindes das Tor geöffnet. Grenzen sind für das Kind notwendig, um sich zu orientieren. Manchmal suchen die Eltern in ihrer Unsicherheit den Halt am Kind. Sie meinen, das Kind werde besser als sie spüren, was für es richtig sei. Damit überfordern sie das Kind. Oftmals will das Kind die Grenzen der Eltern provozieren, löst bei ihnen jedoch nur ein Gewährenlassen bis zur völligen Erschöpfung aus. Solche Kinder werden von ihren Eltern durch Erzeugung von Schuldgefühlen manipuliert, statt durch klare Grenzsetzung geleitet.

Kinder fordern den Eltern die Definition ihres Lebensstils ab

Die Herausforderung, das Kind anzuleiten und zu erziehen, veranlaßt Mann und Frau, sich intensiv mit der eigenen Lebenskonstruktion auseinanderzusetzen, mit deren grundlegenden Werten und Regeln, mit deren Sinn und Ziel. Es gilt auszudiskutieren, was die richtige Ernährung ist, welche psychische Anregung für das Kind zuträglich ist, welche Herausforderungen es für seine Entwicklung braucht und wo ihm Grenzen zu setzen sind. Im Suchen nach dem eigenen Erziehungsstil konstruieren die Partner weit bewußter als zuvor ihre gemeinsame Welt. Zuvor mußten sie sich weniger mit ihren Vorstellungen auseinandersetzen und um gemeinsame Einstellungen ringen. Die Suche nach einer gemeinsam konstruierten Welt, welche das Kind den Eltern abfordert, kann deren Selbstfindung wesentlich stimulieren. Kinder veranlassen die Eltern, sich als Mann und Frau zu definieren. In der Pubertät wird die Lebensweise der Eltern, ihre Beziehung zueinander und die Echtheit ihrer Selbstdefinition von den Kindern einer harten Kritik unterzogen. Dieser Prozeß hat für die Entwicklung der Kinder eine wichtige Bedeutung, aber nicht minder für die Eltern.

2.3. Langzeitbeziehung und Altersehe

2.3.1. Langzeitbeziehung

Kann Liebe ein Leben lang halten?

Das größte Schreckgespenst einer Lebensgemeinschaft ist für viele die Vorstellung vom Alltagstrott. Der Wecker geht los, Aufstehen, Frühstück, Küßchen-Küßchen, sich in den Straßenverkehr einordnen, die gewohnte Arbeit verrichten, wieder sich in den Verkehr einordnen, Nachtessen, Kinder zu Bett bringen, Fernsehen, Küßchen-Küßchen, Schlaf – der Wecker geht los und so fort. Im Wochentakt zweimal Geschlechtsverkehr, am Mittwoch nach der Sauna, am Samstag vormittag, wenn die Kinder in der Schule sind. Das eheliche Alltagsallerlei wird von manchen Langzeitpaaren demonstriert, wenn die Partner einander auf Schritt und Tritt nachschlurfen und ihre Konversation sich einengt auf das Gejammer über Krankheit, Schlechtigkeit der Welt und Launen des Wetters. Oder man sieht ältere Paare im Gleichschritt durch die Straßen wandeln, schweigend, in scheinbar öder Harmonie.

Was können sich denn zwei Partner nach Jahren des Zusammenlebens überhaupt noch zu sagen haben? Kennen sie sich nicht längst durch und durch, jedes Wimpernzucken, jedes verlegene Lächeln, jede brüske Bewegung? Sie kennen nicht nur das, sondern nehmen die geringste Abweichung vom Gewohnten wahr, eine leichte Frequenzerhöhung des Wimpernzuckens, eine leichte Erstarrung des Lächelns, eine leise Verstärkung der eckigen Bewegungen. Ein jedes weiß im voraus: Wenn ich dieses oder jenes erzähle, wird der Partner darauf diesen oder jenen Kommentar abgeben. Wenn ich ihm dieses oder jenes Problem schildere, wird seine Reaktion diese oder jene sein. Können zwei Partner aufeinander sexuell noch attraktiv wirken, wenn Eroberung, Geheimnis, Verführung und Überraschung fehlen? Muß man nicht ehrlicherweise dazu stehen, daß es doch vorwiegend bloße Gewohnheit und Bequemlichkeit sind, welche die Partner veranlassen, das Spiel der ewigen Liebe fortzusetzen? Muß man da nicht jenen recht geben, die grundsätzlich keine Dauerbindungen eingehen, um sich freizuhalten für die echte, spontane und damit zeitlich begrenzte Liebe?

Kann Liebe ein Leben lang halten? Eine Liebesbeziehung kann auf Dauer kaum gelingen, wenn darunter eine Beziehungsform verstanden wird, wo die Partner ganz aufeinander bezogen leben, wo sie ihre Lebensenergien in erster Linie auf die Beziehung zentrieren, um diese kreativ, intensiv und stimulierend zu halten, wo Partnerschaft das große Thema des Lebens bleiben soll und das ganze Bestreben darin liegt, Gewohnheiten und Wiederholungen zu vermeiden. Manche versuchen, das Einschleifen von Gewohnheiten zu verhindern, indem sie die Aufmerksamkeit des Partners immer wieder durch neue Überraschungen wachzuhalten trachten oder indem sie den Partner laufend zu Liebesbeweisen und Aufmerksamkeiten herausfordern und ihm Schuldgefühle erzeugen, indem sie das Abflauen seiner Liebe beklagen.

Es besteht die Gefahr, den ehelichen Alltag vorschnell abzuurteilen. Um ihm gerecht zu werden, ist eine differenziertere psycho-ökologische Sichtweise notwendig. Anna und Bruno, die in Kapitel 4 und 5 immer wieder als Gewährspersonen aufgeführt werden und die nach zwanzigjähriger Ehe scheinbar so gelangweilt nebeneinander einhergehen, haben in Wirklichkeit höchst dramatische Meinungsverschiedenheiten miteinander ausgekämpft. Sie haben miteinander intensiv gewirkt und gearbeitet, gemeinsam ein Heim eingerichtet, ein Haus gebaut, Kinder großgezogen, sie haben miteinander schwierige Krisen durchgestanden, das zweite Kind wies einen Mongolismus auf, Bruno verschuldete sich beim Hauskauf, sein Geschäft lief nicht gut, Anna machte eine Erschöpfungsdepression durch, Brunos Außenbeziehungen wurden bekannt, Anna dachte daran, sich scheiden zu lassen, Annas Mutter mußte wegen Krebskrankheit zu Tode gepflegt werden. Solche schweren Belastungen und Krisen, welche sich jedem Paar stellen, sind die eigentlichen Proben der Liebe, wo die Partner die Tiefe ihrer Zuneigung, Verläßlichkeit und Geduld erfahren. Hinter der langweiligen Fassade kann sich ein Erfahrungsschatz verbergen, der in den Partnern eine tiefe Zugehörigkeit zur gemeinsamen Geschichte gebildet hat. Oft ist diese Verbundenheit überdeckt durch alltägliches Gezänk und gegenseitige Rücksichtslosigkeit, Gleichgültigkeit oder Verletzungen. Wer im Zusammenbleiben lediglich Abhängigkeit, Bequemlichkeit und Gewohnheit sehen will, kann der Komplexität der Situation nicht gerecht werden. So gleichgültig manche Paare wirken, so präsent können die Partner füreinander sein in Momenten, wo es darauf ankommt.

Heute ist die Meinung verbreitet, kreative, spontane und echte Liebe könne sich nur außerhalb der festen Strukturen einer Ehe entwickeln. Ich glaube, das trifft so nicht zu. Im längeren Zusammenleben wandelt sich der Charakter der Liebe. Die Liebe geht in die Schaffung einer inneren und äußeren Behausung ein, welche den Partnern Geborgenheit und Vertrautheit gibt. Diese Behausung entlastet die Partner in ihrer direkten Beziehung zueinander und setzt Kräfte frei für Aktivitäten in anderen Interessensbereichen. Die Erfahrungen, die dort gemacht werden, werden jedoch immer wieder in die Paarbeziehung eingebracht. Die Pflege des Heims und des Gartens kann zu einer Form von Liebesdienst für den Partner werden. Auch in die berufliche Tätigkeit kann der Partner direkt oder indirekt einbezogen werden. Der Partner ist dann nicht mehr so sehr Zielpunkt des Handelns als vielmehr in die Zielsetzungen des Handelns einbeschlossen. In der Langzeitbeziehung wird Liebe immer mehr zur Rahmenbedingung, in welcher sich die Partner autonom bewegen und doch untergründig aufeinander bezogen bleiben. Die Liebe wird zur miteinander geteilten Lebensgeschichte. Die Bedeutung der zur Rahmenbedingung gewordenen Liebe wird oft erst faßbar, wenn sie verlorengeht. So klagen etwa manche Geschiedene darüber, daß ihnen die Motivation zur Arbeit abhanden gekommen ist, weil der haltgebende Rahmen der Familie zerbrochen ist.

Sexualität in der Langzeitbeziehung

Das Problem der zur Alltagsgewohnheit gewordenen Liebe zeigt sich im Sexuellen besonders deutlich. Kann Sexualität im ehelichen Alltag noch lustvoll sein? Der Verhaltensforscher Norbert Bischof (1985) bestätigt die allgemeine Beobachtung, daß sich hohe sexuelle Erregung eher in Situationen und Beziehungen einstellt, die eine gewisse Fremdheit und Unvertrautheit an sich haben. Man spricht vom Fremdgehen, vom sexuellen Abenteuer, vom Seitensprung und nimmt damit Bezug auf das Ausbrechen aus dem Gewohnten, auf das Entdecken und Erobern, das Spannungsvolle, Ungesicherte und Neuartige. Vordergründig gesehen läßt die eheliche Sexualität alle diese Qualitäten vermissen. Bei vielen Paaren ist das Sexuelle regelmäßig in den Wochenplan eingeordnet. Es fehlt ihm das Überraschende, das Außergewöhnliche. Es gibt den Begriff der «ehelichen Pflichten», eine Wortschöpfung, die nicht gerade aus der sexuellen Lust geboren wurde. Bei den meisten Paaren gibt es lange Phasen sexueller Abstinenz, etwa in Zeiten von starkem beruflichem Streß oder Erschöpfung durch die Kinder, unter körperlichen, insbesondere auch gynäkologischen Störungen, aber auch in Schwangerschaft oder nach Geburt. Bei vielen Paaren wird das Ausleben der sexuellen Lust noch zusätzlich behindert durch die Kinder, denen gegenüber sich das Paar räumlich nicht abzugrenzen versteht. Manche versuchen das Gewohnheitsmäßige der Sexualität zu vermeiden und die Sache aufregender zu machen, etwa indem sie Bücher anschaffen, die so viel sexuelle Aufregung und Abwechslung versprechen, daß die Belebung für einige Zeit gesichert sein sollte. Wer hat schon je ein solches Buch durchgearbeitet?

Der Anspruch, die Sexualität in der Ehe solle etwas Aufregendes und Abwechslungsreiches sein, macht manche Paare unglücklich. Sexualität ist im ehelichen Alltag in der Regel zwar nicht überraschend, sie braucht deswegen jedoch nicht öde und langweilig zu sein. Während in einer Liebschaft die Sexualität ein zentrales Thema ist, das meist um so höher gewertet wird, je seltener die Partner beisammen sind, wird die Sexualität in der Ehe meist nur zum Thema, wenn sie gestört ist. Die ehelichen Sexualbeziehungen haben auch einen rituellen Aspekt. Sie sind nach wie vor für die meisten Paare ein Intimitätssymbol, das mit niemand anderem geteilt werden soll. Sie geben den Partnern den Eindruck, in diesem Bereich für den anderen das ganz Besondere zu sein. Findet Sex in der Ehe nicht statt, so ist oftmals die Beunruhigung nicht nur darin begründet, daß der sexuelle Trieb nicht regulär befriedigt werden kann, sondern auch in der Frage, welche Gründe der andere für sein sexuelles Desinteresse haben könnte oder welche Gründe er einem für die eigene sexuelle Zurückhaltung zuschreibt. Mache ich etwas falsch? Genüge ich dem Partner nicht? Geht er fremd? Quälende, oftmals nie beantwortete Fragen.

Wo die Partnerschaft lebendig ist, schaffen Partner auch immer wieder aus eigenem Antrieb Ausnahmesituationen und Abwechslung, wo die Sexualität zu einem Fest wird (Eva Jaeggi und Walter Hollstein 1985), etwa indem sie sich für das Wochenende eine Luxuspause leisten oder einmal ohne die Kinder in die Ferien fahren, um damit den gewohnten Rahmen des ehelichen Schlafzimmers zu verlassen und sich durch eine reizvolle Umgebung Überraschung zu verschaffen. Kreative Partner verstehen es, sich zumindest zeitweilig aus den Alltagsbindungen zu lösen, um ihre persönliche und sexuelle Beziehung zum zentralen Thema zu machen, ungestört ganz füreinander dasein zu können und sich wieder neu zu suchen und zu erfahren. Zumindest zeitweilig wollen sie spüren, daß es beim Sexuellen nicht um ein bloßes Ritual geht, sondern daß sie sich dabei ganz spezifisch etwas angehen. Im Sexuellen bietet sich die Möglichkeit einer intensiven und intimen Begegnung, wie sie in den vielfältigen Alltagsverwicklungen oft kaum möglich ist. Wo diese persönliche Begegnungsmöglichkeit sexueller Beziehungen nicht wahrgenommen wird, entwickeln besonders Frauen oft eine sexuelle Aversion, die so weit gehen kann, daß sie auf jede körperliche Berührung mit Gänsehaut und Widerwillen reagieren und Sex generell ablehnen. Sie fühlen sich als Objekt der bloßen Triebbefriedigung mißbraucht und haben den Eindruck, vom Partner gar nicht als Person gesehen zu werden.

Das Zusammenleben nach der familiären Ablösungsphase

Was kann zwei Partner noch verbinden, wenn die Kinder sie nicht mehr brauchen? Gibt es dann noch Themen, welche ihre Beziehung aktivieren, oder wird nun alles zu bloßer Routine? Die Partner hätten an sich wieder mehr Zeit für einander, aber Zeit wozu? Es kann sein, daß die Partner zuviel Zeit miteinander verbringen, worüber im Abschnitt über «Altersehe» noch zu sprechen sein wird. Es kann sein, daß neue Themen vom Zaune gebrochen werden müssen, um Aufregung in die Beziehung zu bringen, Außenbeziehungen, ein Sorgenkind oder eine Krankheit. In der Regel läßt sich jedoch keine mit der elterlichen Phase vergleichbare Intensität des Sichbrauchens mehr herstellen. Man spricht von «emeritierten Eltern» (Gutmann 1985).

Wenn der Druck der Beanspruchung durch die Kinder nachläßt, kann vor allem bei Frauen ein Freiheitsrausch ausbrechen. Jetzt endlich können sie tun und lassen, was sie wollen, und sich vom ehelichen und familiären Anpassungsdruck befreien. Sie möchten sich nun selbst verwirklichen und in erster Linie für sich selbst sorgen. Mit großem Nachholbedarf steigen manche wieder in eine volle Berufstätigkeit ein, herausgefordert durch Ängste und Zweifel, voller Spannung, ob es gelingen wird. Demgegenüber sind Männer oft bereits verbraucht und beschäftigen sich mit ihrer bevorstehenden Pensionierung. Die Interaktionen zwischen den Partnern treten in den Hintergrund, neue Bekanntschaften und Freundschaften werden eher unabhängig vom Partner geschlossen, man sucht verstärkt den Kontakt zu Gleichgeschlechtlichen. Viele verstehen es, die Freiräume des dyadischen Konstruktsystems auszunutzen. Die innere Ausrichtung liegt nun weniger auf der Partnerbeziehung als auf den Eigeninteressen. Die Wohnsituation veranschaulicht die nun mögliche Individualisierung. Vielleicht schläft man jetzt in getrennten Betten oder in getrennten Zimmern, weil der Platz es zuläßt und weil man nachts lesen will oder der Partner einen mit seinem Schnarchen stört. Viele Frauen vollziehen eine Art innerer Emigration und bauen sich neben, in oder außerhalb der Ehe eine eigene Welt, zu der der Mann nur noch begrenzt Zutritt hat. Es wird ihm darin kein spezieller Platz mehr zugewiesen. Der Partner ist nicht mehr der wichtigste Gesprächspartner. Äußerlich mag das so aussehen, als ob die Partner aneinander vorbeileben. Trotzdem behält die Partnerschaft durch ihre innere und äußere Behausung eine hohe Stabilität, die von Außenstehenden oft unterschätzt wird. Die Kontinuität der dyadischen Rahmenbedingungen ist aber auch für die herangewachsenen Kinder, welche das Haus bereits verlassen haben, wichtig. Man kann gewagtere Purzelbäume schlagen, wenn man weiß, daß man notfalls immer wieder im elterlichen Auffangnetz landen wird. Man wagt sich eher in gewisse Abenteuer in der Gewißheit, sich beim Scheitern vorübergehend zu den Eltern zurückziehen zu können.

2.3.2. Altersehe

Der Rückzug auf die Zweisamkeit

Obwohl vorhersehbar, bedenken manche Paare wenig, welche Veränderungen in ihrer Beziehung entstehen werden, wenn der Mann nach der Pensionierung plötzlich den ganzen Tag anwesend ist und seine Energien nicht mehr in der Berufstätigkeit gebunden sind. Für die Frau, die in der Altersgruppe der jetzt Pensionierten meist als Hausfrau tätig war, ist die Dauerpräsenz des Gatten eine mindestens ebenso große Umstellung wie für ihn. Besonders dann, wenn der Mann keine neue Aufgabe hat, weiß er nun nicht recht, was er mit der vielen Zeit anfangen soll. Manche Männer vertreiben sich die Zeit mit Spaziergängen, Wandern, Fernsehen oder Wirtshausbesuch. Andere möchten etwas Sinnvolleres tun und kommen auf die Idee, ihrer Frau tatkräftig im Haushalt zu helfen beim Kochen, Putzen, Waschen und Bügeln. Obwohl sie damit einer von der Frau seit Jahrzehnten vorgetragenen Forderung entsprechen, wählen sie damit oft den schlechtestmöglichen Zeitvertreib. Die Frau beansprucht zwar die Hilfe des Mannes, untersagt ihm dabei jedoch jede Mitgestaltung des Haushalts. Um seiner inneren Beteiligung an den Problemen der Haushaltsführung Ausdruck zu geben, kommt der Mann nun aber mit vielen Ideen zu deren praktischerer Organisation. So findet er, das Geschirr in der Küche könnte anders eingeräumt werden, damit die Wege von der Spülmaschine zum Schrank kürzer würden. Er schafft eine Teflonbratpfanne und ein Tranchierbrett aus Kunststoff an. Zudem ließe sich Energie sparen, wenn man beim Eierkochen in der Pfanne das Wasser nur auf Höhe Mitte Ei auffüllen würde. Auch die Qualität der Speisen kann er nun dank der «zwanzig Menüs in zwanzig Tagen», die er bei einem Kurs im Altenzentrum gelernt hat, anheben. Die Entsorgung läßt sich ökologischer gestalten, und die Mahlzeiten sollen fortan biologischer und kalorienärmer zusammengestellt werden. All diese vorzüglichen Ideen, die der Mann mit dem ihm schon früher eigenen Schwung einbringt, lösen jedoch nicht das erwartete Lob aus, im Gegenteil. Die Frau empfindet den Mann als Eindringling in ihr Territorium. Sie fühlt sich in ihrer jahrzehntelangen Tätigkeit durch die Verbesserungsvorschläge des Mannes entwertet. Was sie nun vierzig Jahre lang erfolgreich gemeistert hat, soll er nach zwanzig Kursstunden nun besser können? Die Folge ist ein Dauergezänk um den Haushalt.

Also empfiehlt es sich, für den Mann eine Außenbeschäftigung zu suchen. Mit Begeisterung besucht er einen Kurs für Datenverarbeitung und sitzt zu Hause stundenlang vor seinem PC, aber jetzt klagt die Frau wiederum, er habe keine Zeit für sie. Schließlich erweist sich Gartenarbeit als ideal: Der Mann bleibt unter den Augen der Frau, ist jedoch mit etwas beschäftigt, das ihren Bereich nicht tangiert.

Der Rückzug in die Zweisamkeit kann natürlich auch beglückend sein. Die meisten Paare genießen es, nun mehr miteinander unternehmen zu können. Wenn die Partner jedoch allzu stark aufeinander bezogen sind und oftmals vierundzwanzig Stunden am Tag über das ganze Jahr hinweg beisammen sind, kann das zum Problem werden. Sie finden nun keinen plausiblen Grund mehr, etwas zu unternehmen, wo der Partner nicht dabei sein könnte. Zuvor hatte die Berufstätigkeit die Partner tagsüber getrennt und ihnen Erfahrungsbereiche eröffnet, in welche der Partner nicht einbezogen war. Das vermittelte der Beziehung ausreichende Spannung und gab beiden die Möglichkeit, Persönlichkeitsbereiche zu entfalten, die nicht auf die Korrespondenz des Partners angewiesen waren. Um die übergroße Nähe auszuhalten, müssen manche Paare ein Thema einführen, welches ihre Kräfte bindet und zu zielgerichtetem Handeln organisiert.

Großelternschaft kann eine Aufgabe sein, welche die Energien der älteren Ehepartner nach außen richtet und neue Herausforderungen anbietet. Mit der häufiger werdenden Berufstätigkeit der jungen Mütter und den zunehmenden Scheidungen sind die Großeltern zu zentralen Figuren des Familienlebens geworden. War der Stolz der Kleinfamilie früherer Jahrzehnte die völlige oder größtmögliche Unabhängigkeit von den Herkunftsfamilien, so sind jetzt junge Familien zunehmend auf persönliche Unterstützung durch Großeltern angewiesen.

Andere Paare suchen eine Außentätigkeit etwa in Nachbarschaftshilfe, in kirchlichen Kreisen oder im Seniorenzentrum. Wenn es ihnen nicht gelingt, eine konstruktive Aufgabe zu finden, die ihre Kräfte wirklich fordert, neigen manche dazu, sich ein verbindendes Thema im Zusammenschluß gegen «böse Nachbarn» oder «rücksichtslose Kinder» zu suchen.

Die Pensionierung mit dem damit einhergehenden Verlust fester beruflicher Bindungen kann einen Dominoeffekt von Verunsicherung im zuvor festgefügten Beziehungssystem auslösen, von dem nicht nur die Beziehung der Partner zueinander, sondern auch die Beziehung zu den Kindern, Nachbarn oder zum Freundeskreis betroffen sein können. Es muß eine neue Organisation und Einbindung der seelischen Energien der Partner gefunden werden, was nicht selten Angst auslöst und Zuflucht suchen läßt in destruktive Arrangements im Sinne von Kollusionen (S. 320), um damit erneut feste Rahmenbedingungen für die Beziehung zu schaffen.

Dazu folgendes Beispiel:
Otto und Linda hatten ohne größere Konflikte fast vierzig Jahre zusammengelebt. Otto betrieb eine kleine Schlosserei, die er mit rund 65 Jahren verkaufte. Er und seine Frau waren ihren zwei Enkeln sehr fürsorgliche Großeltern. Die Enkel freuten sich, zu ihnen in die Ferien gehen zu dürfen. In der Zeit, da Otto seinen Beruf aufgab, kaufte seine Tochter mit ihrem Mann ein Haus, das die beiden an die Grenze ihrer finanziellen Möglichkeiten brachte. Da es in diesem Haus und im Garten viel zu tun gab, war die junge Familie sehr dankbar, daß der Großvater jetzt Zeit hatte, ihnen zu helfen. Er kam häufig auf Besuch, übernachtete gelegentlich bei der jungen Familie, und alle hatten Freude aneinander – mit Ausnahme von Linda, die immer mehr befürchtete, ausgeschlossen zu werden. Sie hatte einen komplizierten Charakter und wurde in der jungen Familie weniger gerne gesehen als Otto. Da sie dort ohnehin keine Aufgabe hatte, fühlte sie sich unerwünscht. Nach einigen Monaten begann Linda an «Lungenasthma» zu leiden und begab sich deswegen in Spitalabklärung und hausärztliche Behandlung. Daraufhin stellte Otto seine Besuche bei der Tochter ein, um sich ganz der Betreuung seiner Frau zu widmen. Die Großeltern kamen jetzt nur noch zu zweit zu Besuch, wobei diese Zusammenkünfte durchweg in einer gespannten Atmosphäre abliefen. Vorgeschoben von Linda, hatte Otto nun an allem etwas auszusetzen, insbesondere auch an der Erziehung der Enkel. Es gab

immer ein großes Aufatmen in der jungen Familie, wenn diese Besuche vorbei waren.

Schließlich verschlimmerte sich das «Asthma» so, daß Linda ihr Haus nicht mehr verlassen konnte. Es spielte sich nun eine exklusive Zweierbeziehung ein. Otto und Linda igelten sich in ihrem Haus ein. Völlig abgeschottet von Nachbarn und anderen Bezugspersonen, kannten sie nur noch das Thema Krankheit, welches ihr ganzes Leben organisierte. Linda durfte sich keinen Aufregungen aussetzen und mußte alle Konflikte vermeiden, Otto mußte pausenlos um sie herum sein. Täglich wurden der Tochter telefonisch die neuesten Nuancen des Krankenschicksals rapportiert. Nach ärztlicher Diagnose handelte es sich allerdings gar nicht um ein Asthma, sondern um ein psychogenes Fehlatmen, wobei sich Linda derart in Erstickungsängste hineinsteigern konnte, daß sie tatsächlich keine Luft mehr zu bekommen drohte. Um das Paar einmal zu trennen, setzte der Hausarzt durch, daß sich Linda nach fünfzehnjährigem Kranksein zur Erholung in ein Kurhaus begab. Die Tochter und der Schwiegersohn unterstützten dieses Vorhaben sehr und honorierten den Entschluß der Mutter durch häufige Besuche im Kurhaus. Zunächst schien sich die Trennung von Otto heilsam auszuwirken, dann aber kam die Katastrophe. Linda entwickelte die Vorstellung, ihr bald achtzigjähriger Mann habe ihre zweiwöchige Abwesenheit benutzt, um eine Frau, mit welcher er vor über fünfzig Jahren einmal verlobt gewesen war, aufzusuchen. Sie bezichtigte ihn der Untreue und äußerte die Überzeugung, er habe sie nie geliebt, sondern sich immer nur nach dieser – jetzt verwitweten – Frau zurückgesehnt. Diese Behauptung entbehrte, wie Otto glaubwürdig beteuerte, jeder realen Grundlage, veranlaßte ihn aber, sich fortan nicht mehr von ihrer Seite weg zu bewegen. Er wollte seine hundertprozentige Treue unter Beweis stellen. Zeitweise verlor sich das Asthma jetzt etwas, an dessen Stelle trat dann das organisierende Thema Eifersucht. Mit ihren dauernden Verdächtigungen trieb Linda ihren Mann wiederholt in eine derartige Verzweiflung, daß er seine alte Militärpistole lud und seine Frau oder sich selbst umzubringen drohte. Einmal wurde er gar tätlich und stieß die Frau die Treppe hinunter, so daß sie sich den Arm brach. Die Spannung war so unerträglich, daß die Rückkehr zum Thema «Asthma» für alle Beteiligten eine Erleichterung bedeutete. Die Tochter litt sehr darunter, daß es ihr auf diese Weise über mehr als fünfzehn Jahre hinweg unmöglich war, mit ihren Eltern je ein vernünftiges Gespräch zu führen. Es staute sich in ihr eine wachsende Wut auf ihre Mutter, weil sie ihr jeden Kontakt mit dem Vater verunmöglichte. Otto stand jedoch bedingungslos zu Linda und sah in ihrer Pflege seinen ganzen Lebensinhalt. Das ging schließlich so weit, daß Linda sich bei der Tochter und dem Schwiegersohn beschwerte, ihr Mann nerve sie, weil er tagein, tagaus ihr nachschlurfe wie ein Hündchen. Sie behauptete, nur seinetwegen könne sie nichts mehr unternehmen. Auch sie hätte mal Lust, allein in die Stadt zu gehen und sich mit anderen Frauen zu treffen. Versuchte man sie dann beim Wort zu nehmen, so gab es immer einen Vorwand, weshalb jetzt gerade nicht der richtige Moment dazu sei.

Dann plötzlich kam es zu einer völlig neuen Situation: Otto erlitt mit 85 Jahren einen Schlaganfall und mußte sterbenskrank ins Spital gebracht werden. Die Frau, ungewohnt, sich im Haushalt allein zurechtzufinden, erreichte es, daß sie wegen ihres «Asthmas» umgehend ebenfalls hospitalisiert wurde. Gegen die Spitalordnung setzte sie es durch, in dasselbe Zimmer neben den Mann gebettet zu werden. Gegen alle Erwartung starb Otto jedoch nicht. Er blieb fortan jedoch geistig abgebaut, gebrochen und in seinen Bewegungen unsicher. Nach der Spitalentlassung kam er als Betreuer der Frau nicht mehr in Frage. Es mußte eine Hauspflegerin engagiert werden, die es jedoch nur wenige Wochen aushielt. Das Paar, das Jahrzehnte im eigenen Hause wie auf einer Insel gelebt hatte, ertrug die Daueranwesenheit einer Drittperson nicht. Nachdem weitere Hauspflegerinnen ihren Dienst quittiert hatten, blieb schließlich nichts anderes übrig als der Übertritt ins Alten- und Pflegeheim. Nach heftigen Widerständen ergaben Linda und Otto sich ins Unvermeidliche. Die Frau verlor dort ihr «Asthma» und ihre Depressionen, vergaß, den Inhalationsapparat zu benützen, nahm, wenn auch zögernd, Kontakt mit anderen Personen auf und wurde aufgeschlossener und zugänglicher. Am Faschingsball im Heim konnte sie erstmals seit Jahrzehnten ausgelassen sein.

Nachdem auch der an sich schwer abgebaute Mann aufgeblüht war und mit einigen Pensionärinnen etwas zu schäkern begann, kam es vorübergehend noch einmal zu einer Asthmaepisode der Frau mit Tendenz, sich ins Bett zurückzuziehen und nicht mehr zum gemeinsamen Essen zu erscheinen. Sogleich übernahm der Mann – jetzt allerdings in altersbehinderter Unvollkommenheit – wieder die Pflegerrolle. Nachdem sich Linda so noch einmal versichert hatte, daß sie die Situation im Griff hatte, konnte sie definitiv das Asthma aufgeben. Zwar blieb der Inhalationsapparat noch über Monate wie ein Hausaltar auf einem Tischchen aufgebaut. Erstmals war Linda nun auch ihrer Tochter und ihren Enkeln gegenüber aufgeschlossener und interessierte sich für deren Befinden. Nur eines interessierte sie nie: die Gebrechlichkeit ihres Mannes. Obwohl er sich kaum noch ankleiden konnte und beim Gehen sehr unsicher war, verweigerte sie ihm jede Hilfe mit dem Hinweis, sie lasse sich von ihm nicht versklaven. Die Alterskollusion war aufgelöst. Das Paar konnte aus seiner Isolation heraustreten, weil keine Gefahr mehr bestand, daß Otto sich von Linda hätte wegbewegen können. So war es nicht mehr notwendig, die Beziehung auf das Thema Krankheit einzuengen.

Dieses Beispiel zeigt, wie Kollusionen zwischen Partnern einen funktionalen Aspekt haben können. Im Falle von Linda und Otto half die Kollusion, Otto am Wahrnehmen größerer Freiheit nach seiner Pensionierung zu hindern und die Partner eng aufeinander zu beziehen. Kollusionen können sich wieder auflösen, wenn sie überflüssig werden (s. dazu Seite 320). Kollusionen beruhen nicht nur auf neurotischen Dauerkonflikten zwischen Partnern, sondern können sich in allen Lebensphasen, sogar im Alter als Durchgangsphase bei anstehenden Veränderungen bilden. Die übergroße Bezogenheit ist das Hauptproblem der Alterschehe. Oftmals ist es für die Bewältigung all der Umstellungen des Alters besser, verwitwet als verheiratet zu sein, weil Alleinstehende sich eher zum Suchen und Eingehen neuer Beziehungen herausfordern lassen.

Die Belastung durch Asynchronizität des Alterns

Im Alter wird besonders deutlich, daß die Persönlichkeitsentwicklungen zweier Partner nicht synchron verlaufen und daß es somit besonders schwierig sein kann, sich ko-evolutiv aufeinander abzustimmen. Das zeigt sich oft schon in der Nachelternphase, wo Männer häufig von ihrer Berufstätigkeit eher ermüdet wirken, während die Frauen jetzt, wo ihnen mehr Freiraum zur Verfügung steht, sich mit Tatendrang und Energie in eine Berufstätigkeit werfen, um die verbleibenden Jahre voll auszunutzen. Aber die Vitalität der Partner kann auch aus biologischen Gründen unterschiedlich sein. Während der eine Teil noch unternehmungslustig ist, reisen möchte und etwas zu erleben sucht, denkt der andere in erster Linie an Ruhe und Rückzug. Es gilt dann, in der Bandbreite des dyadischen Konstruktsystems den eigenen Freiraum wahrzunehmen, ohne die verbindenden Rahmenbedingungen der Beziehung zu verletzen.

Gravierender wird das Problem, wenn eines von beiden – und das kann durchaus das bisher vitalere sein – von einem körperlichen Gebrechen befallen wird, während das andere körperlich noch rüstig ist. Das Auftreten einer Behinderung ist vor allem dann problematisch, wenn der bisher «progressive» Partner davon betroffen wird und der «regressive» nun plötzlich in dominierende Funktionen hineingedrängt wird, die zu übernehmen ihm ungewohnt ist.

Dazu folgendes Beispiel:
Der 71jährige Erwin stand seit Jahren in hausärztlicher Behandlung wegen Schwindel, Kopfweh und gelegentlichen Gedächtnisstörungen. Alle Medikamente hatten nichts geholfen, so daß der Arzt nicht mehr weiterwußte und eheliche Probleme vermutete. Die beiden Partner stellten ihre Beziehung folgendermaßen dar: Claire, 82jährig, ist eine sehr energische, emotionale und intelligente Frau, während der Mann eher schüchtern, unsicher, weich und nachgiebig wirkt. Claire ist seit einigen Jahren wegen eines beidseitigen Glaukoms (grüner Star) praktisch er-

blindet. Sie kann nicht mehr lesen, den Haushalt nicht mehr führen und nicht mehr einkaufen. Erwin liest ihr gerne vor, er besorgt aber den Haushalt wegen mangelnder Übung nur ungern, um so mehr, weil er die Frau ohnehin nie zufriedenstellen kann. Wegen Claires Erblindung muß er auch die Finanzen regeln und verwalten, was ihm ebenfalls ungewohnt ist. Es ist also zu einem Rollenwechsel gekommen. Claire fällt es schwer, die Führungsfunktionen dem Mann abzutreten, Erwin fällt es schwer, diese zu übernehmen. In einem therapeutischen Gespräch mit dem Paar, dem Hausarzt und mir ließ sich die Funktion der Beschwerden des Mannes in der Ehebeziehung klären: Erwin erreicht damit, daß die Frau ihre mütterlichen Funktionen aufrechterhält. Sie spricht ihm energisch zu, er solle sich zusammenreißen, er dürfe sich nicht gehenlassen, im Alter habe man eben gewisse Beschwerden, das sei noch lange kein Anlaß zum Jammern. Im Laufe des Interviews bezeichnete er Claire als seinen besten Arzt, als seinen Fürsprecher, als seinen unentbehrlichen Helfer. Claire hatte bislang den Eindruck gehabt, ihr Zuspruch sei sinnlos, weil wirkungslos, und sie würde besser nichts mehr sagen. Es war für sie wichtig, von ihrem Mann zu hören, ihre Unterstützung sei ihm lebensnotwendig. Im therapeutischen Gespräch bemerkte ich, ihre Unterstützung für ihn sei sicher wichtig, sie müsse jedoch darauf achten, mit ihrer Hilfe nicht allzu wirksam zu sein, weil der Mann seine Beschwerden dann verstärken müßte, um sich ihren Zuspruch zu erhalten.

Seit diesem Gespräch hat sich bei diesem Paar einiges geändert. Erwin hat sich etwas mehr auf die eigenen Füße gestellt. Er sucht allein das Seniorenzentrum auf, wo er sich an verschiedenen Aktivitäten beteiligt. Er wird darin von Claire unterstützt. Er hat mit seiner Tochter eine Reise nach Paris gemacht. Von der Haushaltstätigkeit ist er entlastet, seit das Essen von einem städtischen Mahlzeitendienst gebracht wird. Er hat den Arzt nur noch ganz sporadisch beansprucht. Seine Beschwerden scheinen ihm nicht mehr so wichtig zu sein. Medikamente benötigt er keine mehr.

Dieses Beispiel zeigt, wie eine körperliche Behinderung das lebenslange aufeinander Eingespieltsein zweier Partner durcheinanderbringen kann. Die Frau in der «progressiven» Funktion konnte es nicht akzeptieren, durch die Behinderung in eine hilfsbedürftige Position gebracht zu werden, und der Mann glaubte durch die Führungsposition, die er nun übernehmen sollte, der intensiven mütterlichen Betreuung seitens seiner Frau verlustig zu gehen. Später gelang es dem Mann, sich etwas mehr Freiheiten zu nehmen und seine Überbezogenheit auf seine Frau zu lockern, ohne daß diese sich deswegen bedroht fühlen mußte.

Eine Asynchronizität des Alterns und der Gebrechlichkeit ergibt sich natürlich besonders häufig bei einem erheblichen Altersunterschied zwischen den Partnern. Der jüngere Partner kann sich durch die plötzlich eingetretene geistige oder körperliche Behinderung des älteren allein und im Stich gelassen fühlen. Oft handelt es sich um ein Vater-Tochter-Verhältnis, wo die jüngere Frau den gewohnten Halt am Mann verliert und ihn, zu dem sie bislang emporgeschaut hatte, verfallen sieht. Oder sie fühlt sich durch die Behinderung des Mannes in ihrer Lebensentwicklung und Bewegungsfreiheit empfindlich eingeschränkt. Für den Älteren ist es ebenfalls schwierig, sich in der Behinderung einem wesentlich jüngeren Partner zuzumuten und zu spüren, daß man ihm lästig wird. Verlassenheitsängste, Mißtrauen und Eifersucht können entstehen.

Die Auflösung der selbstgestalteten Welt und deren Auswirkung auf die weitere persönliche Entwicklung

Beim Altwerden altert nicht nur die Person, sondern auch die gemeinsam geschaffene Welt. Das zeigt sich manchmal im höheren Alter besonders am eigenen Haus, wo sich immer mehr Reparaturen aufdrängen. Es erscheinen Risse in den Mauern, die Farbe ist abgeblättert, die Röhrensysteme sind schadhaft und so weiter. Doch die Reparaturen werden nicht mehr fachgerecht durchgeführt, vielmehr wird vieles nur noch notdürftig geflickt, mit Scotch-Band oder Leukoplast geklebt oder mit Schnüren zusammengebunden, so daß das zerfallende Haus Ausdruck der zerfallenden Wirksamkeit einer Person sein kann. Die Beständigkeit der geschaffenen sozialen Nische ermöglicht den alten Menschen jedoch die Fortsetzung des gewohnten Lebens, in welchem sie sich in vertrauter Weise beantwortet fühlen. Aber die selbstgeschaffene Welt mit ihren Regeln, Gewohnheiten und Einrichtungen paßt dann oft nicht mehr zur weiteren Umwelt, weil diese sich inzwischen verändert hat. Werden die alten Menschen pflegebedürftig und sind sie nicht mehr in der Lage, sich selbst zu versorgen, so setzt ein schmerzlicher Prozeß der Herauslösung aus ihren vertrauten Nischen ein. Die Alten setzen sich oft dagegen zur Wehr, da sie genau spüren, wie das Herausgelöstwerden aus den gewohnten Bezügen und die Zerstörung ihrer sozialen Nische der Zerstörung ihrer sozialen Persönlichkeit gleichkommt. Der Starrsinn der Alten beruht nicht nur auf einer Erstarrung der Persönlichkeit, sondern ergibt sich auch aus der Aufbietung der letzten Kräfte zur Erhaltung ihrer selbstgeschaffenen Welt, weil sie wissen, daß sie nicht mehr fähig sind, sich eine neue Welt zu schaffen. Die Auflösung des Hausstandes bei Übertritt in Alten- und Pflegeheim kann als Begräbnis zu Lebzeiten erlebt werden. Das Haus, das den gewohnten Lebensraum bildete, muß verlassen werden, die Möbel, Bilder und Teppiche, Zeugen des langen gemeinsamen Lebens, werden im besten Fall von den Kindern übernommen, oft jedoch lediglich verkauft oder der Müllabfuhr übergeben. Bei der Demontage der selbstgeschaffenen äußeren Welt im Zusammenhang mit dem Übertritt ins Alten- und Pflegeheim hat der Verlust bestimmter Gegenstände eine besondere Symbolkraft. So etwa das Abgeben der Schlüssel. Plötzlich steht man da mit einem leeren Schlüsselbund, was für manche Männer einem «Kastrationserlebnis» gleichkommt. Oder man hat plötzlich kein Geld mehr im Portemonnaie, weil man im Altenheim kein Geld mehr brauchen kann. Mit dem Verlust dieser Gegenstände verliert man den Überblick und die Entscheidungsbefugnis über das eigene Vermögen, man gibt damit einen wesentlichen Bestandteil der Autonomie aus den Händen. Oft glaubt man nun im Leben nichts mehr bestimmen zu können. Ohne Schlüssel und ohne Geldbeutel fühlt man sich nicht mehr als eine sich selbst organisierende, eigenverantwortliche Person.

Mit dem Verlust der geschichtlich gefestigten und selbstgeschaffenen Welt und dem Übertritt in ein Heim verändert sich oft auch der Charakter der Partnerschaft. Durch das Entfallen des selbstverantwortlichen Haushaltens und Sorgens, verliert sich manchmal auch die Intensität der Paarbeziehung. Das Wohnen im Heim mit den gemeinsamen Mahlzeiten der Pensionäre öffnet oftmals die Zweierbeziehung gegen außen. Die Anwesenheit vieler Witwen und Witwer verweist auf den nahenden Tod. Die Partner sind weiterhin miteinander zusammen, sie beginnen jedoch schon vor dem Eintritt des Todes, voneinander Abschied zu nehmen.

2.4. Auflösung der Lebensgemeinschaft durch Tod oder durch Scheidung

Die Auflösung der Lebensgemeinschaft durch Tod oder durch Scheidung hat viele Gemeinsamkeiten, insbesondere was die Auflösung der gemeinsam geschaffenen Welt und der gemeinsamen Geschichte betrifft. Und doch gibt es viele grundsätzliche Unterschiede, die beide Auflösungsformen der Gemeinschaft schwer miteinander vergleichbar machen. Dazu gehört, daß die eine Auflösungsform gewollt ist, die andere nicht, daß Scheidung von Unglück befreien soll, Verwitwung dagegen zu einem oft unerwarteten Unglück wird, daß bei Scheidung die Erinnerung an das Vorleben möglichst unterdrückt wird, während bei Verwitwung das Leben in der

Erinnerung fortgeführt wird, oder daß bei Verwitwung der Partner nicht mehr lebt, bei Scheidung der Partner sich lediglich von einem getrennt hat, meist aber doch weiterhin indirekt oder direkt in das eigene Leben hineinwirkt. Scheidung tritt eher im jüngeren Erwachsenenalter auf, wo Hoffnung auf einen Neuanfang besteht, Verwitwung eher im fortgeschrittenen Alter, wo es schwierig ist, ein neues Zusammenleben aufzubauen.

Die beiden Formen der Auflösung der Gemeinschaft werden getrennt voneinander beschrieben, wobei gewisse Doppelspurigkeiten unvermeidbar sind.

2.4.1. Der Verlust des Partners durch Tod

Versuch, die dyadisch gestaltete innere und äußere Welt zu erhalten

Der Tod des Partners kann in jedem Ehealter eintreten, plötzlich und unerwartet oder nach langem Leiden. Im Unterschied zur Scheidung wird die Partnerschaft dabei nicht aus freiem Entschluß, sondern schicksalhaft aufgelöst. Entsprechend können die Reaktionen auf den Partnerverlust grundlegend verschieden sein. Während es bei Scheidung das Bestreben ist, die frühere Beziehung äußerlich wie innerlich zu zerstören und möglichst jede Erinnerung daran auszulöschen, möchten Verwitwete zumindest in der ersten Zeit sich die durch die Partnerschaft geschaffene innere und äußere Welt möglichst erhalten.

Durch den Tod des Partners löst sich die Zirkularität der gegenseitigen Beeinflussung der Partner auf. Es ist kein Gegenüber mehr da, das einen herausfordert, unterstützt oder begrenzt und damit die Ich-Kräfte strukturiert und die Identität sinnvoll bestätigt. Nicht selten wird der Dialog mit dem Verstorbenen halluzinatorisch oder in der Vorstellung fortgeführt, indem man alles mit ihm bespricht, ihm die Alltagserlebnisse rapportiert und sich seinen «Kommentar anhört» oder ihm Fragen bezüglich wichtiger Entscheidungen stellt. Geläufige Redewendungen sind dann: «Hans hätte hierzu gesagt... Hans hätte so was nie getan... da hätte ihnen aber Hans ganz klar seine Meinung gesagt...»

Die Fortführung der inneren Bezogenheit gewinnt nicht selten einen so realen Charakter, daß sie von Außenstehenden entweder als Telepathie oder als Wahnideen und Halluzinationen interpretiert wird.

Dazu folgendes Beispiel:
Oskar, einem 50jährigen Mann, war vor zehn Jahren seine Frau Margot an Brustkrebs gestorben, als sein Sohn erst fünf und seine Tochter zehn war. Nach Margots Tod entschloß er sich, beruflich zurückzustecken, um den Kindern gegenüber die Mutterfunktionen möglichst so, wie die Frau es getan hatte, zu erfüllen. Kurz nach Margots Tod hatte er im Halbschlaf eine eigenartige Erscheinung. Er sieht, wie an der Hochspannungsleitung, die über dem Friedhof hängt, ihm seine Frau in einer Art Gondelbahn entgegenfährt, aussteigt und auf ihn zukommt. Sie stellt sich vor ihn hin, völlig normal aussehend, und will zu ihm sprechen, worauf er erwachte. Seither erschien sie ihm sehr oft im Traum, immer völlig natürlich und realistisch. Die Frau war wie selbstverständlich da, sprach zu ihm und sagte ihm, sie liebe ihn. Diese Erscheinungen hatten eine positive Auswirkung auf seine Stimmung. Oskar entwickelte Fähigkeiten, diesen Traum bewußt zu verlängern. Er ist überzeugt, daß die Frau ihm in diesen Träumen tatsächlich erscheint. Sie sei klar sichtbar und hörbar, ja er habe mit ihr sogar reale sexuelle Beziehungen gehabt. Er sagte sich: «Wenn sie im Wachen schon nicht mehr zu mir kommen kann, so wenigstens im Traum.» Das habe ihm geholfen, das Leben in geordneten Bahnen fortzuführen. Oft sagte sie ihm auch: «Ich komme wieder, sobald ich kann.» In letzter Zeit erscheine sie etwas seltener. Er stehe in einer dauernden Verbindung mit seiner Frau, die ihn auch berate, wenn er etwa in der Erziehung der Kinder nicht mehr weiterwisse. Er stelle ihr dann Fragen, sie gebe ihm Ratschläge. Als zum Beispiel seine Tochter in der Schule zweimal am Abitur scheiterte,

sagte sie ihm: «Laß sie nur machen.» Sie probierte es ein drittes Mal und scheiterte wieder. Jetzt besucht sie eine Dolmetscherschule. Wenn er vor dem Fernsehapparat sitzt, spürt er seine Frau neben sich, genauso, wie man die körperliche Ausstrahlung eines Menschen wahrnimmt, der nahe bei einem sitzt. Er spreche dann mit ihr und sehe darin nichts Außergewöhnliches.

An der Einrichtung der Wohnung hat er in diesen zehn Jahren praktisch nichts geändert, nur solche Dinge, die er bereits mit seiner Frau vorbesprochen hatte. Die Kleider hängen immer noch genau so in den Schränken wie bei ihrem Tod. Auch das Bett seiner Frau ist freigehalten. Zweimal wöchentlich kauft er frische Blumen und stellt sie vor Margots Bild, weil er weiß, daß sie Freude daran hat.

Während in diesem Beispiel der Mann Kraft und Energie aus der Bezogenheit auf die verstorbene Frau gewinnt, verhält es sich in anderen Fällen umgekehrt. Es ist, wie wenn mit dem Wegsterben der Frau beziehungsweise des Mannes alle Energie weg wäre.

Das Erscheinen des verstorbenen Partners im Schlaf ist etwas sehr Häufiges. Viele Verwitwete geben an, sie könnten klar unterscheiden, ob sie lediglich vom Verstorbenen träumen oder ob der Verstorbene ihnen im Schlaf erscheine.

Die Bezogenheit auf den Verstorbenen setzt sich fort auch in der Beibehaltung der Konstruktion der gemeinsamen inneren Welt. Man hält sich noch über längere Zeit an die Regeln, Werte und Haltungen, welche das Zusammenleben geordnet und in Bahnen geleitet hatte. Da der Partner real nicht mehr da ist, muß man jedoch viele Funktionen, welche unter den früheren Rahmenbedingungen dem Partner zukamen, nun selbst übernehmen. Die Identifikation mit dem Verstorbenen kann einem dabei hilfreich sein. Männer führen den Haushalt so weiter, wie es zuvor ihre Frau getan hatte. Frauen benützen die Formulierungen ihres Mannes, wenn sie sich im Straßenverkehr, auf Ämtern oder beim Wohnungsvermieter zur Wehr setzen. Oftmals sind die Hinterbliebenen erstaunt, wie gut sie manches selbst erfüllen können, wofür ihnen zuvor der Partner unentbehrlich erschienen war. Andere verstehen es, eines ihrer Kinder zu veranlassen, die Funktionen des Verstorbenen zu übernehmen.

Oft wird versucht, sich auch die äußerlich geschaffene Welt zu erhalten. Das kann so weit führen, daß man noch über lange Zeit oder zu bestimmten Festtagen den Tisch für den Verstorbenen deckt, seine Kleider und Utensilien unangetastet an Ort und Stelle beläßt oder daß man immer noch in dieselben Hotels in die Ferien fährt und dort dasselbe Zimmer ordert.

Meist klingen die Versuche, sich die mit dem Verstorbenen bewohnte Welt zu erhalten, allmählich ab. Es kann schwierig sein, eine real nicht mehr gelebte Beziehung abzuschließen und vom Gewesenen Abschied zu nehmen, wenn auf den Verstorbenen Wut empfunden wird, daß er einen so im Stich gelassen hat. Diese Wut löst wiederum Schuldgefühle aus, die es einem verbieten, den Verstorbenen loszulassen. Es scheint mir aber nicht generell ein Zeichen von Unreife und Unselbständigkeit zu sein, wenn man sich vom Tod des Partners nicht oder lange nicht erholen kann. Es gibt Menschen, die mehr als andere ihre Person ganz auf das Spannungsverhältnis und die Ergänzung durch den Partner hin organisiert haben, und andere, bei denen das weniger der Fall ist. Dementsprechend kann der Tod des Partners eine unterschiedlich starke Lücke hinterlassen.

Die Möglichkeit einer religiösen Verarbeitung kann in vielen Fällen hilfreich sein, da Religionen Konstruktsysteme anbieten, in welchen die Verbindung und das Wiedersehen mit dem Verstorbenen einbeschlossen ist. Der Tod ist dann nicht die endgültige Trennung vom Partner.

Das Eingehen einer neuen Beziehung

Das Eingehen einer neuen Beziehung ist für Verwitwete schwieriger als für Geschiedene. Während von Geschiedenen rund die Hälfte sich später erneut verheiratet, ist es bei Verwitweten nur etwa ein Viertel. Natürlich ist das teilweise auf das wesentlich höhere Alter der Verwitweten zurückzuführen. Aber darüber hinaus zeigt sich darin auch eine andere Verarbeitungsform.

Für neue Partner von Verwitweten ist die Situation wesentlich komplizierter als bei Geschiedenen. Sie wissen oft nicht, ob sie um ihrer selbst willen gesucht werden oder weil sie behilflich sein sollen, die Einsamkeit zu lindern, oder gar weil sie eine gewisse Ähnlichkeit mit dem verstorbenen Partner aufweisen. So erfuhr etwa eine Frau erst nach Jahren, daß die Kleider, die der Mann mit ihr in Geschäften aussuchte, oder die Frisur, welche er an ihr wünschte, Attribute seiner verstorbenen Frau waren. Es ist schwieriger, sich auf eine Person einzulassen, die einmal glücklich verheiratet gewesen war, denn immer schwebt beiden Beteiligten der Vergleich mit der oder dem Verstorbenen vor Augen, insbesondere auch in der Sexualität. In unserer Sexualmedizinischen Sprechstunde habe ich mehrere Witwer behandelt, die erstmalig in ihrem Leben sexuell versagten, als sie mit einer neuen Partnerin zusammen waren. Sie waren darüber sehr beunruhigt. Es stellte sich meist heraus, daß sie den Geschlechtsverkehr im Ehebett zu vollziehen versuchten, in welchem sie über Jahrzehnte mit ihrer verstorbenen Frau geschlafen hatten. Es war, als ob die verstorbene Gattin über ihnen schweben und ihnen zuschauen würde. Sie kamen sich vor, wie wenn sie beim außerehelichen Geschlechtsverkehr ertappt würden.

Unter Verwitweten, die sich wieder verheiraten möchten, kommt es auch häufig zu erheblichen Problemen bei der Entscheidung, wer zu wem ziehen soll. Wer seine Wohnung aufgibt, muß seinen Hausstand weitgehend auflösen und verliert damit die mit dem Verstorbenen gemeinsam geschaffene

Welt und damit überhaupt jede eigene Behausung. Wenn er zu einem verwitweten Partner zieht, bleibt dieser weiterhin in der mit dem Verstorbenen gemeinsam geschaffenen Welt, in den Gegenständen, die Zeugen der gemeinsam verbrachten Jahre sind und dem Zugezogenen fremd, ja sogar feindlich entgegenstehen. Dazu kommt, daß die Kinder von Verwitweten oftmals eine negative Einstellung zu neuen Partnern ihres verwitweten Vaters oder ihrer verwitweten Mutter haben und in diesen bloße Erbschleicher sehen. Selbst wenn die Kinder nicht mehr zu Hause wohnen, finden manche, es dringe damit jemand von außen in den familiären Intimbereich ein und zerstöre oder beende ihre bis dahin in sich geschlossene familiäre Geschichte.

Dazu folgendes Beispiel:
Hedwig, eine bald sechzigjährige, kürzlich geschiedene Frau, lernte einen neuen Freund, Hans, kennen, der rund zehn Jahre älter war, verwitwet, mit vier erwachsenen Kindern. Hans war sehr vermögend, hatte ein riesiges Haus mit Schwimmbassin und großem Garten. Er ließ sich von einer Haushälterin umsorgen, die jetzt ihre Stelle gekündigt hatte. So war Hedwig nach zweijähriger Bekanntschaft bereit, zu Hans zu ziehen und ihr eigenes Haus zu verlassen. Sie wollte jedoch nicht das Haus bewohnen, in welchem Hans mit seiner verstorbenen Frau gelebt hatte, sondern dessen Elternhaus, das er vermietet hatte. Es wurde herumrationalisiert, was die Vor- und Nachteile seien. Hedwig führte ins Feld, daß dieses Haus näher an ihrem angestammten Wohnort liege und sich damit der Kontakt zu Berufskolleginnen und Freundinnen besser aufrechterhalten ließe. Sie könne zudem über Mittag nach Hause kommen und für Hans kochen. Es war jedoch offensichtlich, daß der tiefere Grund in ihrer Abneigung bestand, in das Haus ihres Freundes einzuziehen, in dem er seine Kinder großgezogen hatte. Die vier Kinder wohnten zudem in der Nähe und gingen in diesem Haus ein und aus, als ob es weiterhin ihnen gehörte. Jedes von ihnen hatte einen eigenen Schlüssel, so daß sie ohne zu läuten einfach hineinkamen. Hedwigs Kinder dagegen waren in die-

sem Haus unerwünscht. Sie konnte in dem ihr fremden Haus nicht heimisch werden. Sie fühlte sich nur als geduldeter Gast und als Eindringling. Hans wollte jedoch nicht aus diesem Haus ausziehen, weil er sich dort zu Hause fühlte und alles so behalten wollte, wie es war. Er war wohl bereit, Möbel auszutauschen, zum Beispiel hatte er ein neues Bett gekauft. Er wollte jedoch die Nachttischchen so belassen, wie sie waren, und ebenso die Tapete im Schlafzimmer. Er konnte nicht verstehen, daß der Umzug in sein Elternhaus Hedwig die Möglichkeit gegeben hätte, mit ihm zusammen ein neues Nest zu bauen, und beide in etwa gleichen Teilen zur Aussteuer hätten beitragen können. Zwei Partner können sich nur gleichwertig fühlen, wenn sie auch in der gemeinsamen Welt etwa gleichgewichtig sind.

2.4.2. Scheidung und Fortsetzungsfamilien

Es werden immer mehr Menschen in ihrer Biographie eine oder mehrere Scheidungen aufweisen. Gegenwärtig wird rund jede dritte Ehe im deutschsprachigen Raum geschieden. Die Wiederverheiratungsquote ist trotz relativem Rückgang immer noch recht hoch, ebenso die Scheidungsrate von Zweitehen. Es dürfte somit rund die Hälfte aller Erwachsenen eigene Erfahrung mit Ehescheidung haben, sei's als Kind bei Scheidung der Eltern, sei's beim Zerbrechen der eigenen Ehe.

Wann kommt es zur Scheidung?

Im Unterschied zur Verwitwung, die häufig erst nach jahrzehntelanger Ehe eintritt, ist die Wahrscheinlichkeit, daß die Partner aus eigener Entscheidung auseinandergehen um so größer, je kürzer die Beziehung gedauert hat.

Für Außenstehende ist es oft unverständlich, daß Partner zusammenbleiben, obwohl sie sich scheinbar nur in den Haaren liegen, einander entwerten, kaputt machen oder sogar schlagen. Wird man von zerstrittenen Personen um Rat angegangen, so liegt der Gedanke nahe, das Problem ließe sich mittels Scheidung klar und einfach lösen. Unverständlicherweise wird dieser Rat jedoch nicht befolgt. Es werden tausend fadenscheinige Gründe gefunden, weshalb das Zusammenleben doch fortgesetzt und dem Partner noch eine letzte Chance gegeben werden soll. Man neigt dazu, solchen Menschen Masochismus zuzuschreiben, eine seelische Lust am Leiden.

Andererseits kennt man Menschen, die mit einem chronisch Kranken, eventuell sogar mit einem chronisch Geisteskranken zusammenleben, *ohne* sich scheiden zu lassen. Durch den Partner werden sie in ihrem Leben tiefgehend eingeschränkt und behindert. Darüber hinaus werden sie sozial isoliert und mit dem Kranken allein gelassen. Weshalb bleiben solche Partner über Jahrzehnte beim Kranken, mit dem sie oftmals kein vernünftiges Wort mehr sprechen können? Sind sie Heilige? Oder haben sie in der Pflege eines Hilflosen einen unbewußten Gewinn? Oder fühlen sie sich lediglich durch Schuldgefühle verpflichtet?

Dann wiederum vernimmt man von Paaren, die eine zufriedenstellende Ehe zu führen schienen, die sogar als Musterehen galten, eines Tages beiläufig, sie hätten sich getrennt. Zwei so nette Leute – wie ist das möglich? Und wiederum andere haben sich um eine Bagatelle in einen erbitterten Machtkampf hineingesteigert, so daß der letzte Trumpf, nämlich die Scheidungsdrohung, ausgespielt werden muß, will man sein Gesicht und seine Glaubwürdigkeit wahren.

Wovon hängt es denn eigentlich ab, ob zwei Partner sich zur Scheidung entschließen? In den vorangegangenen Kapiteln habe ich beschrieben, wie bereits in der Phase des Ersehnens, dann aber konkret in der Phase des Verliebtseins, Partner eine Langzeitperspektive für ihre Beziehung entwerfen, eine gemeinsame Lebensgeschichte. Zu dieser Langzeitperspektive gehört, wie es im Eheversprechen formuliert ist, die gegenseitige Treue auch in Zeiten von Belastung, Krankheit und Unglück. Für das Zusammenleben scheint nicht so sehr das dauerhafte Glück maßgeblich, sondern die Frage, ob die gemeinsame Geschichte die eigene bleibt. Manche, die mit chronisch Kranken zusammenleben, halten sich vor Augen, daß ja ebensogut sie selbst von einer chronischen Krankheit hätten betroffen werden können. Man spürt die Not des Partners und steht zur Gemeinsamkeit des Schicksals. Wie im Kapitel über die Enttäuschung (S. 57) dargestellt, sind Liebespartner durchaus bereit, Einschränkungen der Selbstentfaltung durch den Partner zu akzeptieren, solange sie mit der Beziehung identifiziert sind. Die persönlichen Einschränkungen des Partners geben einem den Eindruck, für ihn wichtig zu sein und von ihm gebraucht zu werden. Aber auch in Beziehungen, die scheinbar von Haß, Entfremdung und Gleichgültigkeit gekennzeichnet sind, glimmt, oftmals für Außenstehende nicht sichtbar, eine Form von Leidenschaft und Sinnerfüllung. Das wird eventuell erst offenbar, wenn der Partner stirbt und ein langes Leben dauernden Streites nun verklärt wird zu einer erfüllenden Beziehung mit einem schwierigen, vom Leben gebeutelten, trotz aller Fehler gütigen Menschen.

Wenn jedoch eine Beziehung nichts mehr ins Leben hineinholt und man sich wegen der Entwertungen durch den Partner kaputtgemacht fühlt, dann kann der Punkt erreicht werden, wo man um das eigene Überleben kämpfen muß. Man steht am Scheideweg zwischen der Entwicklung einer chronischen Depression oder der Trennung vom Partner. Oft fühlt man sich über viele Jahre entscheidungsunfähig. Es kann dann ein relativ geringfügiger Anlaß die Gewißheit bilden, daß jetzt die Scheidung unumgänglich geworden ist. Zu lange ist man gedemütigt worden durch das erniedrigende Verhalten des Partners oder auch durch eigenes irrationales Verhalten, dessen man sich schämt. Trotz all der Angst vor Ungewißheit, trotz Trennungsschmerz und Verzweiflung erwachsen einem nun, auf die eigenen Füße gestellt, auch neue Kräfte. Man weiß, daß man sein Schicksal nun ganz allein in die Hände nehmen muß. Man nimmt lieber finanzielle Entbehrungen und Belastungen auf sich, wenn man dafür die Selbstachtung zurückgewinnen kann.

Scheidung als Zerbrechen einer gemeinsam geschaffenen Welt

Heirat und Scheidung werden heute immer mehr als Privatsache eines Paares behandelt. Es gilt als problematisch, bloß wegen der Kinder eine unproduktive Beziehung weiterzuführen. Bekannt sind die Schuldgefühle, die den Kindern eingeimpft werden mit dem Hinweis, man habe sich für sie aufgeopfert und in einer Ehe ohne Liebe ausgeharrt. Bekannt ist, daß Kinder statistisch gesehen nicht nur bei Scheidung ihrer Eltern gehäuft mit psychischen Störungen reagieren, sondern auch unter einer destruktiven Ehe. Man ist heute der Meinung, daß zwei Partner, die keine konstruktive Beziehung mehr miteinander leben können, ihre Ehe auflösen sollten, um damit den Weg freizugeben für einen Neuanfang, allein oder mit einem neuen Partner.

Dabei scheint mir eine Unterscheidung zwischen langdauernden und kurzdauernden Beziehungen wichtig. Scheidungen kinderloser Ehen von wenigen Jahren Dauer sind in mancher Hinsicht vergleichbar mit der Auflösung einer Liebesbeziehung. Eine solche Ehe kann tatsächlich aufgelöst werden, weil sie noch keine unauslöschbaren Spuren hinterläßt und die Zweierbeziehung als Privatsache der beiden Partner angesehen werden kann. Bei einer über Jahrzehnte dauernden Ehe mit Familiengründung sind die Verhältnisse jedoch weit komplexer. Wie in den Kapiteln 2.2.1. (S.66) und 5.4. (S. 280) ausgeführt, schaffen sich die Partner eine gemeinsame Welt, die sich materialisiert und verfestigt und so auch losgelöst von der Beziehung der Partner ihren eigenen Bestand und ihre Eigendynamik hat. Diese Welt hat ihre feste Wohnadresse, sie ist objektiviert als Wohnungseinrichtung mit all den Anschaffungen, die man gemeinsam erspart, erwartet und erworben hat. Diese sind Zeugen des gemeinsamen Lebens. Dazu gehören etwa Reiseerinnerungen, Fotoalben, eventuell Kunstgegenstände. Möglicherweise hat man zusammen ein Haus gekauft oder gebaut, was deutlicher als eine Mietwohnung die Behausung der Beziehung symbolisiert. Wie soll man den Besitz aufteilen? Ein Haus kann man nicht halbieren, die Gegenstände, die einem ans Herz gewachsen sind und Zeugen glücklicher Zeiten darstellen, können oft nur dem einen oder dem anderen, nicht aber beiden zugeteilt werden. Eine finanzielle Abgeltung trifft den Wesensgehalt nicht. Dasjenige, das auszieht, verliert damit seine gewohnte Alltagswelt, in der es sich auskennt und heimisch fühlt, die ihm einen festen Rahmen gibt, mit der es vertraut ist. Es überläßt dem Zurückbleibenden viele Dinge, die aufgeladen sind mit Energie, die über Jahre in sie investiert wurde. Dasjenige, das auszieht, verliert all das. Vielen gelingt es nicht mehr, sich eine neue Welt zu bauen. Manche leben danach in lieblos und konventionell möblierten Appartements und können sich kaum dazu aufraffen, eine neue Umgebung einzurichten. Doch dasjenige, das in den angestammten Verhältnissen bleibt, ist nur scheinbar im Vorteil, denn es bleibt in einer materiellen Umwelt, die ganz durchdrungen ist von Erinnerungen an die gemeinsame Zeit. Es ist schwieriger, sich vom Partner zu lösen und einen Neuanfang zu schaffen, solange alles, was einen anguckt, auf die zerbrochene Beziehung verweist. Dazu kommt, daß das Ausgezogene häufig die Neigung hat, manche Gegenstände in der Stammwohnung zurückzulassen. Das gibt ihm laufend Anlaß, in die Wohnung zurückzukehren, etwa um sich den Fotoapparat zu leihen, Koffer für die Ferien zu holen, auf dem Computer schnell etwas nachzurechnen und so weiter. Die Wohnung ist wie eine Haut, die zu dünn ist, um gegen das ständige Eindringen des Partners zu schützen. Man fühlt sich immerfort neuen Verletzungen ausgesetzt, die Wunden können nicht in Ruhe vernarben.

Wer alles hinter sich läßt, verliert alles, kann sich aber leichter von den Erinnerungen lösen. Wer alles behält, behält auch die Erinnerungen an den darin einbeschlossenen Partner und erschwert sich einen Neuanfang.

Ähnliches trifft für die Nachbarschaft zu. Wer auszieht, verliert auch seine ganze Vernetzung in einem Feld von vertrauten Menschen. Wer in der Wohnung bleibt, sieht dieselben Gesichter, doch diese gucken ihn anders an. Geschiedene sind vielen Menschen unheimlich. Sie werden einerseits beneidet, indem auf sie Phantasien persönlicher und sexueller Freiheit projiziert werden, andererseits werden sie aber auch gemieden. Verheiratete verkehren eher unter Paaren, Geschiedene eher unter Geschiedenen. Besonders alleinerziehende Mütter klagen, daß ihre Kinder von den Nachbarn strenger beobachtet werden und daß die geringsten Auffälligkeiten bereits als typische Scheidungsschäden interpretiert werden.

Noch deutlicher werden diese Veränderungen in der Beziehung zum Freundeskreis. Die gemeinsamen Freunde lassen sich nicht aufteilen, oft sind sie durch die Scheidung verunsichert und neigen dazu, sich zurückzuziehen, da sie meinen, wenn sie mit dem einen Partner den Kontakt weiterpflegen, sich dem anderen gegenüber illoyal zu erweisen. Geschiedene fühlen sich oft allein gelassen und suchen den Kontakt unter ihresgleichen oder intensivieren die Beziehungen zu ihrer Herkunftsfamilie. Eventuell werden vorehelich bestehende Freundschaften reaktiviert. Die gemeinsam geschaffene äußere Welt läßt sich also in vieler Hinsicht nicht teilen, sie wird vielmehr durch die Scheidung zerstört oder zumindest verändert. Davon sind auch andere Menschen, Freunde, Nachbarn und Verwandte betroffen, die deswegen auch häufig aus eigenem Interesse Anstrengungen unternehmen, eine in Krise geratene Ehe zu stützen.

Aber auch die gemeinsam konstruierte innere Welt wird durch die Scheidung zerstört. Man hat den Alltag unter innerer und äußerer Einbeziehung des Partners organisiert, ist an Zeitstrukturen wie gemeinsame Mahlzeiten oder gemeinsames Zubettgehen gewöhnt. Man pflegte die alltäglichen Erfahrungen dem Partner mitzuteilen, um damit dessen gewohnten Kommentar einzuholen, der einen vielleicht nervte, aber auch vertraut war. Man fühlte sich in mancher Hinsicht vom Partner mißverstanden, aber an den Grenzen, die er einem setzte, spürte man sich wenigstens. Nun ist eventuell niemand mehr da, dem es überhaupt wichtig ist, ob man sich und die Welt so oder anders konstruiert, ob man sich so oder anders kleidet, sich körperlich pflegt oder vernachlässigt oder wie man sich verhält. Eventuell ist niemand mehr da, dem man überhaupt in diesem Ausmaß bekannt ist. Es fehlt ein Gegenüber. Man ist nun frei, zu tun und zu lassen, was man will; aber gegen wen soll man sich frei fühlen? Man hängt im leeren Raum, unbeantwortet, unstrukturiert und ungebraucht. Eventuell ertappt man sich immer wieder beim inneren Dialog mit dem Partner. Oder es überkommt einen im unmittelbaren Anschluß an den Geschlechtsverkehr mit einem neuen Partner die Erinnerung an den früheren Partner und erfüllt einen mit Traurigkeit (Jaeggi und Hollstein 1985). Oft werden auf Reisen gewisse Länder oder Orte gemieden, weil sie mit Erinnerungen an glückliche Zeiten mit dem Expartner aufgeladen sind. All diese Reaktionen treten vor allem bei jenen auf, die ihren Expartner einmal geliebt hatten und sich ihm zuinnerst immer noch emotional verbunden fühlen oder die sich zur Einwilligung in die Scheidung von außen gedrängt gefühlt hatten. Anderen Geschiedenen ist es gerade wichtig, die gemeinsam geschaffene innere und äußere Welt radikal zu zerstören oder inexistent machen zu können, um frei für den Aufbau einer neuen Welt zu sein.

Wie komplex Beziehungssituationen trotz Scheidung bleiben können, zeigt folgendes Beispiel:
Susanne hat ihre über zwanzig Jahre dauernde Ehe geschieden, worauf ihr Freund, mit dem sie seit einigen Jahren zusammengelebt hatte, Angst vor Bindung bekam und sie verließ. Ihre beiden Töchter sind erwachsen geworden und ausgezogen, ihr Vater, zu dem sie eine enge Beziehung gehabt hatte, ist gestorben. Nun ist sie in einer schweren Orientierungskrise. «Ich bin jetzt frei, aber es fragt niemand nach mir!» klagt sie, oder: «Ich habe immer in bezug auf eine andere Person gelebt, und jetzt sollte ich erstmals für mich leben.» Ihre zwanzigjährige Ehe bestand aus einer Dauerkrise, aus einem fortlaufenden labilen Hin und Her mit getrennten oder gemeinsamen Wohnsitzen, aus großen Leiden und Schmerz über die Unerfüllbarkeit ihrer Lie-

bessehnsucht. Ihr Mann, der laufend mit anderen Frauen Beziehungen hatte oder auch mit diesen zusammenlebte, beteuerte immer, daß Susanne für ihn die beste Frau der Welt sei. Susanne glaubt trotz Scheidung von dieser Beziehung persönlich sehr viel profitiert zu haben. Sie sei am Schmerz gewachsen. Sie hatte über Jahre versucht, mit einem Freund mehr Distanz zu ihrem Ehemann zu gewinnen, und als das nichts half, wollte sie mittels Scheidung frei werden. Aber all das hat an ihrer tiefen Verbundenheit mit ihrem Mann nichts geändert. Es sei, sagt sie, als ob der Kern der Beziehung unangetastet bleibe.

Soll man sich nach so langem Zusammenleben scheiden lassen, oder soll man eher versuchen, sich trotz innerlicher oder äußerlicher Entfremdung miteinander zu arrangieren, um die gemeinsam geschaffene Welt zu erhalten? Soll man eine Partnerschaft fortführen, die emotional nicht befriedigt und die Entscheidungsfreiheit einschränkt? Wer das tut, wird heute oft als feige oder neurotisch-abhängig angesehen. Meines Erachtens wird insbesondere bei Langzeitbeziehungen die Scheidungsfrage oft allzusehr an der Zweierbeziehung abgehandelt und zu wenig gesehen, welcher Reichtum an ökologischen Vernetzungen mit dieser Beziehung geschaffen wurde, welche durch eine Scheidung ebenfalls aufgelöst werden. Manchmal wird zu schnell und zu stark im Affekt geschieden, einfach weil man es mit dem Partner nicht mehr aushält und einem nur noch ein Gedanke im Kopf ist: Aufhören, Auseinandergehen, Einander-nicht-mehr-Sehen. Vielleicht ist es eine gute Faustregel, vor einer Scheidung mindestens so viele Monate getrennt zu leben, wie man an Jahren verheiratet war.

Langdauernde Beziehungen lassen sich nur selten für beide Teile in befriedigender Weise auflösen. Was für die eine Seite ein Gewinn, ist für die andere eine Katastrophe. Häufig ist eines von beiden nicht mehr in der Lage, sich noch einmal eine Welt mit nur annähernd soviel Reichtum an Bezügen zu schaffen. Die Intensität, die sich aus dem gemeinsamen Existenzaufbau und der Familiengründung ergab, reicherte ein Potential an, das sich in einer neuen Beziehung oft nicht wiederholen läßt. Wie immer man die Sache dreht und wendet, nach einer langdauernden Ehe wird es trotz Scheidung keine Rückkehr an den Start, keinen Neuanfang ohne Belastung durch die vorangegangene Beziehung geben. Man wird seine Vergangenheit immer in eine neue Beziehung hineintragen und nie mehr klare und eindeutige Verhältnisse schaffen können.

Genauso wie die Heirat ist die Scheidung ein vertraglicher Akt, mit allen Vor- und Nachteilen. Mit der Scheidung wird eine Beziehung offiziell, auch für Außenstehende sichtbar, beendet. So wie Heirat eine Entscheidung voraussetzt, so auch die Scheidung. Man kann sagen, der Wert der Ehe liegt in der Möglichkeit, die Beziehung durch Scheidung zu beenden. Der klare Schlußstrich kann hilfreich sein, um aus dem dauernden Hin und Her von Hoffen und Bangen, Warten und Verzweifeln, Binden und Auflösen herauszukommen. Auch wenn eine Ehe mit komplexen Besitzverhältnissen und insbesondere mit Kindern trotz Scheidung in irgendeiner Form weiterlaufen wird, stellt die Scheidung doch zumindest eine grundsätzliche Weiche. Sie löst die Identifikation mit der Ehe unwiderruflich und legt äußerlich den Weg frei zum Suchen eines neuen Lebens.

Verarbeitungswege der Scheidung und Wiedereingehen neuer Beziehungen

Scheidung heißt aus einer Beziehungswelt heraustreten, die einem einmal die Erfüllung der tiefsten Sehnsüchte versprach. Auch wenn der Partner für das Scheitern der Beziehung verantwortlich gemacht wird, ist man dennoch von Zweifeln erfüllt, inwiefern man selbst versagt hat. Um wieder ins Gleichgewicht zu kommen, müssen die Scheidungsumstände so konstruiert werden, daß man darin vor sich selbst bestehen kann. Die bisherige Welt und die in ihr beantwortete Identität der Person ist zerbrochen, eine neue ist noch nicht geschaffen. Wie damit umgehen? Eine fruchtbare Verarbeitung kann meditativ-spiritueller Art sein. Viele finden in der Versenkung in Buddhismus, Taoismus, Sufismus, seltener in die Schriften christlicher Mystiker einen Weg, um loszulassen, ihr Verhaftetsein aufzugeben und sich für Neues freizuhalten. Die Sehnsucht nach Aufgehobensein in der Liebe kann transzendiert werden in kosmische Perspektiven. Wenn es gelingt, diesen Weg zu beschreiten, öffnet sich damit eine besondere Chance, auf das ansprechbar zu sein, was einem zuteil wird.

Die Erfahrung des Loslassens vermittelt einem eventuell eine gelassenere Haltung gegenüber den Möglichkeiten und Grenzen jeder Partnerschaft. Die Zentrierung wird weniger im Du gesucht, welches verantwortlich gemacht wird für alles, was aus einem werden kann. Es gelingt einem eventuell jetzt, dankbar zu werden für das, wozu eine neue Beziehung einem realistischerweise verhelfen kann. Manche Menschen machen mit einer Scheidung einen entscheidenden Reifungsprozeß durch, Männer werden emanzipierter, indem sie lernen, für sich selbst zu sorgen, hauszuhalten, Hemden zu waschen, Socken zu stopfen, Böden zu putzen oder sich erstmals bewußt mit der Vaterrolle zu befassen; Frauen werden emanzipiert, indem sie sich nicht mehr auf die Sicherheit einer traditionellen Ehe verlassen, sondern sich insbesondere auch um die eigene Berufsausübung kümmern.

Bekannt sind natürlich all die destruktiven Verarbeitungsformen, welche ich hier nicht ausführlicher behandeln will. Es gibt die Möglichkeit, im unbewältigten Schmerz zu verharren und sich mit Gleichgesinnten gegen die bösen Männer oder Frauen zu verbünden, es gibt die Möglichkeit, ungezählte Sexualbeziehungen einzugehen mit der Tendenz, Frauen oder Männer zu verführen, um sie anschließend rachsüchtig von sich zu stoßen. Andere suchen so rasch wie möglich sich mit einem anderen Partner verbindlich einzulassen ein Vorhaben, das meist erst nach ausreichender und mehrjähriger Trauerarbeit über das Zerbrechen der vorangegangenen Ehe gelingen kann. Nach Furstenberg (1988) versuchen Geschiedene, das Erbe des Versagens in ihrer ersten Eh abzuschütteln, indem sie sich soweit wie möglich von ihrei früheren Gatten distanzieren. In seinen Studien über den Übergang von der Scheidung zur Wiederverheiratung beschrieben die Informanten ihre Ehe oft als ein früheres Kapitel ihres Lebens, als einen Fehler, den sie durch persönliches Reifen korrigieren konnten. Die Scheidung wurde gesehen als ein Prozeß der personalen Transformation, in dem ein altes Selbst und eine Biographie des Versagens abgestreift wurden. Die meisten geschiedenen Personen haben so wenig Kontakt wie möglich mit ihrem früheren Gatten. Natürlich gibt es Ausnahmen – ehemalige Partner, die zueinander freundlich oder sogar Freunde bleiben. Aber die Mehrzahl von früher Verheirateten will wenig miteinander zu tun haben. Die Ablehnung des Exgatten hilft dabei, Solidarität in einer neuen Beziehung aufzubauen, und reduziert so das Potential für Eifersucht. Das stärkt zwar die neue Beziehung, schafft aber neue Probleme, wenn die elterliche Verantwortung mit dem Exgatten geteilt werden muß (S. 77). Das Ideal des gemeinsamen Sorgerechts klingt theoretisch wunderbar, ist aber in der Praxis schwer durchzuführen. Das erstaunt nicht, wenn man bedenkt, daß die Exgatten oft schon während der Ehe größte Mühe hatten, bei der Erziehung ihrer Kinder zu kooperieren.

Wie präsent die frühere Beziehung bleibt, zeigt sich in der Intensität, mit welcher sie im späteren Leben zum Thema gemacht wird. Auch negative Erinnerungen sind Erinnerungen. Für den Bestand der neuen Beziehung ist es oftmals fast Voraussetzung, die alte zu verunglimpfen, um damit die neue in strahlendem Licht erscheinen zu lassen.

Auffallend ist, wie trotz allen Leides, trotz all der ungelösten Probleme die überwiegende Mehrheit der Geschiedenen sich keine Rückkehr in die frühere Ehe wünscht. Manchen Menschen entspricht wohl eher ein relativ klar strukturierter, einförmiger, familiärer Lebenszyklus, anderen ein komplexer, vielschichtiger und weniger geradliniger, in welchem Früheres und Gegenwärtiges spannungsvoll durcheinanderwirken.

Statistisch gesehen sind Zweitehen nicht stabiler als Erstehen. Sie sind allerdings in vielerlei Hinsicht schwer miteinander vergleichbar. Wenn eine Zweitehe besser gelingt als eine Erstehe, liegt das oftmals weniger daran, daß sie objektiv glücklicher wäre oder die Partner besser zueinander paßten, sondern eher an der Bereitschaft der Partner, die Möglichkeiten einer Lebensgemeinschaft realistischer einzuschätzen und mit deren Begrenzungen zu leben. Geschiedene Wiederverheiratete machen somit den gleichen Reifeprozeß durch, den auch dauerhaft Verheiratete durchgehen. Beziehung ist in jedem Fall ein dauernder Entwicklungs- und Veränderungsvorgang, verbunden stets mit Leiden, Loslassen und Neubeginn.

Scheidung einer Ehe mit Kindern

In dem Kapitel über das Kinderkriegen in heutiger Zeit (S. 74) habe ich darauf hingewiesen, wie Kinder querliegen zu den modernen Trends der zunehmenden Individualisierung der Lebensläufe, mit Erhöhung der Mobilität und Häufung von Veränderungen der Lebenslagen. Das tun die Kinder auch im Falle einer Scheidung. Kinder passen schlecht in die heutigen familiären Lebensformen, welche idealtypisch immer noch ausgerichtet sind auf eine monogame Kleinfamilie, obwohl ein immer größer werdender Teil der Kinder nicht mit seinen biologischen Eltern bis zur Ablösungsphase zusammenlebt. Die Auflösung einer Partnerschaft wäre die Privatsache der beiden Betroffenen, wenn nicht andere darunter zu leiden hätten. Kinder sind auf die elterliche Betreuung angewiesen. Sie lieben beide Eltern, sowohl Mutter wie Vater. Mit dem Zerbrechen der Ehe zerbricht ihre Welt, ohne daß sie etwas dafür oder dagegen tun können. Sie sind den Eltern ausgeliefert und müssen mit dem Widerspruch zurechtkommen, daß auf der einen Seite die beiden Eltern sich möglichst radikal voneinander abgrenzen, gleichzeitig aber für die Kinder doch Eltern bleiben wollen. Sie müssen eine Vertrauensbeziehung zu jedem Elternteil aufrechterhalten, obwohl sie gleichzeitig sich keinem von beiden bezüglich ihrer Beziehung zum andern anvertrauen können. Zwar begrüßen es manche Kinder, daß die zerstrittenen Eltern auseinandergehen und daß es damit zu Hause weniger Spannung und Unruhe gibt. Aber trotz äußerer Trennung bleibt die Frau die Mutter und der Mann der Vater der Kinder. In der Regel sind beide daran interessiert, die Beziehung zu den Kindern weiterzuführen. Ein neunjähriger Knabe schildert in der Therapie die Situation nach der Scheidung folgendermaßen: «Die Mutti ist immer so erschöpft. Bald schreit sie mich an, bald ist sie wieder lustig. Wenn ich mal streiten will, beginnt sie gleich zu weinen. Dann muß ich immer auf meine kleine Schwester aufpassen oder Besorgungen machen. Es geht bei uns schon alles ziemlich drunter und drüber, aber irgendwie geht es ja schon. Früher, da unternahmen wir mal was mit der Nachbarsfamilie, so Wanderungen mit Würstchenbraten, das hat jetzt aufgehört. So sind meine Schwester, meine Mutter und ich fast immer allein. Eingeladen zu einer Party sind wir jetzt auch weniger. Ich kann mir das gar nicht recht erklären. Am schlimmsten ist das Wochenende mit Papi. Was der sich für eine Mühe gibt, uns etwas zu bieten. Da fahren wir in den Zoo, in den Europapark, ins Seedammcenter oder wir gehen ins Kino – aber all das ist so künstlich. Es ist nicht eine richtige Familie. Jetzt muß der Papi jeweils herkommen, um uns spazierenzuführen. Er hat uns auch schon zu sich eingeladen. Er lebt in einer kleinen Wohnung. Das Bild, das vorher bei uns im Flur hing, hat er jetzt über dem Tisch angebracht. Es gefällt mir dort überhaupt nicht. Manchmal stinkt es mir richtig, dorthin zu gehen. Ich hab den Papi schon gern, aber alles ist jetzt so anders, nicht mehr natürlich. Oft wissen wir kaum, was wir sprechen sollen. Manchmal verstehe ich es nicht, weshalb Vati und Mutti sich eigentlich nicht vertragen konnten. Streit gibt es doch überall. Auch ich streite mich mal mit meiner Schwester, aber dann hören wir wieder auf.»

Häufig geraten die Kinder in einen Loyalitätskonflikt zwischen Vater und Mutter, die beide bewußt oder unbewußt versuchen, das Kind auf ihre Seite zu ziehen. Gerade die große Isolation, in welcher sich viele Geschiedene finden, veranlaßt sie, das Kind zu ihrem Gesprächspartner zu machen und mit ihm all die Intimitäten ihrer jetzigen Beziehungssituation zu besprechen. Die Kinder übernehmen dann bald einmal Ersatzpartnerfunktionen ihren Eltern gegenüber. Der Generationenunterschied wird eingeebnet. Kinder aus geschiedenen Ehen wirken oft altklug und klagen darüber, sie hätten nie richtig Kind sein können. Die Ablösung von einem alleinstehenden Elternteil, in der Regel von der Mutter, kann besonders schwierig sein, wenn diese sich ohne die Kinder im Leben nicht zurechtfindet.

Für andere sind die Intrigenspiele, in die sie sich laufend verwickelt sehen, so unerträglich, daß sie nur den Wunsch haben, so rasch wie möglich von zu Hause wegzukommen. Manche heiraten sehr früh, oft auch in der Hoffnung, in der Schwiegerfamilie eine Ersatzfamilie zu finden. Frühehen haben ihrerseits wiederum eine hohe Scheidungsquote.

Die Kinder sind Anlaß zur Fortführung des Streits über die Scheidung hinaus

Wenn die kleinen Kinder, wie das heute in der Regel der Fall ist, der Mutter zugeteilt werden, entwickelt sich häufig folgende Situation: Die alleinstehende Mutter ist von der dauernden Betreuung der Kinder überfordert. Sie hat häufig kaum Entlastungsmöglichkeiten, zum einen, weil sie sich aus finanziellen Gründen keinen Babysitter leisten kann, zum andern aber auch wegen der Isolation, in welcher sich viele Geschiedene befinden. Die Kinder sind durch die Scheidungssituation aufgewühlt und verunsichert. Sie reagieren, wie viele Statistiken belegen, vor allem im ersten Jahr nach der Scheidung, aber auch noch später, gehäuft mit psychischen Störungen, Angstzuständen oder erhöhter Aggressivität. Die Mutter ihrerseits hat genug mit der persönlichen Verarbeitung der Scheidung zu tun und hat meist nicht mehr die Reserven, den Kindern die geduldige, emotionale Zuwendung und den erzieherischen Halt zu geben, deren sie in dieser Situation speziell bedürften. Die häusliche Atmosphäre ist oftmals emotionalisiert bis chaotisch. Die Schulleistungen der Kinder sind gehäuft beeinträchtigt. All das belastet die Mutter und kann ihr das Gefühl der erzieherischen Insuffizienz vermitteln.

Den Vätern, schon während der Ehe oft in der Situation der Troubleshooter, fällt es schwer, dem untätig zuzusehen. Sie können sich nicht enthalten, die Defizite der alleinerziehenden Mutter festzustellen und ihr mit Ratschlägen, welche diese als Vorwürfe empfindet, zuzusetzen. Oftmals wird der frühere eheliche Streit nun über das Problem der Kindererziehung fortgeführt. Die Partner verwickeln sich in ihre früheren ehelichen Kollusionen, die jetzt auf Elternebene ausgetragen werden.

Die Kinder, vor allem wenn sie schon im Schulalter sind, versuchen oft, das Eingehen neuer Beziehungen von Vater und Mutter zu verhindern. In ihren Augen wird die Scheidung erst durch die Wiederverheiratung eines Elternteils unwiderruflich. Besonders die alleinstehenden Männer heiraten statistisch gesehen gehäuft schon nach wenigen Jahren wieder. Wenn es altersmäßig noch in Frage kommt, möchte die zweite Frau oft eigene Kinder, aus dem begreiflichen Wunsch, damit die Auflösung der ersten Ehe endgültig abzuschließen und die neue Ehe zum Zentrum des fortgesetzten Familienlebens zu machen. Kinder der ersten Ehe empfinden oft Neid auf die Kinder der zweiten Ehe. Die neuen Kinder haben ihren Vater nun ganz für sich, während sich die Kinder der ersten Ehe auf Distanz gesetzt fühlen. Es werden zwar eventuell weiterhin freundliche Kontakte gepflegt, aber die Beziehung zum Vater ist nicht mehr fraglos, nicht mehr gesichert und belastbar, sondern wird immer mehr zum Besuchskontakt.

Leben die Kinder mit der Mutter zusammen, so werden sie auch dort das Eingehen neuer Partnerschaften oft zu verhindern suchen. Die Mutter ist arbeitsmäßig ohnehin bis zum äußersten gefordert. Nicht selten wird sie in ihrer persönlichen Freiheit durch die Ansprüche der Kinder stärker beschnitten als je zuvor. Die Kinder kämpfen oft mit unfairen

Mitteln darum, die Mutter ganz für sich zu behalten, was wiederum Schuldgefühle erzeugt und in die verhängnisvolle Teufelsspirale einmündet, daß die Kinder, die der Mutter jede neue Partnerschaft vermasseln, ihrerseits sich nun auch verpflichtet fühlen, bei der Mutter zu bleiben und sie nicht im Stich zu lassen. Verständlicherweise heiraten Frauen mit Kindern seltener wieder als geschiedene Väter oder kinderlos Geschiedene.

Kinder geschiedener Eltern müssen in mehr als einer Familienwelt leben

In der modernen Gesellschaft, deren Schrittmacher die amerikanische ist, setzte sich das Ideal durch, der einzige gültige Parameter für das Eingehen und Aufrechterhalten einer Ehe sei das Liebesglück. Nach Furstenberg (1988) sind die Amerikaner fast besessen von dem schwer greifbaren Ziel ehelichen Glücks. Es wird erwartet, ja verlangt, eine Beziehung aufzulösen, wenn sie nicht mehr stark emotional verbindet. Das führt zu einer Verschiebung des Heiratssystems von der permanenten Monogamie zur «sukzessiven Ehe». Gegen die Hälfte der Ehen, die in den siebziger und frühen achtziger Jahren in Westeuropa geschlossen wurden, wird wahrscheinlich mit Scheidung enden. Das heißt, es wird nur noch selten Individuen geben, die einen Scheidungsfall weder in der Herkunftsfamilie noch in der Familie ihrer Nachkommen haben. «Es wird für die in den achtziger Jahren geborenen Kinder nicht unüblich sein, folgender Sequenz von Phasen im Leben zu folgen: Mit beiden Elternteilen für einige Jahre zusammenleben, bei der Mutter nach Scheidung der Eltern leben, dann mit einem Stiefvater leben, für einige Zeit allein leben, mit jemandem des anderen Geschlechtes unverheiratet zusammenleben, sich verheiraten, sich scheiden lassen, wieder allein leben, sich wieder verheiraten und so fort.» (Furstenberg, S. 75) Wie Furstenberg betont, ändern die allgegenwärtigen Erfahrungen von Scheidung und Wiederverheiratung die amerikanischen Verwandtschaftsbeziehungen grundlegend. Dabei wird nicht die Ehe an sich abgewertet, sondern lediglich das Leitbild ehelichen Glücks zur Verpflichtung erhoben. Je größer die Ansprüche, desto zerbrechlicher wird die Ehe. Die Mehrzahl der Paare, die sich scheiden lassen, hat kleine Kinder und ist daher gezwungen, irgendein Arrangement für die nacheheliche Kinderbetreuung zu treffen. Mehrere Studien belegen, daß sowohl Stiefeltern wie Stiefkinder Probleme haben, ihrer Beziehung die volle Legitimität zu geben. Ihr Verwandtschaftsverhältnis, das auf dem Gesetz, nicht aber auf biologischer Herkunft basiert, macht ihre Verbindung unbedeutender. Eine Untersuchung von Furstenberg (1987) ergab, daß 31 Prozent der Kinder, die gegenwärtig in einem Haushalt mit Stiefeltern leben, diese nicht als Mitglied ihrer Familie erwähnen. Das Vorhandensein von Stiefkindern kompliziert neue eheliche Bindungen und setzt sie unter hohen Streß. Furstenberg zitiert Studien, nach welchen ein beträchtlicher Anteil von Stiefeltern nicht mit ihren Stiefkindern im gleichen Haushalt leben will. Das Prinzip der «soziologischen» Elternschaft zu praktizieren ist schwierig. Das zeigt sich etwa bei dem Problem, den Stiefelternteil als Mami oder Papi anzusprechen. Wird versucht, das Kind zu überreden, ruft das oft den vehementen Protest des ausgeschlossenen biologischen Elternteils hervor. Da Kinder spüren, daß die Exgatten nicht konstruktiv miteinander kommunizieren können, fühlen sie sich gezwungen, im Gespräch mit dem außerhalb des Haushalts lebenden Elternteil nichts zu besprechen, was bei ihnen innerhalb des Haushalts abläuft, und umgekehrt nichts zurückzutragen, was sie vom nicht sorgeberechtigten Elternteil in Erfahrung bringen. Das Kind muß seine innere Familie in zwei Familienwelten aufspalten.

In Fortsetzungsfamilien ist der Entscheid über die Familienzugehörigkeit dem subjektiven Ermessen ihrer Mitglieder überlassen

Wenn wir damit rechnen, daß Scheidung in der Biographie eines Individuums eventuell nicht ein einmaliges, sondern ein mehrmaliges Vorkommnis ist, so entsteht für das Kind eine verworrene familiäre Situation mit mehreren Vätern, mehreren Großelternpaaren, mit Halbgeschwistern, die vom zugezogenen Stiefelternteil in die Familie eingebracht werden, mit Halbgeschwistern, die aus der neuen Verbindung der Mutter oder des Vaters entstehen. Die familiären Konstellationen sind derart komplex und die Kombinationsmöglichkeiten so zahlreich, daß sie auch wissenschaftlich schwer zu bearbeiten sind. Formal ist nicht mehr ersichtlich, wer nun eigentlich das Familiensystem ausmacht. An die Stelle eines formalen familiären Organismus tritt immer mehr das momentane subjektive Soziogramm. Kinder werden immer mehr selbst entscheiden, wer für sie Familie bildet. Den Großeltern mütterlicherseits kommt dabei größere Bedeutung zu, da sie oftmals am ehesten für einige Zeit einen stabilen Pol bilden. Es ist eine matrilineare Ausrichtung des Verwandtschaftssystems vorhersehbar, so wie es sich bei den amerikanischen Schwarzen bereits etabliert hat. Die Väter und ihre Herkunftsfamilien sind nur lose mit den Kindern verbunden, und das gilt auch für die Großeltern. Väter kommen und gehen, konstant bleiben Mütter und Großmütter mütterlicherseits. Im Unterschied zu den weißen Amerikanerinnen gehen die allermeisten schwarzen Frauen nach der Scheidung keine neue Ehe mehr ein.

Eine weitere Untersuchung von Furstenberg (Furstenberg und Spanier 1984) stellt fest, daß die große Mehrheit kürzlich geschiedener Individuen ihre früher angeheiratete Verwandtschaft nicht mehr als Verwandte betrachtet. In den USA führte das bereits zu Forderungen nach gesetzlichem Schutz der Rechte von Großeltern nach der Scheidung. Es kam in mehreren Bundesstaaten zum Erlaß von Bestimmungen, welche die Besuchsrechte der Großeltern sichern sollen. Fortsetzungsfamilien erweitern die Grenzen der Verwandtschaft, machen sie jedoch unübersichtlicher und flüchtiger.

Bei weiterem Ansteigen der Scheidungszahlen und angesichts der Instabilität von Partnerschaften mit Kindern wird sich immer mehr die Bildung subjektiver Wahlfamilien durchsetzen. Vom Kind werden jene Erwachsenen als zugehörig erlebt, die sich um es kümmern und die es verstehen, eine emotionale Bindung zu ihm herzustellen. Aus der formellen Verwandtschaft wird die gelebte Verwandtschaft. Die Kinder werden auch bei ihren gegenwärtigen Eltern stark mitbestimmen, wie das Familiensystem im Moment konstelliert sein soll. Wahrscheinlich wird durch die zunehmende Häufigkeit von Fortsetzungsfamilien der Unterschied zwischen Verwandten und Freunden immer mehr aufgehoben. Weshalb soll das Kind nicht eine emotional intensivere Beziehung zu einem Au-pair-Mädchen, einem Nachbarn oder zu sonst einem Erwachsenen finden als zum Stiefvater oder zur Stiefmutter? Weshalb sollen ihm seine Spielkameraden nicht mehr bedeuten als seine Halbgeschwister?

Die Auflösung einer formellen familiären Zugehörigkeit kann Konsequenzen haben, von denen ich zwei Aspekte zur Diskussion stellen möchte.

a) Das Zerbrechen der familiengeschichtlichen Kontinuität

Eine stabile familiäre Zugehörigkeit kann dem Kind Identität und innere Struktur vermitteln. Selbst wenn es das Familiensystem verläßt, bleibt es innerlich verbunden und gehalten. Die familiäre Identität kann ein wesentlicher Baustein der persönlichen Identität sein. Man kann als Erwachsener die eigene Biographie besser verstehen, wenn man sie als hervorgegangen aus der Biographie der Herkunftsfamilien sehen kann und wenn die eigene Identität durch Familienangehörige und Verwandte bestätigt wird. Der Trend zur Fortsetzungsfamilie wird die Kontinuität von Familiengeschichte und familiärer Identität lockern. Die Wahlmöglichkeiten in der individuellen Biographie werden damit erhöht, aber Stabilisierung und Begründung des eigenen Lebens und damit die Sinnfindung und Ausrichtung auf personübergreifende Ziele werden erschwert.

b) Die Schwächung der familiären Einbindung psychisch Gestörter

Eine zweite Konsequenz der Auflösung formeller familiärer Zugehörigkeit ist gesundheitspolitisch faßbarer und gravierender. Viele Untersuchungen zeigen, daß die letzten sozialen Beziehungen, die bei chronisch-psychisch Kranken bestehen bleiben, durchweg die familiären sind. Man kann sogar behaupten, die Eigenheit familiärer Beziehungen liege darin, daß sie oft erst in Notsituationen und unter chronischen Belastungen zum Tragen kommen, im Gegensatz zu praktisch allen anderen menschlichen Beziehungen. Freundschaftsbeziehungen lösen sich meist auf, wenn chronische Krankheiten, insbesondere psychische Störungen, auftreten. Die USA, die in diesen Entwicklungen den Europäern meist vorangehen, zeigen eine starke Zunahme von Obdachlosen, Verwahrlosten und Ausgegliederten, was zumindest teilweise auf die Schwächung der familiären Bande als wichtige psycho-ökologische Regulationsmechanismen zurückzuführen sein dürfte. Die Folgen sind nicht nur für die Betroffenen schlimm, sondern verursachen dem Staat auch riesige Kosten, ohne daß diese Probleme mit soziotherapeutischen Maßnahmen auch nur einigermaßen aufgefangen werden könnten.

Zusammenfassend läßt sich über die Scheidungsfolgen feststellen, daß vitale Kinder sich als erstaunlich anpassungsfähig erweisen. Offenbar verstehen es durchsetzungsfähige Kinder, sich jene Beziehungen zu konstellieren, die sie brauchen. Störungsanfällige und schwächere Kinder und Erwachsene dagegen kommen dabei leicht unter die Räder. Vielleicht ist es nicht die Funktion der Familie, Glück zu vermitteln, sondern psycho-ökologische Ressourcen anzubieten, die kaum durch andere soziale Organisationen in ebenbürtiger Weise übernommen werden. Es gibt keine anderen sozialen Systeme, welche psychisch Gestörte mit Gesunden so eng integrieren und die ein so hohes Maß an Solidarität gegenüber von der Norm Abweichenden beibehalten wie Familien. Die zunehmende Individualisierung in unserer Gesellschaft kann unattraktiven Menschen zum Verhängnis werden. Sicher sollte man äußerlich intakte Familien aber nicht idealisieren und beachten, daß destruktive familiäre Bindungen auch viele Menschen krank machen.

Meine Einstellung zur Scheidung deckt sich mit jener von Judith Wallerstein, die in ihrem gemeinsam mit Sandra Blakeslee (1989) veröffentlichten Buch schreibt: «Auch wenn unsere Ergebnisse insgesamt bedenklich stimmen, sollten wir die Scheidung nicht verdammen. Eine Scheidung ist oft die einzige rationale Lösung für eine schlechte Ehe. Wenn ich von Ehepaaren gefragt werde, ob sie um der Kinder willen verheiratet bleiben sollen, muß ich sagen: ‹Selbstverständlich nicht.› Alle unsere Ergebnisse deuten darauf hin, daß Kinder, die miterleben, wie die Eltern sich terrorisieren oder schlagen, dadurch noch schwerere Schäden davontragen als durch eine Scheidung. Eine rücksichtsvoll und pragmatisch durchgeführte Scheidung kann Kindern zeigen, wie man ernste Lebensprobleme mit Mitgefühl, Klugheit und angemessenem Verhalten meistert» (Seite 355). Die soziale Diskriminierung und materielle Benachteiligung, über welche Geschiedene immer noch klagen, erschweren die Verarbeitung der Scheidung und ihrer Folgen und begünstigt das Fortbestehen gegenseitiger Schuldzuweisung und das Andauern von Haß, Rache, Schuldgefühlen und Angst. Ich denke, wir müssen lernen, mit der Tatsache weiterhin hoher oder sich weiter erhöhender Scheidungsraten zu leben. Geschiedenen sollte die Verarbeitung der Auflösung ihrer Ehe erleichtert werden durch aktivere Unterstützung und Akzeptation, um damit die Versöhnungsfähigkeit getrennter Partner zu fördern und ihnen zu helfen, an ihrem Schicksal zu reifen. Kindererziehung sollte, um den heutigen Lebensformen zu entsprechen, so konzipiert werden, daß sie weniger einseitig dem Gelingen oder Scheitern der Elternehe ausgesetzt ist. Sie sollte auf mehrere Schultern verteilt werden, wie das bereits vor Einführung der Kleinfamilie in unserer Gesellschaft üblich war. Brüchigere familiäre Lebensformen können durch soziale Institutionen wie Krippen, Tageshorte, Elterngruppen, welche auch Alleinerziehende einbeziehen, ergänzt werden. Destruktive Scheidungsfolgen sind nicht eine unveränderliche Gegebenheit. Die Gesellschaft ist herausgefordert, damit kreativ umzugehen.

3. «Wie habe ich mich im Zusammenleben entwickelt?» Sieben Eigendarstellungen in Interviews mit Kommentaren des Verfassers

Im vorigen Kapitel wurden die Phasen des Zusammenlebens so dargestellt, wie sie typischerweise auseinander hervorgehen können. Diese Darstellung deckt sich jedoch nur begrenzt mit der Einmaligkeit des Einzelfalles. Um der Komplexität von Ko-evolution, das heißt der Persönlichkeitsentwicklung im Zusammenleben, einigermaßen gerecht zu werden, folgen nun sieben Eigendarstellungen in Interviews. Die Personen, die sich für die Interviews zur Verfügung gestellt haben, meldeten sich aus dem Kreis der Teilnehmer eines von mir geleiteten Seminars im Sommersemester 1988 an der Universität Zürich über die Psychologie der «normalen» Ehe. Die Auswahl ist einseitig dadurch, daß es sich ausschließlich um Akademikerinnen und Akademiker handelt und zudem um Personen, welche an der Thematik des Zusammenlebens speziell interessiert waren. Die Interviews sind untereinander aber derart verschieden, daß es ohnehin völlig illusorisch wäre, mit sieben Beispielen eine auch nur einigermaßen repräsentative Auswahl zu treffen. Es geht nicht darum, die gesamte Thematik der Ko-evolution mit diesen Interviews abzudecken. Mir war vielmehr wichtig, Menschen zu Wort kommen zu lassen, welche ihre Erfahrungen im Zusammenleben in sich stimmig und offen darzustellen vermochten. Mit einer Ausnahme waren mir alle Personen zuvor unbekannt. Wir führten jeweils ein etwa 90 Minuten dauerndes Gespräch, welches auf Tonkassette aufgenommen und unter Weglassung meiner Fragen transskribiert wurde. Das Gespräch entwickelte sich spontan, ohne Interviewleitfaden. Es drehte sich um die Thematik «Welche Bedeutung hatte das Zusammenleben für meine persönliche Entwicklung, was machte es mir möglich, was verbaute es mir?» Man kann bemängeln, daß ich nur Einzelpersonen und nicht auch ihre Partner interviewt habe. Mein Eindruck war, daß es für die Interviewten leichter war, sich offen zu äußern, wenn sie ihre Erfahrungen aus subjektiver Sicht darstellen konnten, ohne Rücksicht auf eine allfällige andersgeartete Darstellung ihres Partners. Für mich war jedes dieser Gespräche ein bedeutsames persönliches Erlebnis. Unter anderem beeindruckte mich, wie häufig die Beschreibung der eigenen Person und der Person des Partners sich im Laufe des Gesprächs fast in ihr Gegenteil wendete. Das heißt nicht, daß die anfängliche Beschreibung falsch war, sondern zeigt, wie komplex, vielschichtig und widersprüchlich das ist, was in einer Partnerschaft erlebt wird.

Die Interviews sind Vorbereitung, aber auch Beleg für die theoretische Beschreibung von Ko-evolution (Kapitel 4, S. 216) und partnerschaftlicher Behausung (Kapitel 5, S. 267). Dementsprechend können sie als Vorbereitung oder als Illustration vor oder nach diesen Kapiteln gelesen werden.

Namen und nähere Lebensumstände der Interviewten und ihrer Partner wurden gemäß deren eigenen Wünschen zur Sicherung des Persönlichkeitsschutzes verändert.

Annemarie, 53jährig, 24 Jahre verheiratet, drei erwachsene Töchter

Ich bin 24 Jahre verheiratet, wir haben drei erwachsene Töchter, Guido, mein Mann, war Pfarrer, heute unterrichtet er an einem Gymnasium. Ich liebe Guido immer noch. Wenn ich ihn länger nicht mehr sehe, so freue ich mich richtig auf das Wiedersehen, ich bekomme dann schier Herzklopfen. Ich habe noch sehr zärtliche Gefühle für ihn – ich glaube auch von seiner Seite, wobei – das ist noch schwierig zu sagen, weil das ja eine Entwicklung ist, vielleicht sollte ich von Anfang an erzählen, wie wir uns kennengelernt haben.

Ich war nicht mehr so jung, als ich ihn kennenlernte, ich ging schon gegen Dreißig, er war nicht der erste Mann für mich. Wir lernten uns im Schulhaus kennen als Lehrer. Ich habe ihn weiter gar nicht beachtet, aber ich habe gewußt, daß er eine Freundin hat. Als ich an einem Abend im Kino war, da habe ich ihn mit dieser Freundin gesehen. Obwohl wir wenig Kontakt hatten, hat es mich stark gestört, daß er diese Freundin umarmt hat. Nie im Leben hätte ich gedacht, ich möchte mich mit ihm befreunden, geschweige denn eine nähere Beziehung haben. Kurz darauf lud er mich zu einem Konzert ein, er sagte, er habe zwei Billetts, ein Freund, der hätte mitkommen sollen, sei erkrankt. Wir hatten uns zuvor gelegentlich über Musik unterhalten. Ich fand das den Gipfel, ich sollte jetzt einfach der Ersatz für die Freundin sein. Ich glaubte ihm das mit dem Freund nicht – es stimmte auch gar nicht. Trotzdem bin ich dann ins Konzert gegangen. An diesem Abend sagte ein ehemaliger Musiklehrer, den wir dort trafen, wie sehr er es bedaure, daß Guido nicht Musiker geworden sei, weil er so begabt sei und das Zeug zu einem großen Musiker hätte. Das hat mich gewaltig beeindruckt. Ich bin mit einem gewöhnlichen Lehrer in den Konzertsaal hineingegangen und mit einem Genie wieder herausgekommen. Von da an trafen wir uns häufiger. Er komponierte viel, das war ganz toll. Ich wußte damals noch nicht, daß er Theologe werden wollte. Wir haben uns dann wirklich ineinander verliebt. Wir sind miteinander in die Ferien gefahren, aber immer keusch, wie das damals noch üblich war. Im darauffolgenden Frühling begann er mit dem Theologiestudium und mußte zuerst die alten Sprachen nachholen, Latein, Griechisch, Hebräisch. Ich tat mein möglichstes, um ihn von diesem Studium abzuhalten. Ich wollte, daß er sich als Musiker weiterbildet. Ich sah mich als Frau eines Künstlers – aber er studierte trotzdem Theologie. Wir wohnten dann zusammen und heirateten und bekamen bald darauf das erste Kind. Damals war es außergewöhnlich, daß ein Student Familie hat. Ich arbeitete weiter als Lehrerin, und zwei Jahre später kam die zweite Tochter – da haben die Leute sich bereits an den Kopf gegriffen und haben gefunden, ich sollte mehr für die Kinder dasein. Wir haben die Kinderbetreuung dann geregelt mit einem Au-pair-Mädchen – aber das war nicht ideal, das würde ich heute nicht wieder tun. Beim ersten Kind hatten Guido und ich uns in die Kindererziehung geteilt, bei den beiden andern hatte er weniger Zeit. Wir zogen dann an einen Ort, wo ich in einem Heim für Schwachbegabte Unterricht erteilte. Wir kamen dort günstig zu einer Wohnung, das hatte sich so ergeben. Ich war dort beruflich stark beansprucht. Wir hatten wegen der Arbeit so wenig Zeit. Darunter litt weniger unsere Beziehung, aber ich denke heute, daß unsere Kinder zu kurz kamen. Guido wurde dann Pfarrer, und wir zogen in diverse Pfarrämter, ich konnte ihn nicht davon abbringen. Man sollte das ja wohl auch nicht – aber ich hätte es schon lieber gesehen, wenn er Musiker geworden wäre. Dennoch hätte ich es nicht verantworten können, ihn aktiv zu beeinflussen – gesetzt den Fall, er wäre dann in diesem Beruf nicht glücklich geworden. Ich denke da schon, ein Mann sollte in erster Linie im selbstgewählten Beruf zufrieden sein.

Kommentar:
Ursprünglich hatte Annemarie gar nicht heiraten wollen. Der zündende Funken, sich in Guido ernsthaft zu verlieben, war die Vorstellung, mit ihm eine Künstlerehe führen zu können. Daß er dann aber Theologie zu studieren begann und Pfarrer wurde, brachte Annemaries Konstruktion der gemeinsamen Zukunft durcheinander. Das Leben in einer Pfarrerehe stand aber durchaus in einer tieferen Korrespondenz zu ihrer familiären Herkunft, war sie doch selbst Tochter von Heimeltern. Diese Verbindung stellt Annemarie jedoch erst später in diesem Interview her. Vordergründig hat Annemarie sich einseitig an Guido angepaßt und sich den Erfordernissen der Gemeinschaft untergeordnet.

Ich war damals in dem Ideal befangen, eine Frau müsse sich anpassen. Für mich war das Problem, daß er sehr viel weg war. Der Pfarrerberuf ist der ideale Beruf, um Ehen auseinanderzubringen, oder vielleicht ideal für zwei, die sich möglichst aus dem Weg gehen wollen. Man sieht sich so selten. Der Mann ist engagiert, und die Frau macht die Telefonate und ist einfach allzeit bereit. Das wird so von ihr erwartet. Durch das Leben in diesen Pfarrämtern habe ich einen persönlichen Prozeß durchgemacht. Ich lernte, mehr ich selbst zu sein. Zunächst hatte ich mich angepaßt an das, was die Leute der Gemeinde, aber letztlich auch Guido von mir erwartet hatten. Ich bin immer wieder mitgezogen, mein Mann ist so veranlagt, daß er immer wieder etwas Neues anfängt. Guido hatte vor allem einen guten Draht zu den Jungen. Er wurde dann aber von Kollegen beneidet, das gab Zwistigkeiten. Dann nahm er eine Stelle in der Ostschweiz an. Er sagte relativ eigenmächtig zu, als sie ihn direkt gefragt hatten. Das gab dann eine Krise in unserer Beziehung. Wir zogen also schon wieder um. Auch für die Kinder war dieser Umzug von einer Vorstadt in dieses Dorf sehr schwierig. Wir wohnten dort in einem riesigen alten Haus, das viel zu groß für uns war. Im gleichen Haus wohnte der Sigrist [= Küster]. Ich war nahe daran zu sagen, ich mache nicht mehr mit. Es beeinträchtigt eben auch die Intimsphäre, wenn man den Eindruck hat, man kann kein Wort sprechen, ohne daß der Nachbar mithört. Ich hatte das Gefühl, ich muß immer nachgeben. Guido kann aus eigenem Entscheid eine Stelle annehmen, er bestimmt den Wohnort, und ich muß immer mitziehen. Sämtliche Anpassungsprobleme der Kinder an den neuen Wohnort hatte ich zu bewältigen. Er entzog sich dem, weil er ja keine Zeit hatte. Ich hatte die Vorwürfe der Töchter aufzufangen und auszubaden. Dann hatte er zu dieser Zeit auch eine Freundin, das hatte ich erst danach bemerkt. Es war eigentlich eine Freundin von mir. Ich merkte schon, daß sie sich mit meinem Mann sehr gut verstand. Ich hätte aber nie gedacht, daß das so weit gehen könnte. Er sagte es mir erst, als es schon zu Ende war. Ich verstehe da Guido, aber es setzte mir trotzdem zu. Vor allem setzte mir zu, daß ich so blöd gewesen war und es gar nicht bemerkt hatte. Ich hatte mich relativ sicher gefühlt. Guido sagte, das habe unsere Beziehung nie ernsthaft bedroht; aber das sagen die Männer ja immer, wie man so hört. Ich glaube ihm das auch. Wir haben es jetzt wieder sehr schön, auch in sexueller Hinsicht. Weil es schon vorbei war, bekam ich auch nicht gleich einen hysterischen Anfall. Vorher hatte er schon einmal eine Freundschaft gehabt, damals war ich sehr eifersüchtig, ich hätte dieser Frau die Augen auskratzen können. Dabei hatten sie nicht einmal eine intime Beziehung. Es war eine rein geistige Beziehung, aber das hat mich eigentlich noch mehr gestört, als wenn sie miteinander geschlafen hätten. Da war so ein Austausch, von dem ich ausgeschlossen war. Heute bin auch ich mit dieser Frau befreundet, wir haben es eigentlich gut miteinander. Ich empfinde sie auch als eine besondere Frau. Ich selbst habe mich mit Männerfreundschaften zurückgehalten. Ich ließ es gar nie zu einer näheren Beziehung kommen. Ich finde eben, ich habe meinen Mann einfach gerne und brauche keinen anderen – aber ich habe auch Männerfreundschaften. Diese Freundschaften sind zwar erotisch, aber Guido und ich, wir haben – glaube ich – beide das Gefühl, daß wir uns im Sexuellen gegenseitig am meisten bedeuten. Da liegen andere Beziehungen noch drin. Ich habe auch angefangen, alleine zu reisen, über mehrere Wochen, in den Fernen Osten oder nach Amerika. Als ich ledig war, bin ich viel herumgereist. Jetzt wollte ich einfach wieder einmal allein was unternehmen, auf eigene Faust, das bringt mir viel. Ich komme dann immer wieder sehr gerne zurück und freue mich auf das Wiedersehen.

Kommentar:
Trotz der starken Bezogenheit auf Guido engten sich die Partner nicht übertrieben ein. Beide nahmen gewisse Freiheiten für sich in Anspruch. Annemarie konnte sich mit Guido auseinandersetzen, als er Grenzen überschritt, die für sie wichtig waren, ohne daß deswegen der Fortbestand der Beziehung gefährdet worden wäre. Annemarie glaubt Guido, daß seine Außenbeziehungen ihre Liebe nicht bedroht hätten. Wir wissen natürlich nicht, wie Guido es ertragen hätte, wenn Annemarie intime Außenbeziehungen eingegangen wäre. Sie legt sich selbst engere Grenzen auf, so daß er mit einer derartigen Möglichkeit nicht konfrontiert wurde.

Bevor ich ihn kennenlernte, hatte ich eine Reihe oberflächlicher Beziehungen. Ich hätte mir gut vorstellen können, daß ich gar nicht heirate. Es hätte mir allein gefallen. Ich hatte einen großen Freundeskreis. Männern gegenüber war ich eher schüchtern und etwas gehemmt. Bevor ich meinen Mann kennenlernte, dachte ich daran, in einen Kibbuz zu gehen, und nahm Hebräischstunden. Ich blies dann alles ab wegen unserer Beziehung. Das Hebräisch hatte mir gerade soviel genützt, daß ich ihn in seinem Theologiestudium hebräische Wörtchen abfragen konnte. Bei den meisten Männern zuvor ging es aus wegen der Handschrift, die diese hatten. Sie hatten so kindliche Schriften. Zweimal war es der Fall, daß sie mir Liebesbriefe schrieben. Da dachte ich: Mit einem solchen Mann? Nein! Da war es bei mir aus und vorbei. Die Schrift entsprach so gar nicht dem Bild, das ich mir von ihnen gemacht hatte. Ich dachte überhaupt nicht ans Heiraten. Ich hätte auch nicht früher heiraten können. Ich hätte Angst gehabt, in einen goldenen Käfig zu kommen, hätte mich in meiner Freiheit eingeengt gefühlt. Ich hätte mir in jüngerem Alter auch keine eigenen Kinder vorstellen können, davon hätte ich mich überfordert gefühlt.

Guido und ich haben den gleichen Geschmack in jeder Hinsicht: in Kleidern, Häusern, Einrichtung, Kunst und so weiter. Ich hätte Mühe gehabt mit einem Mann, der einen ganz anderen Geschmack gehabt hätte, der zum Beispiel eine konventionelle Aussteuer gewollt hätte, etwa ein Ehebett mit Bettumbau oder ein Büfett oder solche Dinge, wie man sie zu dieser Zeit hatte. Wir hatten auch sehr wenig Geld. Vielleicht war das gut so. In der Wohnung hatten wir immer alles gemeinsam eingerichtet.

Kommentar:
Zwischen Guido und Annemarie besteht eine breite Korrespondenz im Geschmack und in der Einstellung zum Einrichten einer Wohnung. Sie haben keine Probleme, miteinander eine äußere Behausung zu schaffen. Das gibt ihrem Zusammenleben eine natürliche Stabilität.

Daß ich wegen Guido meine Vorstellungen vom Alleinleben aufgegeben habe, kam daher, daß ich den Eindruck hatte, das ist ein besonderer Mann, der ist genial. Da muß ich ehrlich sagen, das mit der Musik hat bei mir sehr eingeschlagen, da war ich richtig anfällig dafür. Ich fühlte mich auch geschmeichelt, daß er mich erwählt hatte. Er war für mich etwas Außergewöhnliches. Ich stellte mich sehr auf ihn ein. Es gab eine Zeit, wo ich nur noch für ihn lebte, mein ganzes Sinnen und Trachten auf ihn ausrichtete. Das war in der Zeit, wo ich mir auch sagte: Dann soll er halt Theologie studieren. Unsere Beziehung hat sicher auch Guido kreativ angeregt. Anfänglich hatte er viel komponiert, vieles hat er mir gewidmet. Ich hätte mir gut eine Künstlerehe vorstellen können, wo ich berufstätig gewesen wäre, das hätte mir sehr gefallen. Mich haben immer eher Künstlertypen angezogen, nicht so konforme. Ich begann einmal an der Kunstgewerbeschule, aber die Eltern wollten das nicht. So etwas hätte mich schon fasziniert. Anfänglich hat es mich enttäuscht, daß er ausgerechnet Pfarrer werden mußte.

Ich hatte ihm zuliebe gewisse Freundschaften aufgegeben. Später fanden wir, wir könnten beide einen eigenen Freundeskreis haben. Auch wenn wir eingeladen sind, kommt es heute eher vor, daß er allein hingeht, weil ich keine Lust habe. Es ist mir dann gleichgültig, was die Leute dazu sagen.

Wir lebten lange Zeit sehr symbiotisch. Hinterher sehe ich das trotzdem als eine schöne Zeit. Ich konnte mich später auch davon lösen, aber wäre ich jünger gewesen, hätte ich das Gefühl gehabt, ich hätte einen Teil meines Lebens für ihn geopfert. In jüngeren Jahren hätte ich das gar nicht über mich gebracht. Ich habe auch von seinem Studium viel mitbekommen und habe das auch sehr intensiv miterlebt. Ich habe ihn viel abgefragt für die Prüfungen, und da begann mich das auch zu interessieren.

Kommentar:
Wäre Annemarie jünger gewesen, hätte sie sich nicht in eine derartige Symbiose mit Guido einlassen können. Das Eingehen einer Symbiose ist in ihrer Darstellung nicht ein Zeichen von Schwäche und Unreife, sondern setzt im Gegenteil eine eigenständige und gefestigte Persönlichkeit voraus. Eine gesicherte persönliche Autonomie war Voraussetzung, sich mit der Gemeinschaft zu identifizieren und das eigene Leben mit jenem von Guido zu integrieren, ohne sich dabei zu verlieren.

Und dann – das ist komisch – hatte ich das Gefühl, wenn man schon verheiratet ist, möchte ich auch Kinder. Ich wollte von ihm ein Kind, selbst wenn die Beziehung aus irgendeinem Grund zu Ende gehen sollte – etwa durch Todesfall oder Schicksalsschlag. Ich wollte, daß dann noch etwas übrigbleiben würde, noch etwas da wäre. Plötzlich hatte ich selbst das Bedürfnis nach einem Kind. Die Umgebung rang die Hände und konnte das zu diesem Zeitpunkt nicht verstehen. Heute denke ich, daß ich es schwer ertragen würde, kein Kind gehabt zu haben, aber damals sah ich das mehr aus der Beziehung heraus.

Kommentar:
Ursprünglich hatte Annemarie keine Kinder gewollt. Doch die intensive Gemeinschaft mit Guido ließ in ihr den Wunsch entstehen, der Beziehung eine geschichtliche Dimension zu geben, etwas zu schaffen, das weiterlebt und die Spuren dieser Beziehung auch dann noch trägt, wenn sie aus irgendeinem Grunde auslaufen sollte. Heute sieht Annemarie ihre Kinder offenbar eher in der Bedeutung für ihre persönliche Entwicklung.

Als die Kinder dann da waren, war ich überlastet. Eingeengt fühlte ich mich aber eigentlich eher durch das Pfarramt, durch die Verpflichtungen, die man da hat. Heute könnte ich mir das Pfarramt in einer Gemeinde nicht mehr vorstellen. Wenn schon, dann eher in einem Entwicklungsland, wo man wirklich als Pfarrer gefordert und gebraucht wird.

Als die Kinder noch klein waren und Guido beruflich so stark beansprucht, besorgte ich vor allem den Haushalt. Heute macht er ebensoviel im Haushalt wie ich. Er putzt auch die Böden. Er macht die Steuererklärung und verwaltet das Geld. Oder auch wenn wir Auto fahren, das finde ich schon komisch, da sitzt er am Steuer, aber nicht weil er es will, sondern ich. Ich fühle mich nicht einmal sicherer, wenn er fährt, es ist einfach bequemer, ja, es ist eigentlich bloß Bequemlichkeit.

Kommentar:
Entgegen der ursprünglichen Absicht beider Partner kam es in der Zeit der beruflichen Etablierung von Guido und der Familiengründung zur traditionellen Funktionsteilung von Mann und Frau, die aber später wieder rückgängig gemacht wurde. Heute beteiligt sich Guido in ebenbürtigem Maße am Haushalt. Und doch übernimmt Guido gewisse Funktionen, wie etwa das Steuern des Autos, die Annemarie ebensogut selbst ausüben könnte, jedoch aus Bequemlichkeit ihm abtritt. Sie kann das, weil sie darin keine Abtretung von Macht oder Prestige an Guido sieht.

Ich habe früher gedacht, daß ich selbst einmal künstlerisch tätig würde, daß ich malen würde. Das habe ich dann aufgegeben. Das macht jetzt die jüngste Tochter, wobei sie wirklich sehr begabt ist, das kommt aus ihr heraus. Da traue ich mich gar nicht mehr, weil ich denke: Was soll's, sie macht das ohnehin hundertmal besser. Aber das wäre ein Bereich, den ich vielleicht als Ledige oder wenn ich keine Kinder gehabt hätte, selbst mehr entwickelt hätte.

Wir haben die Kinder frei erzogen, antiautoritär, wir sind gerade in diese Welle von Summerhill hineingeraten. Wir sind vielleicht auch verunsichert worden durch diese Schriften, die man damals überall las. Ich ließ mich beeinflussen, das war nicht in jeder Hinsicht gut so. Ich würde die Kinder jetzt ganz anders erziehen. Die jüngere Tochter war eine Zeitlang drogenabhängig. Guido durfte von seinen Eltern aus nicht an die Musikhochschule und ich nicht an die Kunstgewerbeschule. Da sollte sie es leichter haben. Aber da kam sie an dieser Schule in die Haschszene. Wir hatten das eine Zeitlang nicht bemerkt. Sie ist wieder ganz herausgekommen. Da habe ich mich sehr hinterfragt. Auch da reagierten Guido und ich verschieden. In dieser Zeit kamen wir uns sehr nahe. Das war eine schwere Zeit. Ich suchte die Schuld fast hundertprozentig bei mir. Er konnte das eher relativieren. Er sagte: «Sicher haben wir Fehler gemacht. Aber was nützt das jetzt, dem nachzutrauern? Wir müssen jetzt weitermachen, wo wir sind.» Ich hatte immer das Gefühl, als Mutter versagt zu haben.

Ich bin vielleicht nicht ganz alltäglich aufgewachsen. Meine Eltern leiteten ein Heim für behinderte Kinder. Deshalb unterrichtete ich dann auch später in einem solchen Heim. Von daher war ich ein streng geregeltes Leben gewohnt. Daneben hatte ich viel Freiheit, weil die Eltern sich nicht so sehr um mich kümmern konnten. Diesbezüglich hatten wir schon einen nonkonformen Haushalt. So waren auch in unserer Ehe die Kinder oftmals sich selbst überlassen. Ich half meinem Mann bei den Gemeindeabenden. In mancher Hinsicht machte ich es vielleicht ähnlich wie meine Eltern. Vielleicht ist es ja nicht ganz zufällig, daß ich dann doch einen Pfarrer geheiratet habe. Dessen Tätigkeit hatte viel Ähnlichkeit mit dem, was meine Eltern taten. Natürlich hatte es mich auch beeindruckt, wie die Eltern das Heim leiteten. Als mein Vater früh starb, fühlte ich mich verpflichtet, noch zu bleiben, bis meine Mutter das Heim übergeben konnte. Ich unterrichtete im Heim und verstand es gut mit den Kindern. Ich hatte sicher die Tendenz, meinen Vater zu idealisieren. Ich war zwanzig, als er starb. Heute finde ich das gestört, daß man sich so für ein Heim einsetzt. Das Privatleben war da an einem kleinen Ort. Es hieß, zuerst solle ich einen Beruf erlernen und danach könne ich an die Kunstgewerbeschule. Und als es dann soweit war, starb mein Vater. Ich bestand zwar die Aufnahmeprüfung für die Kunstgewerbeschule, aber dann erlitt meine Nachfolgerin einen Nervenzusammenbruch, und so fühlte ich mich wieder verpflichtet, als Lehrerin zurückzukommen. Die Tätigkeit im Heim gab mir aber auch Befriedigung. Im Pfarramt war manches ähnlich und war mir deshalb rasch vertraut.

Ich hätte natürlich Freude, wenn die jüngste Tochter Anerkennung fände und als Malerin berühmt würde. Aber vor allem ist mir wichtig, daß die Töchter zufrieden und glücklich sind. Es ist mir heute gleichgültig, auf welche Art. Da habe ich meine Erwartungen zurückgesteckt. Bei allem ist mir wichtig, daß sie ihren Weg finden und auch einen Sinn im Leben.

Heute zeigt uns die Jüngste ihre Werke nicht mehr. Das bereitete mir anfänglich Mühe, weil ich der Meinung war, ich verstünde sie künstlerisch gut. Sie hat mich auch vieles gefragt, und wir sprachen viel über ihr Schaffen. Jetzt zeigt sie mir nichts mehr, und ich lasse sie und dringe nicht weiter auf sie ein. Ich freue mich einfach, wenn sie mir einmal etwas erzählt. Heute führt bei uns jeder sein eigenes Leben.

Kommentar:
Annemarie hätte sich gern künstlerisch entwickelt. Hätte sie allein gelebt, wäre sie in dieser Hinsicht vielleicht selbst aktiver gewesen. Es schimmert aber durch, daß sie ihrer Befähigung nicht recht traut. An ihrem Beispiel läßt sich veranschaulichen, wie im Zusammenleben gewisse persönliche Möglichkeiten dem Partner delegiert werden können und wie deren Realisierung unterstützt und gefördert werden kann mit der Hoffnung, an der Verwirklichung zu partizipieren. Das hat Annemarie zuerst mit Guido, dann mit ihrer jüngsten Tochter versucht. Aber es zeigen sich dabei auch die Grenzen des Delegierens von solchen Wünschen. Guido und die jüngste Tochter gehen ihren künstlerischen Weg in ihrer Weise und setzen Annemaries Einfluß Grenzen. Die Tochter muß in der Phase der Selbstfindung die Mutter ausschließen. Das wirft Annemarie stärker auf sich selbst zurück. Annemarie durchläuft einen schmerzlichen Lernprozeß, sich zurückzunehmen und loszulassen.

Für die Zukunft hoffe ich, daß Guido und ich noch möglichst lange zusammenleben können. Ich könnte mir ein Leben ohne Guido gar nicht vorstellen. In dieser Hinsicht bin ich von ihm abhängig. Ich glaube, ich könnte im Leben gar keinen Sinn mehr sehen ohne ihn. Von daher hoffe ich, daß wir noch lange beisammen sein können. Ich möchte mein Studium abschließen und dann im Beruf tätig sein.

Für eine gute Ehe ist es wichtig, daß man sich gegenseitig einen gewissen Freiraum zugesteht. Ich glaube, es ist wichtig, daß man nicht die Idee hat, man müßte alles gemeinsam tun. Wir haben uns nie miteinander gelangweilt. Wir sehen so viele Paare, die sich anöden und sich nichts mehr zu sagen haben. Man braucht einen gemeinsamen geistigen Grund. Wichtig ist auch, daß wir uns im Sexuellen gut verstehen.

Wenn ich heute dreißig Jahre jünger wäre, würde ich vielleicht nicht mehr heiraten. Mir würde eine Beziehung à la Sartre und Simone de Beauvoir vorschweben, wo jeder dem anderen sehr viel Freiraum gibt, man aber doch viel miteinander zusammen ist und miteinander lebt. Ich sehe in einer Legalisierung einer Beziehung nicht so viel Sinn, außer wenn man Kinder hat. Sicher würde ich nicht mehr von Pfarramt zu Pfarramt gehen – obwohl, hinterher muß ich doch sagen, es war gut so. Die Zeit, wo er studierte und wir wenig Geld hatten, war eine schöne und interessante Zeit. Gerade weil wir uns auch einschränken mußten, gab das eine Verbundenheit. Im ganzen denke ich, habe ich Glück gehabt. Ich bin eigentlich zufrieden mit meinem Leben.

Kommentar:
Liebe schafft Abhängigkeit. Das heißt jedoch nicht, daß Annemarie sich aufgibt als eine sich selbstregulierende eigenverantwortliche und eigenaktive Person. Nur bindet sie ihr Leben in die Beziehung zu Guido und zu ihren Kindern ein, was ihm Sinn und Begründung verleiht.

Claudia, 33jährig, 10 Jahre verheiratet, kinderlos

Unsere Beziehung ist im Moment besser, als sie auch schon war. Jeder lebt stark sein eigenes Leben. Wir haben unterschiedliche Interessen. Die Beziehung ist nicht harmonisch, es kracht öfters mal, dennoch ist es eine Beziehung. Ich bin an der Beziehung mehr interessiert als Urs. Meistens ist es ja so, daß der Frau mehr an der Beziehung liegt und sie mehr investiert. Er ist stärker auf Beruf und Ausbildung gerichtet – wobei ich das jetzt auch versuche. Ich studiere jetzt zwei Jahre, zuvor mußte ich noch die Matura machen. Ursprünglich hatte ich eine kaufmännische Lehre absolviert. Dann gingen wir noch für ein Jahr nach Deutschland, das heißt, er ging dort an die Uni, und ich ging eben mit. Es war zuerst geplant, daß wir dort bleiben. Was sollte ich da tun? Ich beschloß, eine Schule zu besuchen. Und als ich dann einen Platz an einer Ingenieur-Schule gefunden hatte, wollte er doch wieder in die Schweiz zurück. Als wir zurückkamen, war es für mich klar, daß ich auch die Matura machen will. Das war für mich eine schwierige Zeit. Kurz vor der Matura kriselte es stark in unserer Beziehung. Ich hatte die Absicht, von ihm wegzugehen, und wollte nur noch aus praktischen Gründen vorläufig bei ihm bleiben. Nach der Matura war zunächst mal die Frage, wo ich eine Arbeit finden konnte. Ich bewarb mich an verschiedenen Orten. Gleichzeitig ging ich in eine Psychotherapie. Zuerst dachte ich an eine Paartherapie. Es gelang mir aber nicht, Urs dazu zu bewegen. Das war vor fünf Jahren. In der Therapie wurde mir klarer, was mit mir in dieser Beziehung geschehen ist. Aufgebrochen ist die Krise an äußeren Sachen. Ich merkte zum Beispiel, daß Urs sich ernsthaft für andere Frauen interessierte. Anfänglich war ich naiv und hatte es nicht bemerkt. Ich glaubte, ich sei sein ein und alles. Ich fühlte mich meiner Sache sehr sicher, dabei hatten wir längst nicht mehr viel Gemeinsames. Als es klar war, daß er sich für andere Frauen interessierte, bin ich auf die Füße gefallen und erwacht. Ich hatte immer noch das Ideal einer symbiotischen Beziehung, daß man füreinander da ist und alles zusammen macht und daß das, was außerhalb dieser Zweierbeziehung ist, nicht wichtig ist. Das stimmte schon längst nicht mehr. Wir sprachen aber nicht darüber. Er beklagte sich darüber, daß wir zuwenig miteinander schlafen.

Kommentar:
Wie schon bei Annemarie waren auch bei Claudia sexuelle Außenbeziehungen des Mannes Anlaß, die ungetrübte und volle Identifikation mit der Partnerschaft zu differenzieren. Aber auch hier führt das nicht zu einer radikalen Absage an die Gemeinschaft, sondern eher zu einer wachsameren und kritischeren Einstellung. Es wurde ihr klarer, daß sie in der Beziehung mehr für sich tun müßte, um ein Gegengewicht gegen Urs zu bilden.

Urs arbeitete sehr viel und hatte wenig Zeit für Privates. Das war schon vor der Ehe so. Irgendwann wurde das zum Problem. Die Therapie half mir, loszulassen und zu merken, daß die Partnerschaft mir doch etwas bringt. Ich sah ein, daß man nicht alles zusammen machen muß.

Ich lernte meinen Mann schon während meiner Lehrzeit kennen. Er ist zwei Jahre älter und begann damals gerade sein Studium. Er beeindruckte mich von Anfang an vor allem mit seinem Wissen. Ich sog alles, was er mir erklärte, in mich auf. Er hatte auf alle meine Fragen eine Antwort, zu allem wußte er etwas zu erzählen. Das war die Faszination; das ist auch heute noch so. Man kann irgendein Problem anreißen, und er kann es mit seinem logischen Denken angehen. Das beeindruckt mich immer noch an ihm. Er hat fast überall einen Informationsvorsprung. Mein Bestreben, mir selbst Wissen anzueignen, hat er sehr unterstützt. Interessiert war ich schon in der Schule. Aus familiären Gründen war es mir aber nicht möglich, länger zur Schule zu gehen.

Kommentar:
Der zündende Funken für die Beziehung zu Urs bildete die Faszination von seiner Bildung, die Claudia zuerst bewundert und an der sie partizipiert hatte. Im Zusammenleben mit Urs konnte sie sich mit seiner Bildung vertrauter machen. Damit wurde der Weg geebnet, sich an den Erwerb eigener Bildung heranzuwagen.

Zu Beginn war es in unserer Beziehung ideal. Er war für den rationalen Teil zuständig und ich für den emotionalen. Das schoß jedoch über das Ziel hinaus. Das gipfelte etwa in Situationen, wo ich in Gesellschaft glaubte, mich für ihn schämen zu müssen. Heute ist dieses Gefälle nicht mehr so groß zwischen uns. Mein Mann steht nicht mehr so auf dem Podest wie zuvor, und ich bin nicht mehr bereit, den emotionalen Teil allein zu übernehmen. Das begann mit der Gemütlichkeit zu Hause, mit Einladungen von Freunden, mit dem Drandenken an Geburtstage und was man in den Ferien machen will. Ich war zuständig für alles, was nicht notwendig, aber doch schön im Leben ist. Ich war sehr an Kunst interessiert, er mehr an rationalen Problemen. Alles, was ich zu begründen versuchte, konnte er mit seiner Logik in einem Satz vom Tisch wischen. Irgendwann einmal kippte es bei mir um. Ich übernahm alles fast überzeichnet – es hatte nun nur noch das Rationale Gültigkeit. Ich bemerkte, daß ich nicht mehr wagte, in eine Galerie zu gehen. Früher hatte ich öfters Galerien besucht, jetzt wußte ich gar nicht mehr, was man dort spricht. Das war alles weit weg, ich war unsicher geworden, aber es war auch nicht mehr wichtig; Kunst hatte in meinem Leben keinen Platz mehr.

Bevor ich meinen Mann kennengelernt hatte, galt ich als sicher und selbständig. Man machte mir das sogar zum Vorwurf. Ich hatte auch immer den Eindruck, ich sei für die Eltern da und nicht sie für mich. Kurz vor der Heirat gab ich meine Sicherheit auf. Ich las nicht mehr so oft die Zeitung und gab die Regelung von Versicherung und Steuern aus den Händen. Zu Beginn der Ehe wußte ich zwar noch, wann Termine abgemacht sind, aber immer mehr habe ich vieles abgetreten. Sicher sah er viel schneller bei Versicherungspolicen oder Bankabrechnungen, worauf es ankommt. Erst vor einem Jahr, als wir eine neue Wohnung suchen mußten, merkte ich, daß ich gar nicht recht über unsere finanziellen Verhältnisse Bescheid wußte. Kurz bevor ich mit der Mittelschule begann, erkrankte mein Vater schwer. Natürlich erwarteten die Eltern und die Verwandten, daß ich auf die Schule verzichte und für die Pflege meines Vaters zur Verfügung stehe.

Kommentar:
Claudia war zur Übernahme der traditionellen Frauenrolle erzogen worden. Sie übernahm in der Partnerschaft die Funktion der Gestaltung der häuslichen Atmosphäre, der sozialen Beziehungen, sie bildete den emotionalen Pol und vermittelte in Zwistigkeiten von Urs mit anderen Personen. Doch dann merkte sie, daß Urs sie in dieser Funktion nicht als ebenbürtig respektierte. Früher war sie eine selbständige und selbstsichere Frau gewesen, in der Ehe ließ sie sich immer unsicherer machen. Für das Zusammenleben mit Urs hatte sie gar keine andere Wahl, als sich zum Erwerb eigener Bildung herausfordern zu lassen, wenn sie die Beziehung nicht degenerieren lassen wollte.

Wenn ich mich frage, was Urs an mir gefallen hat, dann am ehesten die Warmherzigkeit, die zu zeigen ihm selbst Mühe bereitet. Ich bin so der Schnörkel in seinem Leben, eine Verzierung, die das Leben angenehm macht. Ich war sehr sanft und angepaßt zu seiner Mutter und seinen Verwandten. Er hatte oft Streit mit seiner Familie. Ich vermittelte dann wieder; das war für ihn bequem. Das ist heute nicht mehr so. Zur Krise kam es, als ein Freund mich darauf aufmerksam machte, daß sich Urs für seine Frau interessiere. Er stand in Scheidung. Urs hatte dann noch weitere Beziehungen. Schließlich klopfte ich auf den Tisch und sagte: «So nicht! Bist du noch ganz bei Trost, ein Skiwochenende mit einer anderen Frau verbringen zu wollen?» Ich hatte an diesem Freund einen Halt. Als dieser mehr von mir wollte, bekam ich Angst, vom Regen in die Traufe zu geraten. Er ist viel älter, und als Partner hätte ich ihn mir nicht vorstellen können. Nach Jahren brach ich den Kontakt zu ihm ab. Er konnte nicht verstehen, daß ich mich nicht scheiden lasse. Ich sagte ihm, daß die Ehe für mich zwar bitter und enttäuschend sei, daß ich aber nicht soweit sei, mich scheiden zu lassen. Der äußere Rahmen spielte dabei auch eine Rolle. Ich wollte zuerst sicher sein, daß ich mein Geld selbst verdienen kann. Nein, es geht nicht nur um bloße Sicherheit, es ist auch seine Präsenz. Urs ist immer noch ein Informationspool. Ich weiß, es ist jemand da, auf den ich mich verlassen kann, den ich immer noch liebe. Urs wollte sich nicht von mir trennen. Ich machte öfters den Vorschlag, die Beziehung aufzulösen. Er ist ehrgeizig; wofür er sich einsetzt, das macht er hundertprozentig. Eine gescheiterte Ehe wäre für ihn ein Fehlschlag. Mit der Erotik hatte ich Mühe. Das war auch für mich der Anlaß, daran zu denken, die Beziehung aufzulösen. Aber immer wenn wir in den Ferien waren und mehr Zeit füreinander hatten, ging es relativ gut. Dann kamen bei mir wieder erotische Gefühle auf. Die Ferien sind bei uns auch heute noch die besten Zeiten. Aber wenn ich zu Hause dann das Gefühl habe, ich sei das Allerletzte, Geschäft und Berufliches kommen weit vor mir, dann, na ja – da bin ich dann schon gekränkt bis tagelang niedergeschlagen und habe auch Wutausbrüche. Wenn ich total am Boden bin und Schreikrämpfe bekomme, hat er wieder mehr Zeit für mich; und so ist das ein steter Kampf. Das läuft ab wie ein Ritual.

Kommentar:
Weshalb bleibt Claudia mit Urs zusammen? Obwohl sie nicht eigentlich glücklich ist, bedeutet ihr das Zusammenleben mit Urs doch eine Herausforderung, sich zu entwikkeln, und bietet ihr Unterstützung und einen festen Rahmen, der ihre Entwicklung schützt und ermöglicht.

Daß wir bis jetzt keine Kinder haben, ist meine Schuld. Da habe ich Schuldgefühle. Meine ganze Kindheit hindurch habe ich auf das Muttersein hingelebt. Zu Beginn unserer Ehe wollten wir noch keine Kinder. Dann machte ich die Mittelschule. Immer wenn ich wieder aufgeben wollte, fragte er mich, wie ich ohne Mittelschulbildung meinen Kindern einmal bei den Hausaufgaben helfen wolle. Dann gab es die Zeit, wo ich dachte, daß ich von ihm weg will. Ich hatte immer noch die Illusion einer total harmonischen Ehe. Ich dachte, wenn unsere Beziehung auf so wackligen Füßen steht, dann kann man doch nicht einfach Kinder haben. Er hingegen wünschte sich zwei Kinder. Ich stelle mir vor, daß er sich vor allem mit einem älteren Sohn gut verstehen würde. Aber er ist grundsätzlich nicht der Mann, der sagen würde: Gut, ich bleibe einmal zwei Jahre zu Hause und schau nach den Kindern. Das Thema ist noch nicht abgeschlossen. In den letzten Jahren bin ich auf die Idee gekommen, daß wir ja trotzdem Kinder haben könnten, auch wenn die Beziehung nicht so sicher ist. Ich gebe der Beziehung jetzt weniger Kredit als bei meiner Heirat und fühle mich weniger sicher, daß sie hält. Diese Sicherheit basierte früher einfach auf einer größeren Naivität. Seitdem ich den Anspruch nicht mehr habe, daß unsere Beziehung völlig harmonisch sein sollte und daß Urs mir alles geben müsse, was ich zu benötigen glaubte, ziehe ich Kinder wieder eher in Betracht. Vor einigen Jahren hatte ich das Gefühl, daß alles gelaufen sei und ich am Ende weder Kinder noch Beruf habe.

Kommentar:
Claudia hatte sich nicht nur für die Beziehung aufgegeben, sondern hatte auch alles von Urs und der Beziehung erwartet. Im schmerzlichen Prozeß der Enttäuschung lernte sie,

nicht mehr zuviel von der Beziehung zu erwarten, sondern stärker als zuvor die Verantwortung für sich selbst zu übernehmen. So wollte sie die Frage von Mutterschaft und Großziehen von Kindern nicht mehr allzusehr vom gesicherten Fortbestand der Partnerschaft abhängig machen.

Es ist schwierig zu sagen, wie ich mich entwickelt hätte, wenn ich allein gelebt hätte. Ich habe mir schon oft überlegt, ob ich eine Matura gemacht hätte, ob ich mir das überhaupt zugetraut hätte. In dieser Beziehung, glaube ich, hat mein Mann mir Sicherheit und Zuversicht gegeben. Er hat mir stark geholfen, vor allem auch, weil er persönlich dahinterstand. Er sagte: Das kannst du doch!

Während meiner Lehrzeit hatte ich Mühe, abends einen Weiterbildungskurs zu besuchen, ohne einzuschlafen. Aus finanziellen Gründen war es mir nicht möglich, den Beruf aufzugeben und in die Mittelschule zu gehen. Mein angepaßtes Verhalten hätte ich wohl beibehalten, weil es von der Umwelt so positiv beurteilt wurde; ich habe es nicht erst in der Ehe, sondern schon früher entwickelt und wurde von allen Seiten dafür belohnt. Es gab auch Zeiten, so etwa in der Grundschule, da war das Gegenteil der Fall. Da war ich frech und selbstsicher. Das hat man mir auch vorgeworfen. Teilweise war es vielleicht für meinen Mann so wie beim Zauberlehrling, daß er die Geister, die er rief, jetzt nicht mehr los wird.

Kommentar:
Die Beziehung zu Urs hat Claudias Entwicklung herausgefordert in einer Weise, die sie aus eigener Kraft nicht geschafft hätte. Als Single hätte sie sich wahrscheinlich nicht eigenständiger und autonomer entwickelt, sondern wäre eher angepaßter geblieben. Gerade weil in einer Ehe die Gefahr besonders groß sein kann, sich dem Frieden zuliebe aufzugeben und anzupassen, kann die Herausforderung, seiner selbst bewußt zu werden, stärker sein als im Alleinleben.

Die größte Herausforderung in der Ehe besteht im Umgehenkönnen mit der Situation, daß man nie weiß, ob die Ehe weitergeht und, wenn sie weitergeht, daß die Ehe nicht eine Einheit zu zweit ist, sondern ein jeder etwas für sich ist. Dies alles zu lernen war sehr energieraubend. Ich habe zeitweilig echt gelitten. Im Verlauf dieses Lernprozesses trat ich auch die Verantwortung für den emotionalen Teil wieder ab. Ich sehe mich heute nicht als Opfer der früheren Phase. Es war oftmals für mich auch bequem, so angepaßt zu sein. Ich betrachte das Studium jetzt als eines der wichtigsten Dinge in meinem Leben. Aber ich habe auch Schuldgefühle Urs gegenüber, weil ich mich nicht an das halte, was unausgesprochen abgemacht war. Er hatte mich als jemand anders kennengelernt und geheiratet, und jetzt schere ich aus den abgemachten Plänen aus. Wenn es jetzt so aussieht, als ob ich meine Kräfte ganz für meine Entwicklung aufwende, so ist das nicht zutreffend. Ich lege mein Studium so, daß es unsere Ehe fast nicht tangiert und die Pläne meines Mannes nicht berührt werden. Ich bin zu Hause, schiebe das Essen in den Backofen und warte öfters längere Zeit. Dies ist immer mal wieder der äußere Anlaß für einen Streit. Ohne ihn zu leben wäre aber schwierig für mich, sonst hätte ich nicht so lange für unsere Beziehung gekämpft. Äußerlich ist es bei uns ganz traditionell. Ich stelle mich auf seine Arbeit ein, völlig blöd, ich weiß das, aber ich weiß auch, woher das kommt. Ich habe Angst, meinen Aufgaben im Haushalt nicht nachzukommen. Ich habe ja keine Kinder. Ich fröne meinem Studium, statt mich um eine Familie zu kümmern. Deshalb will ich dann alles andere besonders gut machen.

Wenn man Urs fragen würde, wie er die Entwicklung unserer Beziehung sieht, würde er sagen, es gehe im großen und ganzen gut. Probleme gebe es in jeder Beziehung, aber Probleme seien da, um gelöst zu werden. Wahrscheinlich würde er mit einem Lächeln auf den Lippen sagen, seine Frau sei zu einer Emanze geworden. Er wäre darauf auch stolz, weil er das ja gefördert hat. Zeitweise merke ich, daß er stolz ist, daß ich an die Uni gehe. Auch in Gesellschaft merke ich, daß es ihm Spaß macht, daß ich jetzt eher mitreden kann und handfest zu argumentieren oder Kontra zu geben verstehe. Zu Hause aber findet er das unangenehm.

Kommentar:
Claudia gibt weder ihren Eltern noch Urs die Schuld an ihrer überangepaßten Lebenshaltung, sondern meint, der Verzicht auf Autonomie sei auch bequem gewesen. Ihre Emanzipation steht im Prozeß der Klärung und Festigung. Noch immer beunruhigt es sie, sich Urs als eine andere zuzumuten, als er gewählt und geheiratet hatte. Dabei hat Urs sie auch selbst zu einer Entwicklung herausgefordert, die für ihn zwar unbequem ist, ihn aber auch veranlaßt, seine Frau höher zu schätzen und sich seinerseits zu einem anspruchsvolleren Beziehungsverhalten herausfordern zu lassen. So kann er auf sie – und wohl auch auf sich – stolz sein.

Dieses Gespräch war für mich insgesamt sehr aufregend. Ich hatte mir zuvor vieles zurechtgelegt, und jetzt ist alles andere zur Sprache gekommen als das, was ich mir überlegt hatte. Ich hatte gehofft, ich könnte mehr von der Beziehung abstrahieren und über meine eigene Entwicklung berichten. Es gäbe noch so viel über die Emanzipation zu sagen. Sicher hätte ich auch einen Mann heiraten können, der sich mehr Zeit für mich und unsere Beziehung genommen hätte. Aber dann wäre vielleicht der Umstand, daß ich mit meiner Schulbildung unzufrieden war, ein Problem geworden. Hätte ich jemanden geheiratet mit einer Berufslehre, so wie ich, hätte ich ihn vielleicht weniger geachtet und das Leben mit ihm langweilig gefunden. Im Grunde hätte ich keinen anderen Mann gewollt, und doch möchte ich Urs oftmals schütteln und ihn anfahren und fragen: Weshalb bist du nur so einseitig! Ich kenn das aus der Geschichte meiner Mutter. Solange ich mich erinnern kann, war meine Mutter sehr an Bildung interessiert. Sie hatte auch immer versucht, den Vater für ihre Interessen zu begeistern. Während Vorträgen an der Volkshochschule ist er aber immer wieder eingeschlafen, was für meine Mutter sicher sehr unangenehm war. Vielleicht wollte ich selber solche Erlebnisse vermeiden und war deshalb von einem Mann mit guter Bildung fasziniert. Die eigene Entwicklung ist ja schwer zu beurteilen, wenn man selbst mittendrin steht. Vieles an Urs macht mir Mühe, anderes finde ich toll und gut.

Kommentar:
Die Beziehung von Claudia und Urs zeigt besonders deutlich, wie zwei Partner einander das Leben schwermachen können und miteinander Streit und Zank haben, aber doch zusammenbleiben, weil sie offenbar spüren, daß gerade diese Spannung ihre Entwicklung im Sinne der Ko-evolution anregt. Die Angst vor Wiederholung der Elternehe veranlaßte Claudia, sich einen Partner zu wählen, den sie zuerst idealisierte und aufs Podest hob, doch dann setzte die Anforderung ein, ihm ein gleichwertiges Gegenüber zu sein, wenn das Niveau der Beziehung nicht absacken sollte.

Rainer, 44jährig, seit 14 Jahren in nichtehelicher Lebensgemeinschaft, zwei Kinder

Wir leben im chronischen Konkubinat seit vierzehn Jahren. Bea und ich haben uns aber schon fünf Jahre zuvor gekannt. Wir haben zwei Kinder, das ältere ist schon am Ausfliegen, es ist siebzehnjährig und hält sich gegenwärtig in Schweden auf. Die kleinere ist siebenjährig und besucht die erste Klasse. Es liegen genau zehn Jahre dazwischen. Bea arbeitet mit mir in der Praxis als Bewegungstherapeutin, teilzeitig. Zwei Nachmittage die Woche bin ich zu Hause, das Schwergewicht der Arbeit lag aber schon immer eher bei mir. Sie ist allmählich wieder eingestiegen; wenn etwas mit den Kindern war, hat sie zurückgesteckt. Ich lernte Bea als Medizinstudent im Praktikum im Spital kennen, wo sie ebenfalls ein Spitalpraktikum absolvierte. Sie hatte ein Fest organisiert. Als ich sie sah, hatte ich auf den ersten Blick das Gefühl: Das ist die Frau für mich, mütterlich, Sicherheit und Zuwendung ausstrahlend. Ich hatte zuvor schon andere Freundinnen gehabt, jedoch keine feste Beziehung. Aber das war einfach etwas ganz anderes bei ihr. Die anderen Frauen wollten sich auch nicht so binden. Es waren eher Gelegenheitsbeziehungen. Immerhin hatte ich früher schon während dreieinhalb Jahren eine Beziehung, die aber zu dieser Zeit schon weit zurücklag. Unsere Beziehung entwickelte sich langsam. Ich bin Bea gar nicht aufgefallen. Es war für sie auch die erste engere Beziehung. Sie war erst zwanzigjährig, sie ist fünf Jahre jünger als ich. Sie kam vom Land, aus einer Großfamilie. Sie hatte immer gebremst und mir die aktive Rolle überlassen. Wir machten während meines Praktikums Radtouren miteinander. Nachher gab es eher eine Distanzierung. Wir wußten nicht so recht, was wir wollten. Ich arbeitete dann in Bern. Sie wurde nach sechs Monaten schwanger. Diese Schwangerschaft löste vieles aus. Einerseits Wünsche zusammenzusein, andererseits massive Ängste. Wir versuchten zweimal zu heiraten, wir gingen sogar aufs Standesamt. Auf der Treppe wurde mir schwach, ich sagte: Jetzt gehen wir zuerst eine Eiscreme essen. Es waren Bindungsängste. Ich begann auf dem Standesamt den Vögeln vor dem Fenster zuzuschauen, und dachte, die sind so frei. Bea war verständnisvoll. Sie hatte auch Ängste. Grundsätzlich war ich schon fürs Heiraten, wir kauften sogar Ringe, wir kamen nach dem zweiten mißlungenen Versuch in eine Krise – die Schwangerschaft war fortgeschritten, ein Schwangerschaftsabbruch stand für sie nicht zur Diskussion. Ich hatte massive Schuldgefühle, Gefühle der Angst, Verpflichtung, Liebe und Zuwendung, aber ich wußte gar nicht so recht, was mit mir passierte. Es löste Zwiespältigkeit und Lähmung aus. Ich konnte mit niemandem darüber sprechen. Gegen Ende der Schwangerschaft entschlossen wir uns zur Trennung. Sie sagte, sie müsse jetzt Klarheit haben, ob wir zusammengehören oder nicht. Wir trennten uns dann für zwei Jahre. An sich hätte sie schon mit mir zusammenleben wollen, aber nicht ohne bindende Entscheidung. Ich war wie gelähmt und konnte zu keinem Entschluß kommen. Sie wohnte dann bei ihren Eltern und arbeitete halbtags an einer Stelle, wo sie das Kind mitnehmen konnte. Sie wollte mich konsequent nicht sehen. Ich hatte schwere Schuldgefühle. So sah ich auch das Kind nicht. Zu Hause sagte ich nichts davon. Als das Kind zweijährig war, nahm ich den Kontakt wieder auf. Ich mußte schwer arbeiten als Assistenzarzt und verfiel in eine richtige Depression. In dieser Zeit setzte ich mich wieder intensiv mit unserer Beziehung auseinander und telefonierte, daß ich sie treffen wollte. Ich hatte ein Tagebuch geschrieben, und in diesem stand, daß sie die Frau sei, die ich heiraten oder mit der ich zusammenleben wolle. Das war in dieser Zeit gereift. Als wir uns wieder trafen, war das Zusammenkommen auch für sie selbstverständlich, als ob sie darauf gewartet hätte. Dann zog sie relativ rasch zu mir. Erst dann weihte ich meine Eltern ein, daß sie Großeltern seien. Das war vor allem für meinen Vater ein schwerer Schlag. Er hatte in mich immer sehr hohe Erwartungen gesetzt. Das traf ihn schwer, auch weil ich es ihm verheimlicht hatte. Ich hatte starke Schuldgefühle, daß ich ein uneheliches Kind habe. Meine Mutter nahm das leichter. Vater starb kurze Zeit darauf an Hirntumor und einer depressiven Entwicklung. Das verstärkte bei mir natürlich die Schuldgefühle. Ich habe mir am Anfang in der Beziehung einen großen Freiraum bewahrt. Ich spielte Theater in einer Gruppe und reiste viel im Ausland herum. Das war mein Eigenbereich. Bea bewunderte das sehr. Sie begann dann auch einen eigenen Weg zu suchen, und wir trafen uns im gemeinsamen Interesse an Bewegungstherapie. Sie begann dann Gesangsunterricht zu nehmen. Heute ist sie diejenige, die die künstlerische Seite lebt.

Kommentar:
Rainer steht unter Bindungsängsten und hat Mühe, sich auf eine Beziehung zu Bea festzulegen, obwohl seine Liebe zu ihr stabil ist. Bea erweist sich als sehr tolerant und verständnisvoll und zeigt ihm ihre Bereitschaft, mit dem unehelich geborenen Kind den Weg allein zu gehen, ohne ihm Vorwürfe zu machen. Dadurch, daß sie von ihm loslassen kann und keinen Druck auf ihn ausübt, ermöglicht sie ihm, sich ihr wieder anzunähern und mit ihr zusammenzubleiben. Hätte sie ihn auf sich verpflichtet, wäre Rainer wahrscheinlich für immer geflohen.

Ich mußte mir Eigenraum sichern. Wir schliefen in getrennten Zimmern, ich mußte immer ein Zimmer für mich haben. Bei mir waren so unterschwellige Aggressionen, die sich dann vor allem über das Wochenende in Migräne äußerten. Ich lernte mit der Zeit offener aggressiv zu sein und mich zu wehren. Ich hatte Schuldgefühle, weil Bea sehr warm und emotional sein konnte, während ich eher auf Distanz blieb und Mühe hatte, etwas zu geben. Es war für mich noch kein Familienleben. Die Tochter, die ja eng mit der Mutter zusammengelebt hatte, betrachtete mich als Eindringling. Als Bea und ich uns nach zwei Jahren wiedersahen und uns umarmten, biß die Tochter mich in den Fuß. In diesem Bild kommt unsere Konstellation zum Ausdruck. Ich fühlte mich ausgeschlossen und kämpfte mit der Tochter als Rivalin um meinen Platz bei Bea. Konflikte brachen häufig um die Tochter aus. Ich wäre dann gern nach Frankreich gezogen, was aber beruflich nicht möglich war. So gingen wir nach Lausanne. Für Bea war es schwieriger. Sie war dort stärker entwurzelt als ich. Andererseits konnte ich ihr mehr Sicherheit in der Beziehung geben. Ich fühlte mich nun mehr als Teil einer Familie. Wir wurden auch von außen als Familie angesehen.

Ich fand in Lausanne rasch Kontakt, Bea aber nicht, so daß sie mehr auf mich angewiesen war. Wir arbeiteten dann in der Klinik miteinander, leiteten zusammen Gruppen von Psychotikern. Wir wurden von den Patienten als Vater und Mutter gesehen, das half uns, viele unserer Konflikte zu bereinigen. Es gab immer eine gewisse Rivalität zwischen uns. Ich hatte alles aufgebaut und war fachlich erfahrener, sie aber hatte mehr Intuition, um die ich sie wiederum benied. Daß Bea dann doch immer wieder dabei war, war für mich ein Verlust an Freiheit, aber auch ein Gewinn. Sie fühlte sich rasch bedroht, wenn ich mit anderen Frauen flirtete. Es war mir damals noch wichtig, von anderen Frauen Anerkennung und Bewunderung zu erlangen. Es gab dann Phasen, wo ich zweimal eine Beziehung mit einer anderen Frau hatte. Da hatte ich geglaubt, sie habe ebenfalls eine Außenbeziehung. Das Lustige war, daß sie es immer gespürt hatte, wenn ich die andere getroffen hatte. Das bedrängte mich. Es erfüllte mich mit Schuld und Wut. Ich konnte das jetzt freier äußern und bekam keine Migräne mehr. Bea schrie mich an, bekam aber auch Angst, ich könnte in der Wut die Kontrolle über mich verlieren. Mein Gesicht machte ihr richtig angst. Sie konnte sich emotional besser ausdrücken, da fühlte ich mich unterlegen. Sie kam auch in eine Krise. Ich glaubte, sie hätte eine Außenbeziehung, was, wie sich herausstellte, nicht zutraf. Aber ich merkte dabei, wie sehr mir das angst macht, ich geriet richtig in Panik! Da wurde mir bewußt, wie abhängig ich von ihr bin. Daraufhin reduzierte ich meine Außenbeziehungen.

Kommentar:
Mehr oder weniger bewußt konstelliert Rainer die Situation für sich immer wieder so, daß sich trotz seiner Bindungsängste eine stabile familiäre Situation ergibt. Die mit ihm um die Mutter rivalisierende Tochter möchte ihn aus der Familie hinausdrängen – sie verstärkt damit die bindenden Tendenzen seiner Ambivalenz. Durch Wegzug in eine fremde Umwelt wird die Beziehung zu Bea notgedrungenermaßen enger. Sie beginnen beruflich zusammenzuarbeiten, was für Rainer wahrscheinlich bereits wieder zu viel Nähe entstehen läßt. Rainer geht im Berufsfeld Beziehungen zu anderen Frauen ein und setzt damit Bea wieder auf Distanz. Diesen Distanzierungsversuch stellt er aber selbst wieder ein, indem er sich in panische Angst hineinsteigert, Bea könnte ihrerseits außereheliche Beziehungen eingehen – ein Verdacht, der offenbar unbegründet war.

Es begann eine neue Phase, wo wir uns fragten, ob wir ein zweites Kind möchten. Die Frage des zweiten Kindes konnte erst aktuell werden, als einige dieser Probleme bewältigt waren. Ich hatte den Wunsch, eine Vaterschaft bewußt zu leben. Bea freute sich, weil sie gerne eine kinderreiche Familie gehabt hätte. Das war ein sehr schönes Erlebnis. Ich nahm während der Schwangerschaft ein halbes Jahr frei. Wir machten zusammen bei einer Geburtsvorbereitungsgruppe mit. Das war eine Bioenergetik-Gruppe. Eine der Teilnehmerinnen gebar in Anwesenheit der Gruppe zu Hause im Garten, wir sangen dazu, das war ein großes Fest. Wir hätten das nicht gekonnt, aber es war schön. Damals vertiefte sich unsere Beziehung sehr. Es war für mich wie eine Erlösung, daß ich jetzt eine so intensive Nähe ertrage. Wir grenzten uns als Dreieck stark gegen außen ab. Das dauert bis heute. Für die ältere Tochter war das schwierig. Sie hatte das alles nicht gehabt. Sie hatte zwar Freude an der Schwester, andererseits wurde ihre eigene Geschichte aktiviert. Das machte sie traurig. Bevor sie jetzt nach Schweden ging, hatte sie sehr heftige Auseinandersetzungen mit Bea. Sie lebt jetzt in der Familie von Beas Bruder. Die Kleine ist emotional viel ausgeglichener und konnte sich besser entwickeln. Sie hat in uns ein vertieftes Gefühl von Zusammengehörigkeit ermöglicht, auch von Regression: sich gehenlassen und zu Hause Vater sein. Das war das erste Mal noch nicht der Fall gewesen. Die zwei ersten Jahre, die ich bei der ersten Tochter verpaßt hatte, zählten hier wie doppelt. Gleichzeitig hatte ich das Gefühl, es könnte das letzte Mal sein. Ich bekam intensive Ängste, ich könnte die Tochter verlieren, es könnte ihr etwas passieren.

Während der Schwangerschaft vermochte ich mich erstmals intensiv in Bea einzuleben und ihr nahe zu sein. Die Ängste vor Verlust hatte ich nur der Tochter gegenüber. Bis jetzt drehte sich in der Beziehung alles nur um sie. Jetzt lockerte sich das etwas.

Kommentar:
Mit der zweiten Tochter ist zwischen Rainer und Bea eine vertiefte Nähe und Zusammengehörigkeit möglich. Hinter Rainers Bindungsangst steht eine große Verlustangst, die sich vor allem in der Beziehung zur Tochter manifestiert. Die Tochter steht zwischen Rainer und Bea und verbindet sie gleichzeitig.

Die zentrale Position der Tochter wurde symbolisch ersetzt. Wir haben zusammen ein Paradies gekauft, einen Weiher in der Wildnis und Land, das wir bepflanzen, einen Ort, der unsere Zweierbeziehung symbolisiert. Bea möchte dort heiraten. Das ist erneut ein Thema geworden. Teilweise würde mir das Heiraten jetzt weniger ausmachen. Dennoch bedaure ich es nach all den Jahren, die wir miteinander durchgestanden haben, nach all den Kämpfen, etwa daß wir als Nichtverheiratete keine Wohnung bekamen. Unsere Beziehung hatte auf diese Weise etwas Besonderes. Aber für Bea hat die Heirat einen hohen Stellenwert. Es ist quasi der Vollzug auch in der äußeren Form. Für sie sind Formen wichtig. Es würde damit ein Rahmen geschaffen. Sie sagte immer, die Kinder brauchen das und sie merke, wie es den Kindern fehle. Besonders die ältere Tochter hat das in Zeichnungen ausgedrückt. Nach der ersten Geburt bin ich sogar verurteilt worden. Der Gerichtsentscheid kam in die Klinik, die Sekretärin hat den Briefumschlag gesehen und es dem Chef gemeldet, der natürlich schockiert darüber war, daß ich einen Gerichtsentscheid bekomme. Es hat mich getroffen, verurteilt zu werden, weil ich unehelicher Vater bin. Bea mußte einen vormundschaftlichen Beistand akzeptieren. Die ältere Tochter wollte immer, daß wir verheiratet wären, aber als wir vor vier Monaten darüber sprachen, war sie dann doch verunsichert.

Kommentar:
Die Angst vor Heirat ist ein zentrales Thema in der Beziehung von Rainer zu Bea. Er ist stolz, daß ihre Beziehung ohne eheliche Legitimation über 14 Jahre so lebensfähig geblieben ist. Das Schaffen einer äußeren Behausung hat eine wichtige stabilisierende Bedeutung. In dem Moment, wo die zweite Tochter als verbindendes Element etwas in den Hintergrund tritt, kaufen Rainer und Bea ein Stück Land, ein Paradies, welches den Ort ihrer Zweierbeziehung symbolisiert, also etwas, das ihre Partnerschaft materialisiert, für sie und für andere sichtbar und greifbar macht und dauerhafte Spuren ihres Zusammenlebens hinterlassen soll. Dennoch möchte Bea heiraten, weil sie in der Ehe den Vollzug einer Partnerschaft auch in der äußeren Form sieht. Sie meint, daß die Beziehung durch Heirat einen Rahmen bekäme, der offenbar auch von der älteren Tochter gewünscht worden war.

Meine Praxis betrachte ich als meinen eigenen Bereich. Die Frau arbeitet dort vor allem in Zeiten, wo ich nicht anwesend bin. Ich finde es schön, daß wir viel miteinander machen. Jetzt, wo ich mehr Nähe ertrage, bekommt sie eher Angst davor. Wenn ich mich frage, wie wir uns in all den gemeinsamen Jahren entwickelt haben, denke ich, ich habe Bea jahrelang idealisiert und wollte sie in ihren Unsicherheiten und Ängsten nicht wahrnehmen. Ich erlebe sie immer noch als reifer und mir überlegen. Seit ihren Krisen in Lausanne empfinde ich mich ihr gegenüber aber gleichwertig. Mein Eindruck ist, daß sie durch sehr viel Leiden und Kämpfen einen Weg gefunden hat. Für mich war das leichter. Sie mußte sehr viel von ihrer Familie aufgeben. Sie hatte eine sehr enge Beziehung zu ihrer Familie, die arg konservativ war. Sie hatte immer den Wunsch nach Geborgenheit, in einer Höhle sein, mit mir war sie da hinausgerissen. Natürlich kann man sich fragen, wie diese Frau denn gerade auf mich gekommen ist, um Sicherheit und Geborgenheit zu suchen. Wir haben beide aneinander etwas idealisiert, ich an ihr das Emotionale, das Mütterliche, die Wärme und sie an mir das Intellektuelle. Sie idealisierte an mir auch die Leichtigkeit, mit anderen Menschen Kontakt zu finden. Unsere sozialen Kontakte sind weitgehend durch mich hergestellt worden. Erst in den letzten Jahren baut sie sich eigene Beziehungen auf.

Kommentar:
Obwohl Bea sich bewußt in einer Beziehung Geborgenheit und Sicherheit ersehnte, scheint eine andere Seite von ihr selbst davor Angst zu haben. Bea scheint fasziniert von der Herausforderung durch Rainer, sich mit ihm in eine gesicherte Ungesichertheit einzulassen, eine Herausforderung, welche die Entfaltung mütterlicher, verständnisvoller, toleranter und gelassener persönlicher Möglichkeiten stimuliert.

Ich habe mich oft gefragt, inwiefern ich mich mit einer anderen Partnerin anders entwickelt hätte. Aber ich hätte Mühe zu sagen, was dabei herausgekommen wäre. Am ehesten umgekehrt wie jetzt. Wenn eine Beziehung erst in den letzten Jahren begonnen hätte, hätte ich eher ihre Rolle übernommen. Ich würde heute wohl die mütterlich-häuslich umsorgende Rolle übernehmen, die lange meine Frau innehatte.

Was ich nicht in mir entwickeln konnte, ist die künstlerische Seite. Aber ich könnte das nicht als Laufbahn, ich brauche Sicherheit, auch materiell. Ich finde es gut, daß Bea das jetzt übernimmt. Ich gehe zwar nicht in die Oper, das geht mir auf die Nerven, aber ich habe schon manchmal Sehnsucht nach künstlerischer Betätigung. Daß ich das nicht realisieren konnte, liegt jedoch nicht an ihr.

Auseinanderzugehen habe ich noch nie ernsthaft erwogen, obwohl, wenn sie abwesend ist, ich mehr Energie spüre. Kürzlich war sie für drei Wochen in Schweden. Da war ich am Abend unternehmungslustiger. Die Familie braucht schon viel Kraft. Aber der Gewinn ist dennoch größer.

Ich denke, meine Frau wird sich noch weiter verselbständigen, wenn die Kinder größer werden. Ich weiß allerdings nicht, ob sie sich mehr im Beruf oder im Gesang entwickeln wird. Von der Beziehung her kommen immer wieder Sehnsüchte, einmal mit Bea allein zu sein, Ferien ohne die Tochter zu verbringen. Das ist so ein Zwiespalt, weil ich Zeit brauche, um mich zu öffnen. Trotz aller Schwierigkeiten bin ich eigentlich stolz darauf, wie wir das alles geschafft haben. Wir haben ein Modell gelebt, das auch für andere möglich sein könnte. Heute ist mir klarer, daß die Frage der Heirat etwas mit meinem Vater zu tun hat. Vater, Gesetz und Autorität gehörten zusammen. Heute habe ich das Gefühl, ich kann es selbst entscheiden. Ich glaube, wenn ich früher geheiratet hätte, wäre ich längst wieder geschieden. Ich hätte dann die Ablösung von den Eltern auf die Ehe übertragen.

Kommentar:
Am Ende kommt eine weitere Seite von Rainers Bindungsscheu zur Sprache. Er arbeitet seinen fortbestehenden Ablösungskonflikt zu seinen Eltern in der Beziehung zu Bea ab, wobei er glücklicherweise in Bea eine Frau hat, die sich von ihm nicht in eine Kollusion verwickeln läßt. Leicht hätte sich zwischen ihm und einer Partnerin ein destruktiver Interaktionszirkel entwickeln können: Je unverpflichteter Rainer, desto verpflichtender und vorwurfsvoller die Frau, je verpflichtender und vorwurfsvoller die Frau, desto unverpflichteter Rainer. Mit Bea bekam er Zeit und Raum, um sich aus diesem Problem hinauszuentwickeln.

Nelly, 23jährig, Bekanntschaft mit Beat seit einem Jahr

Ich bin dreiundzwanzig und studiere Psychologie. Ich wohne in eigener Wohnung in Winterthur, ich bin in die Nähe meines Freundes gezogen, nachdem ich ihn einige Monate kannte. Ich kenne Beat, meinen Freund, seit bald einem Jahr. Ich möchte aber eigentlich zunächst über die vorangegangene Beziehung sprechen. Meinen ersten Freund, Manfred, hatte ich mit neunzehn Jahren kennengelernt. Damals war ich übertrieben abhängig von meiner Mutter. Die Beziehung zu Manfred lief dann aber ganz schief. Meine Abhängigkeit von der Mutter merkte ich erst durch meinen Freund. Meine Mutter ist sehr dominierend, sie wußte immer alles besser, sie glaubte sogar besser zu wissen als ich, was ich gerade denke und fühle. Ich war damals noch gar nicht ich selbst und kannte mich nicht. Sie glaubte, ich müsse alles gleich erleben wie sie. Sie wollte es einfach nicht wahrhaben, daß ich anders bin als sie. Zu Beginn der Beziehung war ich selbstunsicher. Manfred war mir in dieser Hinsicht sehr ähnlich. Er war auch selbstunsicher, verletzbar und überempfindlich. Zwischen ihm und der Mutter kam es rasch zu heftigen Auseinandersetzungen. Er meinte, die Mutter allein sei schuld an all den Problemen, die ich nicht zu lösen vermochte. Wir hatten dann sehr viel über meine Probleme gesprochen. Das war überhaupt das einzige Thema, über das wir uns unterhalten konnten. Wir waren immer zusammen. Ich vermißte es, daß wir keine anderen Bekannten und Freunde hatten und kaum je miteinander ausgingen. Wir saßen immer nur zu Hause und grübelten über meine Probleme. Wenn ich mal einen Anlauf nahm, über seine Probleme zu sprechen, machte er daraus wieder mein Problem, indem er darin ein Ablenkungsmanöver sah, um mich nicht mit mir auseinandersetzen zu müssen. Ich hielt das nicht mehr aus. Oft zog ich mich einfach aufs WC zurück, weil das der einzige Ort war, wo ich für mich sein konnte. Aber auch da wollte er wissen, was ich denn dort so lange tue und was ich denke. Er fragte mich überhaupt immer, was ich jetzt gerade gedacht hätte, und ich war so blöd und stand ihm Rede und Antwort. Ich konnte mich dem nicht entziehen. Schon meine Mutter hatte das immer so mit mir gemacht. Manfred war der Therapeut, ich die Patientin. Ich war von Anfang an selbstunsicher, er aber machte mich noch selbstunsicherer. Er warf mir dauernd Abhängigkeit und Unselbständigkeit vor, daß ich noch zu wenig – noch niemand bin.

Es kam dann zwischen uns immer wieder zu heftigen Szenen, wo ich davonlief. Ich erwartete, daß er mir nachkommt und etwas tut, um wieder einzulenken. Er unternahm aber nichts, sondern verhielt sich schroff und abweisend. Wenn ich dann aus eigenem Antrieb zurückkam, konnte er beweisen, daß ich die Beziehung zu ihm suche. In diesem Punkt war meine Mutter anders. Auch dort hatte ich oft laut geschrien und war davongelaufen. Es war dann aber jeweils die Mutter, die mir nachging und alles wieder einzurenken versuchte. Zwischen Manfred und mir eskalierte es immer mehr. Ich begann, mit Selbstmord zu drohen, einmal wollte ich vom Balkon hinunterspringen, am schlimmsten war es, als ich einmal von der Limmatbrücke hinunterspringen wollte. Gut, es wäre vielleicht nicht viel passiert, weil ich ins Wasser gefallen wäre, aber es kamen damals zufällig drei Männer, die mich zurückhalten mußten. Ich geriet immer mehr in einen ausweglosen Verzweiflungszustand. Damals begann ich mit einer Psychoanalyse. In der Beziehung wurde es jedoch immer schlimmer.

Kommentar:
An der Beziehung von Nelly zu ihrem ersten Freund Manfred läßt sich das Kollusionskonzept darstellen: Die beiden Partner polarisieren sich in ihrem Verhalten, Nelly als Hilfebedürftige, der Freund als Helfer und «Therapeut». Trotz seiner Bemühungen erwies Manfred sich ihr nicht als hilfreich, im Gegenteil, sie wurde unter seinem Einfluß noch selbstunsicherer und unselbständiger. Gemäß ihrer Schilderung war Manfred auch selbstunsicher und fühlte sich der Beziehung offenbar nur in der überlegenen Helferposition gewachsen, mit welcher er Nelly an sich zu binden versuchte. In der Beziehung zu Manfred wiederholte Nelly ihre Beziehung zur Mutter, von der sie sich – damals neunzehnjährig – noch wenig abgelöst hatte. Typischerweise wird die Kollusion dazu

benützt, die Zweierbeziehung wie eine Insel gegen Außenkontakte abzuschirmen. Innerhalb der Zweierbeziehung ist die Abgrenzung der Partner jedoch mangelhaft. Manfred greift in destruktiver Weise in die Selbststeuerung und Eigenregulation von Nelly ein.

Vor einem Jahr begab ich mich dann auf eine Gruppenreise, ohne Manfred. Ich versuchte, mich damit von ihm zu distanzieren. Auf dieser Reise lernte ich meinen jetzigen Freund Beat kennen. Er ist dreißigjährig, von Beruf Handwerker, nämlich Klempner. Wir hatten auf dieser Reise fast kein Wort miteinander gesprochen. Nur am ersten Tag und dann auf der Rückreise, da habe ich mich im Zug neben ihn gesetzt. Ich hatte ihn auf der ganzen Reise still beobachtet. Er war mir aufgefallen durch seine Naturverbundenheit, auch dadurch, daß er viel für sich allein sein wollte und den Kontakt zu anderen kaum suchte. Ich fand, er habe eine gute Lebenseinstellung. Ich konnte ihm dann auf den Kopf zusagen, daß er im Aszendenten Skorpion ist und ein Einzelkind. Beides traf zu, das hat ihn sehr verblüfft. Er wollte dann unbedingt herauskriegen, wie ich das wissen könne. Ich konnte ihm noch vieles Zutreffende über seine Kindheit sagen. Das hat ihn erstaunt. Er konnte es fast nicht glauben, da er manches von dem, was ich ihm sagte, zuvor selbst nicht bedacht hatte. Der Kontakt mit ihm war ganz anders als mit Manfred. Die Beziehung begann allmählich. In den ersten drei Monaten sahen wir uns jede Woche und diskutierten viel miteinander. Erst nach drei Monaten wurden wir intim. Er war eher zurückhaltend. Er hatte gerade eine Beziehung aufgelöst, weil er mit dieser Freundin nicht sprechen konnte. Er wollte jetzt noch gar keine neue Beziehung. Ich war dieses Mal zu Beginn der aktivere Teil, im Gegensatz zur ersten Beziehung. Aber auch mit ihm hatte ich anfänglich große Szenen, diesmal jedoch eher weil ich meinte, er habe an mir kein Interesse. Das war völlig falsch, wie sich herausstellte. Er hatte sich sehr wohl für mich interessiert, konnte es aber nicht zeigen. Er ist einer, der viel allein sein kann und will.

Die Beziehung hat sich dann positiv ausgewirkt auf meine Beziehung zu meiner Mutter. Bei Manfred hatte sich die Beziehung zur Mutter stark verschlechtert. Ich stritt mich dauernd mit ihr, ich ertrug nichts von ihr, benahm mich echt unreif, voller Widerspruch, ich wollte die Verantwortung für mich einfach noch nicht übernehmen. Jetzt suche ich eher wieder den Kontakt zur Mutter, obwohl es mir klar ist, daß wir verschieden empfinden und überhaupt verschieden sind. Sie hat zwar immer noch Mühe, das zu sehen. Manfred hatte laufend Streit mit meiner Mutter, Beat kennt sie jetzt noch gar nicht. Er wird nächstens meinen Bruder kennenlernen, der ihm sehr ähnlich ist. Beat und ich sind uns auf Gefühlsebene ziemlich gleich. Ich neige darüber hinaus jedoch auch zu einer melancholischen Verarbeitung. Diese möchte ich nicht missen. In diesem Sinne sind wir verschieden. Diese Seite von mir kann ich aber eher mit anderen Menschen leben. Ich muß ja nicht alles bei ihm haben.

Im Gespräch spüre ich die Grenzen dauernd, da spüre ich, daß wir nicht die gleiche Ebene haben, zumindest nicht vollständig, so wie ich sie mit Manfred hatte oder mit gewissen anderen Leuten. Wir sprechen manchmal aneinander vorbei. Es ist aber nicht mehr so die Gefahr, daß ich mich in einen Gefühlsausbruch hineinsteigere. Ich engagiere mich natürlich schon immer sehr in einem Gespräch. Er macht das weniger gefühlsstark. Er kann seine Gefühle anderswohin leiten, ohne sich persönlich zu engagieren.

Kommentar:
Die jetzige Beziehung von Nelly scheint reifer zu sein. Vorsichtig tastet sie sich an Beat heran und bewahrt diesmal ihre Selbstregulation und Eigenverantwortlichkeit. Sie stellt viel klarer fest, wo sie sich auf gleicher Ebene treffen und wo keine gemeinsame Ansprechbarkeit vorliegt. Die Kollusion mit Manfred schaffte mehr Nähe, auf die sie jetzt verzichten muß, da ohne die Inszenierung einer Kollusion die Verschiedenheit der Partner deutlicher wird. Nelly läßt sich von Beat in ihrem Denken, Fühlen und Handeln nicht so stark bestimmen wie von ihrem früheren Freund und der Mutter. Das liegt aber auch an Beat, der auf solche Versuchungen nicht ansprechbar ist. Der Reifungsschritt Nellys in dieser Bezie-

hung zeigt sich auch im Verhältnis zur Mutter, der gegenüber sie wieder mehr Nähe zulassen kann, weil sie sich klar von ihr abzugrenzen vermag.

Ich kann mir vorstellen, daß wir in naher Zukunft zusammenziehen werden. Er fäng jetzt eine neue Lehre an, eine Umschulung auf Pöstler, auf Briefträger. Bevor er die Lehre abgeschlossen haben wird, weiß er noch nicht, wo er definitiv wohnen wird. Ich könnte mir das Zusammenleben gut vorstellen, ich glaube, daß ich meinen Freiraum behalten kann. Das wäre in der vorherigen Beziehung gar nicht möglich gewesen. Wir möchten zusammenbleiben, aber eine Familie gründen, das könnten wir uns beide nicht vorstellen. Wir sind irgendwo – wir haben da eine ähnliche Ansicht, nämlich daß nicht alle Leute für Familie geeignet sind. Sicher haben alle Leute im Prinzip gerne Kinder, aber wirklich für Familie dazusein, das braucht sehr viel. Besonders als Mutter muß man das stark wollen. Das habe ich nicht so, zumindest – ich weiß nicht, wie das in einigen Jahren sein wird. Ich habe an sich Kinder sehr gerne. Ich habe auch mit Kindern gearbeitet, aber – eine Familie sehe ich für mich eher nicht. Ich möchte Zeit für mich selbst haben. Ich kann nicht rund um die Uhr arbeiten, ich brauche einen Freiraum. Wenn ich Familie hätte, bräuchte ich ein ganz anderes Denken. Was ich beruflich möchte, sehe ich noch nicht so recht. Ich habe auf dem Fürsorgeamt gearbeitet, ein bißchen allerlei. Ich mache das Studium mehr für mich persönlich. Ich habe auch mit behinderten Kindern gearbeitet und in einem Tierschutzverein. Am Studium schätze ich, daß ich gerne in einer Klasse bin und mich mit anderen austausche. Ich möchte mich auch später in Kursen weiterbilden. Das bringt mir sehr viel. Anfänglich habe ich mich fast zu stark eingelassen. Ich war in einer Psychoanalyse für ein Jahr. Die Psychoanalyse hat mir viel gebracht. Ich beschränkte mich ganz aufs Erzählen und habe gar nicht so hingehört, was die Analytikerin sagte. Sie sagte auch gar nicht viel. Ich brauchte es, daß man mir einmal zuhört und, was ich sage, stehenläßt. Diesbezüglich hat mir die Analytikerin sehr zugesagt. Ich wollte gar nichts über sie erfahren und weiß auch gar nichts über sie. Die Analyse hat mich bestärkt in der Beziehung zu Beat. Ich zog dann in eine Wohnung in der Nähe von ihm. Ich dachte, ich kann da auch mehr für mich sein und werde nicht mehr so oft heimgehen. Ich wollte auch nicht immer Rechenschaft ablegen müssen bei meiner Mutter.

Kommentar:
Nelly ist noch in einer Phase der Selbstfindung, wo sie ihre Kräfte ganz für die Suche ihres eigenen Weges braucht und noch kaum Reserven für Kinder hätte, obwohl sie kinderliebend ist. Das könnte sich ändern, wenn sie persönlich und in ihrer Behausung gefestigter ist.

Meine Eltern wurden geschieden, als ich fünfzehnjährig war. Meine Eltern waren vierundzwanzig Jahre verheiratet. Mein Vater war nie viel zu Hause. Er war sehr karrierebewußt. Wir mußten alle vier Jahre umziehen. Er hat sich nicht an der Erziehung beteiligt und wollte die Kinder höchstens mal schnell fürs Wochenende zum Skifahren oder Bergwandern. Sonst war er wenig zu sehen, oder er wollte einfach seine Ruhe. Als er weg war, waren wir alle erleichtert und konnten uns freier fühlen. Mein Bruder nahm dann die Rolle des Vaters ein. Das bereitet meiner Mutter heute Sorge. Sie kann ihn ja nicht einfach hinauswerfen. Er hat vielleicht schon ein Bedürfnis nach einer Freundin, aber die Mutter ist seine beste Freundin. Die Meinung der Mutter ist für ihn sehr wichtig. Ich hatte ein schlechtes Bild von den Männern bekommen. Meine Mutter hatte sich immer sehr dem Vater angepaßt. Als sie anfing, das zu verändern, sich mehr um sich selber zu kümmern und egoistischer zu denken, da nahm der Vater sich eine andere Frau. Mein Vater sagt, er habe die Mutter so, wie sie früher gewesen sei, immer sehr gerne gehabt, dann habe sie sich aber verändert. Was ich daraus mitnehme, ist vor allem, daß ich denke, man sollte nicht zuviel miteinander zusammensein. Man sollte tolerieren, daß man auch andere Beziehungen haben kann, aber einander vertraut, im Gefühl, der Partner ist mir der wichtigste. Das braucht man sich nicht durch Äußerlichkeiten zu bestätigen. Meine Mutter wollte die Gunst des Vaters um jeden Preis. Deshalb war sie so angepaßt und wollte ihm alles recht machen. Sie tat alles nicht für sich, sondern nur für ihn. Natürlich mache ich auch vieles für meinen Freund, aber ich merke, daß ich es nicht nur ihm zuliebe tue. Wenn ich es für ihn tue, kommt es auch auf mich zurück. Ich merke, daß ich mir selbst am nächsten stehe und mir am wichtigsten bin.

Kommentar:
Was Nelly von der Elternehe aufgenommen hat, wirkt in ihr eigenes Beziehungsverhalten hinein. Vor allem hat sie erfahren, daß selbst eine jahrzehntealte Ehe gefährdet wird, wenn die Frau, statt sich dem Mann anzupassen, mehr selbst zu denken und zu handeln beginnt. Dennoch spürt Nelly, daß das, was sie für Beat tut, positiv auf sie zurückkommt. So kann es durchaus eigennützig sein, etwas für ihn tun zu wollen.

Kinder sind eigene Individuen, nicht ein Teil von mir, sondern etwas für sich. Die Verantwortung gegenüber diesen Lebewesen ist mir zu groß, als daß man aus egoistischen Gründen eine Familie haben könnte, wie ich das vielfach so sehe. Heiraten würde ich nur, wenn ich eine Familie möchte. Sonst finde ich das nicht nötig. Die Ehe ist eine Institution, die früher sinnvoll war, als die Frau noch materiell abhängig war. Heute, wo sie selbst arbeitet, ist das nicht mehr nötig. Das bringt nur Nachteile und macht alles komplizierter. Wenn man ein Kind hat, ist es klar, daß man heiratet, schon wegen des Namens. Heute ist es in der Gesellschaft ja anerkannt, mit einem Freund zusammenzuleben. Diesbezüglich hat Beat dieselben Ansichten.

Ich möchte gelegentlich zu Beat ziehen. Wir werden zusammen eine neue Wohnung nehmen. Ich möchte nicht dort wohnen, wo er jetzt wohnt. Er hat dort zu lange allein gelebt. Ich bin zwar viel bei ihm, aber er hat schon das Gefühl, es sei seine Wohnung. Ich käme mir dort als Gast vor. Ich habe bisher noch kaum Möbel gekauft. Er hat vieles aus dem Trödlerladen und hat sich auch noch nicht eingerichtet. Ich wollte mich allein noch nicht in festerer Form einrichten, sondern das aufsparen. Ich binde mich nämlich sehr an meine Sachen und habe lieber gar nichts, als daß ich mich davon trennen müßte. Ich möchte in jedem Fall nicht allein in einer Wohnung bleiben.

Kommentar:
Nelly beschäftigt sich stark mit dem Erschaffen einer eigenen Behausung. Sie spürt, wie im Zusammenleben Unterschiede entstehen, je nachdem, wer zu wem zieht und wer die Möbel anschafft. Sie ist selbst noch beim Suchen und Planen der Konstruktion einer eigenen Welt und möchte sich darin noch nicht festlegen. Sie möchte ihrer Welt noch keine feste, materialisierte Form geben, sondern das auf später aufsparen.

Beat ist auf einem Bauernhof aufgewachsen, zusammen mit der Mutter. Er ist ein uneheliches Kind. Es blieb nur die Möglichkeit für einen handwerklichen Beruf. Jetzt möchte er den Beruf wechseln. Er strebt jedoch keine Karriere an, sondern sucht einen Beruf, der ihm Freude macht. In der Fabrik, mit dem Lärm und den Dämpfen, ist es gesundheitsschädigend. Als Briefträger ist er viel in der Natur. Wir werden auf dem Land wohnen, er kann dann mit dem Fahrrad gehen. Er hat sich immer viele Bücher über die Bibliotheken verschafft. Er ist sehr interessiert an fremden Ländern und Kulturen. Über Pflanzen und Tiere weiß er sehr viel, er kennt jedes Pflänzchen. Er hat sich aber auch sehr befaßt mit Astrologie und Psychologie. Da merke ich keinen Bildungsunterschied, obwohl ich die Matura habe. Wir sind aus völlig verschiedenen sozialen Schichten. Ich bin aus der oberen Schicht. Wir wohnten in einem Einfamilienhaus bis zur Scheidung der Eltern. Er sagt: Du kennst schon dieses und jenes, ich kenne das nicht. Du hast die Absicherung immer gehabt, ich konnte nie einfach machen, was ich wollte. Da merke ich fast einen Haß oder Neid auf jene, die es materiell gut haben. Über das sprechen wir viel miteinander.

Er glaubt, seit er mich kennt, sei er viel ausgeglichener geworden. Ich empfand ihn immer als ausgeglichen. Ich war damals jedoch viel unausgeglichener und bin jetzt besser im Gleichgewicht. Er ist viel glücklicher, seit wir uns kennen. Er hat zwar schon zuvor viel Optimismus ausgestrahlt, aber jetzt noch mehr. Seine frühere Beziehung ging auseinander, weil sie intellektuell nichts miteinander sprechen konnten. Sie hatten sich rein gefühlsmäßig verstanden. Anfänglich glaubte er auch bei mir, entweder dominiert das Intellektuelle oder das Gefühlsmäßige, aber sicher nicht beides. Da hatte er mich falsch eingeschätzt. Wir hatten es intellektuell gut miteinander, gefühlsmäßig sah er dem Ganzen skeptisch entgegen. Er ist jetzt überrascht, daß ich ein ganz anderer Mensch bin, als er gedacht hatte. Wir haben es in dieser Hinsicht super, besser könnte es nicht sein. Auf der Gefühlsebene, das ist verrückt, das ist wahnsinnig. Diese Schwingungen, die da spielen, das ist toll, das ist der heiße Draht. Die gegenseitige Anziehungskraft ist unheimlich stark, sexuell und auch sonst. Wenn ich zu ihm fahre, so zieht es mich richtig hin, da stürze ich fast zum Zug heraus. Kürzlich sagte eine Frau im Zug: Laufen Sie nur! Dabei glaubte ich, ganz normal gegangen zu sein. Aber einfach innerlich, diese Anspannung, die ich da spüre. Ich kann mir gar nicht vorstellen, daß das je vorbeigehen könnte, wie man so sagt.

Kommentar:
Nelly und Beat kommen aus unterschiedlichem familiärem Hintergrund. Beat hat Ressentiments gegenüber der materiell bessergestellten Herkunft Nellys. Das Zusammenleben mit ihr kann ihm neue Erfahrungen vermitteln und seine Konstrukte verändern. Nelly ist verliebt. Es zeigt sich deutlich, daß sie sich trotz der starken symbiotischen Anziehung klar von Beat abgrenzen kann. Sie gibt sich persönlich nicht für Beat auf. Symbiose und Eigenregulation schließen sich nicht aus.

In seinen Augen sehe ich immer, wie es ihm geht, auch fast alles, was er denkt, etwas Positives oder Negatives. Er ist innerlich so offen, daß seine Augen das ausstrahlen. Ich merke sogleich, was ist, und reagiere unmittelbar. Wenn ich das nicht mache, ist das schlecht. Dann läuft er weg und liest die Zeitung. Wenn ich es nicht sähe, könnte es schon Mißverständnisse zwischen uns geben. Ich merke sofort, wenn er mir nicht zuhört, und zwar in einer Hundertstelsekunde. Ich frag dann gleich: Was denkst du jetzt? Ich frage ihn ziemlich oft, was er denkt, und habe auch schon oft gefragt, ob ihn das nervt. Er sagt nein, aber auch ihm falle es auf. Es ist wie eine Welt von tausend Bildern, was ich da alles sehe. Er fühlt sich bis jetzt deswegen nicht in die Enge getrieben. Er ist sehr daran interessiert, was man von ihm hält. Ich habe ihm auch schon Negatives gesagt – aus meiner Sicht. Einmal habe ich ihm einen Riesenschrecken eingejagt. Da habe ich ihn destruktiv angepackt. Ich fand die Verhältnisse, in denen er aufgewachsen ist, furchtbar. Seine Mutter hat sich nie um ihn gekümmert. Er mußte immer mit sich selbst zurechtkommen und alleine spielen. Da habe ich das so negativ gesehen und gesagt: Deshalb bist du in dieser und jener Hinsicht so, und warf ihm das alles an den Kopf. Das machte ihn fertig. Ich fand es richtig in dem Moment, wo ich es sagte, merkte aber nachträglich, daß mir das nicht zusteht. Er kann ja nichts dafür. Was ich sagte, war meine persönliche Ansicht. Aber ich sehe es jetzt nicht mehr so negativ. Meine Sicht hat sich verändert. Ich sehe jetzt auch das Positive, das die Kindheit bei ihm bewirkt hat. Wir sprechen zwar immer noch sehr persönlich, aber nur noch über das, was in jedem von uns abläuft, nicht mehr so problembezogen. Er sagt dann jeweils: Das ist doch kein Problem. Ich widerspreche. Er geht aber nicht darauf ein, worauf ich auch aufhöre, und danach ist es gut. Ich spreche dann vielleicht mit jemand anderem darüber. Er hat da vielleicht schon eine Abwehr, aber das gehört nun zu seiner Lebensweise, daß er da abblockt. Er glaubt, er müsse sich seinen Optimismus bewahren. Ich höre dann auf und merke, daß es auch für mich negativ sein kann, wenn ich mich auf endlose Diskussionen einlasse und das Gefühl habe, ich müsse den anderen noch mehr hineinziehen. Das ist schon eine Gefahr bei mir. Manfred und ich haben endlos diskutiert. Zu dieser Zeit sah ich von der Welt überhaupt nichts, die Blumen, ich hatte den Frühling nie erlebt, ich war nur auf mich und meine Probleme bezogen. Jetzt sehe ich auch ihn mehr und bemerke, wenn er über etwas nicht sprechen will, sondern lieber ausgehen möchte. Das ist sein gutes Recht. Da rege ich mich zwar zunächst darüber auf, und dann rege ich mich wieder ab. Zuvor gelang mir das nicht, weil ich nicht mehr davon loskam und mich hineinsteigerte. Von der Entwicklung her ist da in kurzer Zeit so viel gelaufen. Das ist verrückt. Ich habe das Gefühl, ich werde mich jetzt nicht mehr so stark verändern. Ich habe eine so starke Veränderung durchgemacht, weil ich zuvor gar nicht ich selbst war. Leute, die mich von früher her kennen, sagen: Du bist ganz anders geworden, viel selbstsicherer, viel aktiver. Man warf mir immer Passivität vor. Jetzt bin ich in unserer Beziehung der aktivere Teil. Wenn wir uns distanziert haben, so bin ich es, welche die Nähe wieder sucht, und wenn wir ausgehen, sagt er meistens, wohin. Er war das so gewohnt, aber in letzter Zeit sagte ich immer mehr, was ich möchte, und dann wird darüber diskutiert, und eventuell geht dann auch jedes einmal allein.

Kommentar:
Nelly berichtet von einer Krise mit Beat, bei der sie Gefahr lief, die ihr von früher vertraute Kollusion mit Manfred zu wiederholen, jetzt aber in umgekehrten Rollen. Diesmal wollte *sie* die Helfer- und Therapeutenrolle einnehmen. Beat hat da entschieden abgeblockt. Nelly fühlt sich dadurch von ihm auf Distanz gesetzt, aber sie kann das akzeptieren, weil sie wohl selbst die Gefahr persönlicher Grenzverletzungen spürt.

Ursula, 46jährig, in zweiter Ehe, kinderlos

Wenn ich mir überlege, was Beziehungen in meinem Leben für eine Bedeutung hatten, denke ich, ich hatte viele Beziehungen, wichtig aber waren nur zwei. Das war die erste längere Beziehung, die von der Matura an sechs Jahre gedauert hat bis zum Ende meines Studiums. Dann hatte ich viele andere Beziehungen von kürzerer Dauer. Mit Walter, meinem fünfzehn Jahre jüngeren Mann, bin ich nun seit über fünf Jahren zusammen. Das ist für mich die zweite wichtige Beziehung.

Bei der ersten Beziehung – ich hatte eine symbiotische Beziehung zu meinem Vater gehabt und lernte dann Hanspeter kennen, mit dem ich das fortsetzte. Intellektuell gab mir diese Beziehung die Möglichkeit, vom Vater und dessen Weltanschauung Distanz zu bekommen und meinen Horizont zu erweitern. Hanspeter war einige Jahre älter als ich und ging mir immer einige Fußstapfen voraus. Er hatte mir große Bereiche in Philosophie und Weltanschauung eröffnet. Im Unterschied zu ihm konnte ich mit meinem Vater nicht sprechen. Mein Vater war sehr rechthaberisch und patriarchalisch. Es gab nichts, was außerhalb seines Horizontes hätte Gültigkeit haben können, so etwas hätte er nicht ertragen. Theoretisch stand er links, aber er nahm die Frauen nicht ernst. Mit Frauen hatte er lediglich erotische Verhältnisse, und so war es auch mit mir. Ich war das kleine Mädchen zum Spielen und für Erotik. Ich fühlte mich aber von ihm nie ernst genommen. Wenn ich eine eigene Meinung hatte, die ihm nicht paßte, wurde er ziemlich grob.

Mit diesem ersten Freund war das ganz anders. Wir diskutierten viel, und ich habe viel von ihm gelernt, auch psychologische Betrachtungsweisen. Zudem diskutierten wir viel über Politik und Religion. Zuvor hatte ich noch nie einen adäquaten Gesprächspartner gehabt. Meine Mutter kam dafür sowieso nicht in Frage, ich habe sie immer für dumm gehalten. In der Schule stieß ich mit meinen exzentrischen Ideen an. Mein Deutschlehrer war sehr konservativ. Er befaßte sich mit Hölderlin und Mörike, bei Hauptmann hörte es dann aber bereits auf. Das war für mich eine zu große Einschränkung. Vom Vater hatte ich eine linke Sichtweise übernommen, die mich dann in Konflikt mit der Schule brachte.

Als ich dann an der Dissertation arbeitete, passierte etwas Eigenartiges: Hanspeter ertrug es nicht, daß ich aufgeholt hatte. Zuvor hatte er mich immer belehrt und mir vieles gezeigt. Als ich mit großem Engagement meine Dissertation ausarbeitete, war es bei ihm aus. Er ertrug es nicht, daß ich begann, meine Gedanken selbst zu formulieren. Er hat meine Diss nie angeschaut, nie durchgelesen, ganz im Unterschied zu dem, wie ich mich mit seiner Diss auseinandergesetzt hatte. Von da an legte er mir keine Zeitung mehr hin und wollte nicht mehr mit mir diskutieren. So ging die Beziehung auseinander. Wir hatten zwei Jahre zusammen gewohnt. Er zog sich von mir zurück, und ich war ziemlich verzweifelt, weil ich nicht verstand, weshalb. Ich hatte ihn geschätzt und legte großen Wert auf seine Meinung. Er begann dann, den Sex zu verweigern, und wollte nicht mehr mit mir schlafen, was für mich unerträglich war. Er gab keine Erklärungen ab, denn über persönliche Dinge hatten wir nicht zu sprechen gelernt. Ich kannte damals meine eigenen Gefühle noch nicht. Für mich war Sex eine unbedingte Notwendigkeit. Ich mußte immer einen Sexpartner haben. Sexualität ist für mich Selbstbestätigung. Die erotische Beziehung war das tragende Element in meiner Beziehung zum Vater gewesen. Wenn das nicht mehr da war, war nichts mehr vorhanden. Alles andere war dem untergeordnet. Offenbar war mit meinem Freund keine gemeinsame Entwicklung möglich. Sobald ich ihm ebenbürtig geworden war, ging es nicht mehr. Ich zog dann von ihm weg und wohnte in einer Wohngemeinschaft mit wechselnden Partnern. Das Sexuelle war immer im Vordergrund, der geistige Anspruch war eher in den Hintergrund getreten.

Kommentar:
Ähnlich wie bei Nelly stand auch bei Ursula die erste Beziehung noch stark unter dem Einfluß der noch nicht bewältigten Ablösung, hier vom Vater. Ursula hatte von ihren Eltern ein Bild übernommen, daß Frauen dumm sind und für Männer höchstens sexuell attraktiv. Mit dem ersten Freund schien sie zunächst eine neue Erfahrung machen zu können, doch dann bestätigte sich, daß sie für ihn die sexuelle Attraktivität verlor in dem Moment, wo sie ihm intellektuell ebenbürtig zu werden drohte. Damit wurde ihre Hoffnung auf eine gegenseitige Stimulation der Persönlichkeitsentwicklung in einer Partnerschaft entmutigt. Fortan beschränkte sie sich auf Sexualbeziehungen mit immer wieder wechselnden Männern, ohne sich persönlich verbindlich einzulassen.

Nach dieser ersten Beziehung hatte ich mir geschworen, mich nie mehr einem Mann unterzuordnen und strikt meinen persönlichen Weg zu gehen und immer nur so lange bei einem Mann zu bleiben, wie es mir paßt. Ich suchte immer Männer, mit denen mich gemeinsame Interessen verbanden, sonst wurde es langweilig. Lustig ist, daß ich Walter eigentlich zunächst nur als Bettgefährten ausgesucht hatte. Er hatte in einer öffentlichen Diskussion in intelligenter Weise Stellung bezogen. Das hat mich sehr beeindruckt. Ich dachte: Der ist geistig regsam. Das zog mich an, und ich dachte mir: Den hol ich mir ins Bett. Ich lud ihn zu mir ein, doch zu meiner Überraschung wollte er zunächst gar nicht mit mir ins Bett, sondern verwickelte mich in endlose Diskussionen über alles mögliche. Das hatte ich nicht erwartet. Da dachte ich, da liegt mehr drin. Er hatte etwas eingebracht, das mich faszinierte. Er war politisch sehr engagiert, zehn Jahre hatte er bei Amnesty International mitgemacht und auch in der Studentenpolitik. Nach dieser langen Diskussion verführte ich ihn, was ihn wiederum überraschte, weil er als Mann kein gutes Selbstbild gehabt hatte. Er konnte kaum glauben, daß man ihn als Mann begehre. Er war der Intellektuelle, was mich an ihm besonders anzog.

Nach ein paar Wochen entschlossen wir uns zusammenzuziehen. Zuvor lernte ich seine Mutter kennen. Mit ihr komme ich besser aus als mit meiner eigenen Mutter. Sie ist eine Frau, die Geborgenheit vermittelt, die die Sorgen mit einem zu teilen versteht, die zuhört, wenn man ihr etwas erzählen will, und intelligent wirkt, was mir sehr gefallen hat. Bei Walter hatte ich den Eindruck, er schätzt eine Frau mit eigener Meinung, die diskutieren kann und viel weiß. Er hat nicht das sonst typische männliche Prestigedenken, er muß nicht alles besser wissen und kann eine Frau neben sich aufkommen lassen. Wenn ich ihm sage, was mir an ihm nicht paßt, versucht er darauf einzugehen und es zu verändern. Für mich war schwierig, daß er erwartete, ich solle auf eigenen Füßen stehen. Er hat nicht diese Papirolle wie mein Vater und mein erster Freund übernommen: «Wenn du so bist, wie ich dich will, so nehme ich dich auf meinen Schoß, dann bist du sicher und bekommst alles, aber nur dann, wenn du so bist, wie ich dich will.» Ich muß nicht so sein, wie er will, aber er nimmt mich auch nicht auf den Schoß. Das war für mich etwas frustrierend, weil ich mich zeitweise gerne bei ihm ausruhen würde. Von seiner Entwicklung her ist er auf eine Frau eingestellt, die stark ist. Als Mann fühlt er sich einer Frau unterlegen, und daher hatte er das Gefühl, nichts zu bieten. Er hatte nicht gelernt, jemanden, der kleiner ist, in den Arm zu nehmen und ihm Wärme zu geben. Das beginnt er allmählich etwas mehr zu entwickeln.

Kommentar:
Ursula fühlte sich von intelligenten Männern sexuell angezogen, und so kam sie auf Walter, ihren fünfzehn Jahre jüngeren Ehemann, der sie wegen seiner Schlagfertigkeit in einer öffentlichen Diskussion faszinierte. Mit diesem Mann war vieles möglich, was mit ihrem Vater und ihrem Freund nicht möglich erschien. Da Walter als Mann eher unsicher und auch wesentlich jünger war, fühlte er sich von einer überlegenen Frau nicht bedroht, im Gegenteil, er suchte sich eine starke Frau wie seine Mutter. Aber Ursula erfuhr, daß sie damit auch auf etwas verzichten mußte, nämlich vom Mann wie ein kleines Mädchen auf den Schoß genommen und beschützt zu werden. Die Beziehung zu Walter forderte ihr einen Entwicklungsschritt ab, den sie bisher vermieden hatte.

Walter zog in meine Wohnung. Nachdem ich dort schon lange gelebt hatte, mußte ich wegen Hausverkaufs ausziehen. Es war schwierig, eine neue Wohnung zu finden. *Er* fand dann eine neue Wohnung, was mich störte, denn nun mußte ich in die Wohnung, die er gemietet hatte. Ich fürchtete, mich damit auszuliefern. Die frühere Wohnung hatte ich siebzehn Jahre lang und hatte dort mit verschiedenen Freunden gelebt. Aber es war immer meine Wohnung gewesen, das Inventar hatte zwar etwas gewechselt mit den Leuten, aber ich blieb. Das war für mich sehr wichtig. Wenn diese Beziehung auseinanderginge, müßte jetzt ich ausziehen. Das Mobiliar gehört praktisch ausschließlich mir. Die Räume, in denen ich lebe, möchte ich selbst gestalten können. Er hat zwar sein eigenes Zimmer in der Wohnung, das einzurichten seine Sache ist, aber mein Zimmer und die Stube möchte ich nach meinem Geschmack haben. Unsere Geschmäcker weichen jedoch wenig voneinander ab. Ich hatte mich auch bei seiner Mutter wohl gefühlt. Immerhin sagte er mir einmal: «Alles, was du bei dir nicht brauchen kannst, stellst du in mein Zimmer hinein!»

Kommentar:
Ursula war es gewohnt, Freunde in ihrer Wohnung ein- und nach einer gewissen Zeit wieder ausziehen zu lassen. Die

Wohnung und das Mobiliar blieben ihre stabile äußere Behausung und gehörten ihr allein. Die Freunde setzten in ihr Leben keine Strukturen und hinterließen keine Spuren. Sie hielt sich unabhängig. Unglückliche Umstände brachten es nun mit sich, daß sie ihre Wohnung verlor und in eine von Walter gemietete Wohnung zuziehen mußte. Das hat sie stark verunsichert, auch wenn die Möbel die ihrigen blieben und sie die Zuteilung der Zimmer und Einrichtung der gemeinsam bewohnten Räume weitgehend bestimmte. So bildet sich in der äußeren Behausung die Partnerschaft symbolisch ab.

Der Alltag verläuft so, daß jedes arbeitet. Abends treffen wir uns und erzählen uns, wie es gelaufen ist. Im allgemeinen erzähle ich mehr als er. Ich bin sehr froh, daß ich ihm erzählen kann. Ich verstehe nicht so viel von seinem Beruf. Ich weiß schon, womit er sich beschäftigt und was am Institut, wo er arbeitet, los ist. Wir sprechen viel über seine Beziehung zu seinem Chef. Wir erzählen einander auch, was wir gelesen oder im Fernsehen gesehen haben. Gelegentlich hören wir zusammen Musik. Er kommt aus einer Familie, wo musiziert wurde, und ich habe früher auch musiziert. Wir haben auch gemeinsame Interessen für fremde Kulturen. Zusammen haben wir Kurse über Bewegung, Atmung und Massage besucht oder über Ausdruckstanz. Das bauen wir zusammen auf und lernen dabei unsere Gefühle kennen und ausdrücken. Wir können jetzt auch besser miteinander streiten. Früher verzog er sich dabei oder fiel in eine Depression. Das ist jetzt fast vorbei. So ist es eine allmähliche Entwicklung. Ich lief dann auf, wenn er sich verschloß, das war sehr schwierig für mich. Dabei kam mir immer wieder der Gedanke: «Soll ich mich von ihm trennen? Das ist mir zu wenig, wenn er sich bei Auseinandersetzungen einfach zurückzieht!» Und doch war mir klar, er zieht sich nicht zurück, weil er *mich* ablehnt, sondern weil er *sich* ablehnt. Er hatte einen strengen Vater, und wenn er etwas verbrochen hatte, mußte er in einer Ecke stehen, um sich zu schämen. Auch mir gegenüber schämte er sich, obwohl ich das nicht wollte. Wir waren einmal in einem Paartherapie-Seminar. Das war ein Wendepunkt. Es war nun möglich,

Gefühle von Wut und Ärger an ihn heranzutragen, und er erlebte das jetzt sogar als eine Intensivierung der Beziehung. Auch für mich war das ganz neu. Ich selbst hatte es ja auch nicht gelernt, Spannungen auszutragen. Ich durfte das meinem Vater gegenüber nicht und auch nicht in meinen früheren Beziehungen. Meist führte das einfach zum Beziehungsabbruch. Diesmal aber hatte ich die Absicht, zu bleiben und mich auseinanderzusetzen. Ich will hier eine Entwicklung erreichen und gebe nicht so rasch auf. Walter macht das mit. Ihn interessiert es auch. So ist es eine gute gemeinsame Entwicklung. Ein wichtiger Bereich war auch die Wiederentdeckung von Spiel und Spaß. Zuvor war ich ganz in der Arbeit aufgegangen. Es ist, wie wenn wir Theater spielen würden miteinander. Wir verstehen uns auf dieser Ebene sehr gut. Beide hatten wir früher schon Theater gespielt. Das ist eine gute Ebene, wo man vieles einbeziehen kann.

Für mich ist wichtig, daß es sexuell so schön ist. Er glaubt immer, er sei sexuell nicht sehr tauglich, aber das stimmt nicht. Ich glaube, bei mir erlebt er, daß er sich entwickeln und sich sicherer fühlen kann.

Daß er fünfzehn Jahre jünger ist, hat eine Bedeutung, indem er etwas unter Leistungsdruck steht, jemand zu werden, und ich andererseits manchmal etwas ungeduldig bin mit ihm. Das hat sich aber abgeschwächt. Ich spüre es jetzt seltener als Problem. Oft dachte ich, die Beziehung wird nicht so lange Bestand haben. Wir waren ja zunächst nicht auf eine dauerhafte Beziehung eingestellt. Die Festigung nahm erst ganz allmählich zu.

Kommentar:
Zwischen Ursula und Walter ergibt sich eine konstruktive Ko-evolution. Sie stimulieren sich gegenseitig in ihrer Persönlichkeitsentwicklung. Vordergründig sieht es so aus, als ob Ursula die Lehrmeisterin von Walter ist. Sie macht aber in dieser Funktion wichtige neue Erfahrungen. Sie ist Walter so viel wert, daß er als Mann ihre Herausforderung annimmt, sich der Auseinandersetzung mit ihr stellt und seine persönliche Entwicklung voranzutreiben sucht, um ihr gewachsen

zu sein. Bis dahin hatte sich Ursula wohl noch nie von einem Mann so ernst genommen gefühlt. Das förderte Ursulas Identifikation mit der Gemeinschaft.

Daß ich keine Kinder habe, beschäftigt mich wenig. Es gibt manchmal Zeiten, wo ich mich damit befasse. Früher wollte ich überhaupt keine Kinder. Ich fand die Rolle meiner Mutter abscheulich, das hätte ich nie übernehmen wollen. Zugleich hatte ich eine Patin, die ledig ist. Meine Eltern ließen sich scheiden, als ich fünfzehn war. Ich zog dann zu dieser Patin und wohnte dort mehrere Jahre. Sie war eine aufgeschlossene Frau und sehr autonom. Mit ihr konnte ich über alles reden. Sie beeindruckte mich in ihrer Ungebundenheit und Freiheit. Sie hatte viel gesellschaftlichen Kontakt. Schon als Kind dachte ich mir: «Die hat es schön, die kann herumreisen und machen, was sie will.» Meine Mutter dagegen mußte sich abrackern, uns die Schuhe putzen, den Teppich kehren und war dabei immer unglücklich.

Mein Mann ist froh, wenn er nicht die Verantwortung für Kinder übernehmen muß. Mit einer anderen Frau hätte er vielleicht schon Kinder gehabt. Er würde sich einfach der Frau anpassen, jetzt ist er eben an mich geraten. Er hat sich vasektomieren lassen. Für mich war klar, daß ich keine Kinder will, und so ließ er sich ziemlich bald sterilisieren. Manchmal denke ich schon, ich müßte in meinem Leben noch etwas Sichtbares machen, etwas, das weiterlebt. Aber das müßte für mich nicht unbedingt ein Kind sein. Was es sein könnte, ist mir noch nicht klar. Es gibt viele Menschen, die mit mir Erfahrungen gemacht haben, die in ihnen weiterleben, das weiß ich. Aber das reicht mir nicht. Vielleicht schreib ich mal ein Buch.

Kommentar:
Für den Wunsch, eigene Kinder zu kriegen, sind die Erfahrungen mit den Eltern wichtig. Ursula hätte nie ein Leben führen wollen wie ihre Mutter. Dafür identifizierte sie sich mit ihrer alleinstehenden Patin. Und doch hat auch sie den Wunsch, mit etwas fruchtbar zu werden, das sie überlebt. Sie denkt dabei an das Schreiben eines Buches.

Die Männer nach meinem ersten Freund waren eine Art Statisten in meinem Leben. Ich brauchte sie als Begleiter für das, was ich ohnehin getan hätte, und für die Sexualität. In diesen fünfzehn Jahren hatte ich nicht die Vorstellung, daß eine Beziehung zu einem Mann mich persönlich weiterbringen könnte. Ich sah eher ein Gefängnis darin, glaubte, festgelegt zu werden, fürchtete Langeweile, es fehlte mir die Vorstellung, daß eine gemeinsame Entwicklung möglich wäre. Ich sah eher, daß Frauen sich erst entwickelten, nachdem sie ihre Partnerschaften aufgelöst hatten.

Bevor ich meinen jetzigen Mann kennenlernte, hatte ich von strapaziösen Beziehungen genug. Ich wollte mal etwas Beständiges. Ich hatte zuvor während eines Jahres mit einem Gastdozenten zusammengelebt, der zu Hause gebunden war und nach seiner Zeit in Zürich wieder zu seiner Frau zurückkehrte. Ich sehnte mich nach Stabilität und Sicherheit, daß jemand da ist, wenn ich heimkomme, und Interesse an mir hat, der langfristig mit mir etwas anzufangen weiß. Mir ist die persönliche Beziehung das Wichtigste. Wegen der Langeweile und der Gewohnheiten – na ja –, das wird dann immer schwierig, wenn es langweilig wird. Ich weiß nicht, ob ich das aushalten würde. Ich glaube, ich müßte wieder etwas anderes suchen, wenn es soweit käme wie: Es ist Feierabend... man streckt alle viere von sich, um aufzutanken... sonst lebt jeder nur im Beruf.

In den emotionalen Bereichen spüre ich manchmal eine gewisse Einsamkeit. Ich weiß nicht, ob man da von einem Partner eine so tiefe Einfühlung erwarten darf. Die erlebe ich eher in der Therapie, in der ich jetzt stehe – es ist die dritte Therapie –, da mache ich Erfahrungen von Verstandenwerden, die ich noch nie gemacht hatte. Daraus ergibt sich auch ein höherer Anspruch an eine Beziehung. Ich habe die Hoffnung noch nicht aufgegeben und versuche das Walter zu erklären. Bis jetzt habe ich die Erfahrung gemacht, daß es sich lohnt, die Hoffnung nicht aufzugeben. Da spielt der Altersunterschied schon eine Rolle, daß er einfach wesentlich jünger ist.

Kommentar:
Ursula war in ihrem bisherigen Leben sehr darauf bedacht, mit ihren Partnern keine gemeinsame äußere Behausung zu schaffen, vielmehr die Verhältnisse immer so zu halten, daß Beziehungen jederzeit von ihr aufgelöst werden konnten, wenn sie langweilig oder alltäglich zu werden drohten. Sie schaffte mit ihren immer wieder wechselnden Partnern kein gemeinsames Heim, gründete keine Familie, hatte auch kaum gemeinsame Freunde und wollte sich auch in keine gemeinsame Geschichte einlassen. Aber dieses Sichfreihalten forderte seinen Preis. Jetzt sehnt sie sich zunehmend nach etwas Beständigem.

Ein Problem, das ich noch habe, ist meine Gesundheit. Ich hatte einen Unfall und fühle mich etwas behindert. Walter kann sehr gut mit körperlichen Gebrechen umgehen. Das kam in seiner Familie immer wieder vor. Mein Vater dagegen tötete sich selbst, als er ernsthaft erkrankt war. Es war nicht vorgesehen, daß man hilflos ist und sich jemandem ausliefern muß. In Walters Familie ist das anders. Sein Vater ist körperlich behindert, und seine Großmutter hatte Epilepsie. Der Vater sorgte für die Großmutter. Seine Schwester arbeitete mit taubblinden Kindern. Walter hat eine andere Einstellung zu Behinderung und Krankheit. Für ihn ist das selbstverständlich. Das ist für mich sehr beruhigend. Er sagt: «Ich weiß, wie man eine Frau im Rollstuhl herumfährt.» Das gibt mir Sicherheit. Dennoch habe ich viele Ängste vor einer körperlichen Behinderung. Das war mit ein Grund, wieder mit einer Therapie anzufangen. Ich hatte Ängste, ich könnte nicht mehr gehen, ich sei nichts mehr wert, meine Lebensmöglichkeiten seien beschränkt. Da kamen mir Suizidgedanken wie bei meinem Vater. In dieser Hinsicht vermittelt mir Walter völlig neue Erfahrungen.

Kommentar:
Gegen Ende des Interviews kommt immer deutlicher eine Seite von Ursula zum Vorschein, die im Gegensatz zu stehen scheint zu ihrer anfänglichen Selbstdarstellung. Ursula, die autonome und emanzipierte Frau, zeigt Sehnsucht nach Ge-

borgenheit und stabiler Zugehörigkeit, die sie in ihrer Angst vor Verlassenwerden und Verletztwerden verborgen gehalten hatte. Sie fürchtet, wertlos für einen Partner zu sein, wenn sie von ihm abhängig würde, und denkt dabei an ihren Vater, der Suizid beging, als er ernsthaft erkrankt war. Vielleicht fürchtet Ursula ganz allgemein, sich an die Behausung mit Walter zu gewöhnen, so daß der Verlust von ihm für sie zur lebensbedrohlichen Katastrophe werden könnte. Walter, der zunächst eher als unreifer junger Mann geschildert wurde, erscheint zunehmend als Partner, der sich fraglos mit der Beziehung identifiziert und damit bei Ursula Wünsche nach stabiler Zugehörigkeit ermöglicht, die sie vorher nie zugelassen hätte.

Alex, 37jährig, 11 Jahre verheiratet, «dreieinhalb» Kinder

Ich bin in Hamburg geboren. Monika lernte ich in Heidelberg kennen, wo ich Medizin studierte. Als es dann klarer wurde, daß ich die Beziehung zu ihr aufrechterhalten möchte, faßte ich den Entschluß, in die Schweiz zu kommen. Monika ist in Bern aufgewachsen. Wir wollten uns in der Schweiz irgendwo niederlassen, wo keines von uns zuvor zu Hause gewesen war. So sollte es für beide ein Neubeginn sein. Die Arbeitsstelle, welche mir in Aussicht gestellt worden war, bekam ich dann allerdings nicht. So war ich arbeitslos. Wir merkten dann, daß die ganzen Probleme mit der Arbeitsbewilligung usw. nicht lösbar waren ohne Heirat. Das war der Grund, weshalb wir sehr plötzlich heirateten. Das fand auch in der äußeren Form seinen Ausdruck. Wir heirateten im kleinstmöglichen Kreis, nur gerade mit den zwei Trauzeugen zusammen. Ich habe unseren Hochzeitstag in schöner Erinnerung, das muß ich sagen. Ich war arbeitslos und besorgte den Haushalt, Monika war berufstätig. Wir sagten niemandem, daß wir zu heiraten dachten. Eine Woche vorher informierten wir unsere beiden Mütter. Meine Mutter ist geschieden, Monikas Mutter ist verwitwet. Ihre Mutter hatte natürlich einen heiligen Zorn. Unbewußt spielte auch mit, daß ich mir eine Hochzeit im Familienkreis nicht hätte vorstellen können. Der eine Grund war ich wohl selbst. Ich war damals fünfundzwanzig. Zum anderen hatte ich kein unbelastetes Verhältnis zu ihrer Mutter. Ich wurde zwar zunächst gut in die Familie aufgenommen, als es dann jedoch konkreter wurde, wehrte sie sich dagegen, daß ihre letzte Tochter die Frau eines Arbeitslosen werden sollte. Sie hatte jedoch auch mit den Partnern der drei anderen Kinder Mühe gehabt. Meine Mutter ist ebenfalls eine starke Persönlichkeit, zu der die Beziehung noch heute problematisch ist. Ich habe den Schritt vom Kind zum Erwachsenen eigentlich nie richtig vollziehen können. Wenn meine Mutter und ich zusammen sind, kommt es meist schnell zu heftigen Auseinandersetzungen. Ich reagiere wie ein aufbegehrendes Kind gegen eine repressive Mutter. Als ich ihr meine Heiratsabsicht mitteilte, war sie sehr dagegen. Ich hätte mir die Hochzeit jedenfalls nicht mit Tanz und Kapelle vorstellen können, und deshalb fand ich es für uns schön und angemessen, in dieser Form zu heiraten. Wir schliefen aus, gingen dann in die Stadt zum Juwelier, um Trauringe auszusuchen. Der machte große Augen, als er fragte, auf wann wir diese Ringe bräuchten und wir sagten: «Wir heiraten heute, es geht aber auch ohne Ringe.» Wir gingen dann heim, hatten dort mit Luftballons und Papierschlangen dekoriert, die beiden Trauzeugen spielten lustig mit. Wir machten einen kleinen Apéritif und gingen dann aufs Standesamt. Die beiden Trauzeugen gingen danach heim, und wir nahmen das Nachtessen im Rössli. Insgesamt ein schöner Tag, aber den Hochzeitsvorstellungen meiner Frau hat das nicht so entsprochen. Sie war sehr nervös. Ich hatte vielleicht auch aus einer gewissen Unsicherheit heraus die Hochzeit verdrängt. Na gut – ich bin jetzt ja schon mitten in unserer Beziehungsgeschichte drin. Ich fand dann eine Stelle und eine Wohnung und kam ans Kantonsspital als Assistenzarzt, später in verschiedene Praxen und bin jetzt seit zwei Jahren in einer Gemeinschaftspraxis. Vor einem Jahr bin ich eingebürgert worden und legte daraufhin noch das schweizerische medizinische Staatsexamen ab. Wir waren drei Jahre kinderlos. Das älteste Kind ist jetzt siebenjährig, Monika ist zur Zeit zum viertenmal schwanger. Geplant war keines der Kinder, erwünscht waren alle. Alle waren uns willkommen. Wir haben drei Knaben. Meine Frau hatte mehrmals geäußert, es fehle ihr eine zweite Frau in der Familie. Sie fühle sich etwas auf einsamem Posten gegen uns vier Männer. Unsere Buben sind typische Buben, lebhaft und aggressiv. Es geht den ganzen Tag sehr wild zu. Bei unserer Familienplanung zeigt sich auch eine unbewußte Hoffnung auf ein weiteres Kind. Ich hatte immer Mühe gehabt mit der Vorstellung, mich sterilisieren zu lassen. Das hätte ich innerlich nicht gekonnt. Meine Frau hat nie Verhütung mit der Pille betrieben. Sie hatte sich nie einem Hormondiktat unterwerfen wollen. Die Spirale war uns auch unsympathisch. Nach dem vierten Kind sollte es dann aber aufhören. Wir fühlen uns gegenwärtig sehr gefordert. Im Moment sind zwei der Kinder ferienabwesend, da spüren wir ein rechtes Aufatmen. Der dreijährige Hannes ist nun erstmals mit uns allein. Da merke ich erst, wie sehr das laufend kracht und tätscht, wenn alle anwesend sind. Wir haben ein Sechszimmerhaus gemietet in einer kinderfreundlichen Umgebung. Wie wir das mit der Schwangerschaftsverhütung lösen wollen, ist uns immer noch nicht klar.

Der Werdegang meiner Frau war so, daß sie hier in Zürich zuerst als Krankenschwester gearbeitet hat. Dann besuchte sie eine private Kunstgewerbeschule. Sie hatte eine traumatisierende Schulzeit hinter sich und konnte sich in dieser Schule erstmals öffnen und in einer Gruppe entfalten. Das war für uns beide eine sehr gute Zeit. Dann gingen wir mit dem Rucksack auf eine große Amerikareise. Das war eine Phase, in welcher unsere Beziehung etwas perspektivelos geworden war. Wir kamen dann schwanger – das heißt natürlich meine Frau – von dieser Amerikareise zurück, wir hatten das vorher weder bewußt angestrebt noch bewußt verhindert. Jedenfalls gab uns das eine neue Zielrichtung und ließ unsere Beziehung konkreter werden. Es war damals für mich immer noch nicht klar, ob ich in der Schweiz bleiben solle. Mit der Schwangerschaft wurde alles anders, und das war uns nicht unwillkommen. Meine Frau konnte noch die Kunstgewerbeschule abschließen, und dann wurde Manuel geboren. Es kam eine unruhige Zeit mit mehreren Wohnungs- und Stellenwechseln und praktisch jedes zweite Jahr ein Kind. Manchmal sehne ich mich nach etwas Ruhe, möchte mal hinsitzen und alles überdenken. Es ist alles so atemlos. Unsere Entwicklung ist in den letzten acht Jahren überstürzt gewesen. Es gab viele, auch äußere Veränderungen, die immer wieder Umstellungen erfordern. Für uns zwei ist es eine Zeit, wo wir von der Entwicklung einfach mitgerissen werden und nicht dazu kommen, aktiv unsere Beziehung zu gestalten. Wir kommen kaum zum Reflektieren. Monika möchte wieder berufstätig sein. Sie könnte an sich bei mir in der Praxis mitarbeiten. Sie wäre dazu sehr geeignet. Sie ist kontaktfreudig und spontan, sie hat das, was mir eher fehlt. So könnten wir uns gut ergänzen. Sie kann sich aber nicht vorstellen, mit mir zusammenzuarbeiten. Sie möchte nicht die Angestellte von mir sein. Das halte ich auch für richtig. Aber jetzt kommt ja noch ein Kind, womit klar ist, daß sie die nächsten vier Jahre wieder Hausfrau sein wird. Sie möchte die Kinder keinesfalls abschieben. Da stimmen wir diskussionslos überein, daß Monika, solange die Kinder noch klein sind, die Mutter- und Hausfrauenrolle voll ausfüllt. Wir hatten zweimal ein Au-pair-Mädchen und hatten dabei Glück. Wir suchen jetzt auch wieder ein Au-pair. Wir haben keine Großeltern in der Nähe, können aber die Kinder kurzfristig weggeben. Die Nachbarn schauen schon nach den Kindern, wenn wir mal ausgehen wollen. Wir sind in den letzten sieben Jahren nie einen Tag völlig allein gewesen. Es ist schwierig, drei Kinder irgendwo abzugeben.

Kommentar:
Das Zusammenleben von Alex und Monika entwickelt sich wenig geplant, vielmehr wird es laufend von den sich fast überstürzenden äußeren Ereignissen bestimmt, insbesondere durch die nicht geplanten Geburten der Kinder. Das Paar schafft sich so die äußere Behausung, welche ihre persönlichen Entwicklungen leitet und die Diskussion von Alternativen des Zusammenlebens, insbesondere was die Berufstätigkeit von Monika anbetrifft, einengt. Die selbstgestalteten Rahmenbedingungen geben ihrem Leben Ziel und Richtung. Es könnte eine Gefahr bestehen, daß Alex und Monika wegen der hohen Beanspruchung durch die Kinder die Pflege ihrer Zweierbeziehung vernachlässigen.

Als Jugendlicher war ich eher schüchtern. Tanzstunden nahm ich nur mit Ach und Krach auf mich. Ich hatte keine Beziehung zu Mädchen, bis ich siebzehn war. Damals hatte ich ein Mädchen kennengelernt, sie hieß Gabi, sie war intellektuell ein gleich starker Partner. Sie wurde später Journalistin. Diese Beziehung war für mich sehr prägend. Ich schloß damals mein Abitur ab und war völlig frei und ohne konkrete Berufswünsche. Ich begann dann Medizin zu studieren. Gegen meinen Willen wurde ich nach Heidelberg transferiert, weil ich in Hamburg trotz gutem Abitur keinen Studienplatz bekam. Gabi war meine erste Sexualpartnerin. Als ich in Heidelberg studierte, wurde die Beziehung zu Gabi vorwiegend aufs Briefeschreiben eingeschränkt, mit starker Sehnsucht, ich war ja sehr verliebt. Ich lebte auf die erste Vorprüfung hin. Gabi kam dann mal nach Heidelberg auf Besuch. Nach bestandener Prüfung fuhr ich gleich nach Hamburg zurück. Es hieß, sie habe eine Stelle in der Nähe gefunden. Ich hatte immer geglaubt, sie werde in Heidelberg arbeiten. Als ich sie in ihrer Wohnung aufsuchte, fand ich sie dort mit einem anderen Freund. Das war für mich völlig unerwartet. Ich fiel in ein Loch. Während meiner ganzen Examensvorbereitung hatte ich auf den Zeitpunkt hingefiebert, in welchem ich aufatmen und mit ihr zusammen glücklich sein könnte, und in dem Moment, wo dies möglich geworden wäre, zerbrach alles. Ich ging danach nur noch zögernd neue Bekanntschaften ein, bis ich Monika kennenlernte. Sie arbeitete in der Chirurgischen Poliklinik. Auf den ersten Blick verliebte ich mich in sie. Am nächsten Tag trafen wir uns zufälligerweise dreimal hintereinander im Lift. Ich bin an sich eher schüchtern – das heißt nein, das stimmt auch nicht ganz. Es gibt Situationen in meinem Leben, Schlüsselerlebnisse, wo ich mich völlig spontan entschieden habe. Die wichtigen Entscheidungen in meinem Leben waren immer Spontanentscheidungen, die ich am Tag zuvor nicht hätte treffen können. Situationen, wo ich aus einer Laune heraus, aus einer plötzlichen Offenheit, mich entschieden habe.

Monika ist ganz anders als Gabi. Gabi war eher eine kühle Norddeutsche, intellektuell, weniger offen im Zugehen auf andere, eher rational bestimmt. Monika ist eher spontan, fröhlich, gefühlsdominiert, das hat mich sehr angezogen. Bis vor wenigen Jahren hatte ich einen bestimmten Typ Frau, auf den ich geflogen bin. Diesem Frauentyp entspricht eher Gabi, Monika dagegen gar nicht. Sie lacht darüber und bezeichnet diese Frauen im Familienslang «Helga aus Hamburg», das ist diese coole, rationale, intellektuelle Frau, kurzhaarig, mit Brille, Lehrerinnentyp. «Helga aus Hamburg» ist das frauliche Gegenstück zu mir – nein, ich fühle mich eigentlich nicht von einem sehr fraulichen Typ angezogen, etwa so südländische, vollbusige Mamatypen, nein, es sind eher so die Knabenhaften, Verschlossenen, intellektuell Dominierenden, die mich herausfordern. Hier liegt vielleicht ein gewisses Manko in der Beziehung zu Monika. Ich weiß noch nicht, wie sich das später auswirken wird. Wenn die Kinder sich mal ablösen werden, muß unsere Beziehung einen neuen Anfang finden, ich weiß noch nicht, wie wir das angehen werden. Es ist nicht so, daß ich davor Angst hätte. Aber ich sehe da schon ein gewisses Sprengpotential. Es gibt bei uns eine intellektuelle Niveaudifferenz. Ich war früher ein intellektueller Typ, trotz meiner Spontanentscheide. Da war bei mir ein Widerspruch. Einerseits spontan, andererseits intellektuell-rational. Damals in Heidelberg führte ich eine monologische Existenz, war ein Nachtmensch und las viel. Jetzt könnte ich das nicht mehr und hätte dazu auch keine Zeit mehr.

Kommentar:
Alex erkennt, wie sehr ihr Zusammenleben nicht von innen, sondern durch die äußeren Ereignisse thematisiert wird. Er empfindet sich selbst als widersprüchlich. Er schildert sich auf der einen Seite als eher introvertierten Intellektuellen, der sich von herausfordernden Frauen angezogen fühlt, andererseits berichtet er, wie er sich auf den ersten Blick in Monika verliebt hatte, die er als eher mütterlich und im traditionellen Sinne fraulich schildert. Es stellt sich die Frage, ob Monika als Reaktion auf die Enttäuschung mit der intellektuellen Gabi gesucht wurde oder ob Monika in ihm eine Entwicklung auslöste, die zuvor nicht hatte in Gang kommen können.

Monika und ich gingen sieben Jahre miteinander, bis die Kinder kamen, eine lange Zeit. Wir haben gefühlsmäßig die gleiche Wellenlänge. Es gab schon in den ersten Wochen, in denen wir uns kannten, Erlebnisse im Alltag, immer wieder Situationen, wo wir beide, ohne etwas zu sagen, spontan über dasselbe lachen mußten. Oder daß wir vom anderen wissen, was er empfindet. Monika kennt mich sehr gut auf der Gefühlsebene. Sie spürt meine Gefühle oftmals stärker oder früher als ich selbst. Auf der emotionalen Basis spüre ich eine große Sicherheit in der Beziehung zu ihr, auch in der Sexualität. Ich habe durch sie gelernt, eine gewisse Selbstbeschränkung zu akzeptieren, das Leben leichter zu nehmen – nein –, das ist nicht ganz richtig. Wenn ich Probleme wälze, bin ich lange monologisch. Monika meint dann, ich sei nicht mitteilsam für das, was mich wirklich bewegt.

Die Beziehung zu Gabi war innerlich noch lange nicht fertig. Selbst als ich schon verheiratet war, wäre ich zu Gabi zurückgekehrt, wenn sich die Möglichkeit geboten hätte. Ich traf sie dann nochmals, als wir schon ein Kind hatten, und da hatte ich dann doch das Gefühl, daß wir uns stark auseinanderentwickelt haben. Die aktuelle Gabi entsprach nicht mehr der Gabi, so wie ich sie in Erinnerung hatte. So konnte ich diese Beziehung beenden. Ich mußte Gabi dazu einfach noch einmal sehen.

Kommentar:
Offenbar entwickelt sich im Zusammenleben mit Monika die emotionale Seite von Alex stärker, so daß er bei einem erneuten Zusammentreffen mit Gabi, der er weiterhin nachgetrauert hatte, feststellte, daß sie sich auseinanderentwickelt hatten. Diese Passage zeigt, wie intensiv die persönlichen Entwicklungen in einer Beziehung aufeinander bezogen sein können, so daß man sich beim Zusammentreffen mit einem früheren Partner befremdet gegenübersteht.

Meine Mutter ließ sich scheiden, als ich zwei war, heiratete dann wieder, als ich vier war, einen Zahnarzt und ließ sich wieder scheiden, bevor ich das Studium begann. Gefühlsmäßig war ich immer ein Einzelkind. Ich war mehr als vier Jahre älter als meine Halbschwester aus zweiter Ehe der Mutter. In der Familienkonstellation wurde ich immer zurückgesetzt. Vielleicht kam auch von daher der Wunsch nach vielen Kindern. Wenn es in einem Konflikt darum ging, ob meine Schwester oder ich etwas bekommen, bekam es immer die Schwester, vor allem von seiten des Stiefvaters. Sie konnte auch besser fordern als ich. In der Familie fühlte ich mich nie geborgen oder dazugehörig. Auch die zweite Ehe meiner Mutter war nicht gut, sie blieb eigentlich nur aus wirtschaftlichen Gründen beim Stiefvater. Das hoffte ich mit der eigenen Familie anders zu machen. Ob ich Angst habe, die schlechten Ehen meiner Mutter könnten sich bei mir wiederholen? Es mag sein, daß ich vielleicht Angst hätte vor einer sehr starken Frau, das mag sein. Gabi war damals die reifere Persönlichkeit als ich. Bei Monika fühle ich mich sicherer und geborgener. Ich fühlte mich bei ihr schnell zu Hause. Ich wohnte in Heidelberg lange bei Monika, obwohl ich zum Studieren noch meine Studentenbude hatte. Sie ist für mich ein fester Boden, das brauche ich. Wir konnten miteinander etwas aufbauen und kooperieren gut miteinander.

Kommentar:
Es werden die Hintergründe der Partnerwahl von Alex deutlicher. Seine Mutter hatte sich zweimal scheiden lassen. Alex hatte als Kind wenig familiäre Geborgenheit erfahren und sehnte sich nach dem festen Rückhalt einer intakten Ehe und Familie. Er hatte Angst, das Schicksal der gescheiterten Ehe seiner Mutter könnte sich bei ihm wiederholen. Das wollte er auf jeden Fall vermeiden.

Was ich unbedingt vermeiden möchte, ist, die Kinder in Streitigkeiten zu mißbrauchen. Wir versuchen sehr, als Familie eine Gruppe zu sein. Wir möchten den Kindern vorleben, wie man auch im Streit wieder zueinanderfinden kann. Monika ist eher jemand, der bei Meinungsdifferenzen einen Graben bestehenlassen kann, während ich sehr stark das Bedürfnis habe, wieder auf den anderen zuzugehen. Immer bin ich es, der die Scherben wieder zusammenkitten muß. Ich kann das aber auch gut. So übernehme ich das eben auch für Monika.

Eine offene Krise gab es bisher nur einmal, als ich, noch bevor wir das erste Kind hatten, kurzfristig in eine andere Frau verliebt war. Monika spürte das sehr schnell. Sie fühlte sich deswegen als Mensch in Frage gestellt und zurückgestoßen. Ich war Feuer und Flamme für die andere, fast pubertär. Sonst gab es keine eigentlichen Krisen zwischen uns. Wir haben, seit wir uns kennen, eine gute Beziehung – vielleicht muß ich das etwas einschränken. Monika hat mich einmal dazu gebracht, eine Psychoanalyse zu beginnen. Anlaß war, daß ich mich im Straßenverkehr verirrt hatte. Sie konfrontierte mich mit der Bemerkung: «Jetzt hast du dich wieder verfahren.» Wir schrien uns an, und da wollte sie aussteigen. Das kann ich überhaupt nicht ertragen, wenn mich jemand in einer Konfliktsituation allein läßt, wo ich den Wunsch habe, das auszutragen. Das erinnert mich an Situationen mit dem Stiefvater, der sich auch immer verfuhr und dann einfach ausstieg, wenn die Mutter ihn ausschimpfte. Als Monika drohte auszusteigen, da habe ich in meinem Schmerz ihre Hand an mich gerissen und sie gebissen. Das hat sie total schockiert. Sie sagte, ich sei völlig unfähig, mit einem Streit umzugehen. Sie sagte, sie fände es gut, wenn ich in psychiatrische Behandlung ginge. Ich hatte ja auch noch andere Probleme. Ich ging für zwanzig bis dreißig Sitzungen zu einer Psychiaterin und brach dann ab. Ich hatte das Gefühl, das bringe mich nicht weiter. Die Psychiaterin saß nur schweigend da und gab keine Anstöße. Es war ja Monikas Wunsch, daß ich ein Problem, das in meiner Tiefe liegt, intensiver bearbeite. In manchem hat mir das trotzdem geholfen. Das war in der Zeit, bevor wir Kinder hatten. Das war auch die Zeit, wo ich in diese andere Frau verliebt war. Kurz darauf begaben wir uns auf eine Amerikareise. Im Grand Canyon hatten wir einen heftigen Streit, daraufhin schliefen wir miteinander, und wahrscheinlich wurde sie damals erstmals schwanger.

Kommentar:
Alex scheint sehr darauf angewiesen zu sein, Streitigkeiten mit Monika umgehend zu bereinigen. Er kann Spannungen mit ihr schlecht aushalten. Mein Eindruck ist, daß die Erinnerung an die familiäre Ungeborgenheit seiner Kindheit den starken Wunsch bildete, sich in der eigenen Familie einen sta-

bilen emotionalen Boden zu schaffen, mit vielen Kindern und viel Gemeinsamkeit. Es wäre denkbar, daß er dazu neigt, Konflikte mit Monika zu vermeiden, indem er äußere Tatsachen schafft, welche das Austragen tieferer Krisen und damit die Gefahr des Auseinanderbrechens der Beziehung verhindern. Er möchte sich damit vor der Wiederholung der gescheiterten Ehen seiner Mutter schützen, weicht aber vielleicht auch notwendigen Krisen in der Beziehung zu Monika aus. In diesem Sinne wäre es wichtig gewesen, den Gründen für sein heftiges Verliebtsein in eine andere Frau, welches Monikas erster Schwangerschaft vorangegangen war, zu reflektieren.

Cécile, 55jährig, 26 Jahre verheiratet, fünf erwachsene Kinder

Ich habe vor einiger Zeit wieder zu studieren begonnen. Als die Kinder noch zu Hause waren, hatte ich bereits einzelne Kurse in Transaktionsanalyse absolviert. Ich wollte damals noch nicht mit einem Pädagogikstudium beginnen, um dann dort zu lernen, daß ich als Mutter eigentlich besser zu Hause bei den Kindern geblieben wäre. Heute sehe ich es etwas anders und denke, ich hätte schon früher mit diesem Studium beginnen können. So ganz genau weiß ich es nicht, es ist jetzt einfach so gelaufen. Unser jüngstes Kind hat vor zwei Jahren die Matura gemacht. Wir haben fünf erwachsene Kinder. Alle stehen noch mit einem Fuß zu Hause, aber alle haben noch eine andere Adresse, ein Zimmer oder einen Anteil in einer Wohngemeinschaft. Jetzt verbringe ich den ganzen Tag mit dem Studium, habe enorme Freude und Interesse daran, bin aber oft auch unsicher, habe Angstträume von völligem Versagen im Examen, einfach auch Selbstwertprobleme. Ernst, mein Mann, ist Physiker. Ich habe in meiner Jugend Medizin zu studieren begonnen, bin dann aber beim zweiten Vorexamen durchgefallen und habe es nicht ein zweites Mal versucht, sondern einen Job in einem Spital gefunden und bald darauf geheiratet. Ich wollte schon immer Kinder haben. Ernst ist einige Jahre jünger als ich.

Mit meiner Ehe habe ich eine unglaubliche Chance gehabt, trotz aller Pathologie. Ernst hat mir sehr viel Freiheit gelassen, nicht, daß ich dies ausgenutzt hätte, er ließ mir immer die Möglichkeit, meine Interessen zu pflegen. Daß ich zum Beispiel jetzt studiere, freut ihn. Er ist sehr fürsorglich, und darüber bin ich froh, weil meine Mutter überhaupt nichts Fürsorgliches gehabt hatte und ich diesbezüglich besonders früher ein enormes Defizit empfunden habe. Dies hat mir mein Mann in hohem Maße gegeben, aber unsere Ehe ist dann vielleicht allzu symbiotisch geworden – ich benütze jetzt einfach dieses Modewort. Ich gewöhnte mich an diese Quelle von Wärme. Wenn er selbst Probleme hatte, wurde es schwierig. Er konnte dann plötzlich kühl und distanziert werden, und ich kriegte Panik und verstand diesen Wechsel nicht. Er war vielleicht überfordert, aber er sagte eben nichts, wenn er überfordert war. Ich finde es problematisch, daß er zuwenig äußert, was ihm nicht paßt. Er meint, er müsse es allen Menschen recht machen. Voller Hingabe macht er alles für mich, wenn ich aber etwas für ihn mache, wird er nervös und gespannt und ist gar nicht glücklich darüber. Er ist viel lieber der Gebende als der Nehmende, ja er ist sogar direkt darauf angewiesen, der Gebende zu sein, und dies ist der Punkt, wo es für mich schwierig wird – ich möchte gerne abwechseln. Jahrelang hatten wir zum Beispiel ein Theater beim Frühstück. Er duschte und machte sich zurecht, während ich das Frühstück bereitete, und er kam dann fast regelmäßig mit saurer Miene an den Tisch. War ich aber einmal krank und blieb mit Fieber im Bett, machte er mir hingebungsvoll einen Tee und servierte ihn mir auf dem Tablett. Alles sehr liebevoll, aber von mir hätte er nichts angenommen – natürlich ist das nur meine Sicht. Ich bekam zuwenig Bestätigung für mein eigenes Tun. Ich kam mir unnütz vor, weil ich ja keinen anderen Beruf hatte, durch den ich allenfalls außerfamiliäre Rückmeldung hätte bekommen können. Natürlich war ich Mutter – Hausfrau hatte ich nie überbewertet. Ich putzte nicht viel (was immer noch längst genug zu tun gibt), mir war es wichtig, daß sich die Leute in unserer Familie wohl fühlen. Das ist mir trotzdem nicht so recht gelungen. Ich weiß auch nicht, weshalb. Es gab so viel Streit zwischen meinem Mann und mir, da haben die Kinder auch drunter gelitten.

Kommentar:
Vordergründig verhielt sich Ernst so, wie es sich manche Frau erträumen würde: hilfsbereit, aufmerksam und familienorientiert. Allmählich bekam Cécile jedoch den Eindruck, Ernst dränge sie damit in eine Helferkollusion, wo er für sich die progressive Position des unentbehrlichen Helfers beansprucht und sie damit in eine regressive Position der Hilflosigkeit drängt. Ernst versagte ihr jede Möglichkeit, sich ihm gegenüber als Helferin zu bestätigen.

Seit ich an der Uni bin, ertrage ich das besser. Aber zuvor hatte ich eben zuwenig positive Rückmeldung. Ich habe ja nichts verdient und habe kein Leuchten in den Augen der andern gesehen. Was ich tat, freute niemanden (zumindest kam es mir so vor), und der Dank kam mir gekünstelt vor. Wir rivalisierten um die Kinder. Seine Mutter ging morgens um fünf Uhr mit dem Staubsauger durch das Haus, und er erwachte mit schlechtem Gewissen, wenn er sie wirken hörte. Als die Kinder klein waren, hat er mir viel geholfen, das hat ihm gefallen und mir auch. Zunächst war es wichtig, weil ich fast zusammenklappte, später war es nicht mehr so nötig. Nachts hat er oft den Kindern die Flasche gegeben. Aber es ist eine Rivalität zwischen uns da. Wenn ich ein Kind einmal anschimpfte, schaute er mich finster an und zeigte dem Kind sein Wohlwollen, was ich schon auch verstehe, weil er sich sehr mit den Kindern identifizierte. Er hatte sehr darunter gelitten, daß man ihn als Kind streng behandelt hatte. Er ist meiner Meinung nach viel zu streng behandelt worden. Das wollte er bei seinen Kindern besser machen, aber ich fühlte mich dabei oft sabotiert. Mir schien manchmal, als schließe er sich mit den Kindern gegen mich zusammen, aber es war nie faßbar.

Kommentar:
Auch in der Umsorgung der Kinder entstand zwischen Cécile und Ernst Rivalität. Cécile fühlte sich durch Ernst in die Rolle der bösen Mutter gedrängt, indem er sich mit den Kindern gegen sie solidarisierte, wenn sie mal schimpfte. Offenbar bekämpfte Ernst in Cécile die strenge Mutter seiner Kindheit. Cécile hatte damit manches zu übernehmen, das im

Grunde nicht ihr gegolten hätte. Das zu ertragen war für Cécile besonders schwer, weil Mutter zu sein ihr eigentlicher Beruf war.

Zu den Kindern habe ich heute ein akzeptables Verhältnis. Eine Zeitlang war es ziemlich schlimm, da schrien wir uns gegenseitig an: «Ihr mit euerm ewigen Zoff!» sagten sie. Sie hielten sich nicht an Abmachungen und ließen uns hängen. Aber es sind wohl *minor problems.* Keines ist drogenabhängig geworden, keines psychotisch – aber gehascht haben sie alle. Die zwei Jüngsten suchen noch ihren Weg, vor allem der Zweitjüngste. Man wußte bis zum letzten Moment nicht, ob er die Matura bestehen wird. Er ging in die psychologische Berufsberatung. Der Berufsberater befand ihn als normal intelligent und begabt, aber in der tiefsten Motivationsschicht ist es nicht so klar. Das belastet mich. Ich mache mir Sorgen, ob er seinen Weg finden wird, ob er glücklich werden kann. Die andern Kinder sagen, dieser Sohn sei mein Lieblingskind.

Ich war, bevor wir uns kennenlernten, ziemlich unglücklich – eigentlich nein, so kann ich nicht sagen, unglücklich war ich anfangs vor allem mit den Jungen. Ich fühlte mich häßlich, fürchtete, nicht zu gefallen, es mit ihnen nicht so zu können. Daneben hatte ich aber viele Interessen. Bezüglich Jungen hatte ich einen Knacks. Ich schwärmte von weitem Schauspieler an, es war immer so unrealistisch. Bevor ich Ernst kennenlernte, hatte ich schon einmal eine Beziehung zu einem Mitstudenten. Das ging ganz unglücklich aus. Ernst lernte ich mit fünfundzwanzig kennen, als ich erstmals von zu Hause weg war. Damals organisierte ich viele Feste, lud viele Leute ein, lebte so, wie es mir gefiel, studierte aber auch mit großem Interesse Medizin. Als ich meinen Mann das erste Mal sah, kam er mir sehr ernst vor. Er trug einen Hut, und ich dachte: «Um Himmels willen, weshalb trägt der einen Hut?» Den hatte ihm seine Mutter gekauft, und so trug er ihn eben brav. Er ist so konziliant und akzeptiert vieles, wenn es ihm nicht total gegen den Strich geht. Das mit dem Hut zu erwähnen ist vielleicht etwas merkwürdig, aber es hat mich irgendwie beeindruckt. Er kam mir auch ruhig und bedächtig vor. Er war in Physik sehr gut, das sprach sich herum. Da lieh er mir einmal seine Physikvorlesung aus. Zu Hause passierte mir ein Unglück, ich leerte Wasser über die erste Seite aus. Ich dachte: «Um Himmels willen, er hat alles so schön geschrieben, alles aus seinen Notizen nochmals ins reine geschrieben!» Ich wußte nicht, wie ich es ihm mitteilen sollte. Er aber lachte nur und sagte: «Das macht doch nichts.» Das beeindruckte mich, daß er auf der einen Seite so genau ist und anderseits so großzügig sein kann. Das imponierte mir sehr. Ich war damals eine aufgeweckte junge Frau, hatte Freude am Studium, obwohl ich zuwenig intensiv lernte. Ich liebte es, zu diskutieren und Feste zu feiern. Sportlich war ich gar nicht. Ich wollte vor allem heiraten und Kinder haben. Ärztin zu werden war eine andere Möglichkeit von mir. Ich war vorher zirka ein Vierteljahr lang bei einem Psychiater in Behandlung gewesen. Der hatte mit mir den Szenotest gemacht. Eine Szene stellte verschlüsselt die Medizin dar, sozusagen. Eine andere Szene eine Wohnung, Kinder, Leben, Direkt-drin-Sein. Die erste Seite war mehr reflektierend, die andere mein gelebtes Leben.

Bei Ernst stand der Beschützer im Vordergrund. Ich fühlte mich nie von jemandem so beschützt wie von ihm. Ich fand ihn auch schön. Ich war sehr verliebt in ihn, aber als ich ihn kennenlernte, war ich noch in einen andern verliebt. Ich stieß dabei jedoch auf keine Gegenliebe. Mein Mann und ich freuten uns sehr aufs Heiraten. Ich verdiente nur wenig. Wir mußten finanziell sehr knapp rechnen. Über unser erstes Kind freuten wir uns so, daß wir es «unser Weihnachtsgeschenk» nannten. Trotz der Freude hatte ich Angst, überfordert zu sein, es nicht zu schaffen. Ich habe eine gewisse Unsicherheit in mir, ich bin schnell ermüdbar, kann nicht soviel ertragen. Das Kind wurde zu früh geboren, das Stillen war aufwendig, weil ich nicht genug Milch hatte. Ich hatte viel Freude an den Kindern. Es hatte für nichts anderes mehr Platz. Ich brachte mich nur fast nicht über die Runden, ich war so erschöpft. Die Kinder waren von uns beiden erwünscht, aber ein bißchen zwiespältig war es dennoch, vielleicht weil sie so kurz nacheinander geboren wurden. Ich habe immer eine Hilfe haben wollen, aber es war mit dem Assistentenlohn meines Mannes schwierig, jemanden zu finden. Die fünf Kinder haben sich dennoch gut auf unsere Ehe ausgewirkt.

Kommentar:
Ernst hatte Cécile nicht nur aus eigener Motivation in die Helferkollusion hineingedrängt. Bei der Partnerwahl war Cécile fasziniert gewesen von Ernst, der ihr tolerant, großmütig und zuverlässig erschienen war und ihr die Möglichkeit in Aussicht gestellt hatte, durch Gründung einer großen Familie sich als Mutter zu verwirklichen. Der Bildung einer Helferkollusion, die im Interview zuerst dem Bestreben des Mannes zugeschrieben wurde, sich als Helfer bewähren zu wollen, kamen die besonderen Umstände in der Familiengeschichte entgegen. Cécile war durch die fünf Geburten so erschöpft, daß sie Ernst als Helfer benötigte. Die Effizienz des Mannes verstärkte jedoch ihre mütterlichen Selbstzweifel und Insuffizienzgefühle. Das brachte sie in eine nicht lösbare Konfliktsituation. Einerseits benötigte sie die Hilfe von Ernst, auf der anderen Seite fühlte sie sich durch seine Hilfe entwertet.

Ein großes Problem war, daß Ernst sich nach Meinung seines Chefs hätte habilitieren sollen. Ernst sagte immer: «Ich kann das nicht, ich schaffe es nicht.» Er nahm alle Jahre einen Anlauf, er gab immer wieder auf. Er hatte immer wieder den Eindruck, was er mache, sei nichts wert. Er zweifelte an sich selbst. Doch litt er darunter, daß andere eine akademische Karriere machten. Es gab Gerüchte, die immer wieder zu mir kamen, ich sei schuld, daß er sich nicht habilitiere. Er traute es sich aber einfach nicht zu, was ich sehr schade finde, denn ich halte ihn für begabt. Es hieß, er habe die falsche Frau geheiratet. Es waren die Frauen der Kollegen, die das sagten. Es ging auch das Gerücht, ich sei sehr intelligent. Auch das stimmt nicht. Als die Kinder klein waren, hatte ich nicht so häufig Leute eingeladen, wie ich das hätte tun sollen, und das wurde mir übelgenommen. Vielleicht hängt es auch mit der Art zusammen, wie sich Ernst verhalten hat. Man wollte einfach den Grund anderswo suchen als bei ihm selbst. Das hängt wohl mit dem Bild zusammen, welches gewisse Frauen von ihren Männern haben. Die Frauen der Kollegen dachten wohl, es sei ihr Verdienst, daß ihre Männer sich habilitiert hätten, und wenn sich dann einer nicht habilitiert, dann liegt's eben an der Frau. Ich spüre, es macht mich ganz sauer, wenn ich nur daran denke. Ich war nicht so statusinteressiert wie diese andern Frauen. Für die andern war das sehr wichtig. Auch, daß man immer die besten Kleider trägt. Es kam mir alles so falsch vor, das hat mich angewidert. Vordergründig waren sie freundlich und hintenherum ganz anders. Weshalb Ernst nicht wissenschaftlich gearbeitet hat, weiß ich nicht. Sicher war er sehr an der Familie interessiert. Die Kinder hängen wohl mehr am Vater als an mir, leider ja. Aber ich denke, sie würden über mich schon auch noch ein gutes Wort verlieren. «Juhui, der Papi kommt!» riefen sie jeweils, wenn sie ihn heimkehren sahen. Ich habe das auch gefördert und vermittelte ihnen ein positives Bild von ihm, zumindest als sie klein waren. Später verzweifelte ich halbwegs. Er hatte öfters Tobsuchtsanfälle wegen seiner Habilitation und seiner Existenzsorgen, warf Mobiliar umher und glaubte, vieles stimme nicht mit ihm. Er hatte auch Suizidgedanken. Er ist dann so verschlossen und zieht sich ganz in sich zurück. In diesen Momenten war er dann nicht der Beschützer. Ich lernte dabei, auf eigenen Beinen zu stehen. Ich war für ihn zeitweise ein Hilfs-Ich, das ist über eine gewisse Zeit möglich, aber ich denke, er hätte einmal in eine Therapie gehen sollen. Ich fing mit der Transaktionsanalyse an, als ich dachte, ich halte es nicht mehr aus. Er wollte nicht in eine Therapie. Gemeinsam nahmen wir an therapeutischen Gruppenveranstaltungen teil, er zog sich dann aber immer zurück, wenn es ihm zu heiß wurde.

Kommentar:
Im traditionellen Geschlechtsrollenverständnis fühlte sich Cécile dem sozialen Druck ausgesetzt, ihrem Mann zu einer akademischen Karriere zu verhelfen. Dieser Druck ging offenbar vor allem von anderen Frauen aus, die die berufliche Karriere ihrer Männer ihrer Unterstützung zuschrieben. Cécile widersetzte sich diesen gesellschaftlichen Konventionen, litt jedoch trotzdem unter dauernden Selbstzweifeln, ob sie Ernst stärker in seinen wissenschaftlichen Leistungen hätte unterstützen müssen. Die heutige gesellschaftliche Meinung, daß in einer Partnerschaft für die Berufskarriere jedes selbst

verantwortlich ist, hätte sich für Cécile, aber auch für Ernst entlastend auswirken können. Ohne den sozialen Druck, als Mann eine Karriere machen zu müssen, hätte Ernst sich stärker seinen Vaterfunktionen widmen können, andererseits hätte Cécile ihre beruflichen Interessen stärker zu entfalten vermocht.

Ich könnte mir nicht vorstellen, wie das Leben mit einem andern Mann hätte sein können. Es stört mich nicht, wenn Ernst in einzelnen Bereichen einen andern Geschmack hat als ich. Das ist die Vielfalt des Lebens. Wir können über alles sprechen außer über jene Dinge, bei denen mein Mann Panik bekommt und mich dann auch Panik ergreift. Dinge, die zuinnerst mit dem Selbstwertgefühl gekoppelt sind, wo er Tobsuchtsanfälle bekommt und ich mich frage, weshalb, oder wo ich ihn frage: «Hast du etwas?», und er sagt: «Nein, ich habe nichts», und ich sage: «Ich spüre genau, daß du etwas hast», und er zurückschreit: «Nein, ich habe nichts», so Szenen, wie man sie in hundert Filmen schon gesehen hat. Im besten Fall kommt nach zwei Stunden heraus, daß da doch etwas war, oder es kommt auch erst nach einer Woche heraus, so unbewußte Sachen. Da bekomme ich Angst, unsere Ehe sei irgendwo gar nicht normal.

Wenn ich nochmals beginnen könnte, so würde ich mich mehr gegen dieses Unklare und Bedrohliche wehren. Bedrohlich ist für mich, daß er plötzlich schweigt und sich zurückzieht und mir Dinge zur Last legt, die ich gar nicht gesagt habe. Ich spüre, er ist verdeckt aggressiv gegen mich, und ich weiß nicht, weshalb. Es ist, wie wenn er mir den Boden unter den Füßen wegziehen würde. Er beginnt dann hämisch zu lächeln, und mir wird himmelangst. Ich habe in solchen Momenten oft die Phantasie, er muß irgendeine Geschichte erfinden, um sich einen Freipaß zu verschaffen, mit einer andern Frau etwas anzufangen, weil er es nicht verkraften würde, mich einfach zu verlassen ohne triftigen Grund. Er müßte sagen können, sie ist unattraktiv oder zu alt – das ist aber alles nur meine Phantasie. Er betont, er habe nie so etwas im Sinn gehabt. Gewisse Fragen darf ich ihm nicht stellen, so etwa: «Weshalb hast du da gelacht, als du mir das erzählt hast?» oder: «Weshalb hast du das jetzt gerade so gesagt?»

Das sind Dinge, die er an sich nicht wahrhaben will und die ihn in Panik versetzen.

Wenn ich es vergleiche mit meinen Eltern – ich denke, meine Eltern hatten eine unbefriedigende Beziehung. Ich wollte eine lebendige Beziehung. Meine Eltern kannten viele prominente Leute. Ich maß dem vielleicht zuwenig Bedeutung bei. Ich war ein Einzelkind, das fand ich ganz blöd. In meiner Jugend wünschte ich mir, später einmal viele Kinder zu haben. Es gab dann nicht ganz so viele. Ich war wohl zu erschöpft, die Natur fand, es ist genug. Ich hätte nie eine Abtreibung oder eine Sterilisation machen lassen. Das ist gegen meine Auffassung. Ich denke, die Natur regelt das schon. Natürlich ist das heute für die jungen Frauen anders.

Als Kind durfte ich nie andere Kinder nach Hause mitbringen. Nicht einmal zum Kaffeetrinken. Meine Mutter war Klavierlehrerin und Pianistin. Das ist einer der Gründe, warum ich keinen Beruf ausüben wollte. Ich protestierte gegen meine Mutter damit. Zu unseren eigenen Kindern kamen viele andere Kinder zu Besuch. Ich denke, unsere Kinder hatten es schön, mit Ausnahme der bedrohlichen Spannungen zwischen meinem Mann und mir. Die haben so etwas Destruktives.

Kommentar:
Cécile entschied sich für eine große Familie. Sie wollte damit ihre negativen Erfahrungen in der Herkunftsfamilie korrigieren. Sie war als Einzelkind recht isoliert gehalten worden und wurde zudem durch die Berufstätigkeit der Mutter frustriert. Für sie stand das Muttersein vor der Verwirklichung beruflicher Ambitionen. Sie neigte aber dazu, sich als Mutter über ihre Kräfte zu verausgaben, bis die Natur selbst ihr Grenzen setzte.

Ganz gut geht es, wenn ich während des Semesters viele Vorlesungen und Kurse besuche. Oft bringt mich mein Mann hin oder holt mich ab, wenn es sich zeitlich so ergibt, daß er es mit seinem Arbeitsweg verbinden kann. Er interessiert sich meist sehr für das, was ich ihm von der Uni zu erzählen habe. Aber wenn wir zu Hause sind, wird es trotzdem oft wieder schwierig. Wir waren auch überfordert mit den Ablösungsproblemen der Kinder. Jetzt sind sie nicht mehr zu Hause, so daß wir uns nicht mehr wegen jeder Kleinigkeit Sorgen machen. Wenn sie früher nachts nicht heimkehrten, war mein Mann oft mürrisch. Ich hatte dann das Gefühl, er meine, ich sei zuwenig konsequent gewesen in ihrer Erziehung. Jetzt stimmen wir bezüglich der Kinder eher überein. Auch daß wir gemeinsam musizieren und viele gemeinsame Interessen haben, tut uns gut.

Ich würde alles in allem denselben Mann wieder heiraten, auch wenn ich wüßte, was dabei herauskäme. Ob er auch mich wieder heiraten würde? Es klingt wohl nicht gerade enthusiastisch, wie ich das sage. Wir haben trotz allem sehr viel Positives zusammen. Aber ich würde es anders machen. Ich würde mich mehr durchsetzen. Ich denke, das habe ich zuwenig gemacht. Im Grunde hätte ich viele gute Ideen, die ich zuwenig verwirklicht habe. Die ganze pathologische Seite unserer Beziehung ist unheimlich. Es ist wie eine düstere Wolke. Es kommt mir so vor, wie wenn wir zusammen Schlittschuh laufen würden, und wir könnten unbeschwert über das Eis gleiten, und plötzlich käme ein Loch, in welches wir hineinfallen. Solche Löcher in gefrorenen Seen sind ja bekanntlich lebensgefährlich. Mir kommt es so vor, als erlebten wir immer wieder lebensgefährliche Situationen. Das ist mir sehr unheimlich. Von mir aus hätte ich das nicht so. Ich habe auch meine Schwierigkeiten, aber nicht in dieser Art. Manchmal denke ich, ich verstehe ihn nicht. Er ist es gewohnt, in Krisensituationen nichts zu sagen. Es eskaliert dann alles. Je mehr ich mich beunruhige und errege, desto mehr schweigt er sich aus. Bei beiden kommen dann so archaische Ängste hoch, das ist nicht gut.

Die Zukunft sehe ich eher hell, wie in einen leichten Dunst gehüllt, in Richtung von mehr Bewußtheit und weniger Ausgeliefertsein. Ich setze auch Hoffnungen in mein Studium. Dennoch – um bei meinem Bild zu bleiben – stelle ich mir vor, ich lerne, bloß noch zuzuschauen, wie mein Mann ins Loch fällt, und gehe dann die Rettungsmannschaft holen. Nein, eigentlich fände ich das nicht gut, trotzdem nicht. Ich fände es nicht gut, wenn ich mich retten könnte und ihn sich selbst überließe. Wenn mein Mann einen Tobsuchtsanfall hat, kann ich den Kopf hoch behalten und an seine Vernunft appellieren und ihm helfen, aber das strapaziert mich. In der Nacht darauf erwache ich dann oft mit Angstzuständen, während er ruhig und tief schläft. Ich denke, ich verstehe es gut, aufzufangen. Es ist, wie wenn man bei einem Autounfall mit dem Leben davonkommt. Es ist, wie wenn ich für beide den Verstand behielte und nachher ginge es ihm wieder gut, aber in mir arbeitet es weiter. Ich kann davon nicht unberührt bleiben. Ich glaube, wenn er unverheiratet wäre, hätte er sich vielleicht umgebracht. Er käme mit seinen Löchern schlechter zurecht. Ich hoffe nur, daß jetzt nicht ein zu negatives Bild von meinem Mann entstanden ist, denn er hat auch eine Menge positiver Seiten.

Kommentar:
Ähnlich wie bei Ursula und Alex kehren sich am Ende des Interviews die Positionen der Partner beinahe um. Jetzt erscheint Cécile als diejenige, die ihren Partner vor einem psychischen Zusammenbruch bewahrt, und er ist offenbar in geradezu existentieller Weise auf ihre Bereitschaft, ihn zu halten, angewiesen. Cécile droht sich dabei von ihm in den Strudel einer Depression hineinziehen zu lassen. Es ist für Cécile schwierig, zu entscheiden, ob es für Ernst gut und notwendig ist, daß sie seine Stimmung so stark aufnimmt und ihn durchzutragen versucht, oder ob es besser wäre, sich klarer von ihm abzugrenzen und nicht so stark mitzuschwingen.

4. Die gegenseitige Beeinflussung von Partnern, die zusammenleben

In Kapitel 2 versuchte ich, das Zusammenleben so zu beschreiben, wie es für jedermann beobachtbar ist. Diese Beobachtungen wurden in Kapitel 3 ergänzt durch kommentierte Interviews, in welchen Betroffene selbst ihre Beziehungserfahrungen schildern. In den nun folgenden Kapiteln sollen diese Beobachtungen und Erfahrungen verarbeitet und theoretisch vertieft werden. Es wird dabei um Fragen gehen, wie sich Lebensläufe von Personen entwickeln, die langfristig eng zusammenleben, inwiefern sie voneinander beeinflußt, hervorgerufen und begrenzt werden, dann um die Frage, wie sich die Persönlichkeiten entwickeln in der inneren und äußeren Behausung, welche die Partner sich schaffen, und schließlich um die Frage, wie Partner mit der persönlichen Verschiedenheit umgehen, welche Spannungen und Mißverständnisse daraus entstehen und wie sie sich durch diese gegenseitig stimulieren können. Für die Bearbeitung dieser Fragen habe ich einen eigenen theoretischen Ansatz entwickelt, welcher es mir erleichtert, die komplexen Zusammenhänge darzustellen. Vorausgeschickt sei, daß es in der Psychologie grundsätzlich keine theoriefreien Beobachtungen geben kann und daß ein theoretisches Modell nicht Wahrheit beansprucht, sondern den Wert in seiner Erklärungskraft findet, also in dem, was man mit seiner Hilfe besser sehen, erkennen und verstehen kann.

Ich möchte die Leserinnen und Leser bitten, sich auf den nächsten Seiten zunächst mit gewissen Begriffen und Grundlagen vertraut zu machen, die für das Verständnis der anschließenden Ausführungen wichtig sind.

4.1. Zum Begriff Ko-evolution

Ko-evolution bedeutet: gegenseitige Beeinflussung der persönlichen Entwicklung von Partnern, die zusammenleben.

Niemand wird bestreiten, daß zwei Lebenspartner sich in ihrer Persönlichkeitsentwicklung gegenseitig stark formen. Sie können sich gegenseitig fördern, sie können sich gegenseitig behindern, sie können die Ausformung gewisser Persönlichkeitseigenheiten unterstützen und andere Verhaltensweisen einschränken. Es geht um die Frage: Welches Leben ermöglichen sich die Partner? Die vorangestellten Interviews sind Beispiele, wie Menschen sich im Zusammenleben entwickeln und dabei einen Weg gehen, der losgelöst vom Partner nicht verstanden werden kann. Die Interviews zeigen aber auch, wie schwierig es ist, Ko-evolution begrifflich zu fassen und theoretisch zu verallgemeinern. Es sind sehr viele Variablen wirksam, die ihrerseits wiederum sehr komplex, vieldeutig und schwer begrenzbar sind. Da sind zum einen die gesellschaftlichen Bedingungen. Jede Paarbeziehung wird entscheidend durch die kulturellen, sozio-ökonomischen und politischen Umstände beeinflußt. Sie bestimmen Wertvorstellungen, Normen und Zielsetzungen einer Partnerschaft und bilden gleichzeitig Themen, mit denen die Partner sich auseinandersetzen müssen, um sie auf ihre eigene Wirklichkeit zu übertragen, zu erproben und zu konkretisieren. Jede Partnerschaft ist ein Laboratorium, in welchem mit gesellschaftlichen Trends experimentiert wird. Die gesellschaftlichen Verhältnisse beeinflussen in hohem Maße das Selbst- und Fremdverständnis von Frau und Mann, ihre Aufgaben und Rollen und ihre Einstellung zur Partnerschaft.

Neben den gesellschaftlichen sind die familiären und familiengeschichtlichen Bedingungen von großer Bedeutung. Ein Paar bildet sich nicht frei und unabhängig aus sich selbst heraus, sondern aus einem familiengeschichtlichen Erfahrungshintergrund. Die Partnerwahl und die Entscheidung, zusammenleben zu wollen, sind stark vom familiären Hintergrund beeinflußt. Die Partner möchten womöglich in ihrem Zusammenleben gewisse negative Entwicklungen ihrer Eltern vermeiden und positive fortsetzen. Sie möchten sich mit Hilfe des Partners aus einer familiären Welt lösen und neue Wege gehen, oder sie suchen eventuell einen Partner, der sich möglichst gut in die Welt der Herkunftsfamilie einordnet.

Die gegenseitige Beeinflussung der Partner ist ferner entscheidend von aktuellen Lebensereignissen bestimmt, die teilweise vorhersehbar und bestimmbar sind, die aber in jedem Fall auch ungeplant und unerwünscht über ein Paar hereinbrechen. So wird etwa die Arbeitssituation den Verlauf der Beziehung stark bestimmen, ob dem einen oder dem anderen oder beiden eine angestrebte Karriere gelingt, ob diese mit Ortswechseln und Umzügen verbunden ist, ob die Arbeit zufriedenstellend ist und sich positiv auf das Zusammenleben auswirkt oder ob umgekehrt schwere berufliche Rückschläge und Kränkungen die Familie belasten. Zwei Partner können unter unerfülltem Kinderwunsch leiden oder durch das Eintreten unerwünschter Schwangerschaften in schwere Konflikte geraten. Oder es können schwere Krankheiten, geistige oder körperliche Behinderungen oder Todesfälle eintreten bei den Partnern, ihren Kindern oder nahen Verwandten und damit der Persönlichkeitsentwicklung der Partner und ihrer gegenseitigen Beziehung eine neue Richtung geben. Selbstverständlich wird die Persönlichkeitsentwicklung von Partnern nicht nur von ihrer gegenseitigen Beziehung beeinflußt, sondern von anderen Beziehungen und den äußeren Lebensbedingungen wie Wohnbedingungen, finanzielle Lage oder soziales Beziehungsnetz.

Wenn ich mich in diesem Buch auf die gegenseitige Beeinflussung von zwei Partnern beschränke, so geschieht das im vollen Bewußtsein der Einseitigkeit dieser Betrachtungsweise. Es wird sich zeigen, daß die Beschränkung auf die Interaktionen in der Paarbeziehung bereits genügend komplex ist. Es geht dabei unter anderem um das theoretische Modell, welches der Beschreibung der Ko-evolution zugrunde gelegt werden soll. Viele psychologische Abhandlungen gehen vom Ansatz der gegenseitigen Bedürfnisbefriedigung aus. Sozialpsychologische Forscher haben Fragebogen zur Erfassung ehelicher Zufriedenheit entwickelt. Weite Verbreitung hat etwa die Dyadic Adjustment Scale von G. B. Spanier 1976 gefunden. Es wird damit die Qualität der Beziehung in vier Bereichen erfaßt, der «dyadischen Übereinstimmung», der «Erfüllung in der Partnerschaft», dem «dyadischen Zusammenhalt» und dem «Ausdruck von Gefühlen». Fowers und Olson 1986 haben sogar einen Fragebogen entwickelt, mit welchem Aussagen über das zukünftige Schicksal von Beziehungen gemacht werden können (Larsen, A. S. und D. H. Olson 1989). Es liegt im Wesen empirischer Forschung, daß damit die Dynamik, die sich zwischen zwei Partnern entfaltet, nur sehr formal erfaßt werden kann. Ich halte es für wichtig, zunächst zu versuchen, das Phänomen der Koevolution möglichst lebensnah zu beschreiben, was zumindest vorläufig eine Operationalisierung in statistisch erfaßbare Fragestellungen erschwert.

Meinen Ausführungen zugrunde gelegt ist ein psychoökologisches Modell. Dieses versucht zunächst zu klären, was Menschen überhaupt veranlaßt, stabile Partnerbeziehungen anzustreben, und was einer Partnerschaft dann über so lange Zeit Spannung und Dynamik verleihen kann. Es wird um die Freiheitsgrade der mit einer bestimmten Partnerschaft verträglichen Persönlichkeitsentwicklung gehen, also um die Frage, welche Entwicklung ermöglichen sich die Partner, welche Entwicklungen verbauen sie einander, was können sie außerhalb der Beziehung entwickeln? Ich befasse mich auch mit den Mitteln, welche die Partner einsetzen, um sich gegenseitig zu beeinflussen, sowie mit den Mitteln, sich den Partner für die eigene Entwicklung nutzbar zu machen. Das Produkt der direkten Interaktion der Partner ist die innere und äußere Welt, welche die Partner miteinander schaffen und die als Behausung ihrer Beziehung und ihren Persönlichkeiten Stabilität zu schaffen vermag.

4.2. Das psycho-ökologische Modell als Ansatz

Die Einführung des Modewortes Ökologie in die Psychologie wird zunächst Widerstände auslösen, droht damit doch eine inflationäre Ausweitung dieses Begriffes auf alles und jedes. Ich kenne aber keinen besseren Begriff, um das zu erfassen, was gemeint ist. Das altgriechische Wort *oikos* heißt Haus, Behausung, Hauswesen, Familie, Wohnort, Heimat; *oikein* heißt wohnen.

Psycho-ökologie bezieht sich auf jenen Teilbereich der Ökologie, welcher die Wechselwirkungen zwischen der Person und ihren Mitmenschen und ihrer mitmenschlich geschaffenen Umwelt untersucht (Willi 1988). Dazu gehören die sozialen Systeme, an welchen die Person teilhat, ihre Familie, die Schule, das Arbeitsteam, ihre Nachbarschaft, die Gemeinde oder das Stadtquartier, aber auch religiöse, kulturelle oder politische Gruppen und Gemeinschaften. Mit der von der Person und ihren Mitmenschen geschaffenen Umwelt ist aber auch die menschlich gestaltete materielle Umwelt gemeint, welche wiederum die Entfaltungsmöglichkeiten einer Person bestimmt. Psycho-ökologie befaßt sich also mit der psychischen, sozialen und materiellen Behausung, mit der Art und Weise, wie eine Person sich in ihrer Umwelt einrichtet, sich ihre eigene Welt schafft, sie bewohnt und darin lebt und wie diese Welt wiederum auf sie zurückwirkt, sie beantwortet, ihr Orientierung ermöglicht und ihre Identität bestärkt.

Ko-evolution ist insofern ein Teilgebiet der Psycho-ökologie, als Partner sich gegenseitig ja die wichtigste mitmenschliche Umwelt sein können, auf die sie einwirken und die auf sie einwirkt. Ko-evolution umgreift die Wechselwirkungen zwischen Partnern, die in einer spezifischen Beziehung zueinander stehen und über längere Zeit zusammenleben oder zusammenarbeiten.

In den folgenden Kapiteln wird zuerst das psycho-ökologische Persönlichkeitsmodell vorgestellt, dann zur Beschreibung der Ko-evolution von Lebenspartnern übergegangen, um dann auf die innere und äußere Behausung einzugehen, die Partner sich schaffen.

Zur weiteren Begriffsklärung: *Humanökologie* ist jene Forschungsrichtung, die sich mit den Beziehungen des Menschen zur Umwelt befaßt, also auch mit den von Menschen gesetzten Beschädigungen der natürlichen ökologischen Selbstregulationen.

Sozialökologie bezieht sich auf die Wechselbeziehungen zwischen Umwelt und dem sozialen Verhalten der Menschen. Umweltpsychologie, Ökopsychologie oder ökologische Psychologie ist der Arbeitsbereich der Psychologie, der sich mit der Erforschung von Umweltproblemen unter psychologischen Aspekten befaßt, zum Beispiel mit der Gestaltung von Wohnanlagen, -umgebungen, Freizeiteinrichtungen (nach: Meyers Kleines Lexikon, Band Ökologie, 1987).

Die *systemische Betrachtungsweise*, welche die Familientherapie in die Psychotherapie eingeführt hat, sieht das Individuum ebenfalls als Element sozialer Systeme, insbesondere des Familiensystems. Sie interessiert sich für die Organisation, die Interaktionsmuster und Beziehungsregeln des Systems. Der psycho-ökologische Ansatz erweitert die systemische Perspektive um die materiell-physikalische Welt, welche eine Person und ihre Familie sich schaffen und zu der sie in Wechselbeziehung stehen.

Als erstes möchte ich mich nun mit der Frage befassen, welchen Einfluß der gestaltende Umgang mit der Umwelt auf die Entfaltung einer Persönlichkeit hat.

Umwelt ist zumeist nicht eine Gegebenheit, an die sich eine Person einseitig anzupassen hat und der sie ausgeliefert ist, vielmehr ist Umwelt in weiten Teilen beeinflußbar und formbar. Der Mensch versucht, sich seine eigene Welt zu wählen, sie zu gestalten und sie zu seinem eigenen Lebensraum zu bilden, um darin zu wohnen. Das Einwirken auf die Umwelt und das Antworten der Umwelt stimulieren und leiten als Kreisprozeß die Entwicklung und Entfaltung einer Person von Geburt an bis ins hohe Alter.

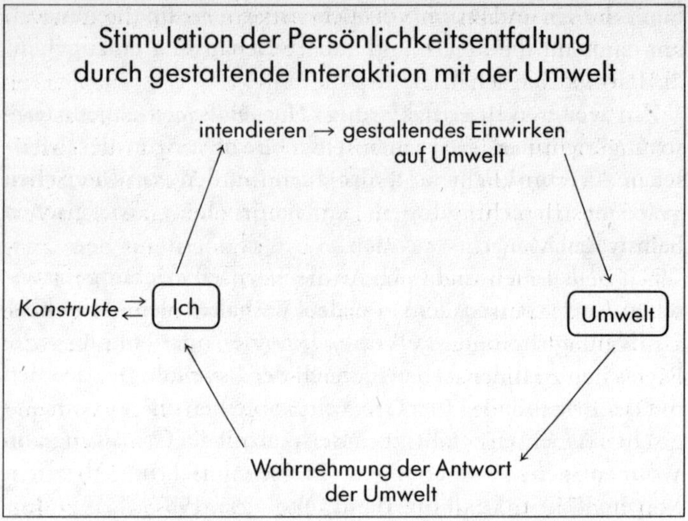

Der Mensch richtet sich intentional auf eine bestimmte Umwelt aus und sucht, auf diese einzuwirken. Die Umwelt beantwortet diese Wirkungen aus der ihr eigenen Struktur und Lage heraus. Ihre Antwort gibt der Person Rückmeldungen, ob die intendierten Wirkungen reale Wirkungen auslösen. Je besser eine Person Struktur und Lage ihrer Umwelt kennt, desto eher entsprechen die Effekte ihren Erwartungen. Die Antworten der Umwelt vermitteln einer Person also die Wahrnehmung von Realität. Die Rückmeldung der Umwelt beantwortet aber auch die Person selbst. Die Umwelt sagt ihr – innerhalb der ihr eigenen Struktur und Lage –, wie die Person ist, ob sie unsorgfältig oder sorgfältig, kompetent oder inkompetent, maßlos oder adäquat mit ihr umgeht. Die Person vergleicht diese Rückmeldungen mit ihren Konstrukten, das heißt mit den zu Bildern und Leitsätzen verfestigten Erfahrungen über sich selbst und über die Umwelt.

Wiederholte schwere Enttäuschungen über die Reaktion der Umwelt werden die Konstrukte korrigieren und sich auf weitere gleichgerichtete Intentionen der Person bremsend auswirken; wiederholte Erfolgserlebnisse werden ihr Selbstbild erhöhen und zu weiteren Einwirkungen auf die Umwelt stimulieren.

Besonders relevant ist nun die Umwelt als Bezugsperson oder Partner. Der Mensch ist ein Beziehungswesen, das sich im Dialog mit anderen seiner selbst bewußt wird, sich ausfaltet und verwirklicht. «Denn das innerste Wesen des Selbst vollzieht sich nicht, wie man heute gerne meint, aus dem Verhältnis des Menschen zu sich selbst, sondern aus dem zwischen dem Einen und dem Anderen.» (Martin Buber 1965, S. 30) An der persönlichen Entwicklung sind mitmenschliche Begegnungen mindestens so beteiligt wie die Fähigkeit des Menschen zu Innenschau und Selbsterkenntnis.

Das gestaltende Einwirken und dessen Beantwortung durch die Umwelt *bilden und festigen die Persönlichkeitsstruktur* auf verschiedenen Ebenen: durch Bestätigung und Modifikation der Identität; durch Festigung des Selbstwertgefühls; durch Bestätigung und Modifikation verinnerlichter Erfahrungen; durch Strukturierung der Ich-Kräfte am Widerstand der Umwelt. Im einzelnen:

Bestätigung und Modifikation der Identität: Nicht nur Jugendliche (Erikson 1959/1973), sondern auch Erwachsene haben ein intensives Bedürfnis, von ihrer mitmenschlichen Umwelt erkannt zu werden und eine Antwort zu bekommen, wer sie sind. Die Rückmeldungen einer antwortenden Umwelt bestätigen die Selbstdefinitionen, aber sie korrigieren, modifizieren und differenzieren sie auch. Identität ist nicht eine unveränderliche Gegebenheit, sondern etwas, das wächst und genährt werden muß.

Festigung des Selbstwertgefühls: Der Erwachsene braucht genauso wie das Kind die «Spiegelung des Selbst in den Augen seiner Liebesobjekte» (Kohut 1977/1979), die Bestätigung seiner selbst als eines wertvollen, wirksamen und liebenswerten Wesens. Im Gestalten einer mitmenschlichen Umwelt erfährt sich eine Person als eingebunden in mitmenschliche Prozesse, die ihre Wirkungen aufnehmen und weitertragen und damit dem eigenen Beitrag Sinn und Transzendenz verleihen. In Liebesbeziehungen wird das Selbstwertgefühl bestärkt durch die Erfahrung, daß man dem Partner wichtig ist, sei es dadurch, daß er einen braucht, sei es dadurch, daß er sich von einem brauchen läßt.

Bestätigung und Modifikation verinnerlichter Erfahrungen: Sich wiederholende Erfahrungen, besonders wenn sie in die früheste Kindheit zurückreichen, werden zu Konstrukten (George Kelly 1955/1986) verfestigt, die grundlegende Muster bilden, in welchen Menschen wahrnehmen und denken. Die Konstrukte ordnen unsere Wahrnehmungen selektiv, geben ihnen Bedeutung, stellen sie in sinnvolle Zusammenhänge und leiten unsere Intentionen (Absichten), unser Verhalten und unser Handeln. Eine psychisch gesunde Person wird sich gegen den übermächtigen Einfluß ihrer Erfahrungen immer wieder in kritische Distanz setzen. Sie wird versuchen, die Dinge so wahrzunehmen, wie sie «wirklich sind», das heißt, sie wird laufend überprüfen, ob und inwieweit die Bilder, die sie sich von der Welt, den Dingen und den Mitmenschen macht, passend sind. Sie wird wachsam darauf achten, wie ihre «äußeren Objekte» (die Dinge und Mitmenschen) ihr antworten. Öfters wird sie die Feststellung machen, daß sie sich getäuscht hat, daß das Bild, das sie sich von einer bestimmten Bezugsperson konstruiert, nicht mit neuen Erfahrungen in Einklang zu bringen ist. Sie stellt dann fest, daß sie, um im Handeln wirksam zu sein, eine differenziertere Realitätsprüfung entwickeln muß und dabei zwischen inneren Wahrnehmungsquellen und äußeren Reizen zu unterscheiden hat, zwischen Selbst und Nicht-Selbst. (Kernberg 1980/1988, S. 17)

So müssen auch Beziehungserfahrungen laufend überprüft und korrigiert werden. Beziehungskonstrukte werden durch neue Erfahrungen modifiziert, differenziert und angereichert. Partnerbeziehungen sind eine wichtige Hilfe, um sich in der gesellschaftlichen Welt zu orientieren. Identität, Selbstwertgefühl und Bestätigung der verinnerlichten Erfahrungen ergeben sich jedoch nicht nur aus der Interaktion von Partnern, sondern auch aus deren sozialer Lage.

Strukturierung der Ich-Kräfte am Widerstand der Umwelt: «Kraft als solche ist nicht schöpferisch; sie wird es erst, wenn sie Widerstand findet», schreibt der buddhistische Lehrer Lama Govinda (1977). Unsere Ich-Kräfte strukturieren sich erst am Widerstand, den uns die Umwelt entgegensetzt (Objekte = das uns Entgegengestellte). Das Ich gewinnt entscheidend an Konsistenz, Kraft und Struktur im aktiven Bemühen, die Umwelt zu erkennen, handelnd auf sie einzuwirken und sie zu kontrollieren. Der Widerstand, den uns die Umwelt entgegensetzt, fordert uns heraus und festigt in uns gewisse Ichfunktionen, zum Beispiel Konzentrationsfähigkeit, Sublimierungsfähigkeit, Aufschubvermögen für erwartete Befriedigungen und so weiter.

Kein mitmenschliches Gegenüber vermag eine Person so intensiv in ihrer Identität und in ihrem Selbstwertgefühl zu bestärken wie ein Liebespartner. Keine Beziehung vermag verinnerlichte Erfahrungen so umfassend zu bestätigen oder zu korrigieren wie eine Liebesbeziehung. Keine Beziehung fordert die Ich-Kräfte so heraus und strukturiert sie so stark wie eine alle Bereiche der Person umfassende Begegnung von Liebenden. Menschen in einer Liebesbeziehung sind als Personen beantwortet und oft realer in der Umwelt verankert und eingebunden, als wenn sie auf sich selbst gestellt wären. Aber auch das Umgekehrte trifft zu: Keine Beziehung wirkt so verunsichernd, entwertend und desorganisierend wie eine destruktiv gewordene Liebesbeziehung.

Bisher wurde die Persönlichkeitsentfaltung in der gestaltenden Interaktion mit einer Umwelt, die nicht eigenaktiv ist, behandelt. Im strengen Sinne gilt dieses Modell nur für eine unbelebte Umwelt, so etwa für die Beziehung eines Bildhauers zu einem Stein, aus dem er eine Plastik herausmeißeln möchte. Das wird ihm nur gelingen, soweit er die Eigenstruktur des Steines kennt und beachtet. Die Arbeit am Stein wird die Konzentration all seiner Energien erfordern, die erzielten Wirkungen werden bestätigende oder kritische «Rückmeldungen» geben. Wenn der Bildhauer die Qualität des Steines falsch einschätzt und zu grobe oder zu feine Meißel verwendet, wenn ihm die Ausdauer oder das räumliche Vorstellungsvermögen fehlen, wird nicht das von ihm Intendierte entstehen.

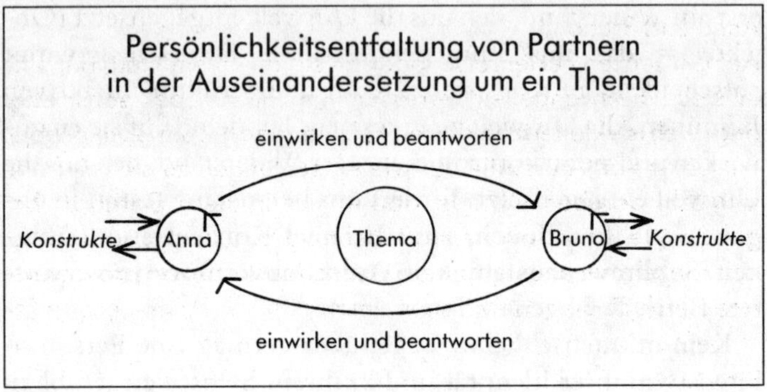

Besteht die Umwelt eines Individuums nun aus einer anderen Person, so kompliziert sich die Situation, denn nun wird die Umwelt als Partner nicht nur antwortend sich den gestaltenden Einwirkungen aussetzen, sondern selbst als Subjekt aktiv sein. Wir haben dann zwei Ichs, die aufeinander einwirken und einander beantworten.

Die Partner Anna und Bruno* sind gleichzeitig intentional einwirkend und beantwortend aufeinander bezogen, wobei ihr Intendieren und Antworten inhaltlich durch ein Thema geleitet wird, über das sie interagieren (s. Abbildung). Oft ist es bei Interaktionen schwer zu unterscheiden, wer aktiv und wer reaktiv ist. Wenn beispielsweise Anna ihrem Partner Bruno über ihre Angst, ein Kind zu bekommen, erzählen will, so kann Bruno durch sein Zuhören Anna im Erzählen stimulieren, sie auf ein anderes Thema lenken oder sie zum Schweigen bringen, ja, Anna wird bereits in ihrer Absicht, Bruno etwas zu erzählen, von dessen vorweggenommener Bereitschaft zum Zuhören beeinflußt sein, so daß ihre Ab-

* Anna und Bruno sind ein erfundenes Paar, das laufend aufgeführt wird, um die theoretischen Aussagen zu illustrieren.

sicht, ihm etwas zu erzählen, bereits eine Antwort auf das vermutete Zuhören ist. Ähnlich verhält es sich mit Brunos Aktivitäten.

Anna und Bruno
Auf der letzten Ferienreise lagerten sie an einem Fluß, der sich in steile Felswände eingefressen hat. Bruno, der sonst eher ängstlich ist, kletterte in diesen Felswänden herum, zum großen Entsetzen von Anna, die ihn wie einen Jungen zu sich rief und sich sehr darüber aufregte, daß er sich in diese Gefahren begab. Hätte Anna ihm keine Beachtung geschenkt, so hätte er das Klettern wohl unterlassen. Durch ihre Reaktion provozierte Anna jedoch Brunos Aktionen. Immerhin, als Anna verzweifelt zu weinen begann, stellte er seine Kletterübungen ein und setzte sich zu ihr.

In den Interaktionen strukturieren Anna und Bruno gegenseitig ihr Verhalten und damit auch die Erfahrungen, die sie von sich selbst und vom Partner machen. Bei der Aufregung um Brunos Kletterkünste will sich Bruno von Annas Ängsten nicht einengen lassen und überwindet im Grunde seine eigenen Ängste, indem er sich Anna so mutig präsentieren will. Anna ihrerseits ist mit dem ersten Kind schwanger und empfindet es als Verantwortungslosigkeit, wenn Bruno sich ausgerechnet jetzt, wo sie vermehrt auf ihn angewiesen ist, aus kindischem Trotz diesen Gefahren aussetzt. Wahrscheinlich gefällt es Bruno auch zu spüren, wie wichtig er für Anna ist, da er sich dessen zuvor nicht so sicher war. Als Anna zu weinen beginnt, stellt er seine Provokationen ein. Es beruhigt Anna zu sehen, daß Bruno auf sie Rücksicht nimmt, wenn sie ihm zeigt, daß er ihr wichtig ist. Das gibt ihr Vertrauen und hilft ihr, die Angst vor dem Kind zu reduzieren. Diese Angst wird geschürt durch Erfahrungen (durch Konstrukte), die sie als Kind gemacht hat, als ihr Vater die Mutter während der Schwangerschaft im Stich gelassen hatte. Bruno fürchtet, durch die Angst von Anna vor dem Kind in seinem Spielraum eingeengt zu werden, und fürchtet überhaupt, die Freiheit der Jugend sei nun endgültig vorbei. Letztlich aber hatte er das Kind gewollt und will Anna seine Verläßlichkeit beweisen.

Die vom Thema «Gefahren des Kletterns» geleitete Interaktion wird von beiden Partnern durch hintergründige Konstrukte initiiert und hat nur vordergründig einen sachlichen Aspekt. Bei der Auseinandersetzung um Sachprobleme geht es immer auch um eine gegenseitige persönliche Einflußnahme um einen Beziehungsaspekt.

In der Interaktion beeinflussen Partner wechselseitig nicht nur ihr Verhalten, sondern die gesamte Persönlichkeitsentfaltung, ihr Selbstwertgefühl, ihre Selbstwahrnehmung und die verinnerlichten Erfahrungen (Konstrukte). Auseinandersetzungen führen zu bestimmten Lösungen. Diese Lösungen sind wiederum Ausgangspunkt für neue Auseinandersetzungen. Die Wahrscheinlichkeit grundsätzlich anderer Lösungen wird jedoch mit zunehmender Gewohnheit geringer und damit auch der Spielraum für persönliche Entwicklungen. Die täglichen Auseinandersetzungen um aktuelle Themen führen im zeitlichen Längsschnitt zu einer tiefgehenden gegenseitigen Beeinflussung der Persönlichkeitsentwicklung im Sinne der Ko-evolution.

4.3. In welchen Bereichen können zwei Partner einander finden? Über die Kompatibilität der Konstruktsysteme von Partnern

Die Auseinandersetzung über die Gefahren des Kletterns ist deshalb so intensiv, weil bei beiden Partnern korrespondierende Gefühle angesprochen werden: bei Anna die Angst, durch das Kind Bruno ausgeliefert zu sein, bei Bruno die Angst, durch das Kind seine Freiheit zu verlieren. Aufgrund ähnlicher Ängste waren die Partner aufeinander ansprechbar. Es hätte nun aber auch sein können, daß Bruno ein geübter Bergsteiger ist, für den diese Kletterübungen eine Trainingsroutine sind, die er sich von Anna auf keinen Fall beschneiden läßt. Es hätte auch sein können, daß er das Probleme des Kinderkriegens als alleinige Angelegenheit seiner Frau betrachtet hätte. Ihre Aufregung hätte er dann vielleicht als hormonell bedingte Schwangerschaftsreaktion abgetan. Hätte Anna ihm da eine Heulszene gemacht, so wäre das für Bruno wieder einmal einer ihrer hysterischen Anfälle gewesen, denen Männer mit Festigkeit und Unerschütterlichkeit zu begegnen haben. Es wäre dann Anna verwehrt gewesen, das Kletterthema zum Ausgangspunkt zu nehmen, um sich mit Bruno über ihre Ängste vor der Geburt und dem Kind auseinanderzusetzen. Sie hätten diesbezüglich keine gemeinsame Sprache, keine gemeinsame Wellenlänge gehabt, um miteinander zu kommunizieren. Die Art, wie Anna ihre Welt konstruiert, wäre zu verschieden von jener von Bruno gewesen, um sich zu verständigen.

Um dieses Kommunikationsproblem besser zu verstehen, scheint mir die *Psychologie der persönlichen Konstrukte von George Kelly* (1955) eine wichtige Hilfe.

Nach George Kelly bildet jeder Mensch von frühester Kindheit an Konstrukte, das heißt gewisse Muster und Schablonen, durch die er seine Welt wahrnimmt und ordnet. Kelly meint mit «Konstrukt» ungefähr das gleiche wie Jean Piaget mit «Schema» oder die Psychoanalyse mit «innerem Objekt». Konstrukte kanalisieren die Art und Weise, wie wir die Welt und unsere Mitmenschen sehen, diesen Wahrnehmungen Bedeutung verleihen und sie in Sinnzusammenhänge stellen. Zwei Menschen können sich nur im Bereich kompatibler Konstrukte miteinander verständigen, sozusagen nur auf der gleichen Wellenlänge senden und empfangen. Um mit einer anderen Person zu kommunizieren, müssen wir deren Sprache – im wörtlichen wie im übertragenen Sinne – verstehen, das heißt, wir müssen zwar nicht ihre Überzeugungen und Meinungen teilen, wir müssen uns aber in ihre Überzeugungen und Meinungen einfühlen und ihr Denken mitdenken können.

Für die Lebensfähigkeit einer Beziehung ist es von großer

Bedeutung, daß die Konstruktsysteme zweier Partner kompatibel sind, was aber in der Regel auch bedeutet, daß sie nicht allzu verschieden sein können. Mit *«persönlichem Konstruktsystem»* wird die Integration und Organisation der Konstrukte zu innersten Überzeugungen, Wertvorstellungen und Leitbildern verstanden, welche das Gerüst unseres Weltbildes ausmachen.

Neimeyer und Hudson (1985) zeigten in einer empirischen Studie, daß eine Übereinstimmung der Konstrukte die Verständigung eines Paares erleichtert und daß das gegenseitige Verständnis für die dem Partner wichtigen Konstrukte ein entscheidender Faktor für erfolgreiche eheliche Beziehungen ist. Ehelich zufriedene Partner sind sich in ihren Konstruktsystemen ähnlicher als unzufriedene. Das betrifft besonders übergeordnete Konstrukte, während Verschiedenheiten in untergeordneten Konstrukten weniger bedeutsam sind.

Eine Person bildet ihr Konstruktsystem auf der Grundlage ihrer persönlichen Lebenserfahrung, die zum einen von den biologischen Besonderheiten von Mann und Frau beeinflußbar sind (von Menstruation, Gebärfähigkeit, Erektion, Ejakulation und von all den körperlichen Veränderungen, die sich in der Pubertät ergeben). Zum persönlichen Konstruktsystem gehören die geschlechtsrollentypischen Erfahrungen, dann aber auch alle Erfahrungen, welche sich im kulturellen und gesellschaftlichen Rahmen ergeben und die uns unter anderem durch die Familie mit dem ihr eigenen familiären Konstruktsystem in die Realität übersetzt und vermittelt werden.

Es sind vor allem die Eltern, welche dem Kleinkind die frühesten Wahrnehmungen erklären und zu sinnvollen Zusammenhängen ordnen. Das *familiäre Konstruktsystem* umfaßt viele grundlegende Intimerfahrungen über die Welt, die Mitmenschen und die eigene Person, die als solche oft nicht bewußt sind und oft erst im Zusammentreffen mit dem davon abweichenden Konstruktsystem des Partners wahrgenommen werden. Unter Partnern werden solche Intimerfahrungen oft aktualisiert im Zusammenhang mit Ritualen, etwa: «Wie soll man Geburtstag feiern?», «Wie soll man

Weihnachten feiern?» oder: «Soll man mit den Kindern ein Nachtgebet sprechen?» In solchen Ritualen verdichten sich symbolhaft Systeme von Konstrukten. Meinungsverschiedenheit bezüglich dieser Rituale macht zwei Partnern oftmals ihre tiefreichende Verschiedenheit schmerzlich bewußt.

Die Konstruktsysteme von Menschen gleicher Herkunft werden sich ähnlicher sein als jene mit unterschiedlichem Hintergrund. Die sogenannten «Ehen mit Ausländern», das heißt Lebensgemeinschaften von Partnern «fremder» kultureller, religiöser oder sozialer Provenienz, zeigen eine bedeutend höhere Scheidungshäufigkeit. Statistisch gesehen wählen sich Partner intuitiv eher nach dem Gesichtspunkt der Homogamie, das heißt der Übereinstimmung der sozialen Schicht, des kulturellen und religiösen Hintergrundes sowie des Geschmacks, der geistigen Interessen. Das heißt bevorzugt wählen Partner ihresgleichen mit ähnlichem Konstruktsystem.

Die Kompatibilität der persönlichen Konstruktsysteme zweier Partner ist beschränkt. Sie ist für die Entwicklungsfähigkeit einer Partnerschaft eine wichtige Voraussetzung, obwohl sie als solche meist wenig spezifische Anziehung ausübt. Wir können mit einem bestimmten Partner manche Themen sehr gut besprechen, andere mäßig und einige überhaupt nicht. Zwischen zwei Partnern gibt es also in jedem Fall eine Begrenzung der Themenbereiche, in welchen sich ihre Konversation bewegen wird, und damit auch eine Begrenzung der Bereiche, in welchen sich ihre Beziehung entwickeln kann. Je breiter die Berührungsflächen zweier Partner, desto mehr Reserven sind da, um bei Meinungsverschiedenheiten eine Verständigung finden zu können oder bei fehlender Verständigung ausreichende thematische Alternativen zur Verfügung zu haben.

4.4. Wann springt der zündende Funken über? Die Korrespondenz von Entwicklungsbereitschaften der Partner

Ähnlichkeit und Kompatibilität der Kontruktsysteme von Partnern sind eine wichtige stabilisierende Grundlage von Lebensgemeinschaften, sie machen jedoch nicht das Faszinierende der Liebe aus. Immer wieder wird vergeblich versucht, Prädiktoren für Attraktion aus bestimmten Charaktereigenschaften abzuleiten. Es wird dann vermutet, die Eigenschaften der Partner würden sich wie in einem Puzzle ergänzen oder Partner würden einander wählen zur Befriedigung bestimmter gesunder oder pathologischer Bedürfnisse. Partnerwahlinstitute benützen computerisierte Testdaten. Dennoch ist es offensichtlich, daß wir viele Menschen sympathisch finden können, uns mit ihnen aufs beste zu unterhalten und zu verständigen vermögen und gut mit ihnen zusammenpassen, und trotzdem entsteht keine Liebesfaszination. Andererseits verstehen wir manchmal nicht, wie wir uns in eine Person verlieben konnten gegen alle Vernunft und ohne jede Chance zu einer tieferen Verständigung oder gar dauerhaften Beziehung. Ist für das Zueinanderpassen von zwei Menschen die Ähnlichkeit ihrer Konstruktsysteme eine gute Voraussetzung, so ist für das Sichverlieben die Fremdartigkeit des anderen oft das Attraktive. Ich glaube, daß sich das Eigentliche einer Begegnung nicht aus statischen Eigenschaftskombinationen ableiten läßt, sondern nur aus dem Ereignishaften, nämlich aus dem einmaligen und nicht wiederholbaren Zusammentreffen von zwei Menschen in einer bestimmten Lebenssituation, mit ihrer aktuellen Sehnsucht, Unerfülltheit und Hoffnung.

Alle haben wohl selbst schon erfahren, wie sie einen Partner intensiv und über längere Zeit lieben und begehren konnten, dem sie bei einer späteren Begegnung keinerlei Attraktivität mehr abzugewinnen vermochten. Man greift sich an den Kopf und fragt: «Wie konnte ich bloß?» Dennoch halte ich es für verfehlt, vergangene Liebesbeziehungen als naiv oder verblendet zu entwerten. Sie hatten oftmals für die damalige persönliche Situation eine wichtige Bedeutung. Danach sind die Liebespartner verschiedene Entwicklungswege gegangen.

Der zündende Funken der Liebe springt über, wenn zwei Partner von der Hoffnung erfüllt werden, miteinander und durcheinander in neue Lebensräume vorzustoßen, in welchen sie vieles, was sie in langem Warten ersehnten, verwirklichen können. Es ist, als würde man erkennen: Dieser Partner macht es möglich, meine innere Kammer aufzubrechen, in neues Leben vorzudringen und mir neue Entwicklungsschritte zuzutrauen. Die Begegnung der Liebenden spricht persönliche Möglichkeiten an, die brachlagen, weil niemand nach ihnen rief und niemand sie brauchte. Die Liebe entzündet sich nicht an dem, was schon da ist, sondern an dem, was durch die Beziehung hervorgerufen und ins Leben hineingeholt werden möchte. Liebe vermag zu schaffen, was aus eigener Kraft nicht möglich war, Liebe vermag freizusetzen, was gebunden war, Liebe vermag den anderen in seinem innersten und verborgensten Potential zu mobilisieren. Verena Kast (1984) hat diesen Ereignischarakter von Liebe sehr treffend formuliert: «Vielleicht entsteht Liebe nur dann, bricht Liebe nur dann auf, wenn wir in einen geliebten Menschen seine besten Möglichkeiten hineinsehen und aus ihm herauslieben können» (S. 15) und «Jeder Mensch, der uns fasziniert, liebt aus uns etwas heraus, spricht etwas in unserer Psyche an, was dann ins Leben hereingeholt werden kann.» (S. 19)

Anna und Bruno

Bevor Anna Bruno kennenlernte, hatte sie eine längere Beziehung hinter sich. In ihrem Beruf als Krankenschwester hatte sie einen jungen Assistenzarzt kennengelernt, den sie persönlich sehr schätzte, obwohl er ihr etwas zu sehr der typische Arzt war. In seinem Beruf war er sehr engagiert, setzte sich für die Patienten ein, zeigte insbesondere in Notfallsituationen Entschlußkraft und Kompetenz, doch fand sie seine Einstellung zu den Menschen allzu biologisch, ja manchmal direkt zynisch. Insbesondere hatte er eine Abneigung gegen alle psychologischen Probleme. Der Arzt warb ernsthaft um Anna. Sie stellte sich mit ihm eine typische Arztehe vor: den gestreßten Mann stützen, ihm alles abnehmen, auf ihn warten, keine Ansprüche stellen. Sosehr der junge Arzt sie bestürmte, Anna konnte nichts für ihn empfinden. Sie sagte ihm: «Ich kann nichts für dich tun, du hast schon alles, du genügst dir selbst, du regst meine Phantasie nicht an.» Sie hatte Mitleid mit ihm, da sie sah, wie sehr er unter ihrer Zurückweisung litt. Bruno hatte sie als Patienten auf der Chirurgie kennengelernt, wo er wegen einer Armfraktur nach Motorradunfall operiert worden war. Als sie ihn ins Röntgen hinaufbegleiten mußte, brachte er den Lift zum Stehen und küßte sie, ohne sie zu fragen. Anna setzte sich entschieden zur Wehr, beschimpfte ihn, nahm dann aber doch seine Einladung an, mit ihm einmal einen Spaziergang zu unternehmen. Bruno war mit seinen 24 Jahren eigentlich noch ein richtiger Junge. Er konnte so frei und unbeschwert lachen. Das ging ihr richtig unter die Haut. Sie sah sein Gesicht den ganzen Tag vor sich und fühlte sich beschwingt. Sie neigte dazu, das Leben schwerzunehmen und ihre Zukunft pessimistisch zu sehen. Erstmals mit Bruno kamen ihr Phantasien von gemeinsamem Leben und Wohnen. Zuvor hatte sie derartige Lebensmöglichkeiten ausgeschlossen. Manchmal zweifelte sie an der Ernsthaftigkeit von Bruno und hatte den Eindruck, er nehme alles auf die leichte Schulter. Sie konnte aber feststellen, daß Bruno sich unter ihrem Einfluß wesentlich stabilisierte.

Bruno reizte die etwas spröde Art von Anna. Anfänglich bereitete es ihm einen Riesenspaß, sie in ihrer Haltung zu erschüttern. Es war, als ob hinter all ihrer edlen Fassade Leben verschüttet sei. Das übte nicht zuletzt auch einen sexuellen Reiz auf ihn aus. Er empfand großen Stolz, als sie mit ihm zusammen erstmals in ihrem Leben zum Orgasmus kam und sie sich einmal, zumindest für einen Moment, gehenlassen konnte.

Gemäß dem Modell der Persönlichkeitsentwicklung in Koevolution können Liebende im aufeinander Einwirken und gegenseitigen Beantworten Schwellen zu neuen Entwicklungen überschreiten. Dabei ist es in gleichem Maße stimulierend, aus dem Partner neue Entwicklungen herauszulieben wie auch selbst unter der Liebe des Partners neue Entwicklungen zu wagen.

Der Funkensprung der Liebe ergibt sich aus einem Zustand der Unerfülltheit, aus einem Anstehen von Entwicklung, die auf die erlösende Befreiung aus den sie zurückbindenden Fesseln wartet. Die Intensität der Liebe erreicht ihren Höhepunkt, wenn die Partner sich in einer korrespondierenden Entwicklungsbereitschaft vorfinden, wenn beide etwas bereitgestellt haben, das erst in der Interaktion Form annehmen kann. Voraussetzung ist eine spezifische thematische Ansprechbarkeit füreinander. Man kann in einem anderen am ehesten anregen, was einen selbst erregt. Man wird im anderen am ehesten bewirken, was in einem selbst wirksam ist. Man wird dem anderen am ehesten einen wichtigen persönlichen Entwicklungsschritt in Aussicht stellen, wenn das Thema dieses Schrittes in einem selbst lebendig ist.

4.5. Wie beeinflussen Partner sich gegenseitig?

Im folgenden sollen einige formale Aspekte gegenseitiger Einflußnahme auf die Entwicklung des Partners beschrieben werden. Vorausgesetzt ist, wie vorangehend besprochen, daß Partner nur im Bereich kompatibler Konstruktsysteme einander verstehen und miteinander interagieren können und daß korrespondierende Entwicklungsbereitschaften die Dynamik eines ko-evolutiven Prozesses auslösen.

4.5.1. Einige allgemeine Spielregeln der Ko-evolution

Wirkt Eigennutz oder Fremdnutz? Verhalten sich Partner egoistisch oder altruistisch?

Wie wirkt Liebe? Soll wahre Liebe selbstlos sein, ganz auf das Du, auf den Partner ausgerichtet, der darin angenommen wird, so wie er ist, fühlt und denkt, ohne an ihn Ansprüche und Erwartungen zu stellen, ohne zu fordern, ohne ihn zu brauchen? Läßt wahre Liebe den Partner frei und gipfelt in der Bereitschaft, auf ihn zu verzichten, wann immer es sein Wunsch wäre? Das wäre die altruistisch-idealistische Form von Liebe.

Oder wirkt Liebe in Wirklichkeit ganz anders? Ist sie zumindest als Leidenschaft egoistisch, ganz auf die Befriedigung eigener Bedürfnisse ausgerichtet, ausbeuterisch, rücksichtslos, begierig, maßlos und grausam? Ist Altruismus bloß eine Verschleierung des eigenen Egoismus?

In den sieben Interviews des dritten Kapitels würde sich die Einteilung nach Eigennutz oder Fremdnutz, Egoismus oder Altruismus als wenig brauchbar erweisen, weil das, was geschieht, in eins immer beides ist. Annemarie etwa hätte sich eigentlich eine Künstlerehe ohne Kinder gewünscht, realisiert hat sie mit ihrem Mann jedoch eine kinderreiche Pfarrerehe. Der Mann wollte Theologie studieren, sie wollte ihn nicht drängen, ihretwegen auf seine Berufswünsche zu verzichten. Zu sagen, sie habe sich aufgegeben und dem Mann zuliebe auf alles verzichtet, wäre nicht richtig. Vom Hintergrund ihrer Herkunftsfamilie her fand das soziale Engagement in ihrer Ehe eine sinnvolle Fortsetzung. So wie sie spricht, fand sie ihr Leben anregend und erfüllt. Sie fühlt sich nicht ausgebeutet oder mißbraucht. Sie konzipierte ihr Leben innerhalb der Liebesbeziehung und leitete ihre eigenen Entwicklungen von den Bedürfnissen der Partnerschaft und Familie her. Erst jetzt, da die Familie ihr mehr Freiräume gibt, hat sie ihr Studium begonnen. Das Studium und ihre persönlichen Berufspläne schaffen ein Gegengewicht gegen die bisher einseitig auf die Kooperation mit dem Mann ausgerichtete Entwicklung.

Ganz anders zeigt sich die Ko-evolution bei Claudia. Sie war ursprünglich stark auf die traditionelle Frauenrolle ausgerichtet und übernahm in der Partnerschaft die Funktion des emotionalen Ausgleichs und der Vermittlung sozialer Kontakte. Doch dann fühlte sie sich von ihrem Mann nicht mehr ernst genommen und wollte das, was sie an ihm bewunderte, nämlich die bessere Bildung, sich selbst erarbeiten. Herausgefordert durch die Beziehungskrise, strebte sie die persönliche Emanzipation an. Ihre Beziehung wurde dadurch schwieriger und spannungsvoller. Sie achtet heute stärker auf einen gerechten Ausgleich von Geben und Nehmen. Vordergründig gesehen ist ihr Verhalten egoistischer als dasjenige von Annemarie. Von der Ko-evolution her gesehen hat das Verhalten des Mannes bei ihr durchaus positive Entwicklungen ausgelöst, und ihre Emanzipation dürfte auch bei ihm emanzipatorische Entwicklungen in Gang gebracht haben. Dennoch ist die Kooperation in dieser Beziehung geringer. Die Ehe blieb bisher kinderlos.

Welche Beziehung ist die bessere? Das ist schwer zu sagen. Annemaries persönliche Entwicklung geht stärker aus den Bedürfnissen der Partnerschaft und der Familie hervor, Claudias Entwicklung stärker aus der Auseinandersetzung mit ihrem Mann.

Die Interviews zeigen Ko-evolution als Prozeß, bei dem zwischen den Partnern in jedem Beispiel erhebliche Spannung spürbar ist. Die Interviewten fordern vom Partner in mancher Hinsicht mehr, als dieser zu geben und zu erfüllen vermag. Die Interviewten gehen mit ihren Erwartungen oft bis an die Grenze des für sie mit diesem Partner Realisierbaren. Sie unterstützen den Partner nie aus bloßem Altruismus, sondern nehmen immer auch eigene Vorteile und Interessen wahr. Sie akzeptieren den Partner nie einfach so, wie er ist. Besonders wenn Kinder da sind, ergibt sich die persönliche

Entwicklung der Interviewten deutlicher aus der Entwicklung der Partnerschaft als bei Kinderlosen. Es ist dann schwierig, Eigennutz und Fremdnutz zu trennen. Die eigene Identität wird stark aus der Identifikation mit der Partnerschaft und Familie hergeleitet. Der persönliche Gewinn kann in einer Partnerschaft aber auch in jenen Fällen hoch sein, wo die Beziehung äußerlich weniger fruchtbar erscheint. Es wird dann zwar stärker auf Ausgleich von Geben und Nehmen geachtet, ohne daß diese Beziehungen deswegen als egoistisch oder bloß eigennützig bezeichnet werden könnten.

Es gibt heute eine umfangreiche sozialpsychologische Forschung über den Austausch von Geben und Nehmen in Partnerbeziehungen und die dabei wirksamen Gerechtigkeitsnormen (Übersicht siehe R. Maderthaner und L. Reiter 1989 und E. Kirchler und L. Reiter 1989). Deren Ergebnisse zeigen, wie mit zunehmender Dauer und Zufriedenheit einer Partnerschaft eine Verlagerung von «Egoismus» zu «Altruismus» festgestellt werden kann und umgekehrt bei Verschlechterung der Beziehung ein Zurückschreiten auf «egoistischere» Formen. Die «egoistischeren» Formen zeichnen sich dadurch aus, daß Geben und Nehmen, Gewinn und Verlust fortlaufend aufgerechnet werden und die Partner den kurzfristigen Ausgleich fordern. Gemäß dem Equity-Prinzip (E. Walster, E. Berscheid, G. W. Walster 1973) ist die Gerechtigkeitsnorm der Gegenseitigkeit in Partnerbeziehungen erfüllt, wenn der Gewinn proportional zu den Investitionen der Partner bleibt. Doch das läßt sich in Lebensgemeinschaften im einzelnen Fall nicht ausmachen. Oft ist der individuelle Beitrag nicht isolierbar. Gilt nur der Beitrag des Handelns und der Tat, oder zählen auch ideelle Beiträge, emotionale Unterstützung, Kritik, Lob und Bewunderung? Kann der Beitrag objektiv gemessen werden oder nur in seiner subjektiven Bedeutung? Ist die persönliche Investition absolut meßbar oder nur relativ an der individuellen Befähigung? In zufriedenstellenden Beziehungen befassen sich die Partner meist nicht explizit mit der Buchführung von Verdienst und

Schuld. Die Lebenszufriedenheit des anderen ist einem selbst ebenso wichtig wie die eigene, weil man von der Lebenszufriedenheit des Partners unmittelbar betroffen ist. Man findet es schwierig, sich wohl zu fühlen im Zusammenleben mit einem vorwurfsvollen, unzufriedenen und unglücklichen Gefährten. Das veranschaulicht Cécile in ihrem Interview mit der Metapher vom brüchigen Eis. Soll sie ihren Mann beim Einbrechen im Eis selbst zu retten versuchen – auf die Gefahr hin, dabei selbst zu ertrinken? Oder soll sie Hilfe anfordern, die dann aber zu spät kommen könnte? Sie zieht es vor, sich selbst der Gefahr auszusetzen. Es kann eine durchaus befriedigende Aufgabe sein, einem Menschen, der sich mit dem Leben schwertut, Halt und Bestätigung zu vermitteln, auch wenn dieser dabei mehr von einem profitiert als umgekehrt. Den Partner glücklich zu machen ist für viele eine Form von Liebesglück. In diesem Sinne heben sich Geben und Nehmen auf, weil Geben eine Form von Nehmen und Nehmen eine Form von Geben sein kann. Zufriedenheit in der Partnerschaft schließt individuelle Zufriedenheit ein. Je harmonischer die Beziehung, desto mehr weichen die Interessen der Individuen zurück und werden durch Interessen überlagert, die aus der Partnerschaft erwachsen (Kirchler und Reiter 1989).

Gerät die Beziehung jedoch in eine Krise, so können sich die Verhältnisse schlagartig ändern. Nun fühlt sich vor allem dasjenige, das äußerlich gesehen mehr gab, betrogen und rechnet mit Bitterkeit die Einseitigkeit seines Gebens und seiner Investitionen auf. Im Falle des Zerbrechens einer Partnerschaft kann der fortbestehende Wert der Investitionen sehr ungleich sein. Wenn in einer traditionellen Beziehung die Frau dem Mann zur Karriere verhalf, so behält im Falle einer Scheidung der Mann seine berufliche Position, während die Frau mit leeren Händen dasteht und ihren Sozialstatus einbüßt. Von daher gesehen sind die modernen Tendenzen zu begrüßen, die eigene Lebenszufriedenheit nicht ausschließlich von der Zufriedenheit in der Partnerschaft abhängig zu machen und Geben und Nehmen in der Partnerschaft über längere Zeitspannen bewußt auszugleichen. Je tiefer im Zerwürfnis die Beziehungsqualität sinkt, desto egoistischer verhalten sich die Partner. Jeder ist dann in erster Linie auf den eigenen Vorteil bedacht und versucht sich vor Ausbeutung zu schützen. Wegen der Unmöglichkeit, Geben und Nehmen in einer Beziehung scharf voneinander zu trennen, erweist sich dieses Unterfangen aber im einzelnen als undurchführbar.

Zwei Thesen sind dabei zu bedenken:

Ein rein altruistisches Leitbild von Liebe ist gefährlich. Ich glaube, der Mensch ist so konstruiert, daß alles, was er tut, auch zum eigenen Nutzen sein muß. Wird der Anspruch auf Eigennutz verleugnet, so wird er oftmals bloß der bewußten Kontrolle entzogen und macht sich bemerkbar in unterdrückten Erwartungen an Dankbarkeit und Anerkennung und in Frustration, daß diese Erwartungen nicht erfüllt werden. Liebe ist nicht selbstlos.

Es gibt in Beziehungen nichts gratis. Die Möglichkeit, vom Angebot des Partners Gebrauch zu machen, einen zu beschenken und zu verwöhnen, ohne je Ansprüche damit zu verbinden, mutet zunächst paradiesisch an. Sie erweist sich jedoch als Illusion. Selbst wenn der schenkende Partner tatsächlich keinerlei Ansprüche an einen stellt, wird man sich damit in seine Dankesschuld begeben, mit all den oft destruktiven Folgen von Verpflichtung, Abhängigkeit und Schuldgefühlen.

Ko-evolution entwickelt sich also grundsätzlich nach dem Prinzip Eigennutz, nur kann dieser Eigennutz entweder direkt persönlich geltend gemacht werden, oder er kann indirekt aus der Entfaltung der Gemeinschaft abgeleitet werden, mit der man identifiziert ist und von deren Gelingen man persönlich profitiert.

Gerechtigkeitsbalance und Gleichwertigkeitsbalance

Solange die Partner mit der Lebensgemeinschaft identifiziert sind, setzen sie sich recht großzügig mit der Frage nach dem Ausgleich von Geben und Nehmen in der Partnerschaft auseinander. Sie suchen nach Wegen, die Erfüllung der beidseitigen Ansprüche in Kompromissen zu optimieren oder sie längerfristig womöglich auszugleichen. Die Durchsetzung eigener Ansprüche gegen den Willen des Partners ist kurzfristig oft möglich, der Sieg kann sich jedoch bald als Eigentor erweisen. Wenn sich der eine auf Kosten des anderen im Beziehungsraum ausdehnt und der andere nicht mehr standhält, sondern aufgibt, so degeneriert die Beziehung als Ganzes, weil der Partner sich nicht mehr ebenbürtig mit einem auseinandersetzt. Eine Grundhaltung, welche auf Maximierung der eigenen Selbstbehauptung und des Sichdurchsetzens ausgerichtet ist, wird sich auf das Zusammenleben destruktiv auswirken (siehe Willi 1985, Seite 143ff). Der Eigennutz muß aus eigennützigem Interesse auch dem Fremdnutz, den Ansprüchen des Partners, genügen. Es ist die der Beziehung innewohnende Gerechtigkeitsbalance und Gleichwertigkeitsbalance zu beachten.

Ivan Boszormenyi-Nagy hat 1971 gemeinsam mit Geraldine Spark und 1986 mit Barbara Krasner grundlegende Gedanken zu beziehungsethischen Fragen veröffentlicht. Es geht dabei nach ihrer Meinung nicht bloß um moralische Fragen, die in einer Beziehung berücksichtigt werden können oder nicht, sondern um Prinzipien, die allen Familienbeziehungen innewohnen, nämlich um Ansprüche auf Gerechtigkeit, Fairneß, Verläßlichkeit, Vertrauenswürdigkeit, gegenseitige Verfügbarkeit und persönlichen Einsatz. Über diese Prinzipien kann nicht hinweggegangen werden, ohne daß es zu destruktiven Auswirkungen kommt. Wenn der eine in seinem Handeln die Situation des Partners angemessen berücksichtigt und durch sein Handeln sich ihm als hilfreich erweist, erwirbt er sich eine Art menschliches Guthaben, dessen Anerkennung und faire Berücksichtigung für eine vertrauensvolle Beziehung Voraussetzung ist. Destruktives Verhalten in Beziehungen ist maßgeblich darin begründet, daß aus einer Verletzung dieser Gesichtspunkte heraus ein Anspruch auf Destruktivität abgeleitet wird. Die fehlende Berücksichtigung des eigenen Engagements verleitet dazu, sich dem Partner gegenüber fortan ebenso rücksichtslos abweisend und unsensibel zu verhalten, wie man es von ihm erfahren hat. Ivan Boszormenyi-Nagy und Barbara Krasner nehmen ein den Beziehungen innewohnendes Beziehungstribunal an, das subjektiv Gerechtigkeit einfordert.

Im Verlaufe einer längerdauernden Beziehung kann schicksalhaft einseitige Schuld entstehen, etwa durch Eintreten einer unerwünschten Schwangerschaft infolge Unachtsamkeit des Mannes, durch körperliche Verletzung des Partners wegen eines selbstverschuldeten Verkehrsunfalls, durch finanzielle Verschuldung und geschäftliche Fehlinvestitionen, von welchen der Partner mitbetroffen ist, aber auch durch Auftreten von krankheitsbedingter körperlicher Behinderung, die zu einer einseitigen Abhängigkeit vom Partner führt. Dabei ist es oft nicht so wichtig, ob objektiv gesehen Schuld und Verdienst ausgeglichen werden, wichtiger ist, ob bei unausgeglichener Balance von Geben und Nehmen die Verdienste des Partners anerkannt werden.

Die Beachtung dieser Gesichtspunkte bekommt in der Paartherapie großes Gewicht. Oft allerdings sind sich die Partner nicht einig, was Schuld und was Verdienst ist. In traditionellen Ehen verlegt sich die Frau oft darauf, den Mann in seiner Berufskarriere zu fördern. Der Mann steht also in einseitiger Schuld seiner Frau gegenüber. Manche Männer fühlen sich aber selbst als Opfer ihrer Frauen, durch die sie sich in eine Karriere hineingedrängt fühlten, die sie persönlich überfordert. Oder eine Frau fühlt sich in Schuld versetzt, weil der Mann sein berufliches Engagement reduziert, um sich als Hausmann zu betätigen und der Frau eine volle berufliche Entfaltung zu ermöglichen. Die Frau aber weist darauf hin, daß er dieses Opfer keineswegs aus freien Stücken geleistet habe, sondern weil er in der eigenen Berufskarriere nicht mehr weiterkam. Es ist immer kritisch zu bedenken, ob man den Partner durch sein Engagement in Schuld zu versetzen versucht hat, aus der man Verpflichtung zu Dank ableitet. Entscheidend ist nicht das Ausmaß an Hilfe und Unterstützung, welche man dem Partner zuwendet, und nicht die Aufrechnung all dessen, was man für ihn getan hat, sondern die Angemessenheit des Engagements für den Partner. Manches kann ihm an seinen Bedürfnissen vorbei aufgenötigt worden sein. Männer stehen in traditionellen Beziehungen wohl häufiger in einseitiger Schuld ihren Frauen gegenüber und verstehen es schlecht, damit umzugehen. Diese Einseitigkeit wird von den Frauen vor allem im Falle einer Scheidung empfunden, von den Männern aber wird sie eher verdrängt. Andererseits kann die Einseitigkeit der Schuld auch Anlaß sein, daß Männer den Klagen und Ansprüchen ihrer Frau keine Grenzen zu setzen wagen und jeder Konfrontation aus dem Wege gehen.

Ebenso wichtig wie die Gerechtigkeitsbalance ist die *Gleichwertigkeitsbalance*, über die ich bereits in «Die Zweierbeziehung» (1975, S. 24ff) geschrieben habe. Bei der Partnerwahl wird die Gleichwertigkeit meist intuitiv beachtet, indem sich zwei Partner mit ungefähr gleichem Selbstwertgefühl wählen. Jedes bringt in die Beziehung Aspekte ein, welche dem Partner etwa gleich viel bedeuten wie das, was er umgekehrt für einen einbringt. In der traditionellen Ehe kann im Laufe des längeren Zusammenlebens das Gleichgewicht des Selbstwertgefühls zugunsten des einen Partners gestört werden. So kann etwa die Frau mit ihrer emotionalen Unterstützung und dadurch, daß sie ihm den Rücken freihält, dem Mann eine berufliche Karriere ermöglichen, die ihm viel Selbstbestätigung einbringt. Es kann aber auch sein, daß die Frau zu den Kindern eine viel engere Beziehung aufbaut als der Mann und daß sie damit innerhalb der Familie eine zentrale Position einnimmt, während der Mann sich ausgeschlossen fühlt. Für das Gelingen einer Beziehung ist es wichtig, daß das Selbstwertgefühl beider Partner innerhalb des Zusammenlebens immer wieder ausbalanciert wird.

Zwischen Gerechtigkeitsbalance und Gleichwertigkeitsbalance besteht ein enger Zusammenhang. Nach Ivan Boszormenyi-Nagy und Barbara Krasner wird das Selbstwertgefühl gestärkt, wenn man sich vom Partner fair behandelt fühlt und die eigenen Leistungen von ihm anerkannt werden.

4.5.2. Verhalten zur gezielten Beeinflussung des Partners

Liebespartner treten meist in die Gemeinschaft ein mit der Hoffnung, miteinander und durcheinander persönliche Möglichkeiten zu realisieren, die bisher nicht ins Leben eintreten konnten. Wie die sieben Interviews im dritten Kapitel veranschaulichen, entwickelt sich zwischen den Partnern ein sehr komplexes Wechselspiel von Sich-gegenseitig-Fördern und -Behindern, Den-anderen-Unterstützen und Sich-unterstützen-Lassen, Den-anderen-Begrenzen und Sich-begrenzen-Lassen, Den-anderen-Herausfordern und Sich-herausfordern-Lassen. Überall gibt es positive Möglichkeiten neben negativen, oft untrennbar ineinander verwoben. Was sich in der Interaktion der Partner ergibt, ist immer die Resultante von Zug und Druck ihrer korrespondierenden Entwicklungsbereitschaften und Intentionen. Die Intentionalität der Partner ist zwar von den eigenen Konstrukten beeinflußt, sie wandelt sich jedoch im Wechselspiel mit dem Partner, so daß schwer vorhersehbar ist, was am Ende herauskommen wird und in welcher Richtung die Partnerschaft treibt.

Anna und Bruno
Anna ist zuerst fasziniert von Brunos gesellschaftlicher Gewandtheit. Mit seiner Fähigkeit, die Sprache anderer Menschen zu imitieren, kann er bei Einladungen eine abendfüllende Show abziehen. Aber Bruno liebt auch scharfe Diskussionen und verwickelt sich gerne in hitzige Streitgespräche. Damit schafft er sich auch manche Feinde. Anna und Bruno werden häufig eingeladen. Anna kommt mit Bruno zu gesellschaftlichem Erfolg,

der ihr zuvor versagt geblieben war. Doch allmählich schlägt Annas Bewunderung in Gehässigkeit um. Sie fühlt sich plötzlich neben Bruno zur schönen Begleiterin degradiert. Sonnte sie sich zuvor in Brunos Erfolg, fühlt sie sich jetzt in seinem Schatten stehend. Immer wieder findet sie Anlaß, sich für Brunos vorlautes Verhalten zu schämen. Bruno beteuert, er würde Anna noch so gern die Möglichkeit geben, sich an Gesprächen zu beteiligen. Anna macht dann einige Ansätze, etwas zu erzählen, doch formuliert sie dabei so kompliziert, daß Bruno ihr gleich das Wort wieder abnimmt und das, was sie sagen wollte, zu Ende führt. Anna ist wütend und mußte mehrmals von Bruno wegen Migräneanfällen vorzeitig nach Hause gebracht werden. Später aber beginnt sie einfach ein Gespräch mit ihrem Tischnachbarn, sobald Bruno sich in Szene zu setzen beginnt. Das stört Bruno, der sich seines Verhaltens gar nicht bewußt ist, und veranlaßt ihn, sich zurückzunehmen. Bruno behauptet, es liege im überhaupt nichts daran, Anna in Gesellschaft stummzuhalten. Nur erwarte er von ihr, daß sie sich selbst wehre und nicht auf seinen Segen warte, um sich aktiv an einem Gespräch zu beteiligen. Wiederholt fordert er sie in Gesellschaft auf, ihre Meinung zu diesem oder jenem zu sagen, was Anna noch mehr verunsichert. Schließlich spielen sie sich einigermaßen aufeinander ein: Bruno nimmt sich in Annas Anwesenheit etwas zurück, stellt es ihr aber frei, ob sie von den Möglichkeiten, sich aktiv am Gespräch zu beteiligen, Gebrauch machen will oder nicht. Dadurch, daß er den Druck verringert, fühlt sich Anna sicherer und kann ihre Meinung besser einbringen. Es stört sie auch nicht mehr so sehr, wenn Bruno dann und wann einmal eine Show abzieht. Anna und Bruno stehen also zueinander in einer direkten Interaktion von Unterstützen, Begrenzen, Herausfordern und Loslassen.

Diese Verhaltensweisen sollen jetzt genauer betrachtet werden:

Unterstützen: Diese Form der Einflußnahme auf die Persönlichkeitsentfaltung des Partners ist sozial am akzeptiertesten. Man möchte dem Partner möglichst große Autonomie und Selbstverantwortung zugestehen und ihn durch teilnehmendes Zuhören in seiner Entwicklung unterstützen und bestätigen. Diese Haltung wurde vor allem von Carl Rogers (1972/75, 1977/78) immer wieder gefordert. Ich glaube allerdings, daß er die unterstützende Haltung eines Psychotherapeuten zum Modell für die unterstützende Haltung dem Partner gegenüber gemacht hat, ohne die grundsätzlichen Unterschiede zu bedenken. Im Gegensatz zur Therapie sind in einer Partnerschaft beide Bezugspersonen in ihrer Lebensführung direkt vom Verhalten des Partners betroffen und können sich nicht unter Wahrung der «therapeutischen Abstinenz» nur auf die Interessen des anderen einstellen. Unterstützung des Partners ist nicht selbstlos. Man will den Partner vor allem in jenen Bereichen unterstützen, wo man für sich selbst positive Auswirkungen erwartet. Man wird einen Partner intuitiv am ehesten dort fördern, wo seine Entwicklung kompatibel mit der eigenen ist oder diese rückwirkend ebenfalls fördert.

Unterstützt man den Partner in seiner Berufskarriere, kann man eventuell vom höheren sozioökonomischen Status, den er damit erreicht, profitieren, man kann sich damit jedoch auch ins Hintertreffen versetzt sehen. Derjenige, der sich unterstützen läßt, kann sich durch die Unterstützung verpflichtet und auf eine bestimmte Entwicklungsbahn festgelegt fühlen. Unterstützt man den Partner bei der Erziehung der Kinder, so ist er eher in der Lage, diese schwierige und kräftekonsumierende Aufgabe zu erfüllen, fühlt sich dadurch aber eventuell stärker auf die Übernahme dieser Tätigkeit verpflichtet. Als Vektor der Ko-evolution ergibt sich also immer das, was beiden in optimaler Weise dazu verhilft, eigene Lebensmöglichkeiten zu verwirklichen. Oftmals ist allerdings nur schwer zwischen den Intentionen von Anna und jenen von Bruno zu unterscheiden, zwischen Agieren aus eigenen Motiven und Reagieren auf das Einwirken des Partners, zwischen egoistischen und altruistischen Strebungen. Destruktiv ist Unterstützung dann, wenn sie zur Manipulation wird und der Partner in eine Richtung zu lenken versucht wird, die er selbst gar nicht will, die ihm widerstrebt und von der er überfordert ist. Den andern unterstützen kann ein Gefühl von Überlegenheit vermitteln, das verlorengeht, wenn der Partner sich unter der Unterstützung zur Ebenbürtigkeit entwickelt. Das zeigt sich etwa bei Ursula (S. 186); deren erster Partner sie bildungsmäßig förderte, seine Unterstützung dann aber abrupt zurückzog, als sie mit Erfolg ihre Dissertation ausarbeitete.

Destruktiv kann subtiles Unterstützen pathologischer Entwicklungsbereitschaften sein, insbesondere die Bestärkung in Ängstlichkeit und Selbstunsicherheit, unter gleichzeitiger unwirscher Aufforderung zu mehr Unabhängigkeit und Selbständigkeit. Oder die Unterstützung zu sozialem Rückzug durch Aufschaukeln von Mißtrauen.

Begrenzen: Das Sich-gegenseitig-Grenzen-Setzen und Sich-miteinander-Konfrontieren ist für eine gesunde Koevolution eine absolute Notwendigkeit. Viele Fehlentwicklungen im Zusammenleben ergeben sich, weil die Partner einander nicht ausreichenden Widerstand entgegensetzen. In funktionsfähigen Lebensgemeinschaften stehen die Partner in einer kritischen Spannung zueinander und schleifen einander durch Widerstand zurecht. Die Bereitschaft zu regressivem Ausweichen in «krumme Touren», Selbstmitleid, Krankheit oder Sichfallenlassen liegt in jedem Menschen vor. Wie weit sie sich entwickelt, hängt oft stark von der Bereitschaft des Partners ab, darauf einzugehen. Viele destruktive Lebensformen wie Alkoholismus, hypochondrische Entwicklungen, depressive Verstimmungen und unkontrollierte Wutanfälle werden toleriert, manchmal vielleicht, weil man sich gerne als Helfer eines schwachen Partners profilieren möchte, manchmal aus der Befürchtung, der Partner dekompensiere, wenn man ihn nicht bedingungslos unterstütze. Mangel an Widerstand kann auch aus Schuldgefühlen entstehen, weil der Partner besondere Verdienste um einen erworben hat und daraus eine Anspruchshaltung ableitet, der man sich nicht zu widersetzen wagt. Manchmal gibt man einander zuwenig Widerstand aus Angst, die Beziehung könne daran zerbrechen oder der Partner könne sich eine bedingungslose Akzeptation anderswo suchen. Andererseits verstehen es manche, sich einen Partner zu wählen, der ihren gefährlichen Tendenzen Widerstand entgegensetzt, so etwa wenn Nelly, die sich mit ihrem früheren Freund in endlose und destruktive «Therapiegespräche» verwickelt hatte, in ihrem jetzigen Partner jemanden hat, der auf derartige Tendenzen gar nicht anspricht (S. 176).

Destruktiv wirkt Begrenzung vor allem da, wo sie Entwicklungen bremsen oder kleinhalten soll, von denen man sich selbst bedroht fühlen würde. Hierher gehören insbesondere alle Formen von Angst vor Veränderung, die sich der eigenen Kontrolle entziehen könnte. Paradoxerweise ist in Partnerbeziehungen oft nicht «der Gesündere» und Vitalere tonangebend, sondern der Engherzigere, Mißtrauischere und Ängstlichere. Wie in einem Mannschaftslauf ist es der Schwächste, der die Leistung der Gruppe bestimmt, und nicht der Stärkste.

Herausfordern: Jeder Mensch hat weit mehr Entwicklungspotential, als er je im Leben realisieren kann. Ein Teil des Entwicklungspotentials kann sich unter der Herausforderung des Partners entfalten. In zufriedenstellenden Beziehungen fordern Partner einander etwas ab. Alleinstehende leiden oftmals darunter, daß es gar niemandem wichtig ist, ob sie sich gehenlassen, wie sie sich kleiden und pflegen, wie sie wohnen und kochen, ob sie zu dick oder zu dünn sind. Die Herausforderung kann freundlich sein durch Aufmunterung oder Bitten. Herausforderung besteht aber oft auch im Streit, in der Rivalität, in der Eifersucht oder im provozierenden Verletzen. Die Reaktion ist dann: «Das lasse ich mir nicht bieten. Dir zeige ich es schon noch. Jetzt erst recht! Das hast du keinem Toten angetan!»

Gegenseitige Entwicklungsanstöße ergeben sich somit keineswegs nur durch liebevolles Einfühlen, Akzeptieren und Unterstützen, sondern oft in Kämpfen voller Wut und Haß, wo es auch um Selbstbehauptung und Wahrung der Selbstachtung geht, wie Claudia es in ihrem Interview veranschaulicht. Es ist oft ein kleiner Schritt von produktiver zu destruktiver Herausforderung. Destruktiv wird die Herausforderung vor allem dann, wenn das erfolgreiche Bestehen der Herausforderung keine Anerkennung auslöst, sondern von der Bezugsperson eher als Bedrohung erfahren wird. Sie versucht dann, den Partner mit weiteren Herausforderungen kleinzuhalten.

Unterstützen, Begrenzen und Herausfordern sind aktive Formen, auf den Partner einzuwirken, die manchmal ihr Ziel verfehlen, weil sie den Partner in die Enge treiben und seinen Widerstand provozieren. Die beiden Partner verwickeln sich dann leicht in einen Clinch: Je mehr der eine den Partner mit Unterstützen, Begrenzen und Herausfordern bedrängt, desto mehr widersetzt sich ihm der andere, und je mehr er sich ihm widersetzt, desto mehr verstärkt der erstere seine Einwirkung. Es kann dann entscheidend sein, über die Fähigkeit zu verfügen, aus dieser Spirale auszusteigen, Abstand zu nehmen und den Druck abzulassen. Als bloßer Trick gelingt das allerdings nicht. Echt wirkt dieses *Loslassen* nur, wenn es von innen heraus kommt, und das setzt meist einen persönlichen Einstellungswandel voraus. Loslassen in der Absicht, damit dann doch noch das ursprüngliche Ziel zu erreichen, geht meistens daneben. Echtes Loslassen verzichtet auf das Beeinflussenwollen und respektiert die Eigenverantwortlichkeit des Partners, das zu tun, was ihm entspricht. Der Beeinflussungsprozeß zwischen Partnern entwickelt sich häufig in der Dynamik des Unterstützens, Begrenzens und Herausforderns und gewinnt dann durch das Loslassenkönnen oftmals einen qualitativen Sprung. Loslassen ist manchmal besonders wirksam, wenn zuvor ein erheblicher Druck ausgeübt worden war. Loslassen sollte nicht verwechselt werden mit Gleichgültigkeit und Desinteresse.

4.5.3. Interpersonelle Funktionsteilungen

Neben Verhaltensweisen zur gezielten Beeinflussung des Partners gibt es in einer Partnerschaft Möglichkeiten, durch Funktionsteilungen einander zu ergänzen und sich in speziellen Funktionen gegenseitig zu fördern. Man kann sich von manchem entlasten, was der Partner übernimmt, der seinerseits in der Übernahme gewisser Funktionen Befriedigung und Bestätigung erfährt. Zu unterscheiden ist äußere Aufgabenteilung und persönliche Funktionsteilung.

Die äußere Aufgabenteilung war früher klar an die Definition der Geschlechtsrollen gebunden: Der Mann war zuständig für Existenzsicherung, Sozialprestige der Familie, Lebensunterhalt, Vertretung der Familie nach außen, meist auch für die Verwaltung des Geldes. Die Frau übernahm die Funktionen der Haushaltung und Kindererziehung. Positiv an der Funktionsteilung der traditionellen Ehe war, daß sie beiden Partnern klar umschriebene Zuständigkeitsbereiche zuwies, mit welchen sie sich identifizieren konnten und die jedem das Bewußtsein gaben, für den anderen und für die Gemeinschaft wichtige Funktionen zu übernehmen. Die Übernahme dieser Funktionen vermittelte ihnen unterschiedliche Lebenserfahrungen und festigte damit eine unterschiedliche Konstruktion der eigenen Welt, was die Verständigung zwischen den Partnern oftmals erschwerte. So etwa sind die Aufgaben in Haushalt und Kindererziehung nicht scharf definierbar. Ein Haushalt wird in Ordnung gehalten. Man sieht nur, was nicht in Ordnung ist. Kindererziehung erfordert dauernde emotionale Präsenz. Aber auch hier ist nur Mißerfolg Anlaß für Beachtung und Diskussion. Der Mann ist es vom Beruf her gewohnt, mehr oder minder umschriebene Probleme anzupacken und zu lösen. Deren Lösung vermittelt ihm ein Erfolgserlebnis. Sie besteht oft in einem vorzeigbaren Resultat, beendet die Aufgabe und macht frei für das Anpacken neuer Aufgaben. Die Berufstätigkeit läßt sich zeitlich besser strukturieren, sie folgt meist einem Zeitplan. Aufgaben in der Familie dagegen sind atmosphärischer, unstrukturierter, undefinierter und erfordern mehr emotionale Präsenz.

Aus Erfahrungen aus unterschiedlichen Funktionsbereichen kann es zu Mißverständnissen zwischen Mann und Frau kommen, so auch bei Anna und Bruno:

Anna und Bruno
Ursprünglich hatten Anna und Bruno vereinbart, sich hälftig in die Arbeit in Beruf und Familie zu teilen. Doch dann geriet alles durcheinander. Das zweite Kind kam mit Down-Syndrom (trisomaler Mongolismus) auf die Welt. Es war somit vorhersehbar, daß langfristig mehr erzieherische Präsenz notwendig sein werde, sofern man das Kind nicht in ein Heim weggeben wollte. Dazu kam, daß Bruno ein eigenes Geschäft gründete, das nur mühsam anlief. Zudem hatte er sich verschuldet und mußte alle seine Kräfte dem Beruf widmen, um die finanzielle Situation der Familie in Ordnung zu bringen. Unter diesen Umständen entschloß sich Anna, ihren Beruf als Krankenschwester vollends aufzugeben und Bruno in seiner Berufstätigkeit durch Übernahme der Buchhaltung zu unterstützen. Anna übernahm also die Arbeit für die Kinder allein und wurde dabei zunehmend erschöpft und depressiv. Sie war oft wütend auf die Situation, in die sie hineingeraten war, empfand dann Schuldgefühle den Kindern gegenüber, die ja schließlich nichts dafür konnten, und glaubte, in ihrer erzieherischen Aufgabe zu versagen. Insbesondere das erste, jetzt fünfjährige Kind nervte sie mit seiner Eifersucht auf das zweite Kind, das ihre besondere Aufmerksamkeit erforderte. So ließ sie sich immer wieder zu unkontrolliertem Anschreien und gelegentlichem Schlagen hinreißen. Bruno sah sich bei der Rückkehr von der Arbeit oftmals mit einer chaotischen Familiensituation konfrontiert. In der Meinung, Anna damit zu helfen, versuchte er, ihr das ihm vom Beruf her vertraute Problemlösungsverhalten nahezubringen: Zuerst muß das Problem definiert werden, hier also die chaotische Erziehungssituation. Dann wird das Ziel festgelegt, hier die Strukturierung der Erziehungssituation. Als Lösungswege bieten sich an Variante A: Bruno berät Anna, indem er jeden Abend mit ihr die Erziehungssituation bespricht und ihr Anweisungen gibt, wie sie

durch mehr Strukturierung die Situation in den Griff kriegen könnte. Wenn erfolglos, dann Variante B: Bruno zeigt Anna direkt, wie Kinder erzogen werden müssen durch klare Strukturen, Grenzen, Festigkeit und Konsequenz, aber auch Aussprechen von Anerkennung und Lob.

Das Tragische für Anna war: Bruno hatte mit seinem direkten Eingreifen in die Kindererziehung Erfolg. Die Kinder sind in seiner Präsenz ruhiger und zufriedener. Anna fühlt sich beschämt. Ihr Gefühl zu versagen wird verstärkt. Bruno ist befriedigt im Bewußtsein zu wissen, wie richtige Erziehung aussehen muß. Anna fühlt sich von ihm überhaupt nicht verstanden, da er den Unterschied zwischen seinen Feuerwehrübungen und ihrer Dauerpräsenz nicht wahrnimmt. Er kann nicht verstehen, weshalb Anna versagt, da er die Erziehungsfunktion aus seiner beruflichen Lebenserfahrung heraus konstruiert. Er fühlt sich aber sehr rasch überfordert, wenn er für die Kinder länger als zwei Stunden allein zuständig ist. In den Mißverständnissen, die sich aus der unterschiedlichen Erfahrung von Wirklichkeit ergeben, liegt die Gefahr der dyadischen Funktionsteilung.

Äußere Funktionsteilungen drängen sich aber oftmals in der Kleinkinderphase auf, weil sie arbeitsökonomischer sind. Die Partner kennen ohne lange Diskussionen ihren Zuständigkeitsbereich und müssen bezüglich dieses Zuständigkeitsbereiches sich nicht mit dem Partner abstimmen.

Die äußere Funktionsteilung fördert oftmals auch eine interpersonelle Funktionsteilung. In der traditionellen Ehe übernimmt der Mann mehr die instrumentellen Aufgaben und die Frau mehr die emotionalen. Das kann zunächst durchaus entlastend und fördernd wirken. Jedes kann gewisse Persönlichkeitsseiten entfalten in dem Bewußtsein, vom Partner in anderer Hinsicht ergänzt zu werden. Längerfristig geht die Funktionsteilung allerdings häufig mit einer Störung der Selbstwertbalance einher. So etwa zeigt Claudia in ihrem Interview (Seite 158), wie sie zuerst die traditionelle Frauenfunktion übernimmt – Emotionalität und Pflege der sozialen Beziehungen – und den Mann in seiner intellektuellen Überlegenheit idealisiert. Dann aber merkt sie, daß es nicht genügt, intellektuelle Brillanz im Mann zu bewundern und in der Gemeinschaft mit ihm daran teilzuhaben. Sie spürt die Notwendigkeit, diese Funktionen selbst zu entfalten, um sich ihm gleichwertig fühlen zu können. Die Überlegenheit des Mannes bedeutete ihr Herausforderung, ihren Bildungsrückstand aufzuholen. Dennoch war es als Vorstufe ihrer Entwicklung eine wichtige Möglichkeit, an der höheren Bildung des Mannes zu partizipieren und sich so allmählich mit der Vorstellung eigener Realisierung vertraut zu machen. Insbesondere junge Erwachsene können sich in ihrer Persönlichkeitsentwicklung im Zusammenleben zunächst gegenseitig entlasten und in ihrer Spezialisierung bestätigen. Die Entwicklung droht allerdings einseitig zu bleiben, wenn später nicht zumindest teilweise die delegierten Funktionen selbst übernommen werden, um die Persönlichkeit abzurunden. Der Fortbestand interpersoneller Funktionsteilungen schafft eine gewisse Abhängigkeit, die durchaus befriedigend sein kann, jedoch für Partnerverlust besonders verletzbar macht. Manchmal wird auch versucht werden, den Partner an der Rücknahme der delegierten Funktionen zu hindern, weil man damit an Bedeutung für ihn zu verlieren fürchtet.

Die Möglichkeit, gewisse persönliche Funktionen dem Partner zu delegieren, erweitert oftmals den persönlichen Erfahrungsbereich durch die Möglichkeit, am Partner zu partizipieren. So strebte etwa Annemarie (Seite 147), wie sie in ihrem Interview darstellt, ursprünglich selbst einen künstlerischen Beruf an, wozu ihr die Eltern aber nicht die nötigen Voraussetzungen bieten konnten. Sie hoffte dann, mit ihrem Mann eine Künstlerehe zu führen, doch blieb ihr dieser Wunsch versagt – ihr Mann wechselte und begann mit dem Studium der Theologie. Später förderte sie ihre Tochter und neigte dazu, sich mit deren Karriere zu identifizieren. Die Tochter ergriff dann einen künstlerischen Beruf, verbat sich jedoch jede Einmischung ihrer Mutter. Annemarie delegierte also ihre künstlerische Seite zuerst an den Mann, dann an die Tochter und nährte deren Talente in der Hoffnung, an ihrer Entfaltung zu partizipieren. Schmerzlich mußte sie erfahren, daß ihre Einflußmöglichkeiten begrenzt waren und daß sie sich wieder zurücknehmen mußte, um dem Mann und der Tochter die Möglichkeit zu lassen, ihren Weg selbst zu gehen.

Die Tendenz, sich einen Partner zu suchen, von dem man sich gebraucht fühlt, ist trotz aller Warnungen auch heute noch verbreitet. Robin Norwood hat über die heimliche Sucht der Frauen, gebraucht zu werden, ein vielbeachtetes Buch geschrieben. Für Außenstehende ist es oft schwer verständlich, wie manche Frauen das Zusammenleben mit chaotischen, impulsiven, laufend untreuen, trunksüchtigen oder chronisch unglücklichen Männern suchen oder lebenslänglich aushalten, obwohl sie dabei von ihren Partnern fortwährend entwertet zu werden scheinen. Sie sagen: «Es ist gräßlich, mit ihm zusammenzuleben, aber ich könnte mir ein Leben mit einem anderen Mann nicht vorstellen ... Alle anderen Männer kommen mir so langweilig vor ... Andere Männer sind wohl einfacher, üben jedoch auf mich keine erotische Attraktion aus.» Dabei spielt manchmal die Phantasie mit, daß niemand so, wie man selbst, diesen Partner zu verstehen vermöge, und niemand bereit wäre, diesen Mann mit so viel Geduld und Liebe durchzutragen. Teilweise kann man es als eine weise Einrichtung der Natur betrachten, daß das Zusammenleben mit einer psychisch labilen, schlecht ausbalancierten Person eine besondere Attraktion auszuüben vermag und die Übernahme strukturierender Funktionen durchaus erfolgreich und wirksam sein kann. Dennoch gibt es Grenzen. Wenn der Helfer für den anderen zentrale Persönlichkeitsfunktionen übernimmt, so mag das zunächst hilfreich sein, wirkt sich aber längerfristig oft destruktiv aus. Das Gefühl, sich selbst nicht steuern und kontrollieren zu können und dem anderen Dankespflicht schuldig zu sein, wird als demütigend erlebt und löst Wut und Auflehnung aus. Die Folge ist, statt Dankbarkeit zu bekunden, werden die besorgten Helferinnen und Helfer aggressiv beschimpft und entwertet. Partner sollten der Versuchung widerstehen, einander zentrale Ich- und Über-Ich-Funktionen abzutreten beziehungsweise diese zu übernehmen (siehe dazu Abbildung Seite 329). Jeder Mensch muß seine Eigenverantwortlichkeit wahrnehmen können. Wenn die Gleichwertigkeitsbalance in einer Partnerschaft nicht beachtet wird, entwickelt sich leicht eine Eskalation zwischen Überverantwortlichkeit des einen und Unterverantwortlichkeit des anderen. Unter Respektierung der beiderseitigen Eigenverantwortlichkeit, können Partner jedoch gegenseitig viele Entwicklungen anregen und korrigieren und sich in ihren Verhaltensweisen formen und zurechtschleifen.

4.6. Dynamik ko-evolutiver Prozesse

In den vorigen Abschnitten wurden Elemente, die bei der Ko-evolution wirksam sind, beschrieben, so etwa die Bedeutung der Kompatibilität der Konstruktsysteme der Partner und die Korrespondenz ihrer Entwicklungsbereitschaften. Dann ging es um formale Aspekte der Ko-evolution, nämlich die Wirksamkeit des Prinzips Eigennutz, die Gerechtigkeits- und Selbstwertbalance. Schließlich untersuchten wir auch die Beeinflussung der Persönlichkeitsentwicklung durch Unterstützen, Begrenzen und Herausfordern des Partners sowie durch Funktionsteilungen in der Gemeinschaft. Ko-evolution ist ein äußerst komplexes Geschehen, das mit diesen Elementen noch nicht ausreichend erfaßt werden kann. Für die Darstellung ko-evolutiver Prozesse möchte ich deshalb immer wieder auf möglichst konkrete und lebensnahe Beschreibungen zurückgreifen. Es folgen drei Eigendarstellungen aus unserer Forschungsgruppe, in der wir uns intensiv mit diesem Thema beschäftigt haben (Namen und Sozialdaten sind abgeändert).

Eigendarstellung von Karl, 40jährig

Ich glaube, daß ich mich unter dem Einfluß der zwölf Jahre dauernden Partnerschaft persönlich recht stark verändert habe. Besonders deutlich ist mir das bezüglich meiner Arbeitsfähigkeit. Ich war immer sehr ehrgeizig und leistungsmotiviert, gleichzeitig wollte ich aber kein Intellektueller sein, sondern ein Künstler oder Lebensgenießer. Das brachte mich in eine oft unerträgliche innere Spannung. Ich war so blockiert, daß ich zum Beispiel keine Fachliteratur lesen konnte, weil ich dann immer gleich eifersüchtig auf die Autoren war und in ihren Texten zuwenig Nahrung für meine künstlerischen Interessen fand. Gleichzeitig konnte ich mich aber auch einer künstlerischen Tätigkeit nicht widmen, weil ich dann gleich wieder glaubte, meine Zeit für effizientere Arbeit verwenden zu müssen. Dann traf ich mit Brigitte zusammen, welche schon damals erfolgversprechende Geschichten schrieb.

Es gelang mir in der Partnerschaft, ihr meine künstlerische Seite zu überlassen. Sie konnte diese Seite auch viel kompetenter leben, als ich es je vermocht hätte. Sie sicherte die künstlerische Seite unserer Lebensweise, so daß ich mich nun weit intensiver auf meine Berufsarbeit einlassen konnte. In der Freizeit war es mir jetzt möglich, im Besprechen ihrer Arbeiten einen Ausgleich zu finden.

Obwohl Brigitte wenig Interesse für meine Berufskarriere zeigte, hat sie mir geholfen, beruflich voranzukommen. Sie versteht es, mir in den Konflikten mit Vorgesetzten und Mitarbeitern mehr Sicherheit zu geben. Von zu Hause war ich es gewohnt, bei zwischenmenschlichen Problemen die Schuld in erster Linie bei mir zu suchen. Wenn ich früher in der Schule oder heute im Beruf irgendwo versage, frage ich mich nie, was die anderen falsch gemacht haben könnten, sondern suche den Fehler erst einmal bei mir. Im Gegensatz dazu identifiziert sich Brigitte vorbehaltlos mit mir, sieht den Fehler zunächst mal bei den anderen und kritisiert diese vehement. Das geht dann oft so weit, daß ich die anderen ihr gegenüber in Schutz nehmen und ihr fast beweisen muß, daß auch ich Fehler begangen habe. Dennoch helfen mir derartige Diskussionen sehr zur Wiedergewinnung des persönlichen Gleichgewichts und zu einer konstruktiveren Auseinandersetzung mit Konfliktgegnern.

Eine andere tiefgreifende Veränderung unter dem Einfluß von Brigitte betrifft meine Religiosität. Von meinem Elternhaus her hatte ich einen ausgeprägten Hang zu einer verstiegenen katholischen Religiosität, eine Art «Heiligenehrgeiz», ein dauerndes Sichabquälen mit dem eigenen Ungenügen und eine Tendenz zu chronifizierter religiöser Depression. Es ging um die Verwirklichung absoluter Ideale, an denen ich immerzu nur scheiterte. Brigitte hat eine Aversion gegen alles Kirchliche. Ihre Eltern hatten es mit dem Befolgen der katholischen Vorschriften nie so genau genommen. Sie selbst hielt von Kirchgängerei nichts und setzte meinen Quälereien, die ich zunächst auf sie zu übertragen versucht hatte, einen entschiedenen Widerstand entgegen. Gleichzeitig zeigte sie mir in ihrer barocken Lebensfreude eine bodenständigere Form von Liebe, die nicht in irgendeiner Moral oder Ideologie gründet, sondern an ihrer Bewährung im Alltag gemessen wird. Sie wollte nicht die Welt retten oder die Gesellschaft verändern, sondern erwies mir im Zusammenleben sehr viel Aufmerksamkeit und Zärtlichkeit und verstand es auch ganz allgemein, anderen Menschen Freude zu bereiten und sie zu beschenken. In den letzten Jahren erlebe ich ihre Skepsis gegenüber dem Christentum allerdings auch als einen Mangel und suche losgelöst und unabhängig von ihr den Zugang zum Christentum. In ihrer Gegenwart bin ich allgemein weniger philosophisch, kann mich weniger dem Grübeln hingeben, sondern werde direkter auf den Boden gestellt und gehe auch mehr auf die Leute zu. Für mich allein hätte ich wohl eher eine Tendenz, den Leuten und dem Leben zuzuschauen.

Den Emanzipationskampf fochten wir am intensivsten in den ersten Wochen unserer Bekanntschaft aus. Vom Vorbild meiner Eltern und von meinen früheren Beziehungen her war ich es gewohnt, daß Männer äußerlich dominieren und Frauen sich ihnen bewundernd unterwerfen. Das führte schon gleich beim ersten Zusammentreffen zu heftigen Auseinandersetzungen. Brigitte verlangte die strikte Respektierung ihrer Autonomie und Gleichwertigkeit. Ihre Mutter hatte sich ihrem Ehemann in keiner Weise untergeordnet. Zu dieser Zeit wurde gesellschaftlich noch nicht so viel von Frauenemanzipation gesprochen. Wäre ich damals von ihrer Schriftstellerei nicht so fasziniert gewesen, wären wir wohl wieder auseinandergegangen. Ich bewunderte ihr Talent und stellte mich dann auch im Verhalten ihr gegenüber um. Im Grunde erstaunt es mich, daß es dann zwischen uns trotzdem zu den traditionellen Funktionsteilungen kam. Ich bin zuständig für das Besorgen und Steuern des Autos, die Organisation der Ferien, für die Regelung der Finanzen und das Ausfüllen der Steuerformulare, auch mit den Lehrern der Kinder zu sprechen übernahm ich, weil Brigitte eine Abneigung gegenüber den Vertretern dieses Berufes hat. Sie übernahm den Haushalt und die Erziehung der Kinder, zumindest solange sie klein waren. Ich hatte nie den Eindruck zu dominieren, aber auch nicht, von ihr dominiert zu werden. Heute stört mich die einseitige Übernahme des Haushalts durch Brigitte. Ich fühle mich durch sie im Kochen und Haushalten unselbständig gemacht und übermäßig von ihr abhängig. Ich würde auch gern einmal Blumen besorgen oder fürs Kochen selbständig einkaufen. Mir ist das zwar nicht verwehrt, aber es wird nicht erwartet und nicht unterstützt. Ich bin in dieser Hinsicht wie gelähmt und spüre, daß meine Einmischung in Haushaltangelegenheiten sie stört.

Wenn ich mich frage, inwiefern Brigitte sich im Zusammenleben mit mir verändert hat, so komme ich auf folgendes: Sie war als Einzelkind einer ehrgeizigen Mutter und eines nicht besonders lebenstüchtigen Vaters als Wunderkind vorgesehen. Sie wurde intensiv im Klavierspielen geschult und von ihren Eltern in der Freizeit pausenlos überwacht. Ihre Eltern sind ängstliche Menschen, die sich von der Umwelt mißtrauisch abschließen und selbst zu ihren Geschwistern kaum Kontakte pflegen. Brigitte hielt sich immer für etwas Besonderes – und sie ist es sicher auch –, war aber gleichzeitig auch sehr ängstlich. Dadurch, daß sie immer vor allen Gefahren und schlechten sozialen Einflüssen bewahrt wurde, war sie es kaum gewohnt, sich sportlich zu betätigen, sich den alltäglichen Gefahren in den Bergen oder im Verkehr auszusetzen oder sich Mitmenschen gegenüber zu öffnen. Sie war sehr darauf angewiesen, nach außen perfekt dazustehen und keine Fehler zu zeigen. Auf Kritik reagierte sie überempfindlich und wurde gleich ausfällig. Ich glaube, in all diesen Punkten hat sie sich im Zusammenleben mit mir normalisiert. Sie wagt es heute eher, sich zu exponieren und Kritik auszusetzen. Dadurch ist sie wesentlich produktiver geworden. Sie hat sozusagen an Urvertrauen gewonnen. Wesentlich verändert hat sich vor allem auch ihre Kontaktfähigkeit. Heute kann sie sehr rasch einen herzlichen Kontakt zu Menschen herstellen und hat einen großen Kreis von Freunden und Freundinnen. Daß sie weniger ängstlich und prinzessinnenhaft ist, ist vielleicht mein Verdienst, da ich nicht bereit war, darauf einzusteigen.

Kommentar:
Karl konnte seine künstlerischen Ambitionen in Brigitte ausleben, durch die er sich besser vertreten fühlte als durch sich selbst. Damit war die Realisierung der künstlerischen Seite im Zusammenleben gesichert. Diese Abtretung ermöglichte es Karl, sich intensiver auf seinen akademischen Beruf einzulassen. Die Delegation war hier nicht mit einer Gefährdung der Selbstwertbalance verbunden.

Karl ist in seinem Selbstbewußtsein eher unsicher und neigt dazu, sich bei Kritik und Vorwürfen mit dem Angreifer zu identifizieren. Brigitte schafft dabei ein Gegengewicht, indem sie in Konfliktfällen die Schuld primär bei den anderen sucht, was Karl oftmals geholfen hat, in Konfliktsituationen inneren Abstand zu gewinnen.

Brigitte verhilft Karl, gewisse extreme religiöse Einstellungen, die er von seiner Familie übernommen hat, zu korrigieren, indem sie seiner Tendenz, den religiösen Grübelzwang auf sie zu übertragen, entschiedenen Widerstand entgegensetzt. Das Zusammenleben mit Karl hilft andererseits Brigitte, ihr soziales Mißtrauen, das ihr von den Eltern vorgelebt worden war, zu überwinden und sich mit mehr Selbstvertrauen in ihre berufliche Entfaltung einzugeben.

Eigendarstellung von Mirjam, 39jährig

In den vierzehn Jahren meiner Partnerschaft mit Martin habe ich mich verändert und mich verändern lassen. Mein Horizont erweiterte sich durch viele Erfahrungen, die ich allein nicht gesucht hätte. Ich wurde aber auch durch unerfüllte Grundbedürfnisse auf mich zurückgeworfen, mußte mich mit mir, meinen Ansprüchen auseinandersetzen.

Als ich Martin kennenlernte, hinterließen zwei Erlebnisse in mir einen tiefen Eindruck: Ich spürte eine starke Verbundenheit, ein rational unerklärliches Zusammengehörigkeitsgefühl, und ich erkannte klar, daß Martin entmutigt und niedergeschlagen war und sich nicht fürs Leben entscheiden konnte. Von jenem Abend an spürte ich in mir eine tiefe Liebe für ihn und hatte gleichzeitig eine Aufgabe an ihm erhalten. Ich wußte – und erlebte es auch bald –, daß seine zeitweiligen Tiefs mich viel Zeit und Kraft kosten würden. Und doch nahm ich die Herausforderung bewußt an.

In den vergangenen gemeinsamen Jahren haben wir das äußere, praktische Leben zusammen gut bewältigt. Wir unterstützten uns gegenseitig in den beruflichen Tätigkeiten und gewannen so einen großen Freiraum zur Selbstentfaltung. Ich fühlte mich von ihm geschätzt und bestätigt als Mensch und Frau, was mir Boden und Rückhalt gab. Wichtig war mir vor allem, daß er mich als Frau nicht entwertete (wie es mein Vater getan hatte). Er forderte mich aber auch heraus, das zu tun, was «Männer» tun, wenn ich partnerschaftliche Gleichwertigkeit beanspruchen wolle. So mußte ich mich überwinden, Auto zu fahren, mit Bauarbeitern zu verhandeln, bei Handwerkern zu reklamieren und so weiter und dabei mich mit entsprechenden Ängsten zu konfrontieren.

Martins Problem, sich nicht fürs Leben entscheiden zu können, äußerte sich in zeitweiligem Sichzurückziehen, in Beziehungsverweigerung, Negativität und Verzweiflung. Viele Veränderungen, die ich an mir zu beobachten glaube, bringe ich mit meiner Auseinandersetzung mit Martin und seinen Problemen in Zusammenhang: Sein tiefsitzender Widerstand irritierte mich vorerst. Dann versuchte ich, ihm auf alle möglichen Arten zu helfen, ihn immer wieder zu motivieren, ich wurde kreativ im Suchen nach neuen Möglichkeiten. Mit der Zeit aber fand ich mich auf mich selbst zurückgeworfen, in meinem Wunsch nach Geborgenheit und Einssein unbeantwortet. Ich fragte nun selber nach dem Sinn des Lebens, des Widerstands, der Negativität. Ich begann mit meiner Negativität zu kämpfen, wünschte mir über längere Zeit selbst den Tod, tauchte dann aber wieder auf, entschlossen, *mein* Leben zu leben, notfalls ohne Martin. Ich hatte mich gefunden. Ich lernte nun zunehmend, mit mir eins zu sein, mich in mir geborgen zu fühlen. Ich wandte mich der Religion und Esoterik zu und fand dort ein mir verwandtes Denken. Von da an überwog das Positive immer mehr das Negative. Ich wurde unabhängiger von der von mir gewünschten Zuwendung von Martin, konnte diese aber, wenn sie eintraf, schätzen und annehmen. Ich selber konnte nun immer besser Aufmerksamkeit, Zuwendung und volle Anwesenheit geben, ohne eine Absicht zu verfolgen oder meinen Partner beeinflussen zu wollen. Ich versuchte, Martin offen und liebend zu begegnen, ohne etwas zu erwarten.

Neben diesem innern Wandlungsprozeß kann ich noch weitere Veränderungen an mir feststellen: Im ganzen bin ich viel beweglicher und anpassungsfähiger geworden. Ich habe meine Geduld entdeckt und kann jetzt auch in langen Zeiträumen denken und planen. Durch das Zusammenleben mit Martin erkenne und respektiere ich vermehrt den freien Willen eines jeden Menschen und kann toleranter denken und handeln. Ich lernte an mich zu glauben, an mir zu arbeiten, mich immer wieder zu fragen, was ich will und was sinnvoll ist. Ich kann mich heute auch scheinbar unlösbaren Situationen öffnen, ohne Anhaltspunkte einen Weg suchen und ins Ungewisse schreiten, wogegen ich mich früher nur in einem sicheren Rahmen bewegte. Ich versuche, auf meine innere Stimme zu hören und mir kreative Lösungen einfallen zu lassen. Ich kann dabei mich und meine Wünsche in den Hintergrund stellen und wenn nötig warten, bis die Situation sich ändert.

Ich hoffe, daß wir, Martin und ich, weiter auf dem gemeinsamen Weg vorwärtsgehen können.

Kommentar:
Mirjam übernimmt die Aufgabe, Martin aus einer negativen und destruktiven Lebenshaltung hinauszuführen, und neigt lange Zeit zu einem Überengagement. Die Unansprechbarkeit Martins auf ihre Bemühungen wirft Mirjam stärker auf sich zurück. Sie lernt, loszulassen und sich stärker in sich zu zentrieren. Sie glaubt, toleranter geworden zu sein und den freien Willen ihres Partners besser zu respektieren. Andererseits wurde sie durch Martin herausgefordert, partnerschaftliche Gleichwertigkeit nicht nur zu beanspruchen, sondern auch die beschwerlichen und belastenden Seiten auf sich zu nehmen und sich mit den dabei aufkommenden Ängsten zu konfrontieren.

Eigendarstellung von Reto, 29jährig

Unsere neunjährige Partnerschaft möchte ich in vier Phasen einteilen: Wir lernten uns bei Peter kennen, in einer milden Frühlingsnacht. Ich bin zwanzig Jahre alt und wohne noch zu Hause. Ich ziehe in einem dramatischen Abgang zu Hause aus. Ein wichtiges Motiv ist die ersehnte Möglichkeit, ohne reale oder auch nur phantasierte Kontrolle meiner Eltern mit Marlis zusammenzusein. Eine ganz wichtige Zeit meines Lebens, in der ich bereit war für eine intensive Beziehung. Für mich war es eine persönliche Revolution, ein qualitativer Sprung in mehr Autonomie. Bei diesem persönlichen Entwicklungsschritt spielte allerdings die Beziehung zu meinem Freund eine ebenso wichtige Rolle. Sein Einfluß und der von Marlis lassen sich in dieser Zeit nicht trennen. Nach einem halben Jahr intensiver Liebesbeziehung inklusive Konflikte und Verlustängste ging Marlis für zwei Jahre auf Weltreise. Die Idee, zuerst ein paar Wochen gemeinsam zu reisen, gaben wir auf, da wir das Gefühl hatten, uns zu stark auseinanderentwickelt zu haben. Daß wir sehr verschieden sind, an dieser Ansicht hat sich nie etwas verändert, das sehen wir auch heute noch so.

Zweite Phase: Zirka drei Jahre später fanden wir uns wieder. In der Zwischenzeit hatten beide einen Partner gehabt, mit dem wir länger und intensiver zusammen waren, als unsere erste gemeinsame Liebschaft gedauert hatte. Die eindrücklichste Erinnerung an jene Partnerschaft – die Freundin hatte auch Marlis geheißen, die «blonde Marlis» war das – war die ungeheuer belastende Abhängigkeit der blonden Marlis von mir, die geringe Abgrenzung, die symbiotische Verstrickung. Die Trennung war dementsprechend ein monatelanger Horror für uns beide.

Nun also wieder zusammen mit der schwarzen, mystischen Marlis, die sich sehr gut von mir abgrenzen kann. Ein Jahr später zieht sie bei mir in die Altstadtwohnung ein, wo ich mit verschiedenen Kollegen zusammen wohnte. Sie hatte Mühe mit dieser Umgebung, die jahrelang von mir und meinen Freunden gestaltet worden war. Sie setzte verschiedene Änderungen durch, zum Teil gegen meinen Widerstand, zum Teil war ich froh, zum Teil war es mir gleich. Konkret, äußerlich sind das Sachen wie die Möblierung, die Farbe der Wände und Decken und so weiter. Gleichzeitig nahm sie aber auch auf mich Einfluß, was auch verschiedene meiner männlichen Freunde feststellten. Ich wurde gefühlsmäßig ausgeglichener, weniger aggressiv und weniger «abweichend». Ich war damals stark in der Studentenpolitik engagiert und war wohl auch in dieser Rolle außergewöhnlich egozentrisch, provokativ und unausgeglichen. Diese Merkmale hätten sich sicher auch ohne Marlis zurückgebildet, in welche Richtung allerdings, das wüßte ich nicht. Ich habe mit Marlis eine politisch wenig aktive Freundin gewählt, und dies interessanterweise in einer Zeit, in der ich sonst mehrheitlich unter Polit-Heinis beiderlei Geschlechts verkehrte. Eine Freundin aus dem aktiven linken Kuchen wäre aufgrund meiner Beziehungen viel wahrscheinlicher gewesen als Marlis, die in jener Zeit ziemlich einsam das Lehrerseminar besuchte und mich nur an den Wochenenden und in den Ferien sehen konnte. Ich hatte auch ein paar kleinere Romanzen mit Politfrauen. Die blonde Marlis ist übrigens später sehr politisch geworden. Mindestens zu Beginn unter meinem Einfluß. Sie hat mir denn auch meine heutige Verbürgerlichung übelgenommen wie kaum ein anderer.

Intuitiv habe ich wohl eine Freundin gesucht, die gerade das sehr ausgeprägt hat, was mir fehlt und was ich doch wichtig für das Leben finde, nämlich die spirituelle idealistische Seite, das Intuitive, das von der Linken als kleinbürgerlich-idealistisch Verschriene, sogenannte Irrationale.

Ich war also in der Wahl aktiv auf etwas aus, das mich nachhaltig beeinflußt hat und natürlich auch wieder verärgerte, denn rein logisch kann ich ja zum Beispiel nicht gleichzeitig marxistischer Materialist und idealistischer Buddhist sein. Aber das habe ich auch zum Teil unter dem Einfluß von Marlis gelernt. Ich war immer offen für das Spirituelle, sonst wäre sie ja nicht meine Freundin geworden. Weder die innere noch die äußere Welt ist also ganz logisch.

Dritte Phase: Nun folgte Schwangerschaft, dann Heirat, Kleinfamilie in Dreizimmerwohnung, ein Sprung ins kalte Wasser der normalen Erwachsenenwelt, raus aus dem unkonventionellen Studentenmilieu. Partnerschaft und Familie werden integrierter Bestandteil meiner Identität, auf ewige Dauer angelegt – kein leichter Prozeß. Heirat und Kinder und damit auch die Vaterrolle kommen gleichzeitig. Ich werde «normaler», angepaßter und gerate deswegen auch in Rollenkonflikte. Zum Teil empfinde ich die äußere Entwicklung auch in beruflicher Hinsicht als aufgezwungen und habe Mühe, sie innerlich zu integrieren. Ich habe weniger Downs, aber auch weniger Ekstatisches. Unter Marlis' Einfluß entdecke ich vermehrt das Schöne, Kleine, Zwecklose und Zeitlose. An die Stelle der linken Gesellschaftskritik ist eine ökologische Perspektive getreten, die mich mit Marlis verbindet.

Vierte Phase: Das Heim ist eingerichtet, unsere Bücher in einer gemeinsamen Bibliothek vereinigt. Wir leben vermehrt in Gemeinschaft, ich habe kein eigenes Zimmer mehr. Marlis und die neue Lebenssituation geben mir eine neue Sicherheit, mehr Selbstbewußtsein und Mut, meinen eigenen Weg zu suchen. Ich werde stärker und verantwortlicher. Mehr Sein, weniger Haben nach Erich Fromm. Da entwickeln wir uns fast gegenläufig, was Marlis wahrscheinlich bestreiten würde: ich vermehrt Sein, sie vermehrt Haben. In Konflikten werfe ich ihr vor, sie sei wie Fischers Frau, nie mit dem Materiellen zufrieden. Das ist ein Vorwurf an Marlis, die Spirituelle, von Reto, dem Rationalen. Sie ist rationaler geworden und ich intuitiver, aber in der Grundtendenz bleibt der Unterschied. Jedes hat ein wenig vom anderen gewonnen, jedes spezialisiert sich jedoch weiterhin auf dem eigenen Gebiet. Das, was in einem zu kurz kommt, kann man im Partner unterstützen und es so für sich wieder zurückholen.

Kommentar:
Reto zog aus als linker Revolutionär, doch dann stieß er auf Marlis, die ihm die Krallen zog, seine Persönlichkeit harmonisierte und ihn in ein bürgerliches Leben zurückführte. Er entdeckte in ihr die spirituelle, idealistische Seite, das Intuitive, etwas, das er in sich vermißt, obwohl er es zumindest teilweise auch ersehnt. Marlis andererseits wurde im Zusammenleben mit ihm offenbar rationaler und stärker am Materiellen interessiert. Reto glaubt, daß beide im anderen eine wichtige Seite dazugewonnen haben und das, was sie für sich selbst nicht zu realisieren vermögen, im anderen unterstützen, um es sich so für das Zusammenleben anzueignen.

Diese Beispiele zeigen die hohe Komplexität ko-evolutiver Veränderungsprozesse. Der Einfluß der Partner aufeinander ist faßbar, aber es bleibt unklar, wann etwa Unterstützung im Partner Förderung des Intendierten bewirkt, wann aber eher Widerstand auslöst, wann Unterstützung mit Aussicht auf Erfolg durch Druckausüben gesteigert werden kann, wann es aber klüger ist, sich zurückzunehmen und geduldig gewähren zu lassen. Unterstützung kann aber auch etwas auslösen, das man gar nicht intendierte, so daß man nachher eher auf die Bremse tritt. Ein Teil der persönlichen Möglichkeiten, die man für sich anstrebt, kann dem Partner abgetreten und in ihm gefördert werden, ein Teil von dem, was der Partner für einen entwickelt, kann man über ihn für sich wieder hereinholen. Dadurch, daß der Partner gewisse Seiten übernimmt, kann man sich entlastet fühlen und sich auf anderes spezialisieren. Einen Teil der Einseitigkeit, die dabei entsteht, kann man später auszugleichen versuchen. Man wird eigene

Seiten eher entwickeln, wenn sie vom Partner gebraucht werden und wenn in der Partnerschaft eine Art *Vakuum* besteht, das eines von beiden mit seiner Präsenz ausfüllen muß. Zu all diesen Aspekten geben auch die Interviews in Kapitel 3 weitere vielfältige Belege.

5. Die Gestaltung einer inneren und äusseren Behausung im Zusammenleben

Viele psychologische Abhandlungen über Liebe und Partnerschaft legen den Schwerpunkt auf die Wechselbeziehungen innerhalb der Zweierbeziehung. Das deckt sich oft mit dem Selbstverständnis von Paaren, die einen Therapeuten aufsuchen oder eine Scheidung anstreben. Am häufigsten geklagt wird über Mangel an Gespräch, Verständnis, Zuwendung und Gemeinsamkeiten, über sexuelle Unzufriedenheit, Eingeengt- oder Entwertetwerden durch den Partner oder Streitsucht (Christa Gubler 1990). So wichtig all diese Qualitäten sind, für den Fortbestand einer Beziehung ist wahrscheinlich nicht nur die Qualität der Liebesbeziehung maßgeblich, sondern auch die Qualität der gemeinsamen Welt, welche die Partner miteinander schaffen und in der sie ihre Behausung finden.

Diese Behausung findet im eigenen Haus ihren symbolischen Ausdruck. Partner bauen sich ihr Haus, um es zu bewohnen. Das Haus wird zum materialisierten Ausdruck ihrer Gemeinschaft. Als solches hat es sein eigenes Beharrungsvermögen, welches Schwankungen und Krisen in der Beziehung überdauert und der Beziehung einen stabilen Rahmen verleiht. Das Haus ist eine bergende Umwelt, welche eine feste Zugehörigkeit vermittelt und die Partner in vertrauter Weise beantwortet. Das Haus ist somit das Symbol des psycho-ökologischen Ansatzes, gemäß welchem die Umwelt dem Menschen, der sie geschaffen hat, rückwirkend Orientierung und Identität vermittelt.

Die Behausung, welche Partner sich im Zusammenleben schaffen, soll als gemeinsame innere und äußere Welt beschrieben werden. «Innere Welt» umgreift die gemeinsamen

Vorstellungen, welche Partner sich als Welt konstruieren, mit gemeinsamen Werten, Normen und Regeln. «Äußere Welt» bedeutet das Anschaffen von Besitz, von äußerer Behausung, die Gründung einer Familie, der gemeinsame Aufbau eines Geschäfts, das äußere Beziehungsnetz und so weiter.

5.1. Die miteinander konstruierte innere Welt

Die miteinander konstruierte innere Welt ist der geistige Mikrokosmos, welchen sich Lebenspartner schaffen und den sie miteinander bewohnen, also die Ideen und Themen, mit denen sie sich beschäftigen, ihr gemeinsames Erfahrungsgut, ihre Erinnerungen, dann aber auch die Werte, Normen und Bedeutungen, welche ihrer geistigen Welt Struktur und Zusammenhalt geben. Partner streben miteinander das Schaffen einer privaten, intimen und ganz von ihren Vorstellungen bestimmten Welt an. Diese Welt soll ihnen einen vertrauten Rahmen vermitteln und die Möglichkeit schaffen, sich in der gesellschaftlichen Wirklichkeit zu Hause zu fühlen. Die dyadisch konstruierte Welt (Dyade = Zweierbeziehung) bildet zum einen die gesellschaftlichen Verhältnisse ab, zum anderen will sie sich jedoch als eine private gegen außen abgrenzen und sich jeder Außenkontrolle entziehen.

Das Private dieser Welt zeigt sich in den vielfältigen ritualisierten Handlungen, die den Partnern das Gefühl des Vertrauten und Heimischen geben. Dazu gehören die alltäglich sich wiederholenden Schrullen und «Mödeli», etwa daß die Frau in der Küche ständig die Schranktüren offenläßt, welche der Mann bei jedem Eintreten zuerst schließt, oder daß der Mann jede Zeitungslektüre beendet mit einem «Jaja, das wär's wieder einmal». Zum gewohnten Rhythmus gehört der typische Tages- und Wochenablauf mit eingestreuten Ritualen, etwa bei Anna und Bruno samstags zum Frühstück frische Semmeln, am Dienstagabend Krimi im Fernsehen, donnerstags Besuch von Annas Mutter, an Ostern Familienbesuch bei Brunos Schwester auf dem Land, über Silvester mit Annas Verwandten im Familienchalet... All das gibt der gemeinsam konstruierten Welt ihre unverkennbare Identität. Die ritualisierten Gewohnheiten werden oft erst bewußt wahrgenommen, wenn sie ausfallen. Für von außen kommende Besucher sind sie oft Anlaß zu Ärger oder Belustigung. Nachdem Annas Mutter gestorben war, werden diese ritualisierten Handlungen von ihrem Vater immer wieder beschworen: «In dieser Situation hätte Martha wieder einmal...», «An diesem Ort oder zu dieser Zeit pflegte sie jeweils...»

Die miteinander konstruierte innere Welt hat für die Festigung einer Persönlichkeit im Sinne des psycho-ökologischen Ansatzes eine große Bedeutung. Der Mensch ist in der Art und Weise, wie er sich selbst, seine Mitmenschen und die Umwelt wahrnimmt, immer bis zu einem gewissen Ausmaß unsicher.

Die Psychologie der persönlichen Konstrukte von George Kelly (1955) sowie der radikale Konstruktivismus von Ernst von Glasersfeld (1984) beschäftigen sich speziell mit diesem Thema. Diese beiden Wissenschaftler fanden, daß der Mensch nicht in der Lage ist, die Welt objektiv zu erkennen und zu wissen, was wahr ist. Vielmehr bilden Menschen aufgrund von Ereignissen ihre Erfahrungen, indem sie in diesen Ereignissen Wiederholungen feststellen, die sie zu Mustern, Schablonen und Regelhaftigkeiten abstrahieren, zu sogenannten *Konstrukten*. Die Konstrukte ermöglichen es, in sich wiederholenden Ereignissen das Gleichartige vom Speziellen zu unterscheiden, Ereignisse in ihrem Wert und in ihrer Bedeutung einzustufen und sie in sinnvolle Zusammenhänge zu stellen. Ereignisse, die als Wiederholungen wahrgenommen werden, stabilisieren sich zum Gewohnten. Sie geben der Welt eine Ordnung und Struktur, die auch eine ökonomische Bedeutung hat. Es spart Kraft und Energie, wenn man sich in einer vertraut gewordenen Welt bewegen kann. Dennoch sind solche Konstrukte, die unsere Wahrnehmung lenken und durch Wahrgenommenes laufend bestätigt werden, nur so lange gültig, wie sie zur alltäglichen Erfahrung passen (von Glasersfeld 1984 und 1985).

Passen die Wahrnehmungen nicht mehr zu den Konstrukten, so müssen die Konstrukte modifiziert werden, bis sie wieder im Einklang mit den Wahrnehmungen stehen.

Eine der wichtigsten Möglichkeiten, sich der Gültigkeit der persönlichen Konstrukte zu versichern, ist der Umgang mit Mitmenschen (Berger und Luckmann 1980), unter denen der Ehepartner eine spezielle Stellung hat. Lebensgefährten validieren aneinander ihre persönlichen Konstrukte, ihre Weltanschauung, ihre politischen, philosophischen und religiösen Einstellungen, bis zu ungezählten Kleindetails der alltäglichen Lebensführung, deren sie sich selbst oftmals nicht bewußt waren, bis sie vom Partner darauf hingewiesen wurden. Das Zusammenleben fordert zu laufenden Stellungnahmen und Selbstdefinitionen heraus bezüglich vieler Aspekte, die zuvor im Vagen gehalten werden konnten.

So etwa mußten Anna und Bruno klären, ob sie am Samstag allein oder gemeinsam frühstücken wollen, wenn gemeinsam, ob sie früher oder später aufstehen wollen, wer das Frühstück herrichtet und was auf den Tisch gehört. Soll beim Frühstück Zeitung gelesen werden, darf man den stummen Morgenmuffel spielen, oder geht es gleich los mit Gesprächen? Soll man sich vor dem Frühstück ankleiden oder erst nachher? Es braucht um all diese Details keine Konflikte zu geben, aber es sind doch gewisse verbindliche Stellungnahmen gefordert, die dem Partner erklärt werden müssen und von ihm beantwortet werden. Der Partner stellt Fragen, verweist auf dieses und jenes und übt Kritik. Oft weiß man anfänglich selbst nicht, was man eigentlich will. Man paßt sich den Wünschen des Partners an und wird erst allmählich fähig, im Widerstand gegen den Partner sich bewußt zu werden, was man eigentlich möchte.

Die individuell konstruierte Welt wird durch die Validierung des Partners strukturierter und geklärter. Verheiratete Menschen sind nach Berger und Kellner (1965) emotional stabiler, ihr emotionaler Ausdruck ist stärker kontrolliert, sie vertreten «reifere» Ansichten, da sie eine stärker gesicherte, mit den Erwartungen der Gesellschaft besser übereinstimmende Welt bewohnen, sie sind eventuell selbstsicherer, da sie in ihrer Selbstdefinition stärker bestätigt werden. Zusammenlebende sind herausgefordert, sich einem anderen Menschen verständlich zu machen, und werden dabei sich selbst transparenter. Der normalisierende Effekt des Zusammenlebens kann Verheiratete auch etwas langweilig machen. Alleinlebende verfügen demgegenüber besonders im jungen Erwachsenenalter über mehr Freiheitsgrade. Sie können unbehinderter Luftschlösser bauen, träumen und widersprüchliche Pläne entwickeln. Der Preis für das Mehr an Freiheit ist ein Weniger an Beantwortung. Manche Verheiratete sehnen sich nach dieser Freiheit des Träumens zurück. Die dyadisch konstruierte Welt macht einem die Welt greifbarer und konsistenter. Sie ist nicht nur im Moment präsenter, sondern reichert auch mehr Erinnerungen an. Das eigene Gedächtnis wird ergänzt durch jenes des Partners zum fortwährenden «Weißt du noch, damals als...», «Früher aber sagtest du...» Die gemeinsam geschaffene Welt bildet einen wichtigen Orientierungsrahmen, in welchem die eigenen Erfahrungen und Konstrukte laufend überprüft und korrigiert werden. Die tägliche Konversation über Erfahrungen im Arbeitsbereich, mit den Kindern oder Nachbarn gibt den Berichtenden die Möglichkeit des Abstandnehmens und der kritischen und selbstkritischen Beurteilung. Dadurch, daß das Berichtete vom Partner mit mehr Abstand gesehen wird, kann er oft auch eine andere Perspektive einbringen. Aus seiner Art zu kommentieren, zu bewerten und zu interpretieren, ergibt sich häufig eine Betrachtungsweise, welche den Realitäten, etwa den Personen, mit welchen man sich im Beruf gestritten hat, besser gerecht wird. Das Sich-gegenseitig-Erzählen befreit von einer einseitig subjektiven Sicht und hat eine wichtige regenerierende und ausgleichende Funktion (siehe Interview mit Ursula, S. 186). Aber auch da, wo es nicht um das «Abladen von Belastungen» geht, erfahren Partner häufig, daß ein Erlebnis, etwa ein Kinobesuch oder ein Auslandaufenthalt, erst richtig real wird, wenn er dem Partner erzählt worden ist und dann – mit dem Kommentar des Partners versehen – in die Kartei des dyadischen Erfahrungsgutes eingeordnet und abgelegt werden kann (Berger und Kellner 1965). Die Bedeutung des laufenden Ausbaus der dyadisch erfahrenen Welt wird erst deutlich, wenn man sie verliert. Geschiedene und Verwitwete beklagen es als etwas vom Schwierigsten, abends heimzukehren und es ist niemand da, der nach einem fragt. Niemand will die alltäglichen Begebenheiten erfahren, um sie in die gemeinsame Welt einzubauen. Das läßt einem das eigene Leben leer und sinnlos erscheinen. Wer schon länger allein gelebt hat, weiß eher damit umzugehen und hat sich ein Kontaktnetz geschaffen, welches diese ausgleichende und versichernde Funktion zumindest teilweise zu übernehmen vermag.

Das Bewohnen einer gemeinsam konstruierten Welt läßt einen die reale Welt mit anderen Augen sehen. Längst Vertrautes erscheint einem anders, wenn man es dem Partner zeigt und erklärt, etwa das Elternhaus, in dem man aufgewachsen ist, oder die Straßen und Gassen der Heimatstadt. Besonders deutlich zeigt sich das in der Beziehung zu Freunden, mit denen man vielleicht seit der Grundschule in häufigem Kontakt geblieben ist, obwohl man sich innerlich in mancher Hinsicht auseinanderentwickelt hat. Mit den Augen des Partners werden manche dieser Freunde nun plötzlich als uninteressant und unpassend gesehen und aus dem gemeinsamen Leben ausgeschlossen. Vielleicht trifft man sie weiterhin in Abwesenheit des Partners, oft aber sieht man sie nun selbst anders. Andererseits werden gewisse Bekannte, zu denen man zuvor keinen besonderen Zugang hatte, zu engeren Freunden, weil sie in die neugeschaffene Welt besser hineinpassen.

5.2. Die Bildung eines dyadischen Konstruktsystems

Partner konstruieren miteinander ihre eigene Welt. Sie übersetzen dabei die gesellschaftlichen Moden und Trends in ihre Wirklichkeit, überprüfen im Experiment, was für sie brauchbar und realisierbar ist, und halten sich über Gültiges und Gängiges auf dem laufenden. Dabei spielt der Kontakt zum Freundeskreis eine zentrale Rolle. Auf der Rückkehr von einer Party tauschen die Partner das dabei Erfahrene aus, die Art, wie die Gastgeber ihre Wohnung eingerichtet haben, wie sie das Problem der Berufstätigkeit der Frau lösen, was man von anderen über Babypflege und Kindererziehung in Erfahrung gebracht hat, wo man am günstigsten Ferien macht oder ob es heute noch zweckmäßig ist, mit dem Auto in die Ferien zu fahren. Freunde werden meist im Bereich verwandter oder zumindest kompatibler Konstruktsysteme gewählt. Man trifft sich bei gemeinsamen aktuellen Themen und orientiert sich aneinander. Auseinandersetzungen mit Freunden sind eine wichtige Hilfe, sich in der Fülle der Optionen, welche von der Gesellschaft heute akzeptiert werden, zurechtzufinden, Optionen bezüglich Art und Form des Zusammenlebens, der Familiengründung, des Aufziehens von Kindern, der Aufteilung von Erwerbstätigkeit und Hausarbeit und so weiter. Im vergleichenden Gespräch über die Lösungen anderer Menschen soll die Konstruktion der eigenen zur besten aller möglichen Welten werden.

Aus den Beziehungserfahrungen, insbesondere aus einmaligen oder wiederholten schmerzlichen Verletzungen und Mißverständnissen, ergibt sich die Notwendigkeit, verbindliche Vorstellungen zu formulieren über Sinn und Bedeutung der Beziehung, über Werte und Normen sowie über Spielregeln in allen wichtigen Bereichen wie Sexualität, Kindererziehung, Finanzen, Wohnen, Sozialkontakten, Verteilung von Aufgaben, Privilegien und Funktionen. Die Leitprinzipien und Übereinkünfte sind die dyadischen Konstrukte, die zu einem ganzheitlichen System integriert werden, zum dyadischen Konstruktsystem. Dyadische Konstrukte entstehen aus intensiver dyadischer Interaktion. Sie entlasten von kräfteraubenden Auseinandersetzungen durch Klärung und Festlegung gewisser Regeln des Zusammenlebens. Dyadische Konstrukte werden oft nicht explizit ausformuliert, sondern eher im Berichten und Kommentieren von Alltagsbegebenheiten gleichnishaft umschrieben. Ähnlich wie bei der Auslegung der Gesetze geht es um die Anwendung impliziter Abmachungen in immer wieder neuen konkreten Alltagssituationen. Ein Thema, über das jedes Paar ziemlich verbindliche Vorstellungen entwickelt, sind sexuelle Außenbeziehungen. Es ist jedoch schwierig, genau und allgemeingültig festzulegen, welchen Spielraum man dem Partner zugesteht. Billigt man ihm zu, mit einer anderen Bezugsperson auswärts essen zu gehen, diese beim Abschied zu küssen, einmal auf jede Wange, kurz auf die Lippen oder auch intensiver? Wird Zugestandenes überschritten, wenn diese Bezugsperson in ihrer Wohnung aufgesucht wird? Wo liegen die Grenzen zwischen Schmusen, Petting oder sexuellen Beziehungen? Ist es ein Unterschied, ob so etwas einmalig vorkommt, sich wiederholt oder sich auf unbegrenzten Zeitraum ausdehnt? Wird erwartet, daß solche Vorkommnisse aus eigener Initiative berichtet werden, daß sie auf Befragen zugegeben werden, oder wird die Vertuschung bevorzugt?

Definition und Gültigkeit der dyadischen Konstrukte werden in der täglichen Konversation laufend bestätigt und gesichert. Dies geschieht durch Erzählen. So erzählt man sich etwa gegenseitig über andere Paare, die sich bezüglich sexueller Außenbeziehungen zuviel zugetraut haben oder bei denen offene Aussprachen darüber ein Gewinn waren oder die Situation noch verschlimmerten. Das Berichten von Horrorgeschichten über das Scheitern von Ehen wegen Außenbeziehungen dient dazu, sich der Stellungnahme des Partners zu versichern. Mit dem Bericht über ein Paar, das behauptet, mit offenem einander Zugestehen sexueller Außenbeziehungen gute Erfahrungen gemacht zu haben, will man testen, ob der Partner dazu auch zu gewinnen wäre. Das läßt sich aus seinen Reaktionen erschließen, ob er sagt: «Ja, die werden garantiert bald auseinandergehen und waren mir ohnehin nie sympathisch» oder: «Die muten sich aber einiges zu. Ich weiß nicht, ob ich das könnte.» Der erste Fall schließt eine weitere Diskussion aus, der zweite öffnet das Thema grundsätzlich.

Das dyadische Konstruktsystem bildet eine durch immer wieder neue Erfahrungen laufend angereicherte, relativ stabile innere Behausung. Es besteht aus härteren und weicheren Konstrukten, aus dauerhaften und flüchtigen, aus wichtigen oder weniger wichtigen. Das Konstruktsystem setzt raschen und unbedachten Veränderungen einen Widerstand entgegen. Die beiden Partner vertrauen auf die Annahme, daß keines von beiden die dyadischen Konstrukte einseitig, ohne vorherige Konsultation des anderen, verändere. Das Konstruktsystem vollzieht eine dauerhafte, oft aber nur langsame Entwicklung, welche kontinuierlich die neuen Erfahrungen integriert und sich daraus neu formuliert. Mit fortschreitender Beziehungserfahrung ergibt sich eine zunehmende Differenzierung.

Da, wo Konstrukte Anlaß zu aggressiven Meinungsverschiedenheiten geben oder wo die Gefahr gegenseitiger Verletzungen vorliegt, wird eine präzise Definition der gültigen Konstrukte oftmals verdrängt. Wie in jeder Partnerschaft gibt es auch zwischen Anna und Bruno Grauzonen, wo eines sich einiges leistet, dem das andere nicht zustimmen würde. Dabei kann es allerdings zu verhängnisvollen Mißverständnissen kommen wie:

Anna und Bruno

Anna und Bruno waren zwölf Jahre verheiratet, als es wegen folgenden Zwischenfalls zu einer schweren Krise kam: Anna entdeckte am Kragen von Brunos Regenmantel ausgedehnte Spuren von Lippenstift. Bruno war eben von einem beruflichen Auslandsaufenthalt zurückgekehrt. Zur Rede gestellt, gab Bruno zu, mit einer anderen Frau geschmust zu haben, beteuerte aber, er habe nicht mit ihr geschlafen. Anna war erschüttert über Brunos Geständnis und begann weiterzubohren. Bruno gab zu, über Jahre wiederholt mit anderen Frauen geschlafen zu haben, betonte aber, daß ihm daran jetzt nichts mehr liege und daß er deshalb in letzter Zeit aus freien Stücken darauf verzichtet habe. Anna konnte ihm das nicht glauben. Ihre heile Welt war plötzlich zerbrochen. Jahrelang hatte sie zwar vermutet, daß Bruno es mit anderen Frauen treibe, sie hatte jedoch nie direkte Beweise gefunden und wollte es auch gar nicht so genau wissen. Sie dachte, Bruno werde sich durch ihre Vorhaltungen ohnehin nicht abhalten lassen und sie selbst würde durch sein Eingeständnis sexueller Untreue in unerträglichem Maße verletzt werden. Zu Beginn der Partnerschaft hatte sie Bruno sehr klar gesagt, daß sie keine Außenbeziehungen dulden würde. Doch im Laufe der Jahre des Zusammenlebens, in denen sie mit Bruno glücklich war, klammerte sie diesen möglichen Konfliktherd aus der Konversation aus.

Bruno liebte Anna und wollte sie weder verletzen noch die Liebe zu ihr aufs Spiel setzen. Er lebte jedoch im Trend der Zeit, der sexuelle Freiheiten für eine lebendige Ehe postulierte. Die außerehelichen Abenteuer bestätigten ihm eigentlich nur, wie sehr er an Anna hing. Als nach einigen sexuellen Eskapaden bei Anna keine Reaktion feststellbar war, traute sich Bruno immer weiter hinaus. Dennoch hielt er sich strikt an gewisse Grenzen, ging bei den Außenbeziehungen vorsichtig vor und verwischte alle Spuren sorgfältig. Das Erfordernis, sich so zu verhalten, daß Anna nichts merken sollte, legte ihm in diesen Außenbeziehungen enge Grenzen auf. Da sie über dieses Thema nicht offen sprachen, vermutete er, das dyadische Konstrukt «Außenbeziehungen liegen nicht drin» im gemeinsamen Einvernehmen verändert zu haben in «offene Außenbeziehungen liegen nicht drin». Er glaubte, Anna wisse im Grunde, was er treibe, und deutete es als ein Zeichen ihrer Klugheit, ihm dabei weder offene Zugeständnisse zu machen, noch ihm nachzuspionieren.

Das, was er als Klugheit und Toleranz von Anna interpretiert hatte, war jedoch Vogel-Strauß-Politik. Die Nachlässigkeit mit dem lippenstiftverschmierten Mantelkragen machte es Anna erstmals unmöglich, über die Außenbeziehungen von Bruno hinwegzusehen. Sie interpretierte das Vorkommnis als Zeichen,

Bruno sei nun entschlossen, offen Beziehungen mit Frauen einzugehen, und erwarte von ihr sogar, daß sie deren Spuren auswasche. Da sie sich als Nur-Hausfrau immer mehr ins gesellschaftliche Abseits gedrängt fühlte, hielt sie ihre Lage für hoffnungslos. Bruno dagegen hatte sich diese Lässigkeit im Vertuschen geleistet, da ihm nach einigen negativen Erfahrungen an solchen Außenbeziehungen gar nicht mehr viel lag. Es war ihm ein Anliegen, Anna nichts mehr vormachen zu müssen. Er hatte von Anna dafür Anerkennung erwartet und war fassungslos über ihre depressive Reaktion. Für Anna aber brach der Himmel ein. Sie fühlte sich zutiefst betrogen. Über Jahre hatte sie alle ihre Energien der Familie zu Verfügung gestellt, hatte ihre Berufstätigkeit als Krankenschwester aufgegeben, um ganz für die Kinder dazusein und Bruno im Geschäft zu helfen. Und nun dies als Quittung!

Das jahrelange Vermeiden einer Klärung der dyadischen Konstrukte hatte sich gerächt. Das Ereignis forderte die Partner zu einer verbindlichen Klärung heraus.

5.3. Das Driften der Persönlichkeitsentwicklung in der Bandbreite des dyadischen Konstruktsystems

Um mit dem Zusammenleben kompatibel zu sein, muß die Persönlichkeitsentwicklung der Partner in der Bandbreite des dyadischen Konstruktsystems driften. Das dyadische Konstruktsystem gibt keine Anweisungen, wie jedes sein Leben zu gestalten hat, sondern eher, wie man es nicht zu gestalten hat. Es kanalisiert die Entwicklung in einen Bereich des Zulässigen, engt die Optionen und Freiheitsgrade ein, stabilisiert und festigt jedoch gleichzeitig die Persönlichkeit. Es handelt sich dabei nicht um ein aktives Einwirken auf die Partner, sondern vielmehr um strukturierende Rahmenbedingungen. Die Entwicklung des Lebens des einzelnen läßt sich vergleichen mit der Bewegung eines Blinden, der durch die Straßen geht, indem er mit seinem Stock vor sich her tastet. Die Bahn seines Voranschreitens ist frei, bis sein Stock auf etwas trifft, das ihm Widerstand entgegensetzt. Hier geht es nicht weiter. Zwischen den Punkten des Widerstandes kann er sich jedoch frei bewegen. Er hat genügend Freiheit, einen gangbaren Weg zu finden. Ist ihm der Weg vertraut, so sind Stufen, Ecken, Mauern, Steine, Gitter für ihn keine Behinderungen, sondern Orientierungshilfen, die es ihm ermöglichen, sich mit größerer Sicherheit und geringerem Kräfteaufwand in der Welt zurechtzufinden.

Das dyadische Konstruktsystem ist auch in Abwesenheit des Partners wirksam und fordert dem einen ein Verhalten und Handeln ab, welches mit dem des abwesenden anderen kompatibel ist. Gleichzeitig gibt es den beiden Partnern auch dann, wenn sie nicht in direktem Kontakt miteinander stehen, ein Gefühl des Halts und der Zugehörigkeit. Das dyadische Konstruktsystem wird – psychoanalytisch gesprochen – zu einer Art von dyadischem Über-Ich.

Zwischen dem dyadischen und dem persönlichen Konstruktsystem besteht immer ein gewisses Spannungsverhältnis. Dyadische Konstrukte beinhalten Vereinbarungen, denen beide Partner mit mehr oder weniger Überzeugung zustimmen. Da, wo man nicht so ganz überzeugt ist, richtet man die eigene Lebensführung oft so ein, daß sie einigermaßen kompatibel mit diesen Konstrukten ist, oft geschieht das aus Bequemlichkeit oder zur Streitvermeidung. Es kann allerdings auch seinen eigenen Reiz haben, das dyadische Konstruktsystem in Frage zu stellen und offen zu verletzen. Damit provoziert man intensive dyadische Interaktionen und Auseinandersetzungen, manchmal mit dem Erfolg, daß Konstrukte auf neuer Differenzierungsstufe definiert werden, manchmal aber auch bloß mit dem Ziel, intensiv miteinander zu streiten, um sich voneinander abzugrenzen. Manche suchen die Aufregungen eines heimlichen Doppellebens, in welchem man sich der Kontrolle des Partners entzieht, ohne

Das Driften von Brunos Persönlichkeitsentwicklung in der Bandbreite des dyadischen Konstruktsystems der ersten Ehejahre

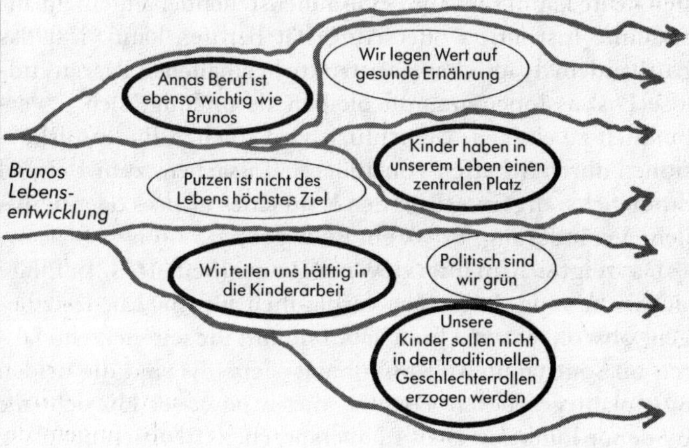

Wichtige dyadische Konstrukte sind, daß Annas Berufstätigkeit ebenso wichtig ist wie jene Brunos, daß sie sich in die Kinderarbeit hälftig teilen und daß die Kinder in ihrem Leben einen zentralen Platz einnehmen. Weniger wichtige dyadische Konstrukte sind die grüne politische Orientierung, das Interesse an gesunder Ernährung und die Einstellung, daß die Putzarbeit nicht das Wichtigste im Leben ist. Brunos Leben driftet in den Freiräumen, welche diese Konstrukte lassen. Er arbeitet als Grafiker, spielt Trompete in einer Jazzband, unternimmt Fahrradausflüge mit der Familie, geht ohne Anna auf Hochgebirgstouren, liest gerne Kriminalromane und flirtet gern mit Frauen. Später verändern sich diese Konstrukte, und damit ändert sich auch die Bandbreite seiner mit der Partnerschaft kompatiblen Lebensführung (siehe S. 302).

daß man das dyadische Konstruktsystem an sich in Frage stellen will. Das dyadische Konstruktsystem kann als Korsett empfunden werden, das einem zu wenig Spielraum für neue Entwicklungen läßt. Obwohl das dyadische Konstruktsystem raschen Veränderungen Widerstand entgegensetzt, muß es, um eine ausreichende Identifikation von beiden Partnern zu ermöglichen, wandlungsfähig sein. Laufend muß ausgehandelt werden, welche Anpassungsprozesse und Kompromisse von beiden Seiten zu fordern sind. Da man sich heute kaum mehr auf eine außenstehende, allgemein anerkannte Institution oder Autorität berufen kann, löst das Aushandeln dyadischer Konstrukte bei manchen Paaren endlose Diskussionen aus, oft bleiben sie unfähig, sich je verbindlich zu einigen. Manchmal wird solchen Endlosdiskussionen durch Schaffen von äußeren Tatsachen, zum Beispiel durch Schwangerwerden, den Kauf eines Hauses oder berufliche Veränderung, brüsk ein Ende gesetzt.

Das zeigt sich im Interview mit Rainer (Seite 167). Er fühlte sich nicht in der Lage, sich verbindlich auf eine Ehe festzulegen, obwohl er seine Frau liebt und mit ihr seit vierzehn Jahren im sogenannten «Konkubinat» lebt. Es sind die beiden ungeplant gezeugten Töchter, die in gewisser Hinsicht die bindende Funktion eines Eheversprechens übernehmen.

5.4. Das Gestalten einer äußeren Behausung, deren Struktur die weitere Entwicklung leitet

Das dyadische Konstruktsystem bildet den inneren Bezugsrahmen, in welchem die Partner sich entfalten. Die Liebe bleibt jedoch nicht Selbstzweck. Meist möchten die Partner ihr einen dauerhaften, materiellen Ausdruck und Bestand geben. Zwei Partner wollen sich ihre Welt schaffen, wollen ein Nest bauen, eine gemeinsame Wohnung möblieren, später eventuell ein eigenes Haus kaufen. Manches muß lange ersehnt, erarbeitet und erspart werden und richtet die Intentionen der Partner thematisch auf erstrebenswerte Fernziele. Die miteinander geschaffenen Werke und die gestaltete Außenwelt wirken auf die Partner zurück. Sie stabilisieren ihre Beziehung, erschweren deren Auflösung und binden die Partner an das Geschaffene, so daß sie auch innerlich immer schwerer in völlig andere Weltkonstruktionen hineinfinden.

Nach Ernst Boesch (1980) gehört das Bauen eines Hauses zu den grundlegenden Phantasiebildern der Ich-Bestätigung. Ein Haus zu erstellen demonstriert unsere grundsätzliche Fähigkeit, über die Umwelt zu verfügen. Wer ein Haus baut, erlebt den Stolz des Schaffens, Verfügens und Bestimmens. Als Erbauer des Hauses werden wir symbolisch zu den Architekten unseres Schicksals. Die Gestalt der Partnerschaft bildet sich in der Gestalt der äußeren Behausung ab (s. dazu auch Kapitel 3.2.). Gewicht und Einfluß des einzelnen zeigen sich in der Zimmerverteilung, im Raum, den jedes einnimmt, wer ein Zimmer für sich hat, ob die Partner im gleichen Zimmer schlafen und so weiter. Noch deutlicher konkretisiert sich die Partnerschaft in der Wohnungseinrichtung – ist sie eher konventionell oder originell, aufs Praktische ausgerichtet oder antik und kostbar, geeignet für Kinder und Haustiere oder nur für rücksichtsvolle Bewohner, auf Gäste ausgerichtet oder auf Zweisamkeit, setzt sie sich aus übernommenen Möbeln der Eltern zusammen oder aus Eigenanschaffungen? Mit der Wohnungseinrichtung wird die Gemeinschaft für die Partner wie für andere lokalisierbar und sichtbar. Man kann Wurzeln schlagen und seßhaft werden und hat einen Ort, wo man hingehört. Mit dem Kauf oder Bau eines eigenen Hauses geht oft die Wahl und Festlegung eines definitiven Wohnsitzes einher. Man richtet sich verbindlich ein, pflanzt eventuell einen eigenen Garten an, investiert auch finanziell alles, was man im Ersehnen eines eigenen Hauses über Jahre angespart hat. Meist ist ein erheblicher Teil des eigenen Geldes im Haus gebunden, welches damit nicht nur Behausung ist, sondern auch Repräsentant des Besitzes, des Wohlstandes, des Prestiges und des Erfolges der Partnerschaft.

Noch deutlicher wird das Schaffen einer äußeren Behausung mit der Familiengründung. Mit eigenen Kindern wird die Partnerschaft fruchtbar und schafft sich eine geschichtliche Behausung. Die Partner haben mit den Kindern etwas in die Welt gesetzt, das fortlebt, auch wenn die Partner sich trennen oder sterben, etwas, das ihre Beziehung grundsätzlich auf ewige Zeiten in der Welt präsent hält. Kinder verewigen den Bestand der Beziehung aber auch für die Partner und setzen Spuren, die nicht mehr auslöschbar sind. Dinge kann man zerstören, wegwerfen oder mindestens verlassen. Kindern gegenüber bleibt man lebenslänglich und unausweichlich Vater oder Mutter. Man kann die Kinder verlassen, dann ist man eben ein Vater, der die Kinder verlassen hat, bleibt aber ihr Vater.

Ein weiterer Aspekt ist die soziale Behausung. Das soziale Beziehungsnetz ist ein Teil der äußeren Behausung des Paares in der Gesellschaft. Das Beziehungsnetz ist ein wichtiges Wirkungsfeld, in welchem sich das Paar darstellt, sich austauscht und Rückmeldungen über den eigenen sozialen Status und die Beliebtheit bekommt.

Das Schaffen von Behausung als Sicheinrichten in Heim und Haus, Anlegen von Besitz, eventuell gemeinsames Führen eines Geschäfts, Familiengründung und Gestaltung eines Freundeskreises läßt Tatsachen entstehen, mit welchen die Partner unauslöschbare Spuren setzen. Im Materiellen verfestigt sich die Beziehung, gewinnt an Realität und öffentlicher Präsenz. Mit den Kindern entsteht eigenaktives Leben, in welchem die Partner zumindest vorstellungsmäßig unabhängig von ihrer eigenen Präsenz fortleben. Die Partner sind aber im Schaffen einer äußeren Welt nicht frei, da ihnen diese nicht beliebig verfügbar ist. Vielmehr geht es darum, das Gegebene im Bereich des Möglichen zu gestalten. So wie Vögel ihr Nest aus vorhandenem Material zusammenbauen, so werden die Partner ihre Kreativität aktivieren, um aus den äußeren Beschränkungen das Beste herauszuholen. Je nach sozialem und ökonomischem Kontext werden sie mehr oder weniger Einflußmöglichkeiten zur Eigengestaltung vorfinden.

Die Verfestigung der Partnerschaft durch Schaffen einer konkreten äußeren Welt kann die persönliche Identität und die Identifikation mit der Partnerschaft positiv stärken. Die materialisierten Wirkungen werden zu dauerhaften Zeugen der gemeinsamen Geschichte, an denen man sich immer wieder orientieren kann, die einen daran erinnern, wie die Beziehung begann, was man sich früher erträumt und ersehnt hatte und wie das Geschaffene gewachsen ist. Die äußerlich geschaffene Welt ist eine ins Materielle geronnene Form der dyadischen Innenwelt und ihres Konstruktsystems. Sie leitet und stabilisiert die Weiterentwicklung der Partner und gibt ihnen eine feste äußere Form, von der weiteres Phantasieren, Erträumen und Planen ausgehen können. Die geschaffenen Tatsachen werden zu festen Trittsteinen im Lebenslauf der Partner, die weitere Entwicklungsschritte einleiten und lenken.

Wenn die Liebe erlöscht und die Berührungsflächen zwischen zwei zerstrittenen Partnern immer kleiner werden, verliert die dyadisch konstruierte innere Welt an Bedeutung, die Partner leben aneinander vorbei und entfremden sich. Nach vieljährigem Zusammenleben gehen sie dann trotzdem häufig nicht auseinander. Sie werden immer noch durch die äußere Behausung zusammengehalten. Ihre Interaktionen schränken sich ein auf die sie weiterhin verbindenden Themen, welche die Erhaltung dieser äußeren Behausung betreffen – das Haus, den Garten, die sozialen Kontakte, die Beziehung zu den Kindern. Persönliche Bereiche werden dann jedoch ausgeklammert.

Die Festigkeit der aus geschaffenen Tatsachen bestehenden äußeren Welt kann aber auch einengen und beängstigen. Das Geschaffene ist unwiderruflich, es hinterläßt unauslöschliche Spuren, es ist zum geschichtlichen Faktum geworden, über das man nicht mehr allein verfügen kann. Manche Menschen scheuen vor der Festlegung auf ein gemeinsames Heim zurück und fürchten die Gebundenheit durch eigene Kinder. Sie fühlen sich durch die verfestigten Strukturen eingeengt und glauben, sich dadurch persönlich aufgeben zu müssen.

Die problematische Bedeutung, welche der Kauf einer eigenen Wohnung für eine Partnerbeziehung haben kann, zeigt folgendes Beispiel:

Ein Paar war entschlossen, nicht zu heiraten. Die Frau wollte sich vor einer engen Bindung schützen, nachdem sie eine tiefe Enttäuschung erlebt hatte: ihr früherer Verlobter war in den Bergen tödlich verunglückt. Ihr jetziger Mann war der Meinung, daß eine Ehe die Liebe abtöten werde. Er war in die Wohnung der Frau zugezogen. Das gab der Frau das Gefühl, durch die Partnerschaft nichts aufgeben zu müssen und alles in eigenen Händen behalten zu können. Dem Mann gab es die Möglichkeit, sich ungebunden zu fühlen. Im längeren Zusammenleben wurden beide jedoch immer unzufriedener. Die Frau hatte ihre Wohnung mit antiken Kostbarkeiten ausstaffiert und ärgerte sich darüber, daß der Mann diesen nicht die notwendige Sorgfalt angedeihen ließ, Kratzer verursachte, Wassertropfen nicht abwischte oder die heiße Teekanne ohne Untersatz auf den furnierten Nußbaumtisch stellte. Sie empfand ihn immer mehr als Schmarotzer. Er seinerseits fühlte sich in dieser Wohnung als Gast knapp geduldet, da er kein eigenes Zimmer bekam und nirgends die Möglichkeit hatte, etwas Eigenes zur Wohnungseinrichtung beizutragen. Er kam sich als Eindringling in einer fremden Wohnung vor.

In dieser Krise entschlossen sie sich, gemeinsam eine Eigentumswohnung zu kaufen. Das verursachte beiden große Probleme. Insbesondere der Mann konnte sich zu keiner Wohnung entschließen, das eine Mal, weil er lieber ein Häuschen mit Garten gehabt hätte, dann wieder war es ihm zu weit vom Stadtzentrum entfernt, dann zu teuer, zu groß, zu klein. Obwohl er nun schon über vierzig war, hatte er sich die Phantasie bewahren wollen, irgendein Luftschloß kaufen zu können. Die Frau verlangte einerseits, daß sich der Mann zu gleichen Teilen beim Kauf engagierte, andererseits wollte sie aber doch sicher sein, daß im Falle einer Auflösung der Beziehung die Wohnung in ihren Händen bleiben würde.

Nach langem Hin und Her kam es schließlich zum Kauf einer Wohnung. Doch die Auswirkung war weniger positiv als erwartet. Die Frau hatte ursprünglich aus dem Wohnungskauf einen Testfall machen wollen, um zu sehen, ob der Mann zu ihr stehe und in ein gemeinsames Leben investiere. Wenn sie schon nicht heiraten würde, so ersehnte sie sich mit der Wohnung eine feste Form für ihre Beziehung, eine Form aus Stein. Kaum war das Haus gekauft, wurde die Frau von der Angst befallen, daß der Mann nun nicht mehr aus Liebe und persönlichem Interesse bei ihr bleibe, sondern nur noch aus materiellen Gründen. Dem Mann andererseits kam die Eintragung beim Notar vor wie die Unterschrift eines Ehevertrages. Er fühlte sich nun gebunden und im unverbindlichen Ausphantasieren von Lebensentwürfen eingeschränkt. Er hatte das Gefühl, jetzt sei jede Entwicklung abgeschlossen. Plötzlich überkam ihn die ihm selbst unerklärliche Angst, die Frau könnte sterben und er würde allein in der Wohnung zurückbleiben. Allmählich fand er eine gewisse Beruhigung. Das Abschiednehmen von seinen Luftschlössern empfand er als überfällig und fand es positiv, sich auf etwas festlegen zu müssen, das wirklich war und nicht nur erträumt.

Die geschaffene Wirklichkeit wird nach Ernst Boesch immer anders sein als die antizipierte. Der gefällte Stamm entspricht nicht dem gewünschten Pfeiler – er hat Knoten, Äste, Verdickungen, harzige Stellen. Nicht nur ist die geschaffene Wirklichkeit weniger perfekt als die erträumte, sie ist auch umgrenzter, beschränkender und einengender. Die Entscheidung über den Standort des Hauses kann zwar ein Akt der Freiheit sein, zugleich vermindert sie aber für die Folgezeit die Freizügigkeit. Von dem Moment an, in dem das Haus gebaut wird, bindet es auch. Alternatives Planen, wie es beim Wünschen mitschwang, muß endgültig aufgegeben werden. Die verwirklichten Wünsche sind mit Zweifeln an der Richtigkeit der getroffenen Entscheidungen verknüpft und fechten die Ich-Bestätigung, die beim Bauen zunächst erfahren wurde, eventuell wieder an (Ernst Boesch 1980, S. 52).

Die Verunsicherung durch die Verfestigung und Verbindlichkeit der inneren und äußeren Behausung kommt in den Interviews des dritten Kapitels zum Ausdruck. Ursula, 46jährig, hatte sich bislang nur für begrenzte Dauer auf Beziehungen eingelassen. Die Freunde zogen bei ihr ein und nach einer gewissen Zeit wieder aus, unter Hinterlassung vieler oder weniger Spuren. Die Wohnung blieb die ihre als stabile Behausung. Nun ist ihr die Wohnung gekündigt worden, und sie soll in die Wohnung ziehen, welche ihr Mann, mit dem sie noch nicht lange zusammenlebt, gefunden hat. Sie war es gewohnt, die äußeren Verhältnisse so zu halten, daß sie nicht zu einer mit dem Partner geteilten Welt wurden, sondern von ihr allein bestimmt werden konnten. Die Vorstellung der Verbindlichkeit einer gemeinsamen äußeren Behausung verursachte ihr Ängste, aktivierte aber auch eine tiefe Sehnsucht nach Geborgenheit (S. 186).

5.5. Wie die Herkunftsfamilien die Bildung der dyadischen Behausung beeinflussen

Das Schaffen einer inneren und äußeren Welt ergibt sich nicht aus der bloßen Interaktion der Partner, sondern geht aus den internalisierten Konstrukten der Herkunftsfamilien hervor. Jugendliche setzen sich in der Ablösungsphase meist intensiv mit den Konstrukten ihrer Herkunftsfamilie auseinander, welche sie einer kritischen Prüfung unterziehen und mit deren Brauchbarkeit sie in ihrer Lebenswirklichkeit experimentieren. (Willi 1985, S. 173ff) Die von der Familie übernommenen Konstrukte sind Muster, sich die eigene Welt zu schaffen und im Wahrnehmen dieser Welt die Konstrukte wiederum zu bestätigen. Oft aber nehmen junge Erwachsene wahr, daß diese Konstrukte in der von ihnen intendierten Lebenswirklichkeit nicht bestätigt werden können. Sie fühlen sich in ihrer eigenen Lebenswirklichkeit vielmehr durch diese Konstrukte behindert, ohne daß sie schon wüßten, wie sie sich eine andere Welt zu konstruieren vermöchten. Das Zusammenleben mit dem Partner wird zur entscheidenden Herausforderung, zum Prüfstand der familiären Konstrukte. Der

Partner stammt aus einem anderen familiären Konstruktsystem. Um äußerlich wirksam zu sein, müssen die Partner sich ihre innere und äußere Welt schaffen. Es kann ein Partner gesucht werden, mit dem man das, was man von seiner Herkunftsfamilie sich angeeignet hat, weiterentwickeln möchte. Dann wird ein Partner gesucht, dessen familiärer Hintergrund dem eigenen möglichst nahe ist. Es kann aber auch ein Partner gesucht werden, der ein Gegengewicht zum übermächtigen Konstruktsystem der eigenen Herkunftsfamilie bilden soll, und mit dem zusammen man sich daraus lösen und ein andersgeartetes System von Konstrukten herausbilden möchte. Dann wird ein Partner gesucht, dessen persönliches und familiäres Konstruktsystem von dem der eigenen Herkunftsfamilie abweicht.

Jedes wächst in einem familiären Konstruktsystem auf, in welchem es sich teilweise geborgen, gleichzeitig aber auch eingeengt fühlt. Jedes hatte in seiner Familie unter gewissen Defiziten, Spannungen und Schicksalsschlägen zu leiden. Jedes sehnt sich teilweise nach einem Partner, mit dessen Hilfe es aus der Welt der Herkunftsfamilie ausbrechen und sich eine andere Welt schaffen könnte. In der Idealisierung des Verliebtseins wird oft gehofft, nun werde man all die familiären Fesseln abwerfen können. Man möchte vieles anders und besser machen als die Eltern in ihrer Ehe. Die revolutionäre Aufbruchstimmung des Verliebtseins hat oft eine aggressive Spitze gegen die Herkunftsfamilie. Doch der Ausbruch aus dem familiären Konstruktsystem ist oft nicht einfach. Es zeigt sich, daß einzelne familiäre Konstrukte, die man verändern möchte, systemisch vernetzt sind mit solchen, die man beizubehalten wünscht. Die familiären Konstrukte sind einem vertraut, man kennt sich darin aus und neigt besonders in der Verunsicherung durch neue Situationen dazu, auf sie zurückzugreifen.

Die Bindungen an Mutter oder Vater erweisen sich oft als beständiger und penetranter als vermutet. Die Enttäuschung in der Liebe besteht oft in der Erkenntnis, daß die Partner einander nicht ganz für sich haben, sondern daß der Mann mehr oder weniger auch der Sohn seiner Eltern und die Frau Tochter der ihrigen bleibt. Es kann zu schwierigen Loyalitätskonflikten kommen, wohin man mehr gehört, zum Partner oder zur Herkunftsfamilie. Vordergründig beteuert jedes seine Zugehörigkeit zum Partner, aber die inneren Bindungen an die Eltern bleiben latent und treten in Erscheinung, wenn es mit dem Partner zum Konflikt kommt. Innere Bindungen können auf Schuld gegenüber den Verdiensten der Eltern beruhen, wie es Boszormenyi-Nagy (1981, 1986) herausgearbeitet hat. Es ergeben sich aber auch innere Bindungen einfach aus dem Umstand heraus, daß ein Kind in jedem Fall zunächst die gesellschaftlich konstruierte Welt mit den Augen seiner Eltern zu konstruieren lernt und damit in den Grundelementen des Wahrnehmens dem familiären Konstruktsystem zugehörig bleibt, oftmals ohne sich dessen bewußt zu sein. Das, was man aufgenommen hat, wirkt in einem weiter und bestimmt das eigene Verhalten besonders in einer Partnerschaft.

Die Bedeutung der im Zusammenleben mit den Eltern gebildeten Konstrukte für die eigene Ehe zeigt sich in allen Interviewbeispielen (Kapitel 3) deutlich. Es kann sein, daß der Kampf gegen die verinnerlichten Eltern stellvertretend im Partner weitergeführt wird. Nellys erste ernsthafte Freundschaft scheiterte daran, daß sie sich von ihrem Freund ähnlich wie von der Mutter nicht als eigenständige Person respektiert fühlte und den Kampf gegen die Mutter am Freund austrug. Claudia wurde von ihren Eltern zur angepaßten und sich angenehm verhaltenden Frau erzogen, deren Aufgabe in der Familie im Vermitteln und emotionalen Ausgleichen bestand. Sie suchte die persönliche Entfaltung im Kampf gegen den Mann, von dem sie die gleichen Erwartungen wie von ihren Eltern her spürte. Ursula suchte auch jenseits des vierzigsten Altersjahres ihren Kontakt zu Männern über Erotisierung herzustellen, so wie sie es vom Vater gelernt hatte. Aus Angst vor Wiederholung des Lebens ihrer unselbständigen Mutter und in Identifikation mit ihrer alleinstehenden Tante schreckte sie vor verbindlichen Langzeitbeziehungen zurück.

Ihr Leben kann als ein zähes Abarbeiten familiärer Hypotheken gesehen werden, wobei es ihr zunehmend gelang, ihre Verwirklichung mit den angestrebten Konstrukten in Einklang zu bringen. Auch Rainers Leben in einem über vierzehn Jahre dauernden «Konkubinat» wäre ohne die hintergründig wirksame Opposition gegen die Eltern schwer verstehbar, genauso wie die unkonventionelle Heirat von Alex.

Cécile fühlte sich von ihrem Mann zur bösen und strengen Erzieherin gemacht in Übertragung der Beziehung zu seiner überstrengen Mutter. Ihr Mann glaubte, die Kinder vor ihr schützen zu müssen. Annemarie führte mit ihrer Pfarrersehe das soziale Engagement ihrer Eltern, vor allem ihres früh verstorbenen Vaters mit Hingabe weiter, obwohl sie bewußt diese Lebensform abgelehnt und eine freie Künstlerehe bevorzugt hatte.

Die erste feste Beziehung oder die ersten Jahre einer (Erst-)-Ehe sind praktisch in jedem Fall von intensiven Auseinandersetzungen zwischen den Partnern bei der Bildung ihrer Konstrukte geprägt, die eigentlich Auseinandersetzungen mit den Konstruktsystemen der Herkunftsfamilien sind. Die familiären Konstrukte werden in der gemeinsamen Lebenswirklichkeit angeeignet, modifiziert oder verworfen.

Das Fortwirken familiärer Konstrukte wird oftmals sichtbar an belanglos erscheinenden Kleinigkeiten, vor allem in der Erziehung der Kinder, so etwa im Ritual des Weihnachtsfestes.

Anna und Bruno

Bruno stammt aus einer katholischen und eher konservativen Familie. Anna bot ihm mit ihrem linksgerichteten politischen Engagement die Chance zum Ausbrechen aus dem starren familiären Rahmen. Bruno war im Zusammenleben mit Anna recht glücklich. Sie verstanden sich in weiten Bereichen sehr gut. Dennoch kam es zu einigen Problemen in der Kindererziehung. Bruno fühlte sich zwar nicht mehr der katholischen Kirche im engeren Sinne zugehörig. Er wußte jedoch selbst nicht recht, wo er stand. An sich hätte er seine religiöse Einstellung am liebsten offengelassen, wenn die Kinder ihn nicht zu einer Stellungnahme gedrängt hätten. Da Anna der katholischen Religion nichts abzugewinnen vermochte, unterließen sie es auch, die Kinder in den Religionsunterricht zu schicken oder zum Besuch der sonntäglichen Messe anzuhalten. Die Kinder wurden zwar getauft und machten die erste Kommunion mit, besuchten nachher jedoch kaum mehr die Kirche. Für Bruno war es am wichtigsten, den Kindern nichts vorzumachen und sie nicht mit Nachtgebeten und Tischgebeten zu etwas zu drängen, an das er selbst nicht mehr voll zu glauben vermochte. Dennoch begann es ihn zunehmend zu stören, daß die Kinder von der christlichen Religion kaum die Grundelemente kannten und keine emotionale Bindung zur Kirche entwickelten. Dieses latente Unbehagen äußerte sich am deutlichsten beim alljährlichen Weihnachtsfest. Trotz Spannungen mit der Herkunftsfamilie hatte sich Bruno am Weihnachtsfest, das von seiner aus Deutschland stammenden Mutter gestaltet wurde, immer sehr wohl gefühlt. Da sie eine große Familie und Verwandtschaft waren, versammelten sich immer etwa zehn Personen um den Weihnachtsbaum, für dessen Schmückung die Mutter stundenlang tätig war. Das Fest begann mit einer Bibellesung des Vaters, dann mußten die Kinder Gedichte aufsagen oder ein Musikstück vorspielen, dann wurden Weihnachtslieder gesungen, welche die Mutter auf dem Klavier begleitete und dem Vater Gelegenheit boten, seinen Tenor zur Geltung zu bringen. Erst dann durften die Kinder sich auf die Geschenke stürzen, während die Erwachsenen einander zuprosteten. Bei Anna dagegen saß man an Weihnachten einfach vor dem Baum, den man zuvor gemeinsam geschmückt hatte. Es wurde keine Lieder gesungen, die Geschenke bestanden in konventionell verpackten Pralinen, für die Mutter mit Marzipanfüllung, für den Vater Kirschstengelchen, jedes Jahr immer gleich. Dazu kamen nützliche Geschenke, Handschuhe, Unterhosen oder Taschentücher. Dann wurde gegessen bei Kerzenlicht, und der Vater erzählte Anekdoten aus dem Leben holländischer Adliger, bei denen er in jungen Jahren als Chauffeur und Gärtner im Dienst gewesen war.

Die Weihnachtsfeiern beider Familien hatten ihr festes Ritual. In der Familie von Bruno und Anna setzte sich Anna mit ihrem Weihnachtsritual durch. Sie verstand es, alles sehr schön herzurichten. Da sie jedoch falsch sang und daran keine Freude hatte, lernten die Kinder keine Weihnachtslieder. Brunos Mutter war ein einziges Mal dabei und sagte am Ende, sie werde morgen abend bei ihrer Tochter sein, wo dann «richtig» Weihnacht gefeiert würde. Danach wurde sie nie mehr eingeladen. Man blieb in der Kleinfamilie. Aber die Entwicklung eines eigenen Weihnachtsstils blieb schwierig. Bruno legte eine Schallplatte mit Weihnachtsliedern auf und sang als einziger mit kräftigem Tenor, er blieb damit aber ziemlich allein. Anna und die Kinder summten mit, die Kinder so falsch, wie sie es von ihrer Mutter gelernt hatten. So fühlte Bruno an Weihnachten immer ein gewisses Heimweh nach seiner Herkunftsfamilie, das er sonst das Jahr durch kaum je verspürte.

Zunächst wird man denken, solche Probleme seien in der Liebe lösbar. Doch diese Details sind symbolische Repräsentanten tieferer Konstrukte, die zu den innersten Grunderfahrungen eines Menschen gehören, die er oft nicht aufgeben kann, ohne seine Identität zu verlieren.

Heute, wo Eltern in der Regel sich aus der Ehe ihrer Kinder herauszuhalten haben, wo sie aber als Großeltern zum Kinderhüten wieder begehrt sind (freilich nur innerhalb der drei «SCH» – *Sch*affen, *Sch*enken, *Sch*weigen), wirken sie über die Enkel indirekt dann doch auf die Partnerschaft ihrer Kinder ein. Das braucht nicht einmal bewußte Absicht zu sein. Sie können die Enkel nicht anders betreuen als innerhalb ihres eigenen Konstruktsystems. Sie werden allerdings möglicherweise auch bewußt überall da einige Korrekturen einfließen lassen, wo sie glauben, Mängel in der Erziehung der jungen Eltern ausgleichen zu müssen. Das kann in der religiösen Erziehung sein, bei den Tischmanieren, im Beschränken des TV-Konsums, im anständigen Begrüßen und Sichverabschieden und so weiter.

In manchen Fällen versuchen Eltern aktiv, ihre Kinder beim Konstruieren der inneren und dem Schaffen der äußeren Welt zu beeinflussen. Dies geschieht besonders häufig durch materielle Anreize, welche die erwachsenen Kinder in Abhängigkeit von den Eltern halten.

Der Vater des jungen Arztes Fritz hatte dessen Zukunft bis ins Detail vorausgeplant. Er führte eine Praxis als Landarzt und hatte im Dorf bereits einen Bauplatz gekauft, auf welchem Fritz nach Abschluß seiner Ausbildung ein Praxishaus in unmittelbarer Nachbarschaft bauen sollte. Als Fritz dann Gret heiratete, die er als Arzthelferin des Vaters kennengelernt hatte und die ein liebes und angepaßtes Mädchen war, schien sich alles mustergültig anzulassen. Gret machte den Anschein, sich bestens zu eignen, ihrem Mann in der Praxis zu helfen, während der Vater und die Mutter sich ihrer Aufgabe als Großeltern widmen könnten. Doch bevor es dazu kam, geriet Gret in eine persönliche Krise, als ihr von einem Freund die Augen für ihre Lebenssituation geöffnet wurden. Sie erkannte, wie sie es bereits von ihrem Vater her gewohnt war, sich ganz seinem Willen anzupassen und seine Erwartungen zu erfüllen, ohne sich überhaupt ihrer eigenen Bedürfnisse bewußt zu werden. Sie spürte, daß mit dem Bau des Praxishauses eine äußere Welt geschaffen würde, die ihre Lebensweise bis ins Detail vorbestimmt hätte und keinen persönlichen Entwicklungsraum offenließe. Der Kampf gegen die Schaffung vollendeter Tatsachen wurde für sie ein Kampf ums Überleben. Sie mußte die vom Schwiegervater konstruierte Welt radikal zerstören, um damit den Freiraum zu erkämpfen, für sich und ihren Mann eine eigene Welt zu schaffen. Fritz verfiel zuerst in einen Zustand von Existenzangst und Schuldgefühlen seinen Eltern gegenüber, sekundär war er jedoch froh über den Schrittmacherdienst seiner Frau, der es ihm erlaubte, sich bewußter mit einem eigenen Weg zu befassen. Daß dieser Weg auch für seine Eltern eine schwere Enttäuschung war, ließ sich wohl nicht vermeiden, doch gingen diese weit verständnisvoller damit um, als das Paar befürchtet hatte (das Beispiel wird auf Seite 317 eingehender dargestellt).

Manchmal ist die von der Herkunftsfamilie geschaffene innere und äußere Welt aber so übermächtig, daß die Zugeheirateten dagegen nicht aufkommen können. Es wird des öftern von Eltern, die ihre Kinder nicht gerne verlieren möchten, nicht ungern gesehen, wenn sich diese mit «familiären Leichtgewichtlern» liieren, das heißt mit Kindern aus geschiedenen Ehen, von Flüchtlingen oder Zugewanderten ohne familiärem Rückhalt. Solche Beziehungen werden begünstigt in der Meinung, die Zugeheirateten in der Familie absorbieren zu können, ohne daß der Zusammenhalt der Herkunftsfamilie einen Bruch erleiden müßte. Manchmal haben derartige «familiäre Leichtgewichtler» selbst eine Sehnsucht nach einer starken Familie und gliedern sich zunächst bestens ein – nicht selten kommt es aber später um so deutlicher zu Komplikationen wie in folgendem Beispiel:

Adrian stammt aus einer bernischen Adelsfamilie. Seine Mutter bewohnt einen Landsitz, der seit Jahrhunderten Stammhaus der Familie ist. Martas Eltern waren geschieden. Ihre Mutter lebte nur für den Reitsport, wollte aus ihr zunächst eine große Turnierreiterin machen, fühlte sich später jedoch von ihr konkurrenziert und brachte sie bei fernen Verwandten unter. So sehnte sich Marta nach einer richtigen Familie und fand zunächst die Erfüllung ihrer Wünsche in der Verbindung mit Adrian. Sie bewunderte, wie in Adrians Familie alles seinen festen Platz und seine Ordnung hatte. Die Devise war dort, daß die Familie überall Vorrang vor dem einzelnen hat und und jeder sich in den Familienverband einzuordnen habe.

Nach der Geburt des zweiten Kindes wurde Marta immer depressiver. Sie entwickelte eine sexuelle Aversion, das heißt, sie ertrug körperliche Nähe ihres Mannes nicht mehr und fühlte sich von ihm erdrückt. Bei den Schwierigkeiten zwischen Marta und Adrian spielte der familiäre Hintergrund eine zentrale Rolle. Marta hatte der übermächtigen Familie Adrians nichts entgegenzusetzen, da sie keine eigene familiäre Basis hatte. Sie fühlte sich von ihrer Schwiegermutter wie eine Dienstmagd behandelt. Bei den häufigen Besuchen auf dem Familiensitz war es ihre Aufgabe, dafür zu sorgen, daß die Kinder sich manierlich verhielten, nicht störten, pünktlich bei Tisch saßen und anständig aßen. Irgendwelche persönlichen Gespräche kamen in dieser Familie nicht auf, alles ging förmlich zu. Marta vermißte insbesondere auch die Nähe zu ihrem Mann. Sie mußte erkennen, daß dieser Mann mehr seiner Herkunftsfamilie gehörte als ihr. Zudem war er als Kleinkind von Hausangestellten erzogen worden und verbrachte später seine Schulzeiten im Internat. Eine engere Beziehung zur Mutter kannte auch er nicht.

Marta litt an schweren Schuld- und Insuffizienzgefühlen ihren Kindern gegenüber. Da sie Geborgenheit in der Kindheit hatte vermissen müssen und diese auch in der Beziehung zu ihrem Mann nicht in ausreichendem Maße finden konnte, verlegte sie sich ganz darauf, ihren Kindern jene Wärme und Liebe zu vermitteln, die sie nie erfahren hatte. Mit all ihrer Kraft legte sie sich ins Zeug, ganz für die Kinder dazusein und nichts in sich aufkommen zu lassen, was ihr Engagement für die Kinder hätte beeinträchtigen können. Es erfüllte sie jedoch mit wilder Verzweiflung, daß die Kinder sich trotzdem nicht so entwickelten, wie sie es erwartet hatte. Insbesondere das erste Kind brachte sie in Rage, da es schon als Säugling viel schrie, mit Allergien reagierte, erst mit vier Jahren sprechen lernte und verspätet eingeschult werden mußte. In ihrer Wut hatte sie dieses Kind oft aufs Bett geschleudert und es angeschrien: «Warum kannst du nicht glücklich sein? Warum tust du mir das an?» Ganz im Gegensatz dazu steht die jüngste Tochter, die ganz brav ist und alle Erwartungen der Mutter erfüllt «und mir viel Halt gibt».

Obwohl die Kinder gerne auf Besuch ins familiäre Stammhaus gingen, setzte es Marta durch, daß diese Visiten fortan unterblieben, weil sie den Eindruck hatte, nur auf diese Weise allmählich der eigenen Familie mehr Eigengewicht geben zu können und sich von den übermächtigen Schwiegereltern abzugrenzen. Für Adrian war diese Situation sehr schwierig. Er wünschte die jahrhundertealte Familientradition fortzuführen. Er sah wohl, wie seine Frau durch die Übermacht seiner Familie erdrückt wurde, wußte aber nicht, was er dagegen tun konnte.

Marta, die ohne familiären Rückhalt war, hatte zu wenig Eigengewicht, um gegen die übermächtige Schwiegerfamilie aufzukommen. Der Familiensitz, in dem sie Geborgenheit zu finden hoffte, erwies sich als Falle. Nur die radikale Abgrenzung gegen die Behausung der Schwiegereltern gab ihr

Hoffnung, der eigenen Familie eine eigene Behausung zu ermöglichen.

Die selbstgeschaffene äußere Welt kann einem Paar mehr oder weniger Sozialprestige und Gewicht in der Verwandtschaft geben. Ist das Gewicht der eigenen Ehe zu gering, kann sich das destruktiv auswirken, weil es die Ablösung von der Herkunftsfamilie erschwert. Umgekehrt kann eine zu starke Bindung an die Herkunftsfamilie und ein zu schwacher Ablösungswunsch die Schaffung einer Behausung mit Eigengewicht erschweren. Probleme des Gewichts der eigenen familiären Behausung können sich etwa in der Benützung des Ferienhauses der Eltern zeigen, gegen die Zugeheiratete sich oft wehren, weil sie dort, unter der Übermacht der Schwiegerfamilie, den Partner als verändert erfahren und selbst nicht gegen diese Familie aufkommen zu können glauben. Sie fühlen sich bloß als Gäste geduldet und spüren eine Entfremdung des Partners. Die Besitzer der äußeren Behausung schaffen die äußeren Strukturen, die entscheidenden Einfluß darauf haben, welches Leben darin möglich ist.

Oft noch gravierender macht sich diese Problematik des Eigengewichts der dyadischen Behausung in Zweitehen bemerkbar. Besonders wenn diese im Unterschied zur Erstehe kinderlos bleibt, leidet der Zweitpartner oft darunter, daß die Beziehung weder inner- noch außerfamiliär ein ebenbürtiges Gegengewicht schaffen kann. Aber selbst wenn – manchmal aus dieser Problematik heraus – eigene Kinder dazukommen, hat die Erstehe nicht selten mehr Substanz, wurden doch oft naivere und gefühlsstärkere persönliche Erwartungen und Hoffnungen in sie investiert. Für den Zweitpartner kann das sehr kränkend sein. Er oder sie versteht nicht, wie man behaupten kann, nun die große Liebe gefunden zu haben und doch die inneren Bindungen an die frühere Ehe nicht lösen zu können. Es wird oft nicht verstanden, daß das nur wenig mit der Echtheit und Qualität der aktuellen Liebe zu tun hat, sondern mit dem Gewicht der geschaffenen inneren und äußeren Welt. Liebe allein genügt nicht als Gegengewicht, es müssen reale Fakten und Strukturen geschaffen werden.

Auf S. 123 wird geschildert, wie zwischen einem älteren Witwer und einer 60jährigen Geschiedenen trotz guten persönlichen Einvernehmens fast unüberwindbare Schwierigkeiten entstanden sind, weil der Mann aus dem Haus, in dem er mit seiner verstorbenen Frau und seinen vier Kindern gelebt hatte, nicht ausziehen will. Die Frau, umgekehrt, fühlt sich dort nicht heimisch, da die Erinnerung an die Verstorbene überall präsent ist und auch die vier erwachsenen Kinder in diesem Haus ein und aus gehen, als ob es immer noch ihnen gehörte.

5.6. Dieselbe Person lebt nicht nur in der dyadischen, sondern auch in anderen Welten

Dieses Buch behandelt die dyadisch (Dyade = Zweierbeziehung) konstruierte Welt, die innere und äußere Behausung in der Lebensgemeinschaft zweier Partner. Eine Person lebt aber nicht nur in der dyadischen, sondern auch in anderen Welten, so etwa in der Berufswelt, die ihre Wirklichkeit in ihrer Weise konstruiert und eine Person verbindlich auf ihr Konstruktsystem verpflichtet. Zu den Konstrukten der Berufswelt gehören starre Zeitpläne, die dann oft mit den starren Zeitplänen der Schule der Kinder kollidieren. Die Berufswelt ist so konstruiert, daß sie ihren Mitgliedern einen maximalen Arbeitseinsatz abfordert, die Familienwelt beansprucht aber ebenfalls eine hohe persönliche Präsenz. Diese zwei Welten stehen oft im Konflikt zueinander. Oder es gibt die Welten der Freizeitaktivität, die besonders als spezifisches Hobby – als Musikquartett, Rockband, esoterischer Zirkel, Pilzesammler- oder Fußballclub – ihre eigene Sprache und Weltkonstruktion haben, ihre eigene Denkweise, ihre Werte, Normen und Bedeutungszuschreibungen. Jede dieser Welten ist ein ganzheitliches Gebäude mit mehr oder weniger definierten Vorstellungen über die richtige Lebensweise und Persönlichkeitsentfaltung. Eine Person als Mitglied ganz verschiedener Welten muß also deren Gegensätze und Widersprüche in sich integrieren. Das heißt aber auch: sie kann sich mit jeder dieser Welten nur teilweise identifizieren, weil oftmals diese Welten einander ausschließen.

Zwei Partner sind außerhalb ihrer Lebensgemeinschaft oft verschiedenen Welten zugehörig. Die dyadische Welt deckt nicht alle Interessen ab. In traditionellen Kulturen besteht meist eine viel radikalere Trennung der Welt der Frauen und der Welt der Männer. In der modernen Gesellschaft sind die Interessengebiete meist vom Geschlechter-Apartheid befreit, aber die Interessen zweier Partner können dennoch sehr verschieden sein. Es kann sein, daß der Partner sich Interessengruppen zuwendet, mit denen man sich persönlich schwertut. Schwerere Konflikte gibt es vor allem um die Zugehörigkeit zu ideologisch-religiösen Gruppen, also etwa zu esoterischen Kreisen, radikalen politischen Gruppen, Ökogruppen, fundamentalistischen religiösen Gemeinschaften, Gruppen also, welche die alleinige Wahrheit für ihre Welt- und Lebenskonstruktion beanspruchen und jede Kompromißbildung als Halbheit mißbilligen. Meist haben diese Gruppen auch ein missionarisches Anliegen. Innerhalb eines Paares ist jener Partner, der zuvor mangels profilierter Meinungen sich eher anpaßte, oftmals derjenige, der sich am unkritischsten mit einer radikalen Gruppe identifiziert und damit aus einer Position der Beeinflußbarkeit in jene einer starren Diskussionsunfähigkeit wechselt. Dem anderen Partner bleibt dann oft nur die Wahl, sich dieser radikalen Gruppe ebenfalls anzuschließen oder von weiteren Diskussionen abzulassen. Da ideologische Konstrukte den Schlüssel für die richtige Lebensweise für sich beanspruchen, heißt das aber auch, sich den geforderten radikalen Umgestaltungen der Lebensweise zu unterziehen, so etwa vegetarische Ernährung oder religiöse Erziehung der Kinder oder Verzicht auf ein Auto. Es kann zu einer Spaltung der dyadisch konstruierten Welt kommen. Da aber, wo nicht die radikale Durchsetzung gewisser ideologischer Überzeugungen gefordert wird, kann die Zugehörigkeit der Partner zu verschiedenen Interessengruppen stimulierend auf die Partnerschaft zurückwirken. Sie wird zwar immer eine gewisse Spannung zwischen den Partnern erzeugen, aber die unterschiedlichen Erfahrungen, die die Partner in ihren Interessengruppen machen, werden in die Partnerschaft eingebracht und nach gegenseitiger Bereinigung der Standpunkte teilweise in die Kartei der dyadischen Welt integriert. Gelingt das, so wird die Zugehörigkeit zu verschiedenen Interessengruppen die Ko-evolution der Partner, das heißt das gegenseitige persönliche Einwirken und Einander-Beantworten, intensivieren, erweitern und bereichern.

Die dyadisch konstruierte Welt hat gegenüber allen anderen Welten einige Eigenheiten, die ihr eine besondere Wertigkeit verleihen. Die dyadische Welt ist jene gemeinschaftlich konstruierte Welt, die von Partnern am freiesten und persönlichsten gestaltet werden kann. Die Möglichkeiten des Einflusses auf andere gesellschaftlich konstruierte Welten wie jene des Arbeitsplatzes, einer Interessengruppe oder einer weltanschaulich-religiösen Gemeinschaft sind meist wesentlich geringer. Die Welt der Herkunftsfamilie kann nicht selbst gewählt und damit auch nur beschränkt beeinflußt werden. Bei der zunehmenden Anonymisierung der Gesellschaft und der Arbeitswelt hat die dyadische Welt die Bedeutung der eigentlichen, privaten und intimen Welt bekommen. In keiner anderen Welt werden die ihr Zugehörigen derart persönlich aufeinander einwirken und von der Persönlichkeitsentfaltung des andern Mitglieds so betroffen sein wie in der Dyade. Durch die hohen Erwartungen, welche in die Partnerschaft gesetzt werden, wird diese allerdings oft überfordert.

Für das Gelingen eines längeren Zusammenlebens ist es wichtig, daß die Partner den Freiraum außerhalb ihrer Gemeinschaft zu nutzen verstehen, um persönliche Möglichkeiten, die sie innerhalb der Partnerschaft nicht entfalten können, zu leben. Auch wenn die Partner sich über die Anliegen ihrer Interessengruppen nicht vollumfänglich verständigen können, so bleibt die Zugehörigkeit zu diesen Gruppen und deren Auswirkung auf die Persönlichkeitsentfaltung oft ein wichtiges Thema der Partnerschaft. Der Neigung zur Überidentifikation mit einer Interessengruppe steht oft die Kritik des Partners entgegen. Fruchtbar können Diskussionen oft erst werden, wenn sie mit einem gewissen Humor als Zeichen der Relativierung des eigenen Standpunktes geführt werden können.

5.7. Das Zusammenleben entwickelt sich in einer Abfolge thematischer Zeiträume, die Kräfte binden und freisetzen

Auf Seite 216ff wurde Ko-evolution als Prozeß des gegenseitigen Einwirkens und Beantwortens beschrieben. Interaktionsprozesse zwischen den Partnern kommen nur in Gang im Bereich von Themen, auf welche beide ansprechbar sind. Bei einem Großteil der sie verbindenden Themen geht es um die konkrete Bearbeitung einer Aufgabe, oft auf ein Ziel hin, mit dessen Erreichen ein Thema abgeschlossen ist und zum Ausgangspunkt wird für die Einbindung der psychischen Energien in neue Themen.

Zu Beginn einer Beziehung werden junge Erwachsene oft noch keine definierte äußere und innere Welt geschaffen haben, sondern werden sich vor allem mit ihrer persönlichen Entwicklung auseinandersetzen und vom Partner Bestätigung, Anregung und Kritik erwarten. Ein grundsätzlicher Schritt wird getan, wenn die Partner sich zu überlegen beginnen, ob ihre Beziehung den Charakter einer Lebensgemeinschaft annehmen soll. Damit wird jedes von der Lebensführung des anderen direkt betroffen, und es drängt sich auf, ein miteinander geteiltes, inneres Konstruktsystem zu schaffen. Sie schaffen sich miteinander ihr Universum, eine Leistung, die viel Zeit und Kraft erfordert. Sie haben sich über viele Themen intensiv auseinanderzusetzen. Wenn die Partner zusammenziehen, werden sie auch eine äußere Welt einrichten, in welcher sie sich beide zu Hause fühlen möchten. Im Kapitel 2 über die Phasen des Zusammenlebens wurde beschrieben, wie jede Phase spezifische Themen beinhaltet, so die Phase des Ersehnens von Liebe, das Verliebtsein, die Heirat, die Familiengründung, die Langzeitbeziehung oder die Altersehe. Während zu Beginn die Beziehung sehr partnerbezogen ist, wird durch das Schaffen einer inneren und äußeren Behausung der Beziehung ein festerer Rahmen gegeben, der sie teilweise von persönlichen Auseinandersetzungen entlastet. Das dyadische Konstruktsystem sichert die Verbindung der Partner – auch bei fehlender Interaktion – und vermittelt in Abwesenheit des Partners ein Gefühl von stabiler Zusammengehörigkeit. Die Schaffung einer äußeren Welt gibt der Partnerschaft zusätzlich eine materielle Form, welche die Zusammengehörigkeit festigt, gleichzeitig aber auch frei macht aus dem Vertrauen heraus, daß die materiellen Strukturen einem unbedachten Aussteigen aus der Beziehung einen bremsenden Widerstand entgegensetzen.

Das Zusammenleben entwickelt sich nicht kontinuierlich. Seine Phasen werden vielmehr strukturiert durch gewisse Themen, welche die psychischen Kräfte der Partner eine Zeitlang intensiv herausfordern. Die gemeinsame Biographie gliedert sich in Zeit-Räume, in Zeitspannen, in welchen die Partner sich auf ein Thema ausrichten und sich themengeleitet mit anderen Personen zu einem sozialen System organisieren, um in dieser Weise zielgerichtet zu kooperieren. Viele Themen haben einen klaren Anfang, wie etwa Schwangerschaft, Schuleintritt, Hauskauf, ein Verkehrsunfall, eventuell eine Krankheit; andere haben ein klares Ende, wie etwa ein abgeschlossenes Berufsexamen, eine belastende Zeit in einem Konflikt mit Nachbarn, der durch deren Wegzug beendet wird, der Austritt aus einem Arbeitsverhältnis. Klar begrenzter Abschluß ist meist auch klar begrenzter Beginn einer neuen Periode, eines «ökologischen Übergangs» (Bronfenbrenner 1981). So ist die Geburt der Abschluß der Schwangerschaft, aber auch der Anfang des Zusammenlebens mit einem Kind. Ein ökologischer Übergang verändert alle Bereiche des Zusammenlebens: die Stellung und Rollen der Partner, ihre Beziehung zueinander, das dyadische Konstruktsystem und die Gestalt der äußeren Behausung. Ein ökologischer Übergang setzt psychische Kräfte der Partner frei und bindet sie an ein neues Thema. Er ist Folge wie Anstoß von Entwicklungsprozessen, eine Wegmarke mit Vorher und Nachher. Es gibt Themen, die den Partnern von außen aufgedrängt werden, wie etwa Krankheit, Unfall, Arbeitslosigkeit, und es gibt andere Themen, die sie selbst wählen und anstreben, wie etwa Kinderkriegen, Hauskauf oder Berufswechsel. Aber auch Themen ohne klare Anfangs- und Endbegrenzung haben ihre Akzentuierungen und nehmen die psychischen Energien der Partner mehr oder weniger in Anspruch. Es kann auch sein, daß ein Thema gelöscht wird, dadurch, daß ein anderes wichtiger wird. So etwa werden sexuelle Konflikte zwischen den Partnern gegenstandslos durch eine schwere Krankheit des einen von beiden, oder das Sichbeschäftigen mit dem Kauf eines Hauses wird gegenstandslos durch Arbeitslosigkeit.

Verschiedene Themen können komplex ineinander verwoben sein. So kann sich die Beziehungsgeschichte beispielsweise folgendermaßen entwickeln:

Anna und Bruno

Bruno stand in der Zweitausbildung zum Grafiker, als er bereits mit Anna zusammen wohnte. Anna verdiente als Krankenschwester genug für beide zusammen. Mit seinem Abschlußexamen trat Bruno ins Erwerbsleben ein, wollte heiraten und Kinder haben. Anna war damit nur einverstanden unter der Bedingung, daß sie sich hälftig in Familien- und Berufsarbeit teilen. Bruno stimmte dem mit Überzeugung zu. Der Abschluß der Ausbildung von Bruno war also eine Schwelle, ein ökologischer Über-

Prozeß des Zusammenlebens als Abfolge thematischer Zeiträume

Bereich	**1. Jahr**	**4. Jahr**	**5. Jahr**	**8. Jahr**	**10. Jahr**
Brunos Beruf	B. in Zweitausbildung als Graphiker	Volle Stelle	Reduktion auf Halbtagsstelle	Gründung eines eigenen Ateliers	
Annas Beruf	Anna arbeitet als Krankenschwester		Reduktion auf Halbtagsstelle	Beruf aufgegeben, arbeitet bei Bruno mit, ist erschöpft	
Partnerschaft	Sich kennenlernen Verliebtsein	Heirat	Elternschaft	Anna entwickelt sexuelle Aversion	Außenbeziehungen von Bruno werden bekannt
(Schwieger-) Eltern	Brunos Eltern sind gegen die Beziehung zu Anna		Freude an Großelternschaft	Annas Mutter hat Gebärmutterkrebs, wird von Anna gepflegt	
Kinder			Geburt 1. Kind	Geburt 2. Kind mit Mongolismus	
Wohnen	Bruno zieht zu Anna	Umzug in größere Wohnung		Kauf eines eigenen Hauses für Wohnen und Geschäft	
Finanzen	Anna finanziert das Zusammenleben			Schulden	Schuldenlast reduziert

gang (Bronfenbrenner 1981), der zum Thema Kinderkriegen überführte. Zu dieser Zeit änderte sich in der Partnerschaft alles: die Rollen von Mann und Frau, die Verbindlichkeit ihrer Gemeinschaft, ihre Stellung zueinander, die Konstruktion ihrer inneren und äußeren Welt, ihre Beziehung zur Umwelt. Brunos Eltern waren gegen die Heirat mit Anna, unter anderem auch aus religiösen Gründen. Mit der Geburt des ersten Kindes veränderte sich jedoch die Beziehung zwischen Anna und ihren Schwiegereltern. Diese empfanden große Freude an der Funktion als Großeltern. Um sich in Berufs- und Kinderarbeit zu teilen, arbeiteten Bruno und Anna halbtags. Die Eltern von Bruno gaben ihnen sehr viel Unterstützung. Drei Jahre später wurde das zweite Kind geboren, welches einen sogenannten «Mongolismus» aufwies. Die Geburt des zweiten Kindes war ein wichtiger ökologischer Übergang. Anna entschloß sich des geschädigten Kindes wegen, den Beruf aufzugeben, zumal Bruno ein eigenes Atelier gründete und auf die Mithilfe von Anna angewiesen war. Das Geschäft lief jedoch nicht so gut wie erwartet, Bruno verschuldete sich ziemlich hoch. Anna wurde zunehmend erschöpft und depressiv und entwickelte eine sexuelle Aversion. Sie wurde zusätzlich belastet durch die Pflege ihrer krebskranken Mutter. Zu dieser Zeit erfuhr sie, daß Bruno sich über Jahre immer wieder mit anderen Frauen sexuell eingelassen hatte. Ihre Beziehung geriet in eine schwere Krise. Für Anna war es klar, daß sie die sexuellen Außenbeziehungen von Bruno nicht hinnehmen wollte. Andererseits hatten ihr behindertes Kind und die finanzielle Verschuldung Sachzwänge geschaffen, welche ein Auseinandergehen nicht möglich erscheinen ließen. Bruno liebte Anna und empfand Schuldgefühle über all das, was in den letzten Jahren über Anna hereingebrochen war. Obwohl er selbst meinte, seine Außenbeziehungen würden seine Liebe zu Anna nicht beeinträchtigen, mußte er einsehen, daß sie für Anna nicht zumutbar waren. Es kam zu einer langdauernden Krise, in welcher Anna und Bruno tiefgehende Wandlungen durchmachten (siehe Seite 312 und 314). Die langdauernde, gemeinsam durchgestandene Krise schaffte für beide eine starke Identifikation mit der gemeinsamen Geschichte und reicherte das dyadische Konstruktsystem mit Erfahrungen an. Wäre Bruno Anna im

Sexuellen nicht entgegengekommen, so hätte sie wahrscheinlich die Identifikation mit der Beziehung verloren und eine definitive Trennung angestrebt im vollen Bewußtsein, daß sie danach nicht auf Rosen gebettet gewesen wäre.

Der Prozeß des Zusammenlebens entwickelt sich als Abfolge thematischer Zeiträume, welche die psychischen Kräfte von Anna und Bruno binden und wieder freisetzen und damit die Entwicklung ihrer Persönlichkeiten intensiv beeinflussen.

5.8. Die Bedeutung der Identifikation mit der Partnerschaft und ihrer Geschichte für das Ertragen einer belastenden Beziehung

Für Außenstehende ist oftmals schwer verständlich, daß es einerseits Paare gibt, deren Zusammenleben die Hölle zu sein scheint: wenn ein Alkoholiker seine Frau laufend beschimpft und schlägt oder wenn zwei Eheleute ununterbrochen um die Macht streiten, oder wenn das Zusammenbleiben nur einem oder einer Heiligen zumutbar erscheint, etwa in der Ehe mit einem körperlich oder geistig chronisch Kranken oder mit einem Rückfallkriminellen, wo zu allen Belastungen noch die Bürde sozialer Isolation und Diskriminierung hinzukommt. Und gleichwohl bleiben solche Paare nicht selten beisammen. Warum?

Andererseits gibt es Paare, die über Jahrzehnte einen glücklichen Eindruck machten und plötzlich – wegen eines scheinbar belanglosen Anlasses – mitteilen, sie hätten sich zur Trennung entschlossen, glücklich seien sie miteinander nie gewesen.

Was hält Paare zusammen, die unglücklich sind? Was veranlaßt Partner, in vielen Fällen ein Zusammenleben fortzusetzen, das in den Augen Außenstehender unzumutbar ist, und was treibt andere, sich zu trennen, obwohl kein schweres

Zerwürfnis auszumachen ist? Wirtschaftliche Gründe sind für das Ausharren in einer unbefriedigenden Beziehung zwar wirksam, heute aber zumindest bei jüngeren Erwachsenen meist nicht entscheidend. Insbesondere junge Frauen lassen sich wenig davon einschüchtern, ob sie durch eine Scheidung zu alleinerziehenden Müttern werden und sich den neuen Armen zurechnen lassen müssen.

Die Entscheidung, ob eine unbefriedigende Beziehung fortgesetzt wird oder nicht, folgt nicht immer rationalen Kriterien. Es kann sein, daß die Kompatibilität der Konstruktsysteme beider Partner zu schwach ist und daß die Attraktion der Partner auf Aspekten beruhte, die später ihre Bedeutung verlieren oder sich als Fehlerwartungen erweisen. Das trifft etwa zu bei Lebensgemeinschaften, die sich unter außergewöhnlichen Bedingungen gebildet hatten, etwa im Krieg oder unter politischer Verfolgung und Unterdrückung, also unter Rahmenbedingungen, in denen die Partner durch Hilfsbereitschaft, Mut und Tatkraft einander sehr viel bedeuteten. Unter normalen Alltagsbedingungen verlieren jedoch diese Qualitäten ihren Vorrang. Die gemeinsam bestandenen Gefahren erzeugen zwar starke Loyalitätsbindungen, deren Verletzung Schuldgefühle verursacht. Dennoch liegen eventuell bei Wegfall der äußeren Belastungen nicht mehr genügend Berührungspunkte vor, um die Gemeinschaft fortzuentwickeln.

Eine zu schmale Basis besteht ferner, wenn die Partnerwahl auf äußerlichen Wünschen beruhte, so etwa auf der Hoffnung, durch den Partner aus den Fesseln der Herkunftsfamilie befreit zu werden, oder mit ihm Kinder zu bekommen, oder verheiratet und damit «unter der Haube» zu sein, alles Themen, die allein heute kaum mehr eine ausreichende Basis für eine Dauerbeziehung abgeben. Eine zu schmale Basis liegt oft auch bei einer kollusiven Partnerwahl vor (siehe S. 320ff), bei der man sich die Befreiung von neurotischen Ängsten und die Erfüllung infantiler Wünsche vom Partner erhofft, eine Erwartung, die meist nur vorübergehend eine tragfähige Basis für das Zusammenleben bildet.

Die Unterschiede in der Bereitschaft, eine wenig befriedigende Beziehung fortzusetzen, sind erheblich. Von großer Bedeutung dürfte sein, in welchem Maße die Partner jene persönlichen Möglichkeiten, die in der Ehe nicht beantwortet werden, außerhalb der Beziehung zu verwirklichen vermögen, in der Berufstätigkeit, in Freizeitaktivitäten, in der Pflege kultureller Interessen. Und doch gibt es Grenzen des Machbaren. Es gibt wahrscheinlich für jede Beziehung einen Punkt, wo eines von beiden sagt: «Unter diesen Bedingungen genügt mir das Zusammenleben mit dir nicht mehr.» Oder: «Wenn diese Schwelle überschritten wird, ist es zwischen uns aus.» Entscheidend dürfte nicht die Addierung von Bedürfnisbefriedigungen sein, sondern ein ganzheitlicher Aspekt. Entscheidend ist nicht, ob andere Partner gefunden werden, die schöner, charmanter, lustiger, interessanter, intelligenter, begabter oder sexuell attraktiver sind, sondern die Identifikation mit dem Partner als Lebensgefährten. Diese Identifikation wird häufig aufrechterhalten, selbst wenn der Partner chronisch krank, invalide oder zum sozialen Versager wird. Diese Identifikation zeigt sich in der Bereitschaft, die Entwicklung der eigenen Lebensgeschichte aus der Geschichte der Partnerschaft herzuleiten und weiterhin in den Kategorien von «wir» an Stelle von «ich», von «unser» an Stelle von «meiner» zu denken und zu fühlen. Von Bedeutung für die Erhaltung der Identifikation mit der Beziehung kann sein, ob man, bei allen Einschränkungen des Zusammenlebens, sich für den Partner wichtig fühlt und ob man sich das Schicksal des Partners zu eigen macht. Selbst chronische Untreue wird manchmal ertragen, wenn dieses Ertragen einem den zentralen Platz im Herzen des Partners sichert.

Oft sind es aber gerade sexuelle Außenbeziehungen, welche schlagartig die Identifikation mit einem schwierigen Zusammenleben beenden. Viele sind bereit, Entbehrungen über Jahre zu ertragen, solange sie den Partner im Intimbereich nicht mit jemand anderem teilen müssen. Entscheidend ist die Wahrung der Selbstachtung. Oft liegt nur ein kleiner Schritt dazwischen, sich vom Partner *gebraucht* und sich von ihm *mißbraucht* zu fühlen, und doch stellt dieser kleine Schritt alles in ein völlig anderes Licht. Wo man zuvor den Partner als übersensibel und hilflos ansah und sich selbst im Unterstützen unentbehrlich, nimmt man in ihm jetzt nur den kalten, berechnenden Egoisten wahr, von dem man sich jahrelang ausbeuten ließ. Man glaubte, er sei ohne einen gar nicht lebensfähig, man war deshalb bereit, Geduld und Aufopferungsbereitschaft aufzubringen, doch jetzt fühlt man sich von ihm betrogen, verraten und versetzt.

Die Identifikation mit einer schwierigen Beziehung wird gestärkt durch das Gefühl, für den Partner unaustauschbar, kostbar oder lebenswichtig zu sein. In anderen Fällen verliert man die Identifikation mit der Beziehung, obwohl man für den Partner sehr wichtig ist. Entscheidend für die Erhaltung der Identifikation ist oftmals eine ausgeglichene Gleichwertigkeitsbalance (siehe Seite 241). Wenn sich diese einseitig zuungunsten des Partners verschlechtert hat (zum Beispiel durch Unfall oder Krankheit), kann bedeutsam sein, ob man den Partner dafür verantwortlich macht oder ob man ihn als Opfer eines unbeeinflußbaren Schicksals sieht. Ein weiterer Aspekt für die Erhaltung der Identifikation mit einer wenig zufriedenstellenden Beziehung ist die Qualität der miteinander geschaffenen materiellen Welt. Die äußere Welt wird oft trotz unglücklicher Partnerbeziehung erhalten, weil sie zur eigenen geworden ist, in der man behaust und geborgen ist, mit deren Geschichte man als der eigenen Geschichte identifiziert ist und die man sich erhalten will, weil sie nicht wiederholbar erscheint. Man glaubt, nicht wieder beim Punkt Null beginnen, eine neue Existenz aufbauen oder eine neue Familie gründen zu können. Es spielt also auch die Vorstellung mit, ob man überhaupt die Kraft und die Chance hätte, für sich eine neue Welt zu schaffen. Manchmal ist es leichter, im vertrauten Unglück auszuharren, als das Risiko eines Neuanfangs auf sich zu nehmen, mit der Gefahr, in Isolation und ins Leere zu fallen. Um das Risiko eines Neuanfangs auf sich zu nehmen, braucht es Selbstvertrauen, und das kann in chronischen, zermürbenden Ehekonflikten verlorengegangen sein.

Die Identifikation mit der Partnerschaft kann schlagartig aufgehoben werden durch ein Sichverlieben in einen anderen Partner. Die neue Beziehung kann zu einer ungeheuren Belebung führen. Nach Jahren der Schwierigkeiten und Entbehrungen, in denen man zu verdorren und abzusterben glaubte, fühlt man sich aus der depressiven Resignation hinausgerissen und zu neuem Leben geboren. Zwischen der Beflügelung durch das Verliebtsein und dem Schaffen einer neuen gemeinsamen Welt erstreckt sich jedoch ein weiter Weg. Nicht selten kommt es zur Rückkehr zum Partner in dem Moment, wo eine verbindliche, neue dyadische Welt geschaffen werden könnte, vor der man zurückschreckt.

In anderen Fällen stirbt die Identifikation mit der Beziehung langsam ab. Man verfällt zunehmend einer depressiven Verfassung, welche eventuell in eine Psychotherapie führt. Unterstützt durch die Therapie gewinnt man die Kraft zu der Erkenntnis, daß die Fortsetzung der gemeinsamen Geschichte einen nur noch in einer negativen Identität bestätigt und sich nicht mehr mit persönlicher Selbstachtung verbinden läßt.

Die Identifikation mit dem Partner und der Partnerschaft ist ein ganzheitliches Phänomen. Hat einmal das negative Aufrechnen begonnen, so kann es schwierig werden, es zu begrenzen. Letztlich kann alles, was man füreinander und miteinander getan hat, als Ausbeutung interpretiert werden. In jedem Zusammenleben kommen Ereignisse vor, die einen zum Schuldner des Partners werden lassen. Die negative Bewertung alles Vorangegangenen kann den Zweck haben, eine weitere Identifikation mit der Partnerschaft endgültig zu verunmöglichen. Ist die gemeinsam geschaffene Welt einmal zerstört und ist es zur Scheidung gekommen, so werden die meisten Partner das erneute Aufkeimen der Sehnsucht nach Wiederherstellung des zerstörten Zustands mit allen Mitteln verhindern. Die Partner müssen sich nach einer Scheidung oft über lange Zeit gegen die Versuchung wehren, in die früher bestehende innere und äußere Behausung zurückkehren zu wollen.

6. Krisen in der Entwicklung der Beziehung und die kreative Spannung durch Sich-fremd-Bleiben in der Liebe

6.1. Krisenhafte Umbrüche und dyadischer Emanzipationsprozeß

Krisen und Phasen sich aufdrängender Veränderung der Partnerschaft kündigen sich meist darin an, daß die persönlichen Konstrukte eines oder beider Partner nicht mehr mit dem dyadischen Konstruktsystem zusammenpassen. Das wird oft vom Partner lange nicht bemerkt. Die sich mehrenden Anzeichen werden übersehen. Viele wollen aber auch selbst nicht wahrnehmen, daß ihre Identifikation mit den dyadischen Konstrukten nicht mehr stimmt. Sie versuchen krampfhaft angepaßt zu bleiben aus Angst, der Partner würde von der Umstrukturierung des dyadischen Konstruktsystems überfordert sein und die heile gemeinsame Welt könnte zusammenbrechen.

Die Krise wird dann manchmal plötzlich manifest, für den Partner unerwartet und in ihren Konsequenzen unerbittlich.

«Zwanzig Jahre waren wir glücklich verheiratet, wir hatten keinen Streit. Jetzt plötzlich will meine Frau weggehen und sich scheiden lassen. Ich verstehe gar nichts mehr.» Zwanzig Jahre lief alles rund, ohne größere Konflikte, ein Haus wurde gebaut, Kinder großgezogen, und nun plötzlich dieser Zusammenbruch. Die Frau erklärt klipp und klar, sie halte es in dieser Ehe nicht mehr aus. Was zwanzig Jahre gedauert hat, legt sie in wenigen Wochen ab. Zwanzig Jahre klagte sie nicht. Nun will sie laufend unglücklich gewesen sein, und alles wird als schlecht und falsch hingestellt.

Wie ist ein solcher Umbruch zu verstehen? Der zurückbleibende Partner stellt sich diese Frage ununterbrochen und findet keine gültige Erklärung. Meist ist der Auslöser für einen derartigen Umschlag, der eventuell wie ein Blitz alles zerstört, eine andere Beziehung: am häufigsten eine andere Liebesbeziehung oder eine sexuelle Außenbeziehung, häufig ein Workshop oder eine Frauengruppe, nicht selten eine Psychotherapie.

Dazu folgendes Beispiel: Robert, seit über zwanzig Jahren mit Margrit verheiratet, hatte sich vor einem halben Jahr in die mehr als zwanzig Jahre jüngere Karin verliebt, die er auf einer ökologischen Fachtagung kennengelernt hatte. Er war richtig liebeskrank und hatte das Gefühl, ohne Karin nicht mehr leben zu können. Er schwang mit ihr auf der gleichen Wellenlänge und stellte telepathische Verbindungen zu ihr fest. Karin war eine stürmische und temperamentvolle Frau, von welcher Robert sich ungeheuer herausgefordert fühlte. Für Margrit war das Ganze völlig unverständlich. Unmittelbar bevor sie über diese Bekanntschaft orientiert wurde, hatten sie es so schön wie nie zuvor miteinander. Sie fühlte sich mit Robert glücklich. Robert konnte sich selbst nicht verstehen. Er fühlte sich Margrit gegenüber schuldig, war sie ihm doch stets eine gute, liebevolle Frau gewesen.

Robert und Margrit hatten sich noch vor dem 20. Altersjahr kennengelernt, beide waren sie füreinander die erste Liebe. Robert war damals ein exzentrischer, skurriler Junge, der überall aneckte. Margrit hatte einen beruhigenden Einfluß auf ihn. Er hätte – so gibt er an – ohne sie nie diese Spitzenkarriere geschafft. Sie war fasziniert von seiner unberechenbaren Art und konnte in ihm ihren eigenen ungelebten Hang zu Außergewöhnlichem ausleben. Doch jetzt hatte Robert alles, was er anstreben konnte, erreicht. Das Leben würde nun nur noch ebenerdig weiterrollen, die großen Herausforderungen, die er benötigte, waren vorbei. Er hatte einen Drang nach großen Taten. Er bezeichnete sich selbst als geborenen Helden. Lustvoll hätte er sich in eine Schlacht geworfen und die kühnsten Taten vollbracht und sein Leben lachend verloren. Das Gräßlichste war die Vorstellung, alt zu werden und langsam dahinzuwelken. Auf der Suche nach heroischen Taten malte er sich etwa aus, wie er sich im Kampf für die Erhaltung der Wälder engagieren könnte und wie er bei einem öffentlichen Auftritt seinen Forderungen für Umweltschutz Nachdruck verleihen würde, indem er sich vor den Augen des Publikums einen Finger abhackte. Beim nächsten Vortrag käme es zum Abhacken der ganzen Hand, und beim dritten würde er sich öffentlich erschießen. Die Beziehung zu Margrit war ihm zu spannungslos und langweilig geworden. Schuldbewußt gestand er sich ein, in sie verliebt gewesen zu sein.

Seiner ehrlichen Art entsprechend war er um Offenheit bemüht und orientierte Margrit laufend über seine Zusammenkünfte mit Karin. Da er es zwischendurch mit Margrit auch immer wieder schön hatte, waren diese Bekenntnisse für Margrit sehr verletzend. Mit ihrer Zustimmung plädierte ich in der Therapie dafür, Margrit nicht mehr weiter über seine Erlebnisse mit Karin zu informieren, Robert sollte die Verantwortung für diese Beziehung allein tragen. Mit Margrit sollte er bloß über die Beziehung zu Margrit sprechen. Beide waren über diesen Vorschlag erleichtert.

Robert sah nun Karin häufig und mit weniger Schuldgefühlen. Er wurde in Karins Familie und ihren Freundeskreis eingeführt. Jetzt, wo Robert sich frei fühlte, kamen ihm aber zunehmend Zweifel, ob die Beziehung zu Karin wirklich so einmalig sei und ob sie zueinander paßten. Nach einem Eklat brach er die Beziehung zu ihr abrupt ab.

Was waren die Auswirkungen auf die Ehe? Robert hatte Margrit nie gewählt, sondern war einfach in die Beziehung hineingeschlittert. Jetzt, nach mehr als zwanzig Jahren Ehe, entschied er sich erstmals für Margrit. Er wählte sie zur Partnerin. Er hatte das Gefühl, die Beziehung zu Margrit sei neu entstanden. Margrit hatte ihm mit Geduld und Großmut ihre tiefe Liebe bewiesen. Jetzt mußte aber auch sie sich mehr mit ihrem eigenen Leben auseinandersetzen, um sich nicht so einseitig auf ihn auszurichten.

Der Anstoß, die Beziehung in Frage zu stellen, kann von einer anderen Liebes- oder Freundschaftsbeziehung ausgehen, durch die man eine Außenperspektive zur Partnerschaft und der von ihr geschaffenen Welt gewinnt. Der Anstoß kann aber auch von innen kommen durch das Gewahrwerden von Umständen, welche die Partnerbeziehung plötzlich in ein anderes Licht rücken, so wie es sich für Anna ergibt, als sie im zehnten Beziehungsjahr Brunos Außenbeziehungen erfährt. Ihre veränderte Perspektive wird durch die Teilnahme an einer Frauengruppe bekräftigt.

Anna und Bruno
Anna, die – bildlich gesprochen – jahrelang im Konstruktgebäude ihrer Ehe die morschen Balken zu stützen, die Löcher zu stopfen und die Risse zu überkleistern versucht hatte und so dem Haus seine Form bewahrte, steht in der depressiven Krise plötzlich außerhalb des ehelichen Gebäudes. In ihrer Verzweiflung sucht sie die Hilfe einer Frauengruppe. Die radikale Unterstützung, die sie dort findet, erscheint ihr zwar bald etwas übertrieben und ungerecht, aber trotzdem tut ihr diese vorbehaltlose Bestätigung gut und gibt ihr die Kraft, den Prozeß des Zusammenlebens und die heutige Beziehungssituation aus einem gewissen Abstand zu sehen. Erstmals beobachtet sie die eheliche Behausung aus einer Außenperspektive, sieht, wie all ihre Energien eingebunden waren in die Erhaltung der dyadischen Welt, in der sie Halt und Ordnung fand. Aber jetzt stellt sie sich die Frage, ob sie weiterhin für die Stützung dieses brüchigen Hauses leben will. Sie streitet nicht gerne. Das Austreten aus dem Haus, zu welchem ihr die Frauengruppe verhalf, hat ihr eine neue Lebensperspektive eröffnet. Sie will zunächst nicht mehr zurück. Um sich den Sog zur Rückkehr zu verbauen, muß sie zerstören, was sie bislang immer zu stützen versucht hatte, muß sie schlechtmachen, was sie bisher idealisiert hatte. Die Ehe war zuvor nicht so gut gewesen, wie sie diese sehen wollte, aber auch nicht so schlecht, wie sie ihr jetzt erscheint. Aber über Zusammenleben oder Auseinandergehen entscheiden nicht immer rationale Gründe. Die Tendenz, sich mit der Beziehung zu überidentifizieren, legt den Boden für den Umschlag in abrupte

und radikale Gegenidentifikation. Anna ließ das zuvor mit allen Kräften gestützte Haus zusammenfallen und entzog dem ökologischen System, mit dem sie zuvor eins war, die energetische Besetzung.

Nicht selten entwickelt sich also eine neue persönliche Perspektive außerhalb der Partnerschaft, in der Beziehungserfahrung mit anderen Menschen. Innerhalb der Partnerschaft ist eine Veränderung erschwert dadurch, daß der Partner gewohnt ist, einen in einer bestimmten Weise zu sehen, und man selbst Mühe hat, sich ihm anders zuzumuten. Jede Veränderung in der Sichtweise der eigenen Person oder der Person des Partners verändert nicht nur die Beziehung, sondern auch die Bedeutung der miteinander geschaffenen inneren und äußeren Welt.

Es kann sein, daß die Partner *miteinander* in eine Krise geraten und gemeinsam für ihre Beziehung eine neue Perspektive suchen. Häufiger jedoch geschieht der ko-evolutive Veränderungsprozeß krisenhaft und asynchron, das heißt, der eine Partner geht in einem Entwicklungsprozeß voran, der andere wird – im positiven Fall – ihm folgen.

Die Asynchronie der Entwicklung von Partnern zeigt sich häufig im typischen dyadischen Emanzipationsprozeß. In ihm wirken gesellschaftliche und beziehungsgeschichtliche Aspekte ineinander. Die Gestaltung von Partnerbeziehungen steht in einem gesellschaftlichen Umbruch, welcher vom Feminismus angestoßen wurde und jedes Paar – unabhängig davon, ob zwei oder zwanzig Jahre verheiratet – herausfordert. Der Feminismus ist ein gesellschaftliches Phänomen, das im Zusammenhang mit anderen kulturellen Veränderungen steht. Neben dem kulturgeschichtlichen «phylogenetischen» (stammesgeschichtlichen) hat der Emanzipationsprozeß auch einen «ontogenetischen», auf die Geschichte einer bestimmten Partnerschaft bezogenen Aspekt. Der gesellschaftliche Veränderungsprozeß bildet sich im Beziehungsprozeß zweier Partner ab.

Anna und Bruno

Zu Beginn ihrer Partnerschaft waren Anna und Bruno bestrebt, das Verbindende und nicht das Trennende zu betonen. Sie fühlten sich verunsichert durch all die Entscheidungen, die ihnen abgefordert wurden, so daß sie sich in ihren Ansichten zunächst aneinander anlehnten. Sie spürten noch wenig, was jedes von ihnen eigentlich wollte. Als die Kinder dazukamen, waren sie in ihrer Kooperation eng aufeinander angewiesen. Erst als die Belastung etwas nachließ, konnten sie sich überhaupt eine Krise leisten. Mit der Geburt der Kinder war es zu einer Aufgabenteilung zwischen Anna und Bruno gekommen, die Anna weit mehr Umstellung abverlangte als Bruno. Anna fühlte sich durch die jahrelange kräftezehrende Tätigkeit für die Kinder erschöpft. Als sie dann noch mit Brunos Untreue konfrontiert wurde, brach sie depressiv zusammen und war in ihrer Hoffnungslosigkeit besonders ansprechbar auf andere Frauen, die ihr Mut machten, sich gegen diese Situation zu wehren. Anna war zu Beginn der Partnerschaft eine selbstbewußte Frau gewesen, neben der sich Bruno wie ein unreifer Junge ausnahm. Doch dann veränderte sich mit der Geburt des mongoloiden Kindes schicksalhaft die äußere Situation, was zu einer Störung der Selbstwertbalance innerhalb der Partnerschaft zuungunsten von Anna führte. Über Jahre gewohnt, mit den Vorstellungen Brunos in Einklang zu stehen, begann Anna mit Hilfe der Frauengruppe, sich gegen Bruno aufzulehnen. Sie spürte noch gar nicht recht, was sie eigentlich wollte, sondern eher, was sie nicht mehr wollte. Was immer Bruno tat oder sagte, sie mußte ihm widersprechen und ihn persönlich kritisieren. Dann folgte eine Phase, wo sie sich stärker auf sich selbst zurückzog, sich mit der eigenen Bewußtwerdung befaßte, mit ihren Gefühlen auseinandersetzte, ihren Körper zu erfahren suchte und eine stärkere Zentrierung in sich selbst anstrebte. In dieser Phase wirkte sie auf Bruno egozentrisch, weil sie ihre Kräfte ganz für den eigenen Prozeß brauchte. Bruno gegenüber verhielt sie sich desinteressiert und schroff abweisend. Sie bezeichnete die Beziehung zu ihm als hoffnungslos und glaubte nicht mehr an eine gemeinsame Entwicklung. Sie war weder bereit noch fähig, Brunos Situation wahrzunehmen. Nach Jahren erst und auch mit Hilfe der

Therapie, in die sie sich gemeinsam begaben (siehe Seite 332), fühlte sie sich im Suchen ihres eigenen Weges ausreichend sicher, so daß sie wieder mehr auf Bruno eingehen und seine Sichtweise in die eigene einbeziehen konnte.

Bruno, der über Jahre gewohnt gewesen war, zu sagen, wo es langgeht, war über den Oppositionsgeist Annas zunächst fassungslos. Er versuchte, ihr die Flausen auszutreiben und sie in die alte dyadische Welt zurückzubringen, sei es, daß er sich spöttisch über ihren Weiberclub äußerte, sei es, daß er ihr mit radikalem Abbruch der Beziehung drohte oder sie mit physischer Gewalt einzuschüchtern versuchte. Damit bestätigte er aber genau das von Anna benötigte Feindbild als Patriarch, Macho und Tyrann. Mit zunehmender Dauer der Krise wurde er verunsichert und kleinlaut. Er zog sich in den Schmollwinkel zurück und verfiel in eine apathische Resignation. Als einzig mögliche Lösung der Krise sah er die Rückkehr Annas zu ihrem früheren Verhalten. Je kämpferischer Anna wurde, desto schwieriger war es für ihn, sich eigenen Emanzipationsanforderungen zu öffnen. Erst als im Rahmen der Therapie Anna begann, Verständnis für die auswegslose Situation Brunos aufzubringen, gelang es ihm, sich aus dem Clinch zu lösen und sich mit emanzipatorischen Umstellungen in der eigenen Lebensführung zu befassen.

Häufig laufen persönliche Entwicklungsprozesse in einer Partnerschaft nicht synchron, vielmehr wird eine Veränderung zunächst nur beim einen Partner, meist der Frau angestoßen. Die Entwicklung des Neuen setzt oftmals die Zerstörung des Alten voraus. Weil die Durchsetzung einer Veränderung Mut braucht, wird sie lange hinausgezögert, um dann oftmals mit Unterstützung durch eine Drittperson – eines Therapeuten, eines oder einer Geliebten, eines Freundes oder einer Freundin – ohne Rücksicht auf Verluste durchgesetzt zu werden. Je größer die vorbestehende Angst und Unsicherheit des Veränderungswilligen, desto radikaler und unerbittlicher ist oft der Kampf gegen den Partner. Es liegt eine gewisse Tragik darin, daß die Chancen, den Emanzipationsprozeß im Zusammenleben zu bewältigen, oft verpaßt

Asynchrone Entwicklungsschritte der Partner im dyadischen Emanzipationsprozeß

Emanzipationsprozeß	***Ausgangslage***	***Beginn***	***Höhepunkt***	***Integration***
Anna	sich selbst wenig wahrnehmend, auf Meinung des Partners ausgerichtet	sich in der Opposition gegen den Partner wahrnehmend und profilierend	egozentrisch ganz mit sich selbst beschäftigt	fähig, den eigenen *und* den Gesichtspunkt des Partners wahrzunehmen
Bruno	sagt, wo's langgeht	versucht, der Frau die Flausen auszutreiben	ist verzweifelt und verunsichert, klammert sich an das Bestehende	Auslösung des eigenen Emanzipationsprozesses
Verhalten in der Partnerschaft	patriarchalisch strukturiert	symmetrische Kollusion als Machtkampf: Je mehr sich Anna Bruno gegenüber behaupten will, desto mehr will er sich ihr gegenüber behaupten		partnerschaftlich strukturiert

werden, weil sich die Partner in eine destruktive Machtkampfspirale hineinsteigern. Je mehr es für die Frau wichtig ist, sich um jeden Preis dem Mann gegenüber zu behaupten und in keiner Weise nachzugeben, desto mehr veranlaßt sie den verunsicherten Mann, die Festung um jeden Preis zu halten und in keinem Punkte nachzugeben, was der Frau wiederum Anlaß gibt, sein stures Verhalten zu bekämpfen. Leicht treiben sich die Partner in eine Eskalation, die mit Scheidung endet, obwohl beide diese Lösung des Konflikts zunächst nicht angestrebt hatten. Jeder konstruiert dann die Situation so, daß die eigene Position gerechtfertigt wird und die Ursache des Versagens einseitig dem anderen nachgewiesen werden kann. Das verunmöglicht aber sehr häufig eine echte emanzipatorische Reifung, die sich gerade durch Toleranz und Verständnis sowie Akzeptation für anderes Denken und Fühlen auszeichnen müßte.

Wie eine radikale Haltung des einen das Gelingen der Emanzipation seiner selbst und seines Partners erschweren kann, sei mit dem Beispiel dargestellt, das auf Seite 292 bereits im Zusammenhang mit der Bedeutung des elterlichen Einflusses auf die Gestaltung der Ehe erwähnt wurde:

Fritz, der junge Arzt, war daran, sich niederzulassen. Sein Vater, ein Landarzt, wollte ihm zuerst ein Grundstück zum Bau eines Praxishauses verschaffen. Fritzens Ehefrau Gret begann sich vehement dagegen zu wehren, weil sie fürchtete, damit in umfassende Abhängigkeit von den Schwiegereltern zu geraten. Sie setzte zunächst durch, daß die bereits weitgetriebene Bauplanung eingestellt wurde und sie sich eine einfache Wohnung am Praxisort suchten. Sie weigerte sich, ihre Mitwirkung in der Praxis in Aussicht zu stellen. Beide Entscheidungen waren für Fritz völlig unerwartet und katastrophal. Jahrelang war Gret immer lieb und angepaßt gewesen. Erst unter dem Einfluß einer Beziehung mit einem wesentlich älteren Mann hatte sie begonnen, mehr darüber nachzudenken, was sie eigentlich selbst wollte. Sie hatte den Eindruck, Fritz und dessen Eltern würden einfach über sie verfügen. In einer Selbsthilfegruppe fand sie starken Rückhalt. Sie wurde ermutigt, sich nicht mehr in gewohnter Manier zu fügen und anzupassen, sondern mehr sie selbst zu sein und sich zu wehren. Fritz sah große Probleme mit der Praxiseröffnung auf sich zukommen. Ohne die aktive Unterstützung von seiner Frau fühlte er sich völlig überfordert und begann, nachdem er vergeblich versucht hatte Gret im Gespräch zu einem Meinungsumschwung zu bewegen, destruktiv zu agieren. Er gefährdete die Familie im Verkehr, wenn er rechthaberisch niemandem den Vortritt gewährte und glaubte, alle Verkehrsteilnehmer zur korrekten Einhaltung der Verkehrsregeln erziehen zu müssen. Auch sonst trat er überall für Recht und Ordnung ein und erwartete, darin von Gret unterstützt zu werden. Er fühlte sich von ihr immer mehr im Stich gelassen und geriet persönlich in eine gefährlich sich steigernde Spannung. Mit einer oft kindisch anmutenden Trotz- und Erpressungshaltung verstärkte er bei Gret die Gegentendenz, sich von ihm abzugrenzen und ihre eigene Entwicklung voranzutreiben. Sie faßte den Plan, eine dreijährige Lehre als Kosmetikerin zu beginnen, was aus der Sicht des Mannes völlig überflüssig war. Er war erbost über die heutige Zeit, wo die Frauen nicht mehr zu den Männern stehen und nur noch egoistisch an sich denken. Fritz wurde kränklich und zog sich immer häufiger ins Bett zurück. In dieser Situation hatte ich ein Gespräch allein mit der Frau. Sie stand vor folgender Alternative: Die eine Möglichkeit war, sich den Erpressungsversuchen des Mannes zu widersetzen und ihren eigenen Weg zu gehen, ohne Rücksicht auf Verluste. Der Gewinn wäre die Selbstrechtfertigung gewesen und das Gefühl, sich endlich einmal gegen die Erwartungen der Umwelt durchgesetzt zu haben. Die Gefahr war jedoch, daß der Mann ohne die Unterstützung der Frau zusammenbrechen, sich in eine Krankheit zurückziehen und nicht mehr arbeitsfähig sein würde. Die harte Linie durchgezogen, hätte das mit Sicherheit zur Scheidung und zu krankheitsbedingter Arbeitsunfähigkeit des Mannes geführt, womit sich aber die wirtschaftliche Situation der Frau sehr verschlechtert hätte. Sie wäre wahrscheinlich wieder in finanzielle Abhängigkeit von ihren eigenen Eltern geraten.

Die andere Möglichkeit war, als Tatsache anzuerkennen,

daß Fritz offenbar ohne Grets tätige Unterstützung von der Eröffnung einer eigenen Praxis überfordert war und daß seine Druckversuche nicht so sehr als patriarchale Ansprüche zu verstehen waren, sondern als Notschrei. Letztlich konnten sich Gret mehr Freiräume für eigene Entwicklungen anbieten, wenn sie zunächst flexibler die Gegebenheiten der Situation beachtete und den Anforderungen des Mannes zumindest teilweise entsprach. Gret entschloß sich, die harte Linie aufzugeben, worüber Fritz sehr dankbar war. Das Sichfestfahren in einem destruktiven Machtkampf konnte so vermieden werden. Damit begann Fritz sich in eine konstruktivere Auseinandersetzung mit der Emanzipation von Frau und Mann einzulassen, die auch von seiner Seite zu einer klareren Abgrenzung gegenüber seinen Eltern und der Übernahme von mehr Eigenverantwortung führte. Durch ein subtiles Ausgleichen der verschiedenen Bedürfnisse konnte ein Weg gefunden werden, der Gret mehr Selbstbestimmung und Eigenständigkeit erlaubte, ohne diese jedoch in der Opposition gegen den Mann profilieren zu müssen.

Der dyadische Emanzipationsprozeß bildet das Hauptthema vieler Paartherapien. Die Initiative geht meist von der Frau aus, weil Frauen durch die Emanzipation real an Macht, Sozialprestige und finanzieller Autonomie gewinnen, während Männer in der gegenwärtigen gesellschaftlichen Situation eher verlieren. Männer sind nicht nur über den Verlust an Macht und Prestige beunruhigt, sondern auch über den Verlust an Absicherung ihrer Partnerschaft durch die Bereitschaft der Frau, sich der Gemeinschaft unterzuordnen. Wird von Männern Emanzipation angestrebt, so erfahren sie diese als emotionalen Gewinn. Oft sind sie froh, die sozioökonomische Verantwortung nicht mehr alleine tragen zu müssen. Meist kommen Männer nicht aus eigenem Antrieb oder auf Anregung durch andere Männer zum Anstreben einer emanzipatorischen Entwicklung, sondern unter dem Einfluß von Frauen – der Ehefrau, einer Geliebten oder beim Eingehen neuer Beziehungen nach einer Scheidung.

Gemäß der systemtheoretischen Regel, daß sich in einem

sozialen System kein Teil ändern kann, ohne daß sich alle anderen Teile und das Ganze verändern, erfordert eine echte Emanzipationsbewegung der Frau die Mitveränderung des Mannes, wenn die Beziehung funktionsfähig bleiben soll. Das heißt aber auch, daß der Mann sich in seiner Partnerin oftmals mit einer anderen Frau konfrontiert sieht als mit der, die er einmal geheiratet hatte, und daß die Frau sich ihrem Mann auch als eine andere Frau zumuten muß. Der Wechsel von einer überangepaßten, ihren Mann bewundernden Gefährtin zu einer selbstbewußteren, autonomeren Partnerin schildert Claudia in ihrem Interview (S. 158). Sie ist beunruhigt über die Veränderungen, die sie damit ihrem Mann zumutet. Bei Gret liegt das Dilemma in dem Konflikt, wieviel Radikalität notwendig ist, um ihre eigene Angst vor Veränderung und den Widerstand von Fritz zu überwinden, und wieviel Diplomatie und Empathie notwendig ist, um bei Fritz ebenfalls eine Entwicklung in Gang zu setzen und ein trotziges Beharren auf dem Bestehenden zu verhindern.

6.2. Kollusion und Ko-evolution

Manche Leserinnen und Leser, die mein Buch «Die Zweierbeziehung» gelesen haben, werden sich fragen, in welcher Beziehung das dort beschriebene Kollusionskonzept zum Konzept der Ko-evolution steht. Als Kollusionen werden gewisse Störungsmuster in Beziehungen bezeichnet, bei welchen Partner sich in ein unbewußtes Zusammenspiel verwikkeln. Zu einer Kollusion als Störungsmuster gehört die Zirkularität des Verhaltens, das heißt, in der engen Verwicklung von Otto und Linda ist nicht mehr auszumachen, inwiefern sich Linda so hilflos verhält, *weil* Otto sich als großer Helfer profilieren will, oder inwiefern Otto seine Hilfe anbietet, *weil* Linda sich so hilflos gibt. Es geht also um die Frage nach der Ur-Sache: Was war zuerst: das Huhn oder das Ei?

Ohne Ei gibt es kein Huhn, ohne Huhn gibt es kein Ei. Eine Helferkollusion bildet sich, wenn auf beiden Seiten gewisse Ansprechbarkeiten vorliegen, sich vom anderen als hilflos oder als Helfer brauchen oder verstärken zu lassen. Es treffen also zwei Entwicklungsbereitschaften aufeinander, die sich zu einer Störung verstärken können.

Kollusionen stellen eine besondere Nähe in Aussicht und wirken deshalb für die Gestaltung von Beziehungen attraktiv. Schon im Kapitel über das Verliebtsein (S. 40) und über den zündenden Funken, der beim Sichverlieben überspringt (S. 232), wurde dargestellt, daß die hohe Motivation der Verliebten in der Hoffnung liegt, beim anderen eine bestimmte Entwicklungsmöglichkeit ins Leben zu rufen oder mit Hilfe des anderen eine eigene Lebensmöglichkeit verwirklichen zu können. Gewisse persönliche Entwicklungen sollen mit und durch den anderen realisiert werden. Die Partner brauchen sich also gegenseitig, und das gibt ihrer Beziehung das ganz Besondere, Spezifische und nicht Wiederholbare. Es ist das Gefühl, sich vom anderen als unentbehrlicher Helfer brauchen zu lassen oder zu glauben, im Partner den entscheidenden Helfer zu haben.

Solche Vorstellungen schwingen mit, wenn man hofft, mit dem Partner Defizite und Traumatisierungen der Kindheit ausgleichen zu können, also etwa wenn jemand, der Mutterliebe vermissen mußte, im Partner eine Person gefunden zu haben glaubt, die ihn verwöhnt, umsorgt oder ihm ein Leben ermöglicht, wo er sich geborgen fühlen kann und Vertrauen in die Liebe eines nahen Mitmenschen gewinnt. Oder wenn jemand dauernd entwertet wurde und zu hören bekam, er sei nichts und werde nichts, und nun einen hohen persönlichen Auftrieb erfährt, wenn er sieht, wie der Partner unter seiner Umsorgung und Verwöhnung aufblüht, Lebensfreude entwickelt und Vertrauen in die Liebe zu bilden beginnt. Solche Partner brauchen einander also für grundlegende neue Lebenserfahrungen, zu denen sie sich gegenseitig verhelfen können.

Die Gegenseitigkeit des Sichbrauchens ergibt sich am

leichtesten, wenn die Partner sich komplementär zueinander verhalten: Der Hilflose braucht den Helfer, der zum Helfen Motivierte den Hilflosen. Der Passive braucht den Aktiven, der zur Aktivität Motivierte den Passiven. Der Anlehnungsbedürftige braucht den Führenden, der zum Führen Motivierte den Anlehnungsbedürftigen. Wer bereit ist zu bewundern und zu bestätigen, sucht den Bewunderungsbedürftigen, wer auf Bestätigung angewiesen ist, braucht den Bewundernden.

In der Sprache des Kollusionskonzepts bezeichne ich den einen als den Partner in der regressiven Position, den anderen als den in der progressiven Position. Partner in regressiver Position neigen dazu, sich als hilflos, passiv, fügsam, abhängig und bewundernd zu verhalten, Partner in progressiver Position dagegen als hilfreich, aktiv, führend, autonom und imponierend. Progressives und regressives Verhalten bedingen sich gegenseitig: Je hilfloser der Regressive, desto fürsorglicher der Progressive, je fürsorglicher der Progressive, desto hilfloser der Regressive.

Soweit kann das Zusammentreffen von zwei aufeinander ansprechbaren Partnern entwicklungsfördernd sein. Es ist eine normale Hoffnung der Verliebten, vom Partner gebraucht zu werden oder den Partner brauchen zu dürfen, um mit seiner Hilfe neue Formen des Lebens und der persönlichen Entwicklung möglich zu machen. Zur Störung wird dieses progressiv-regressiv polarisierte Verhalten erst, wenn es nicht mehr frei gewählt werden kann, sondern zum Zwang wird, wenn es nicht mehr die Entwicklung gegenseitig fördert, sondern im Gegenteil behindert, wenn die gegenseitige Unterstützung nicht erfolgreich sein darf, weil sie sich dann selbst überflüssig machen würde.

So kann etwa die besondere Verwöhnung und Umsorgung, die man vom Partner erfährt, wichtig sein, um Vertrauen in die Liebe zu bekommen und sich erstmals in einer Beziehung geborgen zu fühlen. Diese neue Erfahrung kann jedoch auch Angst hervorrufen, man könnte sich zu sehr an die Geborgenheit gewöhnen, so daß man sich ohne die Zuwendung des Partners gar nicht mehr lebensfähig fühlen würde. Voller Besorgnis lauert man direkt auf Augenblicke, wo man dem Partner ein Nachlassen seiner Hilfsbereitschaft nachweisen kann. Anstatt das Risiko des Enttäuschtwerdens zu tragen, versucht man Sicherheit zu erzwingen. Das heißt, man versucht mit seiner Hilflosigkeit den Partner fest in den Griff zu kriegen und ihm sein Verhalten zu diktieren. Nur scheinbar ist der Hilflose schwach, man kann den Partner auch mit Hilflosigkeit tyrannisieren.

Es kann aber auch sein, daß der fürsorgliche Partner nicht auf seine Helferfunktion verzichten kann, weil er darin eine ihm unentbehrlich erscheinende persönliche Bestätigung gefunden hat oder weil er sich die Liebe des Partners gar nicht zutraut, wenn er sich nicht laufend als Helfer unentbehrlich macht. Die Bestrebungen der Partner sind also in tieferen Ängsten begründet und verstärken sich gegenseitig. Beide Partner suchen sich dieses Zusammenspiel zu erhalten, um nicht mehr in die während der Kindheit erfahrenen Verletzungen und Frustrationen zurückzufallen. Das Schlimmste, das eintreten könnte, wäre, daß der Hilflose nicht mehr hilflos wäre und damit die Fürsorglichkeit des Partners überflüssig würde oder daß der Fürsorgliche sein Interesse am Befürsorgen verlieren könnte und damit der Hilflose leer ausgehen würde.

Das Gestörte einer Kollusion liegt darin, daß jeder den anderen mit seiner Verhaltensweise zur Selbststabilisierung braucht und die Partner einander keine Freiheit lassen, sondern einander in ihrem Verhalten festlegen. Die Partner verstehen es nicht, einander Grenzen zu setzen, Widerstand zu leisten und einander zu eigenständigerem Verhalten herauszufordern, vielmehr neigt der Hilflose dazu, bei nachlassender Helfermotivation des Partners seine Hilflosigkeit zu verstärken, um damit die Hilfe zu erzwingen. Und umgekehrt: der Helfer versucht, den Hilflosen hilflos zu halten statt ihn herauszufordern. Jeder Ausbruchsversuch aus dem gewohnten Verhalten wird gleich wieder so konstelliert, daß er in das kollusive Muster zurückführt.

Im Kapitel über die Altersehe wurde auf S. 109 am Beispiel von Otto und Linda eine derartige Helferkollusion eingehend beschrieben. Otto und Linda klagten in fast täglichen Telefonaten ihrer Tochter über das gestörte gesundheitliche Befinden von Linda, welches Otto rund um die Uhr als Helfer notwendig machte. Wenn die Tochter ihn aufforderte, Linda mehr Widerstand entgegenzusetzen, so wußte Linda ein solches Unterfangen gleich mit Verstärkung ihrer Beschwerden zu durchkreuzen. Doch selbst wenn es einmal gelang, Otto allein auf Besuch einzuladen, etwa während einer Hospitalisierung von Linda zur Abklärung ihrer Beschwerden, so berichtete er seiner Tochter nichts anderes als weitere Variationen von Lindas Leiden. Schon nach wenigen Stunden wurde er von Unruhe ergriffen und eilte ins Spital, um nachzusehen, ob mit der Pflege von Linda alles in Ordnung sei. Sein ganzes Sinnen und Trachten schien nur noch auf Lindas Pflege gerichtet zu sein, so daß Linda es sich leisten konnte, bei ihrer Tochter zu klagen, wie sehr es ihr lästig falle, daß Otto ihr tagaus, tagein wie ein Hündchen nachlaufe. Sobald sie es sich gesundheitlich leisten könne, wolle sie einmal ohne ihn in die Ferien fahren. Aber leider konnte sie das ja ihrer Beschwerden wegen nicht tun.

Das Beispiel von Otto und Linda zeigt noch einige andere Aspekte der Kollusion: Die Kollusion als gestörte Beziehungsform trat erst im Alter, nach mehr als dreißigjähriger Ehe in Erscheinung. Natürlich finden sich die Wurzeln ihrer Kollusion in der Kindheit. Linda war nach dem frühen Tod ihrer Eltern in einem Waisenhaus aufgewachsen und hatte eine sehr frustrierende Kindheit gehabt. Otto war unehelicher Herkunft. Seine Mutter heiratete später, Otto wurde von seinem Stiefvater jedoch persönlich nicht akzeptiert und fühlte sich den Stiefgeschwistern gegenüber hintangesetzt. Otto und Linda konnten sich gegenseitig sehr wirksam über diese schweren Defizite ihrer Kindheit hinweghelfen. Für die Ausbildung ihrer Alterskollusion waren dann zusätzliche aktuelle Umstände notwendig. Sie hatten schon früher immer zurückgezogen gelebt und kaum Außenkontakte gepflegt.

Linda geriet nach Ottos Pensionierung in Angst, er könnte zu häufig zur Tochter fahren und sie alleine lassen. Mit der Ausbildung ihrer Beschwerden konnte sie Otto fest an sich binden. Die Helferkollusion hatte unter anderem die Funktion, das Paar gegen außen abzuschirmen und mit dem Thema Krankheit die Partner eng aneinanderzubinden. Der einzige Außenkontakt, den Otto sich ohne ständige Begleitung leisten konnte, waren die täglichen Besorgungen im Supermarkt, wo das Scherzen mit der Kassiererin ihm eine kleine Abwechslung bereitete.

Die wichtigste Funktion der Kollusion lag aber wohl im übermächtigen Thema, das sie anbot. Dieses Thema neutralisierte alle anderen möglichen Konfliktthemen. Wie gefährlich die Lockerung der Kollusion sein konnte, zeigte sich während Lindas Kuraufenthalt, wo sie sich plötzlich in die fast wahnhafte Eifersucht hineinsteigerte, Otto benütze ihre Abwesenheit, um den Kontakt mit einer Frau, mit der er vor über fünfzig Jahren einmal verlobt gewesen war, wiederaufzunehmen. Erst als das Krankheitsthema wieder in den Vordergrund rückte, legte sich ihre Eifersucht. Die Kollusion fixierte die Interaktion von Otto und Linda auf Rituale, die keinerlei persönliche Auseinandersetzung zuließen und ihre Beziehung auf eine feste Form fixierten. Die Kollusion bildete einen Schutz vor Auseinandersetzung und sicherte die enge Bezogenheit der Partner, aber sie forderte einen hohen Preis durch die Einschränkung der Lebensqualität.

Wie Otto und Linda zeigen, können sich Kollusionen auch erst nach jahrzehntelangem Zusammenleben bilden, sie können sich aber auch wieder auflösen, wenn die äußeren Umstände sich verändern. Als Otto gebrechlich und hinfällig geworden war und Linda nicht mehr befürchten mußte, von ihm verlassen zu werden, konnte sie ihrerseits ihr «Asthma» aufgeben.

Wie hätte bei Otto und Linda das Leben im Alter als Ko-evolution aussehen können? Ottos Besuche bei der Tochter hätten auch zu direkten Auseinandersetzungen zwischen Otto und Linda führen können. Linda hätte versuchen können, diese Besuche zu beschränken, Otto hätte seinerseits sich gegen derartige Einschränkungen wehren können. Das hätte von beiden Partnern den Mut zu offenen Konflikten gefordert. Es wäre zu Auseinandersetzungen über Anpassungsschwierigkeiten an die Umstellungen des Alters gekommen. Die Kollusion wird hier vor allem zur Konfliktvermeidung und zur Sicherung von enger Bezogenheit eingesetzt.

Kollusion ist also eine Störungsform der Ko-evolution und dient der Verhinderung von Entwicklungsschritten, die als zu gefährlich eingeschätzt werden.

Ko-evolution als gesunde Form des Zusammenlebens erfordert die gegenseitige Respektierung der Selbstbestimmung und Eigenverantwortlichkeit. Linda hätte Otto mitteilen können, wie sehr sie durch Ottos Besuche bei der Tochter beunruhigt sei. Otto hätte aber darauf bestehen müssen, über seine Besuche selbst zu entscheiden. Otto seinerseits hätte Linda zu mehr Eigenverantwortung bezüglich ihrer Beschwerden herausfordern müssen. In einer Kollusion determinieren sich die Partner in ihrer Persönlichkeit, das heißt, sie bestimmen einander und treten einander gewisse zentrale Funktionen (sogenannte Ich-Funktionen und Über-Ich-Funktionen) ab beziehungsweise übernehmen sie füreinander. Zu diesen Funktionen gehören eigenständiges Wahrnehmen, Verarbeiten, Bewerten, Entscheiden, Handeln, Verantworten, also alles Funktionen, die für die Selbstregulation einer autonomen Persönlichkeit nicht jemand anderem übertragen werden können, ohne daß destruktive Formen von Abhängigkeit und Verwischung der persönlichen Grenzen entstehen. Diffuse interpersonelle Grenzen sind von der Paar- und Familientherapie bei allen Formen von Störungen immer wieder festgestellt worden (als «enmeshment» von Salvador Minuchin; als «undifferenzierte Ich-Masse» von Murray Bowen oder als «Abgrenzungsprinzip» in meinem Buch «Die Zweierbeziehung», S. 16). Solche strukturellen Durchmischungen von zwei oder mehreren Personen liegen nahe, weil sie scheinbar ein höheres Maß an Nähe und Bezogenheit erzeugen. Doch je abhängiger zwei Partner voneinander sind, desto eher entsteht hintergründig ein Machtkampf, denn niemand will sich einem anderen ausliefern, wenn er ihn nicht gleichzeitig durch Manipulationen fest im Griff halten kann. Linda ist vordergründig gesehen von Otto abhängig, effektiv hat er in der Beziehung aber wenig zu bestimmen. Sie hat ihn weitgehend in der Hand. Vorübergehend kann es als hilfreich erlebt werden, wenn der Partner für einen entscheidet, die Verantwortung übernimmt oder handelt, längerfristig wird damit jedoch die Gleichwertigkeitsbalance gestört, mit all den destruktiven Nebenfolgen (siehe S. 241). Auch noch so edle Absichten, dem anderen ja nur helfen zu wollen, können keine Legitimation sein, ihn bestimmen oder formen zu wollen oder gar besser zu wissen, was für ihn gut sei, wie er im Grunde genommen beschaffen wäre und wie er denken und fühlen solle. Dasjenige, das sich vom anderen strukturieren läßt, verliert das Vertrauen in seine Selbstregulationsfähigkeit und gibt damit dem anderen Anlaß zu unablässiger Kritik und Entwertung, verbunden mit der nichterfüllbaren Aufforderung, nun endlich selbständiger zu werden.

Die Beanspruchung der Eigenverantwortlichkeit grenzt die Partner stärker voneinander ab, respektiert, daß jeder sich selbst reguliert und deshalb nicht nur mit dem Partner, sondern mit seinem persönlichen Konstruktsystem und mit seinem gesellschaftlichen Umfeld in Austausch steht (siehe Abbildung). Sie verzichtet auf die übergroße Nähe und auf die zirkuläre Determination allen Fühlens, Denkens, Wollens und Handelns, wo Anna sagen kann: «Ich bin nur so, weil du so bist» und Bruno nur so sein will, weil Anna so ist. Erst wenn jedes sich und den Partner als ein sich selbst regulierendes Wesen respektiert, können ernsthafte Auseinandersetzungen stattfinden, wo alles, was man dem Partner gegenüber äußert, von diesem in eigener Regie verarbeitet und beantwortet wird. Nur so kann man in der Beantwortung des Partners sich ernst genommen und verstanden fühlen. Das heißt aber auch, daß man das Verhalten, Denken und Fühlen des Partners nicht bestimmen kann.

Kollusion als zirkuläre persönliche Determination

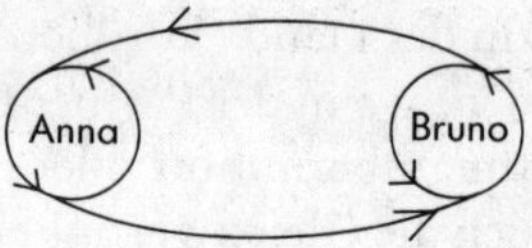

Ko-evolution als Prozeß von gegenseitigem Einwirken und Beantworten

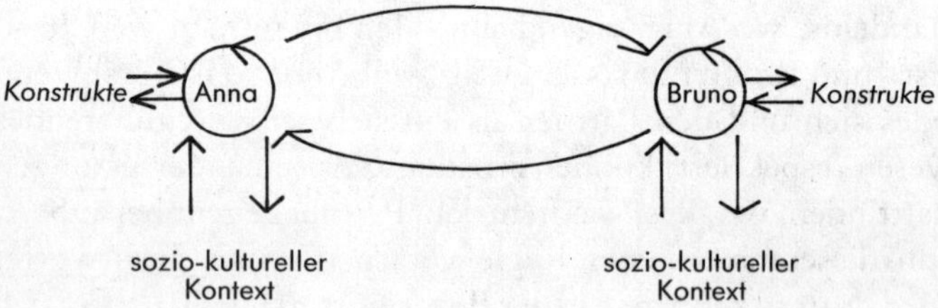

Anna und Bruno

Zu Beginn ihrer Beziehung standen Anna und Bruno zueinander in einer Beziehung von Ko-evolution. Sie diskutierten zwar intensiv miteinander über alle sozialen und kulturellen Fragen und stritten sich oft heftig über die Art und Weise, wie sie ihre eigene Welt konstruieren und schaffen wollten. Bruno war in mancher Hinsicht konservativer als Anna. Oftmals blieben sie verschiedener Meinung, sie respektierten sich aber in ihrer Verschiedenheit und verstanden es, in praktischen Dingen gemeinsame Lösungen zu finden, denen beide, ohne sich Gewalt anzutun, zustimmen konnten. Das war etwa so in der Frage der Familiengründung. Anna war nur bereit, dem Kinderkriegen zuzustimmen, wenn sie die Berufsarbeit zumindest teilzeitig weiterführen konnte. Bruno hätte an sich gerne Anna ganz für sich gehabt, er sah jedoch, wie wichtig die Berufstätigkeit für Anna war.

In der schweren Krise des dyadischen Emanzipationsprozesses sind Anna und Bruno einer sogenannten symmetrischen Kollusion verfallen. Bruno fühlt sich von Anna zum tyrannischen Patriarchen gemacht. Mit Befremden und Ekel stellt er fest, daß er sich oft in einer Art und Weise benimmt, die ihm selbst zuwider ist. Er kann nicht davon ablassen, Anna laufend zu entwerten mit Bemerkungen, daß nur selbstunsichere Frauen es nötig haben, sich mit dem Feminismus zu identifizieren, daß er Ekel bekomme, wenn er diesen Klub der schwulen Hexen sehe. Eine Zeitlang verweigerte er ihr aus Trotz den Sexualverkehr und zwang sie, sich vermehrt um die Kinder zu kümmern, indem er sich von diesen ganz zurückzog. Damit provozierte er Anna dazu, sich Bruno gegenüber mit eigenen Provokationen zu behaupten. Bruno konnte keinen Satz mehr äußern, dem Anna nicht widersprochen hätte. Sie ließ keine Gelegenheit aus, ihn im Kreise seiner Freunde zu entwerten. Beide konnten einander sagen: «Ich verhalte mich nur so provokativ, weil du mich provozierst» oder: «Ich will mich dir gegenüber nur so rigoros behaupten, weil du mich unterkriegen willst». In ihrem gegenseitigen Verhalten sind Bruno und Anna keinem Zuspruch von Freunden mehr zugänglich. Sie können ihr eigenes Verhalten nicht mehr selbst bestimmen, sie können den Partner nicht loslassen, sondern sind im Clinch miteinander verklammert. Erst mit Hilfe der Therapeutin gelang es ihnen, sich der Kollusion zu entwinden (siehe Seite 332).

Die chilenischen Biologen Humberto Maturana und Francisco Varela (1987) haben beschrieben, wie die Fähigkeit zur Selbstregulation für das Überleben jedes Lebewesens Voraussetzung ist. Sie bezeichnen diese Fähigkeit als *Autopoiese* («Selbstschaffung», Selbstorganisation). Zwei Lebewesen, die miteinander in Interaktion stehen, können sich gegenseitig anregen (perturbieren), wobei aber jedes Lebewesen seine Organisation bewahren muß. Verliert der eine Organismus in der Interaktion mit dem anderen seine Selbstorganisation, so wird er aufgelöst und zerstört. Die Organismen stehen zueinander in Koontogenese (Maturana und Varela 1987, S. 196). Es entspricht also offenbar einem allgemeinen Lebensgesetz, daß Ko-evolution zwischen Lebewesen – sowohl im psychologischen wie im biologischen Bereich – nur möglich ist unter Respektierung der eigenen Organisation und Selbstregulation.

6.3. Dasselbe Ereignis ist für zwei Partner nicht das gleiche

Zwei Partner bewohnen zwar dieselbe innere und äußere Behausung, die sie miteinander geschaffen haben, und doch ist diese Behausung für sie nicht die gleiche. Dieselbe Wohnung, dieselbe Küche, dasselbe Kind, dasselbe Auto werden von Frau und Mann, von Anna und Bruno unterschiedlich erlebt und wahrgenommen. In groben Zügen werden sie ihre Behausung zwar gleich wahrnehmen, nicht aber in Nuancen und Details, insbesondere auch nicht in der Bedeutung, welche verschiedene Aspekte der Behausung für sie haben. Aus diesen Unterschieden kann sich eine Fülle von Mißverständnissen zwischen den Partnern ergeben. Die Partner sind sich nämlich der Verschiedenheit ihrer Wahrnehmung und Bedeutungszumessung oft nicht bewußt, weil sie gar nicht mit der Möglichkeit rechnen, daß man ein und dasselbe Ereignis anders als sie selbst erfahren könnte. Sie gehen meist fraglos davon aus, daß ihre Sichtweise die einzige und also die wahre und richtige ist.

Viele gravierende Mißverständnisse zwischen Partnern entstehen aus dieser Diskrepanz der Partner im Konstruieren ihrer Welt. Dieses Problem haben wir aus therapeutischer Sicht speziell bearbeitet. In einer Arbeitsgruppe, deren Mitglieder auch an der Ausarbeitung des vorliegenden Buches mitgewirkt haben (siehe Willi, Limacher, Frei, Brassel 1991), haben wir für die Paartherapie eine Methode entwickelt, die wir *Konstruktdifferenzierung* nennen. Sie hat sich therapeutisch als sehr wirksam erwiesen.

In den Therapiesitzungen werden die Partner aufgefordert, über irgendein Ereignis der letzten Tage, in welches sie beide emotional verwickelt waren, zu berichten. Der Therapeut konzentriert sich zunächst ganz auf die Tatbestandserhebung, indem er genau nachfragt, wie der äußere Handlungsablauf war. Erst wenn beide Partner der Tatsachendarstellung zugestimmt haben, wird zur eigentlichen Konstruktdifferenzierung übergegangen. Nun befragt der Therapeut jeden der Partner einzeln während etwa 20 Minuten, was bei ihm innerlich während dieses Ereignisses abgelaufen ist. Dem äußeren Handlungsverlauf wird Schritt für Schritt noch einmal nachgegangen. Was waren die handlungswirksamen Vorstellungen, was waren die innerlich aktivierten Leitsätze und Bilder? Es soll möglichst tiefdringend und doch umfassend herausgearbeitet werden, wie er dieses Ereignis innerlich konstruiert hat. Während dieser Einzelexploration hört der andere Partner zu, ohne in das Gespräch einzugreifen. Nach rund 20 Minuten kommt er dann ebenso dran, und der erste Partner hört zu.

Diese Konstruktdifferenzierung öffnet uns die Augen für einige interessante Aspekte. Es überraschte uns und die

Klienten, in welchem Ausmaß Partner selbst nach jahrzehntelangem Zusammenleben nicht wissen, was der andere in gemeinsam erlebten Ereignissen erfährt. Die Klienten empfinden es als sehr wohltuend, ihre Sichtweise in Anwesenheit des Partners mal so eingehend darstellen zu dürfen, ohne von ihm laufend unterbrochen zu werden und ohne sich ihm gegenüber rechtfertigen und verteidigen zu müssen. Es ist für sie wichtig zu spüren, daß der Partner ihnen einmal wirklich zuhört. Aber auch für die Zuhörenden ist es oftmals erschütternd, festzustellen, wie wenig sie über ihren Partner wußten. Bisher waren sie meist gekränkt, wenn der Partner in seiner Meinung von ihnen abwich. Sie glaubten, er wolle sie gar nicht verstehen, er liebe sie nicht oder wolle einfach widersprechen. Sie dachten aber kaum an die Möglichkeit, daß der andere aufgrund des unterschiedlichen Erfahrungshintergrundes seine Welt einfach anders konstruiert. Der Effekt der Konstruktdifferenzierung war regelmäßig, daß die Partner sich in ihrer Verschiedenheit besser wahrzunehmen und zu akzeptieren lernten, mit der für sie paradoxen Erfahrung, daß sie sich durch klarere Unterscheidung innerlich näherkommen. Die Partner erfahren dabei, daß Liebe nicht in dem Bestreben liegen kann, das eigene Konstruktsystem dem Partner zuliebe aufzugeben, sondern in dem Bemühen, den Partner in seiner Andersartigkeit zu verstehen. Der Gewinn des Verschiedenseins liegt in der Bereicherung des eigenen Konstruktsystems durch die Sichtweise des Partner. Mit der Erweiterung der eigenen Möglichkeiten, die Konstrukte des Partners mitzukonstruieren, wird die Basis des gegenseitigen Verständnisses verbreitert, ohne daß die Konstrukte der Partner sich deswegen angleichen müßten.

Anna und Bruno

Die Konstruktdifferenzierung brachte auch in die Krise von Anna und Bruno eine Wende. Nachdem Anna sich mit Unterstützung durch die Frauengruppe immer mehr von Bruno abgegrenzt hatte und in Brunos Augen nur noch egoistisch auf ihre eigenen Vorteile bedacht war, meldeten sie sich bei einer Paartherapeutin, um den letzten Versuch zur Verbesserung ihrer Beziehung zu unternehmen, nach dessen Scheitern sie definitiv auseinandergehen wollten.

Anna wurde mit Bruno immer unzufriedener, weil er in der Freizeit neuerdings fast ausschließlich vor dem Fernseher saß und im Übermaß Alkohol konsumierte. Sie hatte an allem, was Bruno tat, etwas auszusetzen, und schließlich begann sie sich ihm auch im Sexuellen zu verweigern. In der Therapie sagte sie, sie wisse nicht, ob sie ihn je wieder lieben könne. Bruno hatte das Zerwürfnis zuerst bagatellisiert, dann hatte er versucht, Anna mit Zynismus fertigzumachen; jetzt aber wirkte er verunsichert, verzweifelt und kleinlaut, daneben auch wieder trotzig und hintergründig bedrohlich.

In einer therapeutischen Sitzung führte die Therapeutin eine «Konstruktdifferenzierung» durch. Der äußere Vorfall, den sie besprachen, hatte sich am Abend vor der Sitzung ereignet. Anna war schon im Bett, sie lag bei der sommerlichen Wärme nackt auf der Decke und las. Bruno kam hinzu, legte sich, ohne zu sprechen, zu ihr und begann, ihr die Hüften und den Rücken zu streicheln. Da sie ihn nicht abwies, machte er sich daran, zu ihren erogenen Zonen vorzudringen. Anna sagte, er solle aufhören, ließ ihn aber gewähren und las weiter in ihrem Buch. Sie wurde sexuell erregt, und er brachte sie zum Orgasmus. Als er dann selbst in sie eindringen wollte, sagte sie, er solle aufpassen, sie habe ihre «gefährliche Zeit» und wolle nicht schwanger werden. Er vollzog einen Coitus interruptus. Daraufhin drehte sie ihm den Rücken zu und schlief gleich ein. Er blieb frustriert noch längere Zeit wach.

Aus Annas Sicht hatte sich bei diesem Ereignis folgendes zugetragen: Sie hatte keine sexuellen Handlungen gewollt. Als er sie jedoch zu streicheln begann, wurde sie sexuell erregt und wußte nun selbst nicht mehr, was sie eigentlich wollte. Nachdem er sie zum Orgasmus gebracht hatte, war sie jedoch wütend, da sie dachte, jetzt sei es ihm gegen ihren Willen wieder gelungen, sie zum Sexualobjekt zu machen und in Besitz zu nehmen. Sie fühlte sich von ihm als Person einfach nicht wahrgenommen und respektiert. Obwohl sie ihn gebeten hatte, davon abzulassen, hatte er sie wieder dazu gebracht mitzumachen.

Aus Brunos Sicht nahm sich die Situation fast gegenteilig aus: Da er trotz ihrer Worte spürte, daß ihr das Streicheln nicht unangenehm war, und da sie sich zunehmend erregt zeigte, glaubte er, daß sie eigentlich doch etwas von ihm erwartete. Er war aber hin und her gerissen zwischen dem Wunsch, wieder einmal mit ihr zu schlafen, und der Angst, von ihr zurückgewiesen und verletzt zu werden. An sich sei es ihm nicht so sehr um den Sex gegangen, sondern um den Wunsch, in ihren Armen einzuschlafen. Er vermisse von ihrer Seite die Zärtlichkeit. Wenn er morgens weggehe und abends zurückkehre, gebe sie ihm jeweils einen gleichgültigen Kuß, sonst käme von ihr überhaupt keine Liebesbezeugung. Daß er sie dann zum Orgasmus bringen konnte, vermittelte ihm Hoffnung und Selbstbestätigung. Er dachte: «Vielleicht liebt sie mich doch noch.» Als sie ihm dann aber sagte, er solle wegen ihrer kritischen Tage aufpassen, dachte er: «Sie will offenbar nicht, daß ich in ihr zum Orgasmus komme. Sie hat ihren Orgasmus gehabt, was mit mir passiert, ist ihr egal. Ein bißchen darfst du, aber du darfst nicht ganz.» Das habe sie ihm bedeutet. Verhütungsmittel habe Anna immer abgelehnt. So habe er wieder einmal doppelt frustriert neben ihr gelegen. Jedes hatte also gute Gründe, im andern den rücksichtslosen Egoisten zu sehen.

Diese Sitzung hatte Nachwirkungen. In den Wochen danach war das Klima sehr entspannt, insbesondere Anna konnte in viel konstruktiverer Weise über ihre Beziehung zu Bruno sprechen. Sie unternahm konkrete Schritte, um eine berufliche Ausbildung nachzuholen und ihre bisherigen Pläne zu realisieren. Nach einigen Wochen kam es jedoch zu einem Rückfall mit schwerem Machtkampf. Beide Seiten waren unfähig, auf das, was die jeweils andere sagte, einzugehen, jede kämpfte nur darum, recht zu behalten und oben zu bleiben, was beiden nur erreichbar erschien durch laufende Entwertung des jeweils anderen. Dann entschloß sich Anna definitiv zur Trennung. Weitere drei Wochen später kam das Paar zur Sitzung in einer völlig veränderten Verfassung. Sie hatten konkrete Maßnahmen zur Trennung ergriffen. Bruno hatte sich eine Wohngelegenheit bei einem Freund organisiert. Er, der in der letzten Zeit finster und gespannt gewesen war, zeigte sich erstaunlicherweise fröhlich, witzig, unternehmungslustig und wirkte wesentlich attraktiver und selbstbewußter. Er hatte an Gewicht abgenommen, trank keinen Alkohol mehr und äußerte die Absicht, sich in einer Gruppe von geschiedenen Männern mit der eigenen Emanzipation auseinanderzusetzen. Anna wirkte wesentlich liebenswürdiger, weicher und weniger entwertend. Sie äußerte Bewunderung über die Art, wie er ihren Trennungswunsch verarbeitete. Bruno zog dann zu seinem Freund. Die Entspannung hielt an. Wenn sie zusammen waren, hatten sie jetzt sehr gute sexuelle Erlebnisse miteinander, zu denen Anna richtig Lust hatte. Sie gab an, sich von ihm wieder stark angezogen zu fühlen. Sie spürte nicht mehr wie früher den Druck seiner Besitzansprüche. Gemäß therapeutischer Abmachung hielten sie die Trennung drei Monate durch und wohnten danach wieder zusammen.

Die Konstruktdifferenzierung hatte geholfen, einen außer Kontrolle geratenen dyadischen Emanzipationsprozeß in eine konstruktive Auseinandersetzung zwischen Anna und Bruno überzuführen. Anna und Bruno hatten sich in eine symmetrische Kollusion verstrickt, wo jedes aus Angst, niedergezwungen zu werden, das andere niederzuzwingen versuchte. Eine reflektierende Auseinandersetzung wäre den Partnern aus eigener Kraft nicht möglich gewesen, da jede Bereitschaft, auf den anderen zu hören, bereits als Zugeständnis und Nachgiebigkeit interpretiert worden wäre. Die Konstruktdifferenzierung, die in späteren Sitzungen bezüglich anderer Themen wiederholt wurde, verhalf den Partnern dazu, sowohl den eigenen Gesichtspunkt als auch jenen des Partners klarer zu sehen und besser zu verstehen. Aber erst die Entscheidung, sich definitiv zu trennen, bewirkte auf beiden Seiten ein Loslassen und Zurückgeworfenwerden auf sich selbst. Jetzt war es Bruno möglich, sich mit der Problematik der eigenen Emanzipation auseinanderzusetzen, Anna vermochte ihm dafür liebevolle Unterstützung zu zeigen.

Es folgen zwei Beispiele von Konstruktdifferenzierung in Paartherapie aus unserer Forschungsgruppe:

Denise und Michael: Zugrunde gelegt ist folgendes Ereignis: Das junge Paar trägt sich mit dem Gedanken, daß Denise zu Michael in eine andere Stadt zieht und daß dann irgendwann geheiratet wird. Beide sind voll berufstätig, Michael hat bereits eine neue Wohnung bezogen, der Umzug von Denise ist in drei Monaten geplant. Sie ist dabei, sich am neuen Ort eine Stelle – jetzt nur noch halbtags – zu suchen. Für das Wochenende trifft Denise am Freitag nachmittag im Bahnhof ein und will zuerst mit Michael im Supermarkt einkaufen, um dann in seine Wohnung zu fahren. Im Laden trifft sie die Wahl der zu kaufenden Artikel und legt sie in den Einkaufswagen, der von Michael hinter ihr hergeschoben wird. Denise ist ziemlich gespannt und hektisch. An der Kasse reicht sie Michael die Artikel, welche dieser auf das Laufband legen soll. Zuletzt kommt ein Joghurt, den er jedoch nicht recht zu fassen bekommt und auf den Boden fallen läßt, wo er zerklatscht. Aufgebracht herrscht Denise ihn an, ob er denn nicht einmal einen Joghurt richtig in die Hand nehmen könne. Michael kann sich noch knapp beherrschen, doch kaum sind sie draußen, explodiert er. Das Wochenende ist wieder einmal im Eimer.

Von Denise aus gesehen hatte sich folgendes zugetragen: Michael demonstrierte ihr während des ganzen Einkaufens mit seinem Gähnen und seiner geistigen Abwesenheit, daß ihn das Einkaufen mit ihr tödlich langweile. Damit traf er genau in ihre wunde Stelle. Sie war beunruhigt darüber, nun zu ihm zu ziehen und nur noch halbtags zu arbeiten. Würde das wohl heißen, daß sie fortan die ganze Verantwortung für den Haushalt zu übernehmen hätte und er sich überhaupt nicht darum zu kümmern habe? Statt dankbar für ihre Initiative zu sein, schien er sie noch zu verachten. Sie war schon über dreißig Jahre alt und wünschte sich dringend ein Kind. Er aber hatte keine Eile und würde lieber noch ein paar Jahre warten. Sie fühlte sich von ihm auch in dieser Hinsicht nicht unterstützt und hatte den Eindruck, die Verantwortung für die Familiengründung allein übernehmen zu müssen.

Für Michael hatte dieser Einkauf eine völlig andere Bedeutung. Auch er war beunruhigt von der Vorstellung, daß sie nun bald zu ihm ziehen werde und damit sein freies Schalten und

Walten ein Ende habe. Als sie den Supermarkt betraten, nervte ihn die hektische Art, wie Denise gleich die Initiative an sich zog und sich aufspielte, als ob es sich um eine Aufgabe handle, die hohe Kompetenz erfordere. Er hatte schließlich jahrelang seinen Haushalt selbst geführt und verstand sich aufs Einkaufen. Er fand ihre Erwartung, sie für ihr Einkaufen bewundern zu müssen, einfach lächerlich. Die Art, wie sie ihn den Einkaufswagen hinter ihr herschieben ließ, gab ihm den Eindruck, sich von ihr als Trottel herumkommandieren lassen zu müssen. Ihre Hektik hatte einen lähmenden Effekt auf ihn – aus ihrer Sicht war sie so hektisch, weil er so gelangweilt dreinblickte. Als er dann die Artikel auf das Band zu legen hatte, fühlte er sich von ihr noch einmal geschulmeistert, und als ihm dann der Joghurt aus der Hand rutschte und sie ihn noch vor allen Leuten wie ein Kind maßregelte, lief das Faß über.

Während das Einkaufsereignis für die Frau das Konstrukt aktivierte: «Er schiebt mir die ganze Verantwortung für den Haushalt und die Familie zu», aktivierte es im Mann ein ihm von früher her bekanntes Konstrukt: «Ich lasse mich von meiner Mutter oder Frau nicht als doofer Junge herumkommandieren.» Für beide stand das Ereignis im Kontext des bevorstehenden Zusammenziehens. Dieser Kontext aktivierte in ihnen bereits vorbereitete Konstrukte.

Erna und Daniel: Ausgangspunkt war folgendes Ereignis: Abgemacht war eine Sonntagswanderung, doch als Daniel mit Erna aufbrechen wollte, fühlte sie sich überfordert. Es sei ihr zuviel, jetzt auf eine Wanderung zu gehen und am Abend zu Hause noch Gäste bewirten zu müssen. Sie wollte lieber einen ruhigen Sonntag verbringen und Zeit haben, um sich innerlich auf die Gäste einzustellen. Daniel war enttäuscht, hatte Erna doch am Vorabend eindeutig zugestimmt, heute eine Wanderung zu unternehmen. Er versuchte dann aber, der Situation etwas Positives abzugewinnen mit dem Hinweis, er könne sich ja auch zu Hause etwas Bewegung verschaffen, indem er die Böden putze. Daraufhin begann Erna wütend zu weinen. Daniel war fassungslos.

Aus Daniels Sicht war die Reaktion seiner Frau völlig uneinfühlbar. Sie war eine psychisch labile Person, die wegen Depressionen schon mehrmals in psychiatrischen Kliniken behandelt worden war. Er hatte immer voll zu ihr gestanden und sie fast täglich in der Klinik besucht, obwohl der Weg dahin beinahe eine Stunde betrug. Es war ihm kein Aufwand zu groß, um Erna zu helfen. Erna hatte ihm dafür jedoch wenig Anerkennung gezeigt, was ihn frustierte. Dagegen fanden seine Schwiegereltern viele lobende Worte für seinen Einsatz. Es war ihm sehr wichtig, als braver Junge gelobt zu werden.

Erna war zu Beginn der Partnerschaft froh über seine Hilfe. Da sie sich psychisch nicht im Gleichgewicht befand, hatte sie Mühe, sich mit ihren Störungen einem Partner zuzumuten. Es dauerte lange, bis sie ihm zutraute, diesen Belastungen gewachsen zu sein. Dennoch verschlimmerte sich ihr psychisches Befinden in der Ehe, so daß wiederholte Hospitalisierungen notwendig waren. Erna verstand ihre Reaktionen selbst nicht recht. Sie stellte fest, daß sie auf seine Hilfe oft gereizt reagierte und darüber wiederum Schuldgefühle empfand. Im Rahmen der Konstruktdifferenzierung wurde ihr klarer, daß sie Daniels Hilfe als einen Eingriff in ihre Person empfand. Es war ihr, als ob er ihr die Selbststeuerung wegnähme. Daniels Angebot, am Sonntag die Böden zu putzen, war für sie ein Übergriff in ihren Aufgabenbereich. Sein scheinbar hilfreiches Angebot empfand sie als einen Vorwurf wegen ihres eigenen Versagens. Sie fühlte sich von Daniel entwertet und in Schuld gesetzt. Dagegen mußte sie sich zur Wehr setzen. Es wäre ihr völlig unmöglich gewesen, ihm noch Dankbarkeit zu bezeugen. Sie hätte befürchtet, ihn damit nur noch zu weiteren Übergriffen zu stimulieren.

Früher fühlte sich die Frau durch die Zuwendung des Mannes aufgewertet, und er sah in ihrer Betreuung eine Aufgabe, die ihm Dankbarkeit sicherte. Jetzt empfand sie die Hilfe des Mannes als ein zerstörerisches In-Besitz-Nehmen ihrer persönlichen Sphäre, wogegen er für seine flotte Einstellung besonderes Lob erwartete.

Diese Beispiele zeigen, wie ein und dasselbe Ereignis von den Beteiligten sehr unterschiedlich wahrgenommen und interpretiert werden kann. Je unterschiedlicher die persönlichen Konstruktsysteme der Partner, desto größer ist die Gefahr gravierender Mißverständnisse. Das zeigt sich besonders bei Ehen von Angehörigen aus verschiedenen Kulturkreisen, also etwa in Ehen zwischen Christen und Muslimen oder zwischen Westeuropäern und Japanern. Hier wäre es besonders wichtig zu versuchen, in gegenseitigem Respekt die soziokulturell begründete Unterschiedlichkeit der persönlichen Konstruktsysteme zu klären. R. Maderthaner und L. Reiter (1989) weisen unter Bezugnahme auf eine empirische Studie von E. Kirchler 1988 darauf hin, daß es für die Zufriedenheit mit dem Zusammenleben wichtig ist, über die Bedürfnissituation des anderen Bescheid zu wissen, auch wenn man nur in beschränktem Maße seine Wünsche erfüllen kann. Den Wünschen des anderen stehen oft eigene Wünsche entgegen. Erst aus der Wechselseitigkeit des Verstehens und Einfühlens kann ein tragfähiger Kompromiß entstehen. Trotzdem läßt sich in der therapeutischen Praxis beobachten, daß das Verständnis für den Partner oft verweigert wird, weil man befürchtet, damit bereits nachgegeben zu haben.

6.4. Das Sich-fremd-Bleiben in der Liebe als laufender Stimulus, einander zu suchen und sich gegenseitig zu erklären

Ich möchte das Buch schließen mit einem Kapitel darüber, wie Partner sich gegenseitig erkennen beziehungsweise wie sie einander verkennen und wie diese Verkennung Auseinandersetzungen auslöst, in denen die Partner sich wechselseitig zu erklären suchen und dabei sich selbst erkennen lernen.

Man kann sich fragen: «Wozu die ganze Verständigungsarbeit, wenn man die Wahrheit über den Partner doch nicht erkennen kann?» Gemäß dem Radikalen Konstruktivismus (von Glasersfeld 1984) kann der Mensch nicht die Wahrheit über das Wesen der Welt wissen, sondern lediglich Hypothesen bilden, die so lange stimmen, wie sie passen. Sie müssen ergänzt oder ersetzt werden, wenn sich neue Blickwinkel ergeben und die wahrgenommenen Elemente in neuen Zusammenhängen zu ordnen sind. Je offener eine Person in ihren Wahrnehmungen ist, desto besser nimmt sie sich selbst wahr als dauernd auf der Suche, dauernd in Veränderung, dauernd fragend und nie beruhigt durch gesichertes Wissen. Aus der Unsicherheit über die Gültigkeit der eigenen Erfahrungen und Interpretationen versuchen Menschen laufend, diese zu überprüfen und zu bestätigen.

In persönlichen Angelegenheiten ist das Suchen und Ringen um Hypothesen über sich und die Welt nirgends so intensiv wie in den alltäglichen Auseinandersetzungen mit dem Partner. Zwei junge Erwachsene treten mit den in ihren Herkunftsfamilien gebildeten Konstruktsystemen in die Beziehung ein und konstruieren sich den Partner zunächst so, daß er mit diesem kompatibel ist. Oft merkt der Partner erst allmählich, daß dieses Bild so nicht zu ihm paßt, und wird herausgefordert, sich zu definieren, um das Bild und die damit zusammenhängenden Konstrukte zu korrigieren.

Anna und Bruno

Das zeigt sich am Beispiel von Anna und Bruno. Je umfassender Bruno seine Frau in ein Bild fassen wollte, welches mit seinen früheren Beziehungserfahrungen im Einklang stand, desto stärker kam Anna auf den Punkt, wo sie sich ganz entschieden gegen seine Konstruktion zur Wehr setzte und sein Verhalten ihr gegenüber ablehnte. So hatte Bruno etwa die schlechte Gewohnheit, bei Anna immer nach sozialen Kontakthemmungen zu schnüffeln, um sich ihr gegenüber als überlegener Lehrmeister profilieren zu können, eine Art, durch die Anna klein und schwach gehalten wurde. Zunächst fand sie es noch angenehm, sich von Bruno überall mitnehmen zu lassen, mit der Zeit fühlte sie sich dadurch jedoch zum bloßen Anhängsel gemacht. Der entschiedene Widerstand von Anna verhalf Bruno dazu, sich seiner Tendenz, Frauen mit Charme kleinzumachen, bewußt zu werden. Er verstand es meisterhaft, Frauen im Erzählen köstlicher Anekdoten subtil zu entwerten. Da er die Lacher immer auf seiner Seite hatte, wagte es keine Frau, ihm die Stirn zu bieten. Es war ihm aber auch schwer beizukommen, weil er sich in Gesellschaft sehr fortschrittlich und emanzipiert gab und damit seine konservativ-patriarchalische Grundhaltung versteckt hielt. Durch Anna wurde ihm klar, wie in seinen Witzeleien Ängste vor starken Frauen mitschwangen.

Anna nahm Bruno aber auch in vielen anderen Einstellungen und Lebensgewohnheiten aufs Korn. Von seiner Herkunft her war er ein strenger Katholik, aber nicht aus Überzeugung, sondern eher aus Angst, wenn er aus dem starken sozialen Konstruktsystem seiner Konfession heraustrete, einer Fülle von Unwägbarkeiten des Lebens ausgesetzt zu sein. Zunächst versuchte er, Anna in sein Glaubensgebäude hineinzuzwingen, weil er dachte, sie hätten dann bei eventuellen Zwistigkeiten ein festes Bezugssystem, welches für Fragen des Sexuallebens, der Familiengründung, außerehelicher Beziehungen oder möglicher Scheidungsabsichten Richtlinien und Versöhnungsrituale bereitstelle. Anna war demgegenüber der Meinung, sie spüre selbst, was für sie richtig sei, und bedürfe dazu nicht einer konfessionellen Autorität. Sie stellte bei Bruno eine gewisse Trägheit und kindliche Unselbständigkeit fest, indem er sich vor dem Leben als Risiko zu drücken versuchte. Ähnliches galt für sein politisches Engagement. Bruno hielt Anna lange Vorträge über Ökologie. Anna war auch für den Umweltschutz und fühlte sich zunächst von Brunos politischen Überzeugungen beeindruckt. Doch mit der Zeit nervte er sie mit seinen Theorien. Statt einer naturverbundenen Lebensfreude diente ihrer Meinung nach die grüne Ideologie Bruno lediglich als Vorwand, um für mehr gesellschaftliche Strukturen und Beschränkungen einzutreten.

Bruno und Anna setzten sich über alle diese Fragen heftig auseinander. Manches hatte Bruno von Anna akzeptiert und sieht es heute anders als früher. In mancher Hinsicht blieben aber ihre Ansichten verschieden. Bruno findet das schmerzlich.

Dennoch muß er zugeben, daß die heftigen Streitigkeiten mit Anna ihm zur Klärung und Profilierung seiner eigenen Ansichten verholfen haben. Die politischen Auseinandersetzungen mit Anna haben für ihn einen ganz anderen Chrakter als jene mit seinen Kollegen der Grünen Partei. Dort wird eher auf ideologischer oder realpolitischer Ebene diskutiert, mit Anna aber wird es immer so persönlich. Sie läßt ihm da überhaupt keinen Schlupfwinkel. Vor allem seit der Heirat ist Anna viel konsequenter mit ihm geworden. Seine früheren Freundinnen ließen ihm mehr Freiraum im Ausweichen und Verdecken und akzeptierten sein wortgewaltiges Imponiergehabe. Diese waren natürlich auch nicht so betroffen von seinen Ansichten. Obwohl Bruno Annas scharfe Kritik fürchtet, fühlt er sich dadurch auch herausgefordert.

Zwei Partner können einander nie so erkennen, wie sie wirklich sind, sie können voneinander lediglich Hypothesen bilden, die so lange gültig sind, wie sie zu ihren Wahrnehmungen passen. Wenn Bruno sich zunächst von Anna das Bild einer Frau machte, welche in Gesellschaft des männlichen Schutzes bedarf, so konnte er das anhand von vielen Erlebnissen und Erfahrungen mit ihr belegen. Er hätte auch darauf verweisen können, daß andere Menschen Anna ebenso wie er beurteilen. Was Bruno an Anna wahrnahm, hing jedoch von seinen Fragestellungen ab, von seiner Art, Frauen zu sehen und die Wahrnehmungen zu interpretieren. Er konnte an Anna nur finden, was er suchte. Anna empfand sich selbst aber nicht als hilflos, sie genoß es lediglich, sich anlehnen zu können und sich helfen zu lassen. Sie fühlte sich jedoch nicht auf Brunos Hilfe angewiesen, sondern war im Grunde eine selbständige Frau. Später lernte Bruno, seine Sicht von ihr zu erweitern und das gleiche anders zu sehen. Was er wahrgenommen hatte, mußte nicht falsch sein, es war aber eingeengt auf ein Bild sozialer Unsicherheit, durch das Anna sich nicht verstanden fühlte. Bruno mußte lernen, Anna so zu sehen, daß er besser mit ihr umgehen konnte. In der Auseinandersetzung mit ihr gewann seine Sicht von ihr an Differenzierung. Zunächst konnte er sie nur als eine Frau sehen, die ähnlich ist wie ihm bereits bekannte Frauen, nämlich wie seine ältere Schwester und seine Mutter. Er konnte nur Brunos Anna sehen. In der Art, wie er Anna erkannte, gab er sich selbst zu erkennen. Seine Sicht von Anna ist seine Arbeitshypothese, die für die Beziehung so lange gültig war, wie sie einigermaßen paßte. Erst durch ihren anhaltenden und entschiedenen Widerstand begann er, sein Bild von ihr zu korrigieren.

Ein weiterer für das gegenseitige Sicherkennen wichtiger Hinweis liegt in der Feststellung (Maturana und Varela 1987), daß kein lebendes Objekt mit dessen Wissen beobachtet werden kann, ohne daß es durch die Art und Weise der Beobachtung verändert würde. Ein Mensch kann unter natürlichen Lebensbedingungen nie so gesehen werden, wie er an sich ist, weil ein und derselbe Mensch sich je nach der Umwelt unterschiedlich verhält und weil für den Beobachteten der Beobachter selbst Umwelt ist. Das trifft in besonderer Weise auf Partnerbeziehungen zu. Es ist zunächst das natürliche Bestreben eines jeden Partners, vom anderen positiv gesehen und eingeschätzt werden zu wollen. Man wird bereit sein, gewisse Verhaltensweisen und Einstellungen zu ändern, wenn diese beim Liebespartner besondere Freude und Anerkennung auslösen, und man wird gewisse Einstellungen und Verhaltensweisen meiden, wenn damit die Beziehung gefährdet wird oder negative Reaktionen des Partners zu befürchten sind.

Anna war nicht passiv den Beobachtungen Brunos ausgesetzt. Wenn er sie als sozial unsicher wahrgenommen und bestätigt hatte, so bestand für sie zunächst die Tendenz, diesem Bild zu entsprechen, da sie seine Bereitschaft, sie unter seine Fittiche zu nehmen, positiv beurteilte. Im Laufe der Jahre mußte sie sich mehr und mehr mit der Frage auseinandersetzen, ob sie wirklich so ist, wie er sie sieht, ob sie so fühlt und empfindet, wie er es ihr zuschreibt, und ob sie eventuell eigene Gefühle verleugnet, um sein Bild zu bestätigen. Das Bild, das Bruno sich von ihr machte, veranlaßte sie, sich mehr mit sich selbst auseinanderzusetzen und sich genauer kennenlernen und definieren zu wollen. Es kam eine lange Phase, wo sie sich Bruno erklären mußte. Es war für die Fortsetzung der Beziehung entscheidend, daß er seine Sichtweise von ihr zu korrigieren und zu erweitern vermochte. So interagieren zwei Liebespartner miteinander auf dem jeweils neuesten Stand des Irrtums. Die Möglichkeit, einander zu erkennen, ist immer beschränkt und stimuliert ein laufendes Einander-Suchen und Sich-einander-Erklären.

Partner machen voneinander ein Bild, in welchem sie die Wahrnehmungen, die sie vom anderen haben, zu einem Ganzen integrieren. Das Bild wird konstruiert aus dem in die Beziehung eingebrachten Konstruktsystem. Man wird einen Partner immer durch die Brille der eigenen Beziehungserfahrungen sehen. Das Bild, das man sich vom Partner macht, übt einen Druck auf den Partner aus, sich dem Bild entsprechend zu verhalten. Das Bild ist meist nicht falsch, es verzerrt lediglich, indem es gewisse persönliche Möglichkeiten überzeichnet und andere ausblendet. Doch dann kommt immer wieder einmal ein Punkt, wo man sich mit dem Bild, das der Partner von einem hat, nicht mehr identifizieren kann. Man wird herausgefordert, sich klarzuwerden, inwiefern die Selbstwahrnehmung dem Bild des Partners nicht entspricht. Indem man das Bild, das sich der Partner von einem macht, korrigiert, korrigiert man dessen Art wahrzunehmen und die Welt zu konstruieren, man korrigiert seine Persönlichkeit und fördert seine Selbsterkenntnis.

Zueinander Passen ist kein Zustand, sondern ein laufender Prozeß. Man kann nicht sagen, jetzt passen wir zueinander oder früher paßten wir zueinander, man kann immer nur feststellen, daß es mehr oder weniger gelingt, sich kreativ miteinander auszutauschen oder die beiderseitigen Entwicklungen in miteinander kompatiblen Rahmenbedingungen zu halten.

Das einander Suchen ist das Eigentliche der Liebe und nicht das einander Finden. Das einander Mißverstehen ist Anlaß, sich gegenseitig laufend zu erklären. Sich dem Partner erklären heißt gleichzeitig, sich selbst erklären. An den Fragen und den Mißverständnissen des Partners wird offenbar, wo man sich selbst nicht klar ist. Indem man sich dem Partner gegenüber definiert, gewinnt die eigene Selbstdefinition an Profil. Eine Lebensgemeinschaft kann ihre Lebendigkeit nur bewahren, wenn die Partner laufend an der Verständigungsarbeit sind. Sobald sie glauben, sich vollständig verstanden zu haben, wird es gefährlich, denn dann bricht die Spannung zwischen den Partnern zusammen. Nur wenn die Partner einander immer etwas fremd bleiben, wird die Interaktion zwischen ihnen kreativ und lebendig bleiben.

Zwei Partner entsprechen sich nie vollkommen. Das ist überall in der Natur so. Lebewesen passen nie vollkommen in ihre ökologischen Nischen. Sie müssen lediglich ausreichend zur Nische passen, um zu leben. Genauso zwei Partner: Sie werden die Wirklichkeit immer unterschiedlich konstruieren. Entscheidend ist, ob die unterschiedlichen Konstruktionen miteinander kompatibel sind. Die Unterschiedlichkeit macht viel von dem aus, was man mit Leiden an der Liebe bezeichnet. Die Spannungen, die sich aus unterschiedlichen Meinungen ergeben, sind jedoch das Salz in der Beziehung. Sie sind das, was die Geschichte einer Beziehung unverkennbar, einmalig und abenteuerlich werden läßt. Dennoch verursacht die Begrenzung der Verständigungsmöglichkeiten auch Leiden. Manche persönliche Möglichkeiten können deswegen in einer Partnerschaft nicht realisiert werden. Die Entwicklung jedes Partners driftet in einem von beiden tolerierten Bereich, um dessen Weite die Partner laufend miteinander in Verhandlung stehen und um den sie miteinander ringen. Das Finden von gangbaren Wegen und Kompromissen durch Unterstützung, Widerstand und Herausforderung veranlaßt die Partner, ihre persönliche Entwicklung in kompatiblen Grenzen zu halten. Das laufende Auseinanderdriften und Sich-wieder-Suchen macht das Risiko, aber auch das Leben der Beziehung aus.

7. Was Paare zusammenhält

Zum Schluß möchte ich noch einmal einige Aussagen zu der Titelfrage, was Paare zusammenhält, zusammenfassen, wenngleich sich der Inhalt des Buches nicht auf dieses Thema reduzieren läßt.

Ich glaube, auch in Zukunft wird ein großer Teil der Erwachsenen das Leben in einer dauerhaften Paarbeziehung anstreben, weniger aus ethisch-moralischen Erwägungen oder wegen gesellschaftlicher Leitbilder als vielmehr wegen der Beschaffenheit des Menschen selbst. Um das sichtbar zu machen, wird ein psychologischer Ansatz angewandt, der den Menschen als ökologisches Wesen, als Beziehungswesen begreift, das in der Auseinandersetzung mit Mitmenschen seine Kräfte entfaltet und strukturiert, das in Beziehungen seine Identität findet und seine Persönlichkeit entfaltet. Die tiefste und persönlichste Beziehungserfahrung im Erwachsenenleben ist die Liebesbeziehung. Diese bleibt ungeachtet der gesellschaftlichen Veränderungen in ihrer Sehnsucht auf zeitliche Unbegrenztheit gerichtet sowie auf ein bedingungsloses Verstandenwerden und einander Verbundensein in Gemeinschaft. Der Realisierung dieser Sehnsucht stehen viele Hindernisse entgegen, die teilweise gesellschaftlicher Art sind, teilweise aber in der Komplexität des Menschen selbst gründen. Die Verwirklichung der Liebe vollzieht sich ihrem Wesen nach im Spannungsbogen zwischen symbiotischem Verliebtsein und Leiden an der Einsamkeit und dem Getrenntbleiben in der Liebe. Diese Spannung ist nicht zu beklagen und nicht zu pathologisieren, sondern bleibt die treibende Kraft der Liebe. Sie erst veranlaßt die Partner zu einem dauernden Prozeß, einander zu suchen und sich gegenseitig zu erklären, und fördert damit Selbsterkenntnis und Selbstwerdung in der Liebe.

Zur Sehnsucht der Liebenden gehört auch, sich gemeinsam eine eigene Welt zu schaffen und sich in ihr einzurichten. Die Behausung einer Lebensgemeinschaft findet ihren konkretesten Ausdruck im eigenen Haus. Das altgriechische Wort *oikos* heißt Haus. Der Begriff Ökologie, der hier für die Beschreibung des Zusammenlebens verwendet wird, ist davon abgeleitet und kann als «Behausungsforschung» verstanden werden. Liebende möchten die selbstgestaltete Welt in ihrem Heim und dessen Einrichtung sichtbar machen und ihrer Gemeinschaft damit einen materiellen Bestand geben. Zur Behausung gehört aber auch die soziale Behausung, das sind die Beziehungen zum Freundeskreis, zu den Nachbarn und Verwandten, und ferner die innere Behausung, das System der miteinander ausgehandelten Wertvorstellungen und Regeln des Zusammenlebens. Die Behausung vermittelt den Partnern Rahmenbedingungen, in welchen sie persönlich beantwortet werden und die ihnen das Gefühl des Vertrautseins und der Geborgenheit in ihrer Welt geben. Eigene Kinder können der gemeinsamen Geschichte der Partner eine zusätzliche zeitliche Dimension geben, indem sie die Spuren der Lebensgemeinschaft unauslöschlich machen. Die Behausung und die gemeinsame Geschichte reichern im längeren Zusammenleben eine Vielfalt und einen Reichtum von Bezügen an. Die selbstgeschaffene Welt wird immer mehr zu einem festen Bestandteil der eigenen Identität und verleiht der Partnerschaft Stabilität. Sie entlastet die Zweierbeziehung und sichert die Verbindung der Partner auch in Abwesenheit des Partners. Selbst wenn die Partner sich persönlich auseinanderleben, werden sie immer noch durch die Behausung zusammengehalten. Eine längerbestehende Behausung und eine gemeinsam gegründete Familie lassen sich im Falle einer Scheidung kaum mehr in einer allseits befriedigenden Weise auflösen und behindern auch das Wiedereingehen neuer Beziehungen. Liebe und gegenseitiges Verständnis genügen nicht für eine neue Lebensgemeinschaft, solange der verlassenen Welt nicht eine in Qualität, Substanz und Gewicht ebenbürtige neue Welt entgegengesetzt werden kann.

Die gegenwärtige Individualisierung von Lebensläufen steht der Stabilität von Lebensgemeinschaften entgegen. Ich glaube, dem Dilemma kann sich niemand entziehen, daß mehr Ungebundenheit mit weniger familiärer Gemeinschaft einhergeht, häufigerer Partnerwechsel mit Mangel an stabiler Geborgenheit verbunden ist, wiederholte Auflösungen von Lebensgemeinschaften zur Zersplitterung der inneren und äußeren Behausung führen, häufiges Abbrechen eines gemeinsamen Weges der eigenen Geschichte wenig Kontinuität ermöglicht und das Sichfreihalten von unwiderruflichen Bindungen das Fruchtbarwerden erschwert.

Oft kann man nicht beides haben. Den einen wird dieses wichtiger sein, den andern jenes. Manchmal ist weniger mehr – aber nicht immer.

Die Mitwirkenden an diesem Buch

Zum Schluß möchte ich einige der Mitwirkenden aufführen, die Wesentliches zur Entstehung dieses Buches beigetragen haben. An erster Stelle möchte ich die Mitglieder unserer Forschungsgruppe nennen. Diese Gruppe, die seit Mai 1986 besteht, setzt sich zusammen aus Mitarbeiterinnen und Mitarbeitern der Psychiatrischen Poliklinik, vor allem der Abteilung für Psychosoziale Medizin, die ich bis Sommer 1989 leitete. Anfänglich diskutierten wir Literatur über den Interaktionismus und über die Psychologie der persönlichen Konstrukte, dann kamen wir zur Ausarbeitung eines psychoökologischen Persönlichkeitsmodells, befaßten uns mit der Bedeutung der sozialen Nische für die Persönlichkeitsentfaltung, wandten uns den Phasen des Zusammenlebens zu, um schließlich die Konstruktdifferenzierung als Technik der Paartherapie auszuarbeiten. Aus dieser Gruppe ging dann im Mai 1990 das neue Team für unsere Ausbildungskurse in Paar- und Familientherapie hervor. Dieser Gruppe habe ich viele Anregungen, persönliche Erfahrungen und kritische Überlegungen zu verdanken.

In alphabetischer Reihenfolge waren die Mitwirkenden in dieser Gruppe:

Linde Brassel-Ammann, 1940, Dr. phil., Psychologin in eigener Praxis, früher wissenschaftliche Mitarbeiterin der Abteilung für Psychosoziale Medizin. Sie machte von Anfang an in der Forschungsgruppe mit.

Monica Budowski, 1957, lic.phil., Ethnologin, wissenschaftliche Mitarbeiterin am Projekt «Nachbarschaftshilfe» der Abteilung für Psychosoziale Medizin. Sie machte in der Gruppe mit von Januar 1988 bis März 1989.

Robert Frei, 1947, lic. phil., Psychologe, wissenschaftlicher Mitarbeiter im Projekt «Nachbarschaftshilfe» der Abteilung für Psychosoziale Medizin, Dozent im neuen Ausbildungsteam für Paar- und Familientherapie. Er ist seit September 1987 in der Gruppe dabei.

Georg Hänny, 1951, Psychiater in eigener Praxis, bis Dezember 1988 Oberarzt der Psychotherapiestation der Psychiatrischen Poliklinik, Dozent im neuen Ausbildungsteam für Paar- und Familientherapie. Seit Mai 1990 in der Gruppe dabei.

Regula Hotz, 1954, Oberärztin am Kinderpsychiatrischen Dienst Weinfelden, früher Assistenzärztin an der Abteilung für Psychosoziale Medizin, Dozentin im neuen Ausbildungsteam für Paar- und Familientherapie. Seit Mai 1990 in der Gruppe dabei.

Ursula Jenal, 1944, Sozialarbeiterin der Psychiatrischen Poliklinik. Machte von Januar 1988 bis März 1989 in der Gruppe mit.

Bernhard Limacher, 1951, lic. phil., Psychologe in eigener Praxis, früher wissenschaftlicher Mitarbeiter der Abteilung für Psychosoziale Medizin, Dozent im neuen Ausbildungsteam für Paar- und Familientherapie, war von Anfang an in der Gruppe dabei.

Peter C. Meyer, 1951, Dr. phil., Soziologe an der Abteilung für Psychosoziale Medizin, machte von Mai 1986 bis März 1989 in der Gruppe mit.

Astrid Riehl-Emde, 1952, Dr. phil., Psychologin, wissenschaftliche Mitarbeiterin der Psychiatrischen Poliklinik, Dozentin im neuen Ausbildungsteam für Paar- und Familientherapie, machte von Anfang an in der Gruppe mit.

Martin Sieber, 1944, Dr. phil., Psychologe, wissenschaftlicher Mitarbeiter der Abteilung für Psychosoziale Medizin, machte von Mai 1986 bis März 1989 in der Gruppe mit.

Danken möchte ich ferner Frau Ruth Rabian, meiner Sekretärin, welche seit vielen Jahren die Höhen und Tiefen meiner wissenschaftlichen Entwicklung mitmacht und das Manuskript – zeitweilig unterstützt von Frau Margot Schmidt –

geschrieben hat. Danken möchte ich besonders auch Herrn Hermann Gieselbusch, dem Lektor des Rowohlt Verlages, der seit über fünfzehn Jahren die Herausgabe meiner Bücher betreut und mich dabei stets gut beraten hat. Er hat mich immer wieder mit den verlegerischen Realitäten konfrontiert und manche schweizerische Holprigkeiten meines Stils mit norddeutscher Eleganz geglättet.

Ein besonderer Dank gilt Margaretha, meiner Frau. Sie wurde zwar allmählich ziemlich sauer, weil ich nun mehr als ein halbes Jahr wie besessen an diesem Buch gearbeitet habe, jedes Wochenende in Zürich, jeden Urlaub in der Provence. Sie meint, über Beziehung zu schreiben ist gut, Beziehung zu leben wäre besser. Recht soll sie bekommen. Drum Schluß jetzt und Punkt!

Literaturverzeichnis

Badinter, E.: Der Krieg der Geschlechter ist zu Ende. Persönl. Interview, Bücherpick 4, 26–31, 1987

Badinter, E.: Ich bin Du. Die neue Beziehung zwischen Mann und Frau oder die androgyne Revolution. Piper, München 1987 (Edition Odile Jacob, Paris 1986)

Balint, M.: Die Urformen der Liebe und die Technik der Psychoanalyse. Fischer, Frankfurt a. M. 1969 (Tavistock Publications, London 1965)

Beck, U.: Risikogesellschaft. Auf dem Weg in eine andere Moderne. Suhrkamp, Frankfurt 1986

Beck, U. und Beck-Gernsheim, E.: Das ganz normale Chaos der Liebe. Suhrkamp, Frankfurt a. M. 1990

Beck-Gernsheim, E.: Von der Liebe zur Beziehung? Veränderungen im Verhältnis von Mann und Frau in der individualisierten Gesellschaft. In: J. Berger (Hg.): Die Moderne – Kontinuitäten und Zäsuren. Soziale Welt, Sonderband 4, 209–233, 1986

Berger, P. L. und Kellner, H.: Die Ehe und die Konstruktion der Wirklichkeit. Soziale Welt 15, 220–235, 1965

Berger, P. L. und Luckmann, Th.: Die gesellschaftliche Konstruktion der Wirklichkeit. Fischer, Frankfurt a. M. 1980 (Doubleday Inc., New York 1966)

Bischof, N.: Das Rätsel Oedipus. Piper, München 1985

Boesch, E. E.: Kultur und Handlung. Einführung in die Kulturpsychologie. Huber, Bern 1980

Bösch, J.: Sind Verliebtheit, Symbiose und Idealisierung für den Aufbau einer Paarbeziehung wichtig? Familiendynamik 13, 116–126, 1988

Boeven, H.: Teilzeitbeschäftigte Männer und Hausmänner – eine neue Form partnerschaftlichen Zusammenlebens. In: E. Brähler und A. Meyer (Hg.): Partnerschaft, Sexualität und Fruchtbarkeit. Springer, Berlin 1988, pp 33–45

Boszormenyi-Nagy, I. und Spark, G. M.: Unsichtbare Bindungen. Klett-Cotta, Stuttgart 1981 (Harper & Row, New York 1973)

Boszormenyi-Nagy, I. und Krasner, B. R.: Between Give and Take. A Clinical Guide to Contextual Therapy. Brunner/Mazel, New York 1986

Bronfenbrenner, U.: Die Ökologie der menschlichen Entwicklung. Klett-Cotta, Stuttgart 1981 (Harvard University Press, Cambridge 1979)

Buber, M.: Urdistanz und Beziehung. Lambert-Schneider, Heidelberg 1965

Bundesministerium für Umwelt, Jugend und Familie: Lebenswelt Familie. Familienbericht 1989

Dicks, H.: Marital tensions. Basic Books, New York 1967

Eckhart, Meister: Zeugnisse mystischer Welterfahrung. D. Mieth (Hg.), Walter, Olten 1979

Erikson, E. H.: Identität und Lebenszyklus. Suhrkamp, Frankfurt 1973 (International Universities Press, New York 1959)

Foerster, H. v.: Das Konstruieren einer Wirklichkeit. In: P. Watzlawick (Hg.): Die erfundene Wirklichkeit. Piper, München 1984, pp 39–60

Freud, S.: Zur Einführung des Narzismus. Ges. Werke X, 1914, pp 138–170

Furstenberg, F. F. jr., Spanier, G. B.: Recycling the family: Remarriage after divorce. Sage Publications Ltd., London 1984

Furstenberg, F. F. jr.: Die Entstehung des Verhaltensmusters «sukzessive Ehen». In: K. Lüscher, F. Schultheis, M. Wehrspaun (Hg.): Die «postmoderne» Familie. Universitätsverlag Konstanz GmbH, Konstanz 1988, pp 73–83

Furstenberg, F. F. jr.: The new extended family: Experiences in stepfamilies. In: K. Pasley, M. Ihiger-Tallmann (Ed.): Remarriage and step parenting today. Guilford Publications, New York 1987

García Márquez, G.: Die Liebe in den Zeiten der Cholera. Kiepenheuer & Witsch, Köln 1989 (Mondadori España, Madrid 1987)

Glasersfeld, E. v.: Einführung in den radikalen Konstruktivismus. In: P. Watzlawick (Hg.): Die erfundene Wirklichkeit. Piper, München 1984, pp 16–38

Glasersfeld, E. v.: Konstruktion der Wirklichkeit und des Begriffs der Objektivität. In: H. Gumin und A. Mohler (Hg.): Einführung in den Konstruktivismus. Oldenburg, München 1985, pp 1–26

Gouldner, A. W.: The norm of reciprocity: A preliminary statement. American Sociological Review 25, 161–178, 1960

Govinda, Lama: Schöpferische Meditation und multidimensionales Bewußtsein. Aurum, Freiburg i. Br. 1977

Gubler, Chr.: Merkmale und Konflikte von Paaren in Therapie, erhoben bei den Paartherapeuten/innen der deutschen Schweiz. Lizentiatsarbeit der Philosophischen Fakultät I, Universität Zürich 1990

Gutmann, D. L.: The Parental Imperative Revisited: Towards a Developmental Psychology of Adulthood and Later Life. In: J. A. Meacham (ed.): Family and Individual Development. Karger, Basel, New York 1985, pp 31–60

Hatfield, E., Utne, M. K. und Traupmann, J.: Equity theory and intimate relationships. In: R. L. Burgess and T. L. Huston (ed.): Social exchange in developing relationships. Academic Press, New York 1979

Hell, D.: Ehen depressiver und schizophrener Menschen. Springer, Berlin 1982

Hoffmann-Nowotny, H. J.: Die Zukunft der Beziehungsformen – Die Beziehungsformen der Zukunft. In: F. Höpflinger und D. Erni-Schneuwly (Hg.): Weichenstellungen. Haupt, Bern 1989, pp 13–35

Hoffmann-Nowotny, H. J., Höpflinger, F., Erni, D. et al.: Planspiel Familie. Familie, Kinderwunsch und Familienplanung in der Schweiz. Rüegger, Diessenhofen 1984

Höpflinger, F. und Erni-Schneuwly, D. (Hg.): Weichenstellungen. Lebensformen im Wandel und Lebenslage junger Frauen. Haupt, Bern 1989

Höpflinger, F.: Die Einstellungen junger Frauen zu Partnerschaft, Ehe und Familie. In: F. Höpflinger und D. Erni-Schneuwly (Hg.): Weichenstellungen. Haupt, Bern 1989, pp 167–199

Höpflinger, F.: Wandlungen im Lebenslauf junger Frauen – eine stille Revolution? In: F. Höpflinger und D. Erni-Schneuwly (Hg.): Weichenstellungen. Haupt, Bern 1989, pp 37–71

Hu, Y. und Goldman, N.: Mortality Differentials by Marital Status: An International Comparison. Demography 27, 233–250, 1990

Jaeggi, E. und Hollstein, W.: Wenn Ehen älter werden. Piper, München 1985

Kallifatides, Th.: Sehnen nach Sehnsucht. Rowohlt, Reinbek 1986

Kast, V.: Paare. Beziehungsphantasien oder: Wie Götter sich in Menschen spiegeln. Kreuz, Stuttgart 1984

Kaufmann, F. X.: Familie und Modernität. In: K. Lüscher, F. Schultheis und M. Wehrspaun (Hg.): Die «postmoderne» Familie. Universitätsverlag Konstanz GmbH, Konstanz 1988, pp 391–415

Kelly, G.: Die Psychologie der persönlichen Konstrukte. Junfermann, Paderborn 1986 (Norton & Co., New York 1955)

Kernberg, O. F.: Innere Welt und äußere Realität. Verlag Internationale Psychoanalyse, München 1988 (Jason Aronson, New York 1985)

Kirchler, E. und Reiter, L.: Interaktion und Beziehungsdynamik in der Familie. In: Familienbericht 1989 des Österr. Bundesministeriums für Umwelt, Jugend und Familie, pp 109–129

Kirchler, E.: Marital happiness and interaction in everyday surroundings. A time-sample diary approach for couples. J. Social and Personal Relationships 5, 375–382, 1988

Köcher, R.: Die Deutsche Familie der Nachkriegszeit. Psychosozial 11, 117–126, 1988

Köcher, R.: Ehe und Familie, Einstellungen zu Ehe und Familie im

Wandel der Zeit. Eine Repräsentativuntersuchung im Auftrag des Ministeriums für Arbeit, Gesundheit, Familie und Sozialordnung, Baden-Württemberg, Stuttgart 1985

Kohut, H.: Die Heilung des Selbst. Suhrkamp, Frankfurt a. M. 1979 (International Universities Press, New York 1977)

Krappmann, L.: Über die Verschiedenheit der Familien alleinerziehender Eltern – Ansätze zu einer Typologie. In: K. Lüscher, F. Schultheis und M. Wehrspaun (Hg.): Die «postmoderne» Familie. Universitätsverlag Konstanz GmbH, Konstanz 1988, pp 131–142

Kuhn, Th.: Die Struktur wissenschaftlicher Revolutionen. Suhrkamp, Frankfurt a. M. 1973 (University of Chicago 1962)

Larsen, A. S. und Olson, D. H.: Predicting Marital Satisfaction Using Prepare: A Replication Study. J. Marital and Family Therapy 15, 311–322, 1989

Lüscher, K., Schultheis, F. und Wehrspaun, M. (Hg.): Die «postmoderne» Familie. Universitätsverlag Konstanz GmbH, Konstanz 1988

Maderthaner, R. und Reiter, L.: Sozialpsychologie der Partnerschaft. In: Familienbericht 1989 des Österr. Bundesministeriums für Umwelt, Jugend und Familie, pp 333–353

Mahler, M. S.: Symbiose und Individuation. Klett-Cotta, Stuttgart 1972 (International Universities Press, New York 1968)

Maturana, H. R. und Varela, F. J.: Der Baum der Erkenntnis. Scherz, Bern 1987 (Shambhala Publications, 1984)

Miller, A.: Das Drama des begabten Kindes und die Suche nach dem wahren Selbst. Suhrkamp, Frankfurt a. M. 1979

Nave-Herz, R.: Kinderlose Ehen. In: L. Lüscher, F. Schultheis, M. Wehrspaun (Hg.): Die «postmoderne» Familie. Universitätsverlag Konstanz GmbH, Konstanz 1988, pp 193–200

Neimeyer, G. J. und Hudson, J. E.: Couples' Constructs: Personal Systems in Marital Satisfaction. In: D. Bannister (ed.): Issues and Approaches in Personal Construct Theory. Academic Press, London 1985, pp 127–141

Norwood, R.: Wenn Frauen zu sehr lieben. Die heimliche Sucht, gebraucht zu werden. Rowohlt, Reinbek 1986 (Tarcher, Los Angeles 1985)

Papousek, M.: Frühe Phasen der Eltern-Kind-Beziehungen. Prax. Psychother. Psychosom. 34, 109–122, 1989

Piaget, J.: Die Äquilibration der kognitiven Strukturen. Klett-Cotta, Stuttgart 1976

Piaget, J.: Jean Piaget über Jean Piaget. Sein Werk aus seiner Sicht. Kindler, München 1981

Pittmann, F.: What Price Camelot? Modern-day Myths of Infidelity. Family Therapy Networker 3, 20–30, 1989

Pohl, K.: Ergebnisse der Longitudinaluntersuchung generativen Verhaltens in der Bundesrepublik Deutschland – Charakteristika kinderloser Ehefrauen. Zeitschrift für Bevölkerungswissenschaft 1, 53–65, 1975

Rogers, C.: Die Kraft des Guten. Kindler, München 1978 (Delacorte Press, New York 1977)

Rogers, C.: Partnerschule. Kindler, München 1975 (Delacorte Press, New York 1972)

Roussel, L.: Die soziologische Bedeutung der demographischen Erschütterung in den Industrieländern der letzten zwanzig Jahre. In: K. Lüscher, F. Schultheis, W. Wehrspaun (Hg.): Die «postmoderne» Familie. Universitätsverlag Konstanz GmbH, Konstanz 1988, pp 39–54

Sieverding, M.: Attraktion und Partnerwahl: Geschlechtsrollenstereotype bei der Partnerwahl. Report Psychologie, Juli-Heft, 9–14, 1988

Spanier, G. B.: Measuring Dyadic Adjustment: New Scales for Assessing the Quality of Marriage and Similar Dyads. J. Marriage and Family 38, 15–28, 1979

Specht, E. K.: Die psychoanalytische Theorie der Verliebtheit – und Platon. Psyche 31, 101–141, 1977

Stauber, M.: Kinderwunschbehandlung aus psychosomatischer Sicht – Ergebnisse und Schlußfolgerungen. Vortrag, 19. Fortbildungstagung der Deutschen Gesellschaft für Psychosomatische Geburtshilfe und Gynäkologie, München 28. 02. bis 03. 03. 1990

Sutphen, D.: You were born again to be together. Pocket book, New York 1976

Théry, I.: Die Familien nach der Scheidung. Vorstellungen, Normen, Regulierungen. In: K. Lüscher, F. Schultheis, M. Wehrspaun (Hg.): Die «postmoderne» Familie. Universitätsverlag Konstanz GmbH, Konstanz 1988, pp 84–97

Tyrell, H.: Ehe und Familie – Institutionalisierung und Deinstitutionalisierung. In: K. Lüscher, F. Schultheis, M. Wehrspaun (Hg.): Die «postmoderne» Familie. Universitätsverlag Konstanz GmbH, Konstanz 1988, pp 145–156

Urdze, A. und Rerrich, M. S.: Frauenalltag und Kinderwunsch: Motive von Müttern für oder gegen ein zweites Kind. Campus, Frankfurt a. M. 1981

Vollrath, M.: Studentinnen, Streß und Streßbewältigung im Studium. Campus, Frankfurt a. M. 1988

Wallerstein, J. und Blakeslee, S.: Gewinner und Verlierer. Frauen, Männer, Kinder nach der Scheidung. Eine Langzeitstudie. Droemer Knaur, München 1989 (Bantam Press, London 1989)

Walster, E., Berscheid, E. und Walster, G. W.: New Directions in Equity-Research. J. Personality and Social Psychology 25, 151–176, 1973

Watzlawick, P. (Hg.): Die erfundene Wirklichkeit. Piper, München 1984

Willi, J.: Die Zweierbeziehung. Rowohlt, Reinbek 1975

Willi, J.: Ko-evolution – die Kunst gemeinsamen Wachsens. Rowohlt, Reinbek 1985

Willi, J.: Die Ehe im Alter in psycho-ökologischer Sicht. Familiendynamik, 11, 294–306, 1986

Willi, J.: Psychoökologie. Vorwort zu Psychosozial Heft 35, Psychosozial 11, 5–9, 1988

Willi, J., Limacher, B., Frei, R. und Brassel-Ammann, L.: Konstruktdifferenzierung – eine Erweiterung der Theorie und Technik der Paartherapie (in Vorbereitung)

Personenregister

Die durch Anführungszeichen gekennzeichneten Namen sind die Namen aus Fallbeispielen.

Sachregister